偏見的本質

人格心理學之父深度剖析，
一切人類敵意行為的生成與消解

The Nature of Prejudice

The classic psychological study of the roots of discrimination.

Gordon Allport
高爾頓・奧爾波特 —— 著
郭曉燕 —— 譯

專家聯合推薦

「偏見，是一個歷久彌新的古老問題，它以種族、宗教、性別、性傾向、身體特徵、身心健康等多種面貌，出現在不同時期的人類社會。歷史上許多戰爭，如：二次世界大戰德國納粹屠殺猶太人的種族滅絕，現今以色列和巴勒斯坦之間的宗教衝突，皆是出於偏見。日常生活也有許多習以為常的偏見，有意或無意，明顯或隱約，成為傷人的武器。最可怕的是，受歧視的人在不自覺下自我應驗了社會強加的偏見，使得社會既有的刻板印象更為鞏固。美國心理學家奧爾波特將微觀和巨觀的因素，從個人認知、人際互動、團體動力、到社會結構，清楚梳理出來。對於亙古存在的偏見問題，這本書提出詳盡而全面的理論洞見和研究證據，是一本值得閱讀與收藏的經典之作。」

——張滿玲，高雄醫學大學心理系助理教授

「本書為心理學經典名著，作者從人格與社會心理學的角度，深入淺出地探討日常生活中各種偏見、刻板印象和歧視行為的成因，中文譯本清晰流暢。根據本書之分析，我們之所以抱持偏見，不但基於人類心智運作的基本機制，也源自對社會群體之認同與互動。雖然我們無法完全消弭潛藏於內心的偏見，但卻可以設法改善社會與提醒自己，留意並減緩偏見造成的傷害。本書完成於第二次世界大戰之後，數十年來在學術界引發眾多研究，也是社會改革實務的重要參考著作。而時至今日，無論是在現實生活或網路社群，針對國族、性別或種族等族群偏見仍觸目可見，本書內容依然發人深省。」

——陳舜文，國立清華大學心諮系副教授

「不同群體間互相敵視、存有偏見，並不是什麼新鮮事。早在上世紀中期，性格心理學大師奧爾波特就對人們之間為何彼此敵視、存有偏見，提供周延的系統化闡釋。即便成書時間（一九五四年）距今將近七十年，但該書觀點歷久彌新，對於人類偏見的成因、動力發展歷程、如何降低偏見及群體衝突，都提供了極具啟發性與說服性的論述觀點及實徵研究證據。在臺灣社會對立之際，此書中譯本的出版為國內對偏見議題有興趣的讀者適時提供寶貴見解，更是助人工作者為受人際偏見困擾的案主提供諮詢時，最佳的實務參考。」

——葉光輝，中研院民族所研究員&臺大心理學系暨研究所教授

（以上按姓氏筆劃排序）

「《偏見的本質》是嚴謹的學術討論和人文價值的驚人結合體……這本書影響了整整一代社會心理學家。」

——艾略特・亞隆森（Elliot Aronson），二十世紀百大心理學家

「眾所周知，《偏見的本質》是一部經典，為人們討論和理解偏見這個複雜的人類問題建立了社會科學的學術取徑。」

——肯尼斯・克拉克（Kenneth B. Clark），前美國心理學會主席，社會改革家

「這部書的目錄在實質上組織了對偏見這一重要概念的學術研究。《偏見的本質》勾畫出了研究的領域，確立了其中的基本類別和問題，並將其置於一個廣泛的、折衷的框架中，這一框架直到今日都還在使用。」

——湯瑪斯・佩蒂格魯（Thomas F. Pettigrew），因社會貢獻獲獎無數的心理學家

目錄

第三部　對群體差異的感知與思考

第四部　社會文化如何影響認知

第五部　人如何習得偏見

譯序

有權力的地方，愛就遠離

郭曉燕

我從心理學界偶然跨足出版界之後，每當被手上的書稿打動，總是會感嘆，若在學生時期曾完整閱讀一本經典，對工作和人生也許就能少一點迷惘。

《偏見的本質》就是一本能幫助你釐清許多困惑的書（當然也可能激盪出更多問題與思考）。Google 學術搜尋顯示它被引用了五萬餘次（仍持續增加中）。作者高爾頓．奧爾波特是最早提出特質論（trait theory）的人格心理學之父，也是主張以科學實驗探討社會心理問題的先驅，他更開啟了世人對社會心理學的重視。

本書寫於二戰之後，當時納粹的暴行震驚全世界，與此同時，美國國內黑人等少數族群的地位普遍尚未提升，在這樣的時空背景下，書中舉了不少猶太人和黑人的遭遇為例，也在族群偏見領域多所著墨，然而本書內容不僅如此，還提到了性別偏見、階級偏見、宗教和意識形態偏見……等。作者在撰寫此書時，旨在建立一個關於偏見的宏大架構，並且有自信此書的組織方式將使它長久流傳。全書內容涵蓋「偏見的定義」、「人為何如此容易陷入敵意的深淵」、「群體差異的科學研究」、「偏見受害者會出現的防衛機制」、「人是如何形成偏見和刻板印象」、「攻擊與仇恨的本質」、「代罪羔羊」、「偏見作為利益剝削的手段」、「立法是否有助於改變偏見」、「有效降低偏見和歧視的方式」，作者更從不同研究取向來探討前述主題，包括：歷史、社會文化、情境、人格及心理動力、現象學和刺激對象取向，以此呈現偏見問題的完整面貌，更提醒我們，任何社會現象都不是單一成因所致，必須結合多重面向進行探究與了解。

由此延伸，無論決策者、執行者或一般民眾都應該體認到，所有社會問題的改善都是非常緩慢的過程，也許短時間內、甚或窮盡一生都不會看到明顯進展，然而正如流水會慢慢穿鑿出山谷，只要朝著明確目標前進，所有的努力都不會白費。也許正是這樣的信念，支持著許多改革者在艱難中持續為改善社會問題而奮鬥。

有鑒於社會科學蓬勃發展，作者在寫此書時也坦承，書中觀點可能很快就會過時，新研究將不斷取代舊研究。的確，自本書在美國第一次出版後，七十年內增加了近四萬篇相關研究。但不可否認的是，本書也確實是目前唯一一本涵蓋面向最完整的偏見專書（其「份量」和被引用次數亦難以超越）。因此可以說，《偏見的本質》一書給了我們一個具體概念，一個可以乘載相關經驗、同時又給予空間允許新知識和新想法發生的跨時代、跨領域載體。

我們多少有過這樣的經驗：因為自己的某種身分，比如女人、老人、小孩、直男、同性戀、黃種人、就讀某所學校、從事某種行業，或支持某種信念……等，而被迫跟某些特質畫上等號。反之，我們也經常將人區分為特定類別，並根據該類別形成先入為主的看法，畢竟「類別化」是我們能夠有效因應外在環境、而不被海量訊息淹沒的重要本能之一。然而本書提到，刻板印象只有在「無法」隨經驗修正時，才屬於偏見。意識到這點，也許我們可以時刻提醒自己抱持開放心態，允許新經驗修改和擴充自己的想法，並且不要太快下定論。

「恨的偏見源自愛的偏見」，我們仇恨別人並不是因為討厭對方，而是太愛自己。我們也可以反過來檢視自己，當對別人產生敵意，或某件事激起自己的強烈情緒，這時很可能正觸碰到自己生命中的重要議題，例如傷害到自我價值與存在意義。根據「對微小差異的自戀」，我們的敵人大多是跟自己相像的人。身為臨床心理師，我在實務上也不斷體悟到類似的道理：我們所強烈厭惡的人身上，很可能具有某些自己的特質。當然，對方也許與生俱有惹怒眾人的本事，但如果先把這個可能性放在一旁，靜靜思考厭惡對象是否跟自己有共同之處，對自己多一些反思與了解，也許在跟人的關係上會有所幫助。

不同的理論立場會影響我們如何處理偏見問題。我在翻譯之初特別好奇的是，作者為何深信群際關係或國際關係有可能往好的方向發展，尤其在當時剛發生猶太大屠殺事件，他為何依舊對人性抱持希望？這個問題的答案隨著翻譯進展而越來越清晰，在第22章獲得了較具體的解釋，舉例來說，有別於佛洛伊德學派的精神分析學家認為攻擊是需要發洩的強烈本能，作者則認為攻擊是一種「能力」，這種能力也許永遠都不會表現出來，或至少我們可以設法避免激發這樣的能力，例如學習用較具適應性的方式調控自己的仇恨。縱使我們的先天傾向使我們易於形成偏見，然而人終究渴望彼此親近，而非恨人與被恨。

譯者的樂趣和養分有時來自讀者的評論及回饋。有天我上網搜尋之前的譯作《超越直覺》的書評，幸運地看到一篇讓我印象深刻的心得，那位讀者提到，原本以為只要大家都學會批判性思考並認識各種思考謬誤，就能更理性溝通，世界也許就會更美好，但最終他發現「善良」才是最重要的。那位讀者的反思帶給我很大的啟發，我衷心期望有更多人將知識作為促進社會向上提昇的力量，而非攻擊他人的武器。我也相信本書作者提出偏見的人格理論，用意是幫助各位理解人為何會產生偏見，而非利用這些論述來指控他人的偏見。個人是消除偏見的最小單位，或許我們可以透過本書來理解自己，進而化解自己內心的仇恨和敵意。在這個訊息量過載、太多刺激爭奪注意力的時代，我們其實更需要向內關注自己。

另一方面，我們也可以透過書上的闡述來理解偏見對象，因為「理解就是寬恕，或至少代表更多包容」，當人試著了解偏見對象，就會開始以客觀的角度看待對方。理解本身也是最大的安慰，「(偏見)受害者就算發展出精神官能型防衛機制，一旦其本質和原因可以被充分理解，受害者就會比較穩定，或至少不會表現出這種特質」。此外，本書也告訴我們，偏見心態有部分受潛意識影響，加上合理化等防衛機制的作用，使得人並不容易覺察到自己的敵意，因此審查和壓制偏見往往會適得其反，溝通與調解會比懲罰更能達到預期目的，「改正偏見言論的方式並非予以壓制，而是讓無偏見言論的反作用力自由流動」。

在台灣，相較以往，女性、兒童、原住民、同性戀者和跨性別者……等弱勢群體已獲得更多尊重，但似乎還有非常大的努力空間。紀錄片《九槍》血淋淋地凸顯出移工在台灣社會邊陲的困境和整個結構問題；依舊有民眾反對在自己的社區設立精神疾病復健機構；只在意表面績效的政府官員陷入品牌迷思之中，導致資源分配不公；仇恨和歧視似乎隨著網路的匿名性而更加嚴重。正如本書提到的，「我們要求社會系統的所有官方定義都符合平等原則，然而社會系統有許多非正式特徵都在召喚不平等」。雖然民主意識已漸漸在台灣社會紮根，但隨之而來的似乎是大家都在爭取自己的言論自由，而越來越難相互傾聽和理解。心理學家榮格（Carl Jung）曾說：「有權力的地方，愛就遠離／逃逸」，然而相對地，「愛」來的地方，權力也要讓位。也許唯有正視發生在台灣的偏見與歧視現象，並繼續從政策、教育宣導、增加群際接觸與了解等方面著手，台灣才有望邁向真正平等包容的社會，我想這或許是在當代閱讀《偏見的本質》的意義。

小說《清單Hold不住的人生》中，腳部殘廢的路人甲對布蕾瑪莉說：「我知道……妳沒有偏見，妳知道我是人，只是剛好坐在輪椅上，不是上面長了人的輪椅。」希望隨著《偏見的本質》在台灣出版，更多人會明白每個人都是人，只是剛好有不同國籍、不同長相、不同身形、不同年齡、不同性別、不同信念、不同喜好。

如果說時間是一個人最珍貴的資產，那麼時間也正是出版《偏見的本質》最昂貴的成本。印象中有位資深譯者說過，（大意是）任何願意慢慢打磨譯稿的譯者，都應該被好好珍惜。我想補充的是，任何願意讓譯者慢慢打磨譯稿的出版社，都值得被肯定與鼓勵。

我在爬山時總覺得，走在前人開闢好的路上很幸福，讓我相對輕鬆就能看到山頭的風景。如今自己也成了抽象意義上的鋪路者，但願各位走在通往「偏見的本質」的路途上，有感到少一點崎嶇，多一點欣賞風景的餘裕。

作者前言

文明化的人類大致上已經能夠充分掌握能源、物質和無生命的自然事物，並迅速發展出控制生理病痛和過早死亡的技術。相較之下，關於如何處理人類之間的關係，我們似乎還活在石器時代。我們在社會知識上的不足，似乎讓物理知識上的每一個進展都化為烏有。戰爭和軍備上的花費，幾乎耗去我們運用自然科學所積累的財富盈餘。仇恨和恐懼讓各國設立貿易障礙、點燃戰火，進而造成貧窮等問題，大大抵消了我們在醫學上取得的成就。

東、西方意識形態對立之際，全球陷入一片恐慌，每一個角落的人們，都各自背負著沉重的歷史仇恨。回教徒不信任非回教徒；躲過中歐大屠殺的猶太人，卻發現重建後的以色列充斥著反猶主義；難民在冷漠的國度遊蕩；白種人憑空編造出種族主義教條，合理化自己的優越感，欺壓世界各地的有色人種；發生在美國境內的偏見，也許是最錯綜複雜的。這些永無止盡的對立，有些或許是基於真實利益衝突，但絕大多數是源自想像中的恐懼。然而，想像中的恐懼會帶來真實的痛苦。

不同群體／團體會互相敵對、仇視——這不是什麼大新聞，然而現代科技讓群體之間變得太過緊密，使得彼此無法保持適當安全距離。俄羅斯不再是遠方的一片大草原，它就在**眼前**。美國透過「第四點計畫」[1]、電影、可口可樂和政治影響力，如今對舊世界（歐、亞、非洲）來說也不再遙遠，而是**近在咫尺**。過去被高山、

1 譯注：Point IV，美國總統杜魯門提出的援助開發中國家的計畫。

大海互相隔絕的國家，現在已展露在彼此面前。收音機、噴射機、電視機、傘兵、核爆、電影、**旅遊**……等現代產物，都拉近了群體之間的距離，我們卻尚未適應這種心理和道德文化上前所未有的近距離接觸。

幸好仍有轉圜的餘地，解決方法來自一件簡單的事實：整體來說，人性偏好友善和仁慈，而非殘酷和壓迫。無論從行為處事的基本原則或人性傾向來看，一般人都會拒絕走上戰爭和毀滅之路。我們喜歡跟鄰居和睦相處、守望相助，喜歡愛人和被愛，而不願恨人和被恨。人不喜歡「殘忍」這項特質。就算是接受紐倫堡審判的納粹高級官員，也會假裝自己對集中營內慘無人道的迫害毫不知情。這些人羞於承認自己的所作所為，因為他們也希望被視為人類。雖然戰火肆虐，但我們仍然渴望和平，雖然仇恨盛行，但我們依舊傾向認同親和行為。只要這種道德矛盾感一直存在，人類就有望解決彼此仇恨的問題，並且讓「無仇恨」的價值觀當道。

最令人振奮的是，越來越多人相信科學智慧有助於解決群體衝突。宗教向來認為，人類的破壞本質與其理想之間的矛盾，是一種原罪對救贖的抗拒，這種說法或許可信，也具說服力，但近來大家開始認為，人有能力、也應該運用智慧來達成自我救贖。人們說：「我們要客觀地研究文化和各行各業中，不同種族、膚色的人之間的衝突。我們要找出偏見的根源以及具體改善方法，讓大家普遍重視親和價值觀。」第二次世界大戰結束以後，各國的大學紛紛開始重視這門新領域，並發展各項學科，例如：**社會科學**、**人類發展**、**社會心理學**、**人類關係**、**社會關係**……等等。這門嶄新的科學尚未獲得正式命名，但正在蓬勃發展中，且除了受到大學青睞，在各級中小學、教會、進步產業、政府機構和國際組織中也相當受歡迎。

在二十世紀中期的一、二十年內，這一領域的研究比過去幾千年來所累加的成果更為紮實，也更有啟發性。不可否認，早在幾千年前，各大宗教教義就已闡述人類行為的倫理準則，並確立了地球居民之間手足情誼的需求和基本道理。然而，這些教義是制定於遊牧時期，制定於牧羊人和部落王國時代，如果要在科技和原子時代落實這些教義，就需要更深入地了解仇恨和包容的成因。我們曾經錯誤地認為，科學的唯一目標是追求物質進步，而不需要考量人性和社會關係方面的問題，因為後兩者屬於道德範疇。但現在我們意識到，科技進步帶來的問題，遠遠超過其解決的問題。

社會科學不可能在一夕之間趕上科技的進展，也不可能迅速修復未經約束的科技所造成的危害。我們投入多年心血、花費數十億美元，才揭開原子秘密，而要了解人的非理性本質，得耗費更多時間和金錢。有人說：「要打破人的偏見，比粉碎一顆原子還困難。」人類關係所涵蓋的主題非常廣泛，相關研究必須從各個面向著手，包括：家庭生活、心理健康、勞資關係、國際談判、公民素養……等等。

本書並不試圖探討人類關係這門科學的所有主題，而僅欲釐清一個根本問題，即「人類偏見的本質」。這個問題非常基本，唯有了解敵意的根源，才能有效運用智慧來控制其破壞性。

談到偏見，大家往往會想到「種族偏見」，這種聯想卻令人遺憾，因為在人類歷史中，偏見的發生其實跟種族不大有關，「種族」是相對近期的概念，歷史幾乎不到一百年。大多數情況下，偏見和迫害的發生是基於其他原因，最主要的因素是宗教。直到二十世紀中期，猶太人都是因為宗教而非種族的關係才受到迫害。白人奴役黑人，主要是因為白人把黑人視為一種資產，但背後想法也跟宗教有關：黑人天生就是異教徒，是挪亞之子——含（Ham）的後代，並且被挪亞詛咒生生世世都是「奴僕的奴僕」。大家口中的「種族」其實是不合時宜的概念，雖然曾經適用，但隨著種族之間不斷通婚繁衍，血統經過無限稀釋，如今這個概念已經落伍了。

那麼，為何「種族」的概念還是如此盛行？首先，人們不再熱衷於傳教，也就不再以宗教來區分群體成員。此外，不同種族之間的特徵往往一目瞭然、便於識別，人們就可以輕易地把種族當作一種標籤，用來標記自己不喜歡的對象。於是，人們捏造的「劣等種族」為偏見提供了看似不容質疑的理由。「種族」一詞帶有生物決定論的印記，讓人們不用費心去探討群體關係中複雜的經濟、文化、政治和心理因素。

在討論偏見時，「族群」（ethnic）通常會比「種族」（race）合適。族群是指一群人彼此共享著不同比例的特徵（例如：外觀、民族、文化、語言、宗教或意識形態……），因此形成一個共同的群體。「族群」與「種族」不同，並不隱含生物上的同質性，遭受偏見的群體其實通常不具有生物同質性。不過，「族群」的概念並不容易涵蓋職業、階級、政治團體、性別……等特質，而這些特質經常跟偏見有關。

不幸的是，關於人類群體的詞彙相當貧乏，除非社會科學能夠提供一套更好的分類法，否則無法以理想的精確度來討論。但我們還是可以避免因不當使用「種族」一詞而產生的錯誤，正如人類學家蒙塔古（Ashley Montagu）所言，「種族」是社會科學中一個落伍又帶有惡意的名詞，就算要使用，也應該小心謹慎，並且以適當、有限度的方式使用它。在指稱任何以文化凝聚力為特徵的群體時，應該使用「族群」一詞，但「族群」畢竟是個籠統概念，我們有時也可能因為過度延伸這個詞，而犯下不當使用的錯誤。

把偏見和歧視歸因於任何單一因素，例如：經濟剝削、社會結構、社會習俗、恐懼、攻擊、性別衝突……等，都是嚴重的錯誤。各位將看到，前述所有因素以及許多其他因素，都可能滋長出偏見和歧視。

本書要傳達的主旨是：偏見具有多重因果關係的特性，而非單一因素所導致。然而讀者可能會合理提問：「作者本人是否也透露出某種偏見？他是否公正地看待其中複雜的經濟、文化、歷史和情境因素？他是否出於職業病，因而特別強調學習、認知歷程和人格發展的影響？」

我的確相信只有以「人格」為主軸，才有助於了解歷史、文化和經濟因素的作用。由於只有「**個體**」才會感受到敵意，並做出歧視言行，因此習俗、文化等因素必須以某種方式融入個體的生活，才會發揮作用。前文提到的「因果關係」是較廣泛的概念，各位或許能夠（也應該）意識到，偏見會受到文化習俗的潛移默化，也會受到個人態度的直接影響。雖然我將本書重點定位在「偏見的心理因素」，但還是盡力考量其他數個面向（尤其在第13章），並試圖提出平衡的觀點。假如我做了這番努力之後，仍呈現出偏頗的結果，還請各位不吝批評指教，指出本書不足之處。

雖然本書大多引用美國研究與案例，但我相信書中對於偏見的動力學分析具有普遍效度。誠然，偏見的表現方式會因國家而異，例如：受害對象不同、民眾對於「跟受歧視群體發生身體接觸」的態度不同、指控的方式與刻板印象也不盡相同。然而，其他國家的證據顯示，偏見的基本成因及相關影響因子幾乎舉世皆同。

社會心理學家墨菲（Gardner Murphy）曾研究印度群體之間的緊張關係，並據此提出前述結論，相關論述可見其著作《人類的心智》（*In the Minds of Men*）。同樣，聯合國各機構進行的研究也一致支持這個觀點。另外，關於巫術、團體忠誠度和戰爭的人類學文獻都顯示：儘管在不同國家，遭受偏見的對象以及偏見的表現方式都各有所異，背後卻有著相同的動力機制。雖然這個假設有足夠證據支持，我們還是不該把它視為定論。未來的跨文化研究一定會顯示，不同地區在偏見成因的比重和模式上會有很大差異。未來或許也會發現本書沒有提到的其他重要成因，彌補本書的不足。

我在寫這本書的時候，心中預設了兩類讀者，他們對這個主題都很感興趣。第一類是各國的大學生，這些學生越來越關心人類行為的社會及心理基礎，也渴望透過科學方法來改善群體關係。第二類是同樣關心這個主題、且年齡較長的一般讀者，這些人所占的比例逐漸增加，但他們較在意直接且可行的改善方法，而不是理論概念。考量到這兩類讀者，我以非常淺顯易懂的方式寫出我的論述，因此勢必會簡化一些論點，但我盡力不造成任何科學觀念上的誤導。

這一領域的研究和理論發展得如此蓬勃，因此我和研究團隊的觀點很快就會過時。新實驗將取代舊實驗，各種理論也會更加完善。然而，我相信本書的一項特點具有長久價值，即組織方式。我試圖提供一個架構，讓未來研究成果得以納入其中。

我的主要目的在於闡明「偏見」的整體研究發現，也試著讓各位明白，我們可以如何運用累積的知識來緩和群體間的緊張關係（第八部會特別說明這個部分）。美國種族關係協會（American Council on Race Relations）的調查發現，在美國有一千三百五十個組織致力於改善群體關係，這些組織的成效必須用科學方法加以評估，第30章會詳加討論。只從學術角度看待問題，不驗證理論和實務之間的關係，是錯誤的行為。而實務人員在缺乏科學支持的情形下，就把時間和金錢投入改善方案，則是一種浪費。人類關係這門科學的成功發展，必須仰賴基礎研究和實務工作的結合。

這本書能逐漸成形，要感謝兩方面的大力協助與促成，其一是哈佛大學社會關係學系（Department of Social Relations）定期舉辦的學術研討會。其二則是在我寫作過程中，提供資金和鼓勵的幾個組織。在此特別感謝：波士頓的莫斯．金博爾基金會（Moses Kimball Fund）、美國猶太裔代表大會（American Jewish Congress）的社區關係委員會（Commission on Community Interrelations）以及幾位友善的大會成員、全美基督教徒與猶太教徒聯盟（National Conference of Christians and Jews）、哈佛大學社會關係研究室，以及我的同事——社會學家索羅金（Pitirim A. Sorokin）帶領的研究中心。在這些人的資助下，本書提到的幾項研究和針對這個領域的文獻整理才得以順利進行，我深深感激他們的慷慨協助和鼓勵。

我的學生們在「群體衝突與偏見」專題討論會上所投入的興趣和心力，奠定了本書最後呈現的內容與架構。我在指導專題討論會期間，曾多次和同事們交換意見，他們是著名的社會學者帕森斯（Talcott Parsons）、歷史學家漢德林（Oscar Handlin）、心理學家萊文森（Daniel J. Levinson），我相信他們對本書亦影響甚鉅。我還要感謝克萊默（Bernard M. Kramer）、薩頓（Jacqueline Y. Sutton）、卡隆（Herbert S. Caron）、卡明（Leon J. Kamin）、阿奇舒勒（Nathan Altshuler），他們提供了非常重要的素材和寶貴建議。感謝這個領域的權威——社會心理學家庫克（Stuart W. Cook），他閱讀本書部分草稿並給予寶貴批評。感謝科埃洛（George V. Coelho）和菲利普（Hugh W. S. Philip）為本書提供了不同國家的觀點。對於這些人的不吝協助，我要致上最誠摯的謝意，特別是在我寫作的各個階段，都給予我專業引導的斯普拉格女士（Eleanor D. Sprague）。

高爾頓．奧爾波特

一九五三年九月

第一部

先入為主的思考方式

個人價值觀是我們賴以生存的基礎，
卻容易帶來愛的偏見，進而衍伸出恨的偏見。

第1章 問題出在哪裡？

「我被世俗綑綁，被自己的行動所束縛。我承認自己確實感受到人類之間的差異，不論國家或個體……說穿了，我只不過是一團由喜好和厭惡組成的偏見，是同情、冷漠、憎惡的奴隸。」

——兒童文學作家，蘭姆（Charles Lamb）

在南非的羅德西亞[1]，一名白人卡車司機開車路過一群悠閒的當地人時，低聲罵著：「懶惰的畜牲！」幾個小時後，卡車司機看到另一群當地人一邊輕快地歌唱，一邊把一袋袋兩百磅重的穀物搬上卡車，他又忍不住抱怨：「野蠻人！還能指望他們做啥！」

在西印度群島的某個地方，有段時期，當地人在路上跟美國人擦肩而過時，都會誇張地摀住鼻子。戰爭時期的英國也流傳著一句話：「美國佬唯一的問題就是賺得太多、性慾太強，而且還出現在這裡。」

波蘭人經常說烏克蘭人是「爬蟲動物」，藉以表達不屑，因為他們忘恩負義、報復心重、陰險狡猾，而且背信忘義。同樣地，德國人把東邊的鄰居叫做「波蘭牛」。而波蘭人則用「普魯士豬」回敬，嘲笑德國人粗俗又缺乏榮譽感。

1 譯注：Rhodesia，即辛巴威舊稱。

在南非，據說英國人討厭南非白人，但這兩種人都仇視猶太人，而前面三種人又都反印度人，以上四種人又聯合起來排擠當地黑人。

在波士頓，有位羅馬天主教會的高級教士搭乘轎車行經郊區一條偏僻小路，突然看到一個黑人男孩疲累地走在路上，就叫司機停下來載男孩一程。這位高級教士跟男孩一起坐在轎車後座，並開口問道：「孩子，你是天主教徒嗎？」男孩睜大雙眼、驚慌地回答：「不，先生，當個黑人已經夠糟了，更別說什麼天主教徒了。」

曾有個中國學生被問到中國人對美國人的真正看法時，勉為其難地說：「嗯……我們認為美國人是洋鬼子中最好的一群。」但這種說法是在中國共產主義革命發生之前，如今中國年輕人接受的教育是：「美國人是洋鬼子中**最壞**的一群。」

匈牙利有種說法：「反猶主義者對猶太人的憎恨超過了絕對必要的程度。」

世界上沒有一個角落能倖免於群體間的互相蔑視，就如同本章開頭引文中蘭姆所言，我們都被各自的文化所束縛，只不過是各種偏見的集合體。

兩個案例

一位三十多歲的美國人類學家育有兩名年幼的孩子，蘇珊和湯姆。這位人類學家由於工作之故，必須搬到原住民部落，跟一個好客的印第安家庭同住一年。但他卻堅持讓家人住在白人社區，距離印第安保留區有好幾英里。就算蘇珊和湯姆不斷請求，人類學家還是不肯破例讓孩子到部落裡的村莊玩，除了少數幾次，他允許兩個孩子到部落裡參觀，但仍然嚴格禁止他們跟友善的印第安孩童一起玩耍。

有些人（包括幾個印第安人）頗有微詞，認為人類學家的做法違背了專業精神，因為他表現出種族偏見。但事實並非如此。那位人類學家知道該部落的村莊正盛行肺結核，而且他居住的地區，已經有四名孩童因感染肺結核而死亡。如果他的孩子跟當地人頻繁接觸，就很可能被傳染，所以他在理智判斷下決定避開風險。在此案例中，人類學家是基於理性和現實考量，而非敵意，因此才會盡量避開印第安部落。他對印第安人並沒有普遍常見的負面態度，事實上，他非常喜歡印第安人。

既然上述案例無法說明所謂的種族／族群偏見，現在來看看另一個案例。

初夏時，多倫多的兩家報紙共刊登了一百多個旅遊廣告。一位加拿大的社會學家——瓦克斯（Sidney L. Wax）便利用這些廣告，進行了一項有趣實驗。[1]他給每家旅宿業者寄了兩封信，信中都要求預定相同日期的房間，但其中一封信署名「葛林伯格」（Greenberg）這個常見的猶太姓氏，另一封信則署名「洛克伍德」（Lockwood）。結果如下：

> 針對葛林柏格先生：
> 五二％業者給予回覆。
> 三六％業者願意提供住宿。
>
> 針對洛克伍德先生：
> 九五％業者給予回覆。
> 九三％業者願意提供住宿。

看來，幾乎每家旅宿業者都歡迎「洛克伍德」先生的來信與到訪。但是，將近一半的業者並沒有禮貌性地答覆「葛林柏格」先生，而且只有略多於三分之一的業者願意接待。

這些業者都不認識「葛林伯格」或「洛克伍德」，他們只根據自己的想法，猜測「洛克伍德」可能是文靜、一絲不苟的紳士，而「葛林伯格」可能是吵鬧、愛滋事的酒鬼。顯然，這些業者在做決定時，並不是根據一個人的真實特質，而是根據「葛林伯格是特定族群之一員」的假設。飯店經理**只是**基於「葛林柏格」這一姓氏，就立刻形成刻板印象，認定這個客人不討喜，進而無禮地排斥他。

跟第一個案例不同的是，第二個案例包含了族群偏見的兩個基本元素：一、明確的敵意和排斥。大多數業者都不願意跟「葛林柏格」有所牽連。二、這種排斥是基於類別化（categorical）的思考方式。業者並不是因為「葛林柏格」的個人特質而排斥他，而是認定「葛林柏格」屬於某個特定族群，就預先斷定他會惹麻煩。

讀到這裡，謹慎且重視邏輯思考的讀者可能會問：人類學家和旅宿業者在「類別化的排斥」上，有什麼根本差異？人類學家考量到孩子很可能染上肺結核，所以基於安全，決定不要冒險讓他們接觸印第安人，不是嗎？而旅宿業者不也是考量到葛林柏格很可能是他們不歡迎的族群，所以才決定不接待他？既然人類學家的理由是肺結核盛行，難道旅宿業者就不能以「猶太人的惡習非常普遍」為由，而決定避開風險？

這些問題完全合理。如果旅宿業者是基於事實，才拒絕某些旅客入住（更準確地說，是基於猶太人非常可能惹事生非，才拒絕他們入住），那麼旅宿業者的做法就跟人類學家一樣合理且站得住腳。但我們可以肯定，事實並非如此。

有些業者從未遇過惱人的猶太旅客——這很有可能，因為他們根本不接待猶太旅客。此外，就算有些業者跟猶太旅客發生過不愉快，他們也沒有記錄下來進行比較，看看哪個族群惹事生非的頻率較高。當然，旅宿業者也沒有查證科學文獻，了解一下猶太人、非猶太人的好壞特質的相對比例。如果他們查過這方面的資料，就會發現沒有理由不接待猶太旅客。第6章將會介紹相關研究。

當然，旅宿業者本身可能對猶太人沒有偏見，而是反映出其他非猶太旅客的反猶主義，即便如此，旅宿業者的做法仍構成偏見，原因如前所述。

偏見的定義

「Prejudice／偏見」一詞源自拉丁語中的「praejudicium」。跟大多數詞語一樣，自古典時代以來，這個詞的意涵經歷過幾個轉變，包括下列三個階段：[2]

1. 在古代，「praejudicium」是指「precedent／先例」，即根據之前的決定和經驗所做的判斷。
2. 後來在英語中，這個詞則表示「未經充分查核及考量事實，就倉促、過早地做出判斷」。
3. 最後，就如同目前的情形，這個詞在使用上多了情緒色彩，即「伴隨著沒有根據的預先判斷，而出現的喜好或厭惡感受」。

也許最簡單的偏見定義是：「**沒有足夠根據就認為別人不好**」。[3] 跟其他所有關於偏見的定義一樣，這個簡明扼要的解釋包含了兩個基本要素：一、毫無根據的判斷。二、情緒基調。但是這個定義太過簡短，無法完全表達出「偏見」的真正意涵。

首先，該定義只包含**負面**偏見。我們也可能基於偏見而袒護對方，或是在缺乏足夠證據之下，就認為別人**很好**。根據《新英語詞典》（*New English Dictionary*）的定義，偏見包含正面和負面兩種情緒，如下：

> 在實際經歷之前，或在缺乏實際經驗的情況下，對人、事、物所產生的喜好或厭惡感受。

雖然我們必須記住：偏見有分**正面**和**負面**，但大部分**族群**偏見確實都伴隨著負面情緒。一群學生曾被要求描述自己對少數族群的態度，即使他們沒有接收到任何可能引導出負面評論的暗示，但持敵對態度者仍然是持友好態度者的八倍。因此，本書主要著重在對特定族群的**敵意**，而非對特定族群的**偏愛**。

「認為別人不好」顯然是比較委婉的說法，我們必須知道這句話包含了輕蔑、討厭、恐懼和厭惡的情緒，以及各種表現出反感的舉止，例如：言語批評、歧視、暴力攻擊。

同樣地，我們也必須了解「沒有足夠根據」這句話的完整意涵。任何缺乏事實佐證的判斷都是沒有根據的，所以有人開玩笑地把偏見定義為：「因為無知而反對。」

我們很難明確指出需要多少事實，才足以證明一個判斷是正確的。抱持偏見的人總是會宣稱有足夠根據支持其觀點，這些人會說自己跟難民、天主教徒或東方人相處時，有很多不愉快的經驗，但大部分說詞都缺乏證據，而且很牽強。他們選擇性地歸類自己僅有的幾段記憶，把那些記憶跟傳聞混在一起，並且過度類化（overgeneralize）。不可能有人認識**所有**的難民、天主教徒或東方人，所以嚴格來說，把群體成員視為一個**整體**，並據此做出任何負面評斷，都是缺乏足夠證據就對別人產生誤會的實例。

有時，抱持負面偏見的人，根本就沒有第一手經驗來支持其判斷。早年，美國人大多認為土耳其人非常可惡，但幾乎沒有人真正接觸過土耳其人、或認識誰「實際遇過土耳其人」。那些美國人只是聽說過土耳其政府發起的亞美尼亞大屠殺和傳說中的十字軍東征，就認定所有土耳其人都該被譴責。

一般來說，人的偏見會在接觸受排斥群體的**個別成員**時表現出來。但人們是因為類別思考，而把負面特質類化到該群體的所有成員身上，才會有避開黑人鄰居、拒絕葛林柏格的訂房要求……等舉動。我們很少、甚或從不關注個別差異，同時也忽略了一件重要事實：黑人鄰居X並不是我們有充分理由討厭的那個黑人Y；葛林柏格可能是位紳士，完全不像我們有充分理由討厭的那個布魯姆。

這樣的心理歷程（類別思考、過度類化、忽略個別差異）非常普遍，因此我們可以將偏見定義為：

僅僅因為一個人隸屬於某群體，就認為他具有人們歸咎於該群體的負面特質，而厭惡或仇視他。

上述定義強調了一件事實：雖然日常生活中的族群偏見大多是針對個人，但還涉及「把該群體視為一個整體」而貼上毫無根據的標籤。

再回到「多少證據才算足夠」的問題。我們必須承認，人類很少在絕對確定的情形下做判斷。我們可以合理確信明天太陽依舊會升起，而死亡和稅賦遲早會降臨，但無法絕對確定這些事在未來也是必然。一個判斷是否證據充分其實是個機率問題。一般來說，相較於對人的評判，我們對自然事件的判斷通常是基於發生率較高、較可靠的根據；而我們用來對國家或族群形成類別化判斷的根據，其發生率通常都不高。

舉例來說，第二次世界大戰期間，多數美國人強烈反對納粹的領導者。這是偏見嗎？不是。因為有大量證據顯示，納粹黨以邪惡的政策和行動作為官方指導原則。的確，納粹黨內可能有一些好人默默地反對那項邪惡計畫，但納粹黨破壞世界和平與人道價值觀的機率如此之高，進而引發了一場真實且合理的衝突。由於納粹的高危險性，所以人們對它的敵意並不屬於偏見，而是真實的社會衝突。

再以幫派為例，人們對幫派的敵意也不算偏見，因為幫派的反社會行為證據確鑿。但這條原則有時很難拿捏。假如一個人有前科，那麼旁人的敵意算是偏見嗎？大家都知道，前科者很難找到穩定工作，也很難有尊嚴地養活自己。雇主如果知道其犯罪事跡，自然會懷疑、提防他。但雇主的懷疑往往超過事實可以證明的範圍，假如雇主願意進一步了解，也許會發現眼前的這個人已經徹底改過自新，甚至可能會發現他是被冤枉的。只因為一個人有犯罪記錄，就不給予任何機會——這樣做在機率上**有可能**是對的，因為許多罪犯從未改邪歸正，但這種做法也屬於毫無根據的成見。這就是現實生活中會出現的、難以斷定的臨界案例。

我們永遠無法在「證據充足」和「證據不足」之間畫出一條清楚的界線，所以往往也無法確定眼前的案例是否遭受偏見。但沒有人會否認，我們在某件事可能性很低、甚至為零的情況下，仍然會形成某種判斷。

「**過度歸類**」（overcategorization）也許是人腦最常用的伎倆。我們只要知道一點點事實，就會急著下定論，並且類推到所有情形上。一個小男孩因為對北歐神話中的巨人始祖尤彌爾（Ymir）印象深刻，於是認為所有挪威人都是巨人，導致他多年以來都很怕遇到活生生的挪威人。另一人碰巧認識三名英國人，並在那三人身上發現共同的特徵，於是宣稱所有英國人都有那些特徵。

人類天生具有歸類事物的傾向。生命很短暫，而我們每天都必須因應環境要求並做出大量調整，不能任由自己的無知阻礙了每天的日常活動。我們無法一一衡量這世界上的所有事物，所以必須藉由事物的所屬類別來判斷它是好、是壞。這種現成的評斷方式既粗糙又簡略，卻足以應付日常生活。

有些過度類化並不會造成偏見，只是在統整訊息時出了錯，進而產生**誤解**。例如：一個兒童以為所有「明尼亞波利斯」（Minneapolis）的居民都是「壟斷者」（monopolists），因為這兩個詞的英文發音相似，而他又從父親那裡得知壟斷者都是壞人。過了幾年，當他發現自己搞混了，對明尼亞波利斯居民的厭惡感也就隨之消失。

有個簡單的方法可以區分偏見和預設判斷。如果在發現新證據之後，便修正原先的錯誤判斷，就不算偏見。**只有在接觸新訊息後，仍不改變原本的想法，才屬於偏見**。不同於單純誤解，有偏見的人會拼命抗拒任何可以抵消偏見的證據，當其他人提出反證質疑，他們就會變得情緒化。因此，預設判斷和偏見的差別在於，人們可以平靜地討論並修正預設判斷，而不帶任何阻抗情緒。

綜合以上要素，現在我們可以試著統整出「負面族群偏見」的最終定義，並以此貫穿全書的討論。下列定義的每一用語，都濃縮了先前討論過的要點：

> 族群偏見是基於錯誤而僵化的類化所產生的憎惡態度，它可以是內在情緒或外在言行舉止，可能針對整個群體或該群體的個別成員。

照這個定義來看，偏見的主要影響，就是把「沒有不當行為卻遭受偏見的對象」置於不利位置。

偏見是一種價值觀嗎？

有些作者為偏見下定義時，會增加一項前提：只有當態度違反某個文化的重要規範或價值觀，才屬於偏見。[4]他們堅稱，偏見只是不被社會道德所接受的預設判斷。

一項研究顯示，一般人在使用「偏見」一詞時，確實帶有「違反社會道德」的意味。該研究讓幾名成人聽九年級學生的陳述，並判斷哪些話語帶有偏見、哪些沒有。結果發現，無論男孩對女孩發表任何評論，都不會被視為偏見，因為大眾普遍認為青少年嘲笑異性是正常的。同樣地，這些孩子對老師的任何言論也不會被視為偏見，因為這個年紀似乎本來就比較叛逆，但不會造成嚴重的社會後果。然而，當這些孩子表達出對工會、社會階級、種族或國籍的敵意，那幾名成人就更傾向將其判斷為「偏見」。[5]

簡而言之，人在判斷某種不當態度是否為偏見時，會考量該態度是否有重要的社會意義。比方說，十五歲的男孩「排擠」外國人會被視為偏見，但「排擠」女孩則否。

如果採用上述定義，那已被廢除的印度種姓制度就應該不涉及偏見，而只是社會結構中一種方便的階層劃分，用來清楚界定勞動分工以及各階層的特權。數千年來，幾乎每個印度公民都接受種姓制度，就算是最底層的賤民也不例外，因為印度教的轉世輪迴概念，讓這種階級安排看起來完全合乎公平原則。賤民之所以遭受排斥，是因為在前幾世的輪迴都無法晉升到更高的種姓，或成為超越凡人的存在。賤民這輩子的遭遇是罪有應得，但只要服從並接受宗教引導，下輩子就有機會轉世到更高的種姓。假設這種和睦的種姓制度確實曾是印度社會的重要特徵，那就不構成偏見嗎？

再以猶太聚集區（Ghetto）為例。歷史上很長一段時間，猶太人被限制居住在某些地方，有時整個聚集區外圍甚至會用鎖鏈圈起來，而猶太人只能在聚集區內自由活動。這麼做的好處是可以避免衝突，而認分的猶太人也能為自己規劃相對穩定、舒適的生活。我們甚至可以說，比起現代世界，當時的猶太人更能掌控自己的命運，安全也更有保障。有段時期，猶太人和非猶太人都不反對這種做法，那就表示偏見不存在嗎？

古希臘人（或早期的美國農場主人）對世代為奴的奴隸具有偏見嗎？確實，他們瞧不起奴隸，也錯誤地認為奴隸天生低賤、心智「跟野獸沒兩樣」。但這一切在他們眼中是那麼自然、那麼正確，毫無不妥，因此不存在道德上的兩難。

甚至在今日的某些地區，白人和黑人也形成了和平共處的生活模式，互動模式一旦建立，大多數人就會不假思索地依循這個真實存在的社會結構，而且由於只是遵循社會習俗，所以不認為自己有偏見。在這種情況，黑人和白人都明白各自的社會地位，那麼，我們是否應該效法本節開頭所提到的作者，宣稱只有當言行中的傲慢和貶義**超過**文化規範所限定的程度才算偏見？偏見只意味著偏離社會慣例嗎？[6]

跟世界上的許多部落一樣，北美原住民納瓦霍人（Navaho Indians）也相信巫術存在。由於部落裡流傳著「女巫具有黑暗力量」的錯誤觀念，所以大家都會盡量避開被指控為女巫的人，甚至加以嚴懲——這種行為符合先前提到的每一條偏見定義，但大部分的納瓦霍人都不認為這是道德問題。既然「排斥女巫」是約定成俗的作風，也受到社會認可，那是否不該稱為偏見？

該如何評論上述觀點？有些評論者非常贊同，並認為：

> 整個偏見議題不過是「自由主義知識分子」發明出來的價值判斷，如果**自由主義者**不認同某種風俗文化，就會武斷地稱之為偏見。他們應該考量特定文化的民俗風情，而不是以自己的道德憤怒感作為判斷標準，如果文化本身存在衝突，且多數成員的行為都不符合該文化所規範的標準，那才可說該文化中存在著偏見。偏見是文化對其成員的行為所做的**道德評價**，它指出哪些態度不被認同。

看來，那些評論者似乎把兩個互相獨立、且截然不同的問題給搞混了。第一：在心理學意義上，偏見意味著過度類化的負面評斷，因此無論在種姓社會、奴隸社會、相信巫術的部落，或是道德敏感度較高的社會，當然都存在著偏見。第二：偏見是否會引發道德憤怒感？——這完全是不同層次的問題。

不可否認，信仰基督宗教和擁有民主傳統的國家，會比沒有這些倫理傳統的國家更無法容忍族群偏見，而「自由主義知識分子」的確也比一般人更容易在偏見問題上情緒激動。

儘管如此，「偏見的客觀事實」和「對這些事實的文化或道德判斷」是兩回事，沒有理由把這兩者混為一談，也不應該被詞語的負面意涵誤導，認為那只是一種價值判斷。舉例來說，「流行病」一詞意味著某種不愉快的事，征服流行病的偉大科學家——巴斯德（Louis Pasteur）當然痛恨它，但他絲毫不受自己的價值判斷影響，才能成功地處理流行病這一客觀事實。「梅毒」在我們的文化中是帶有貶義的詞，但其情緒色彩完全跟螺旋菌在人體內的活動無關。

有些文化（像是美國）致力於消除偏見，有些則否。但無論我們談論的是印度人、納瓦霍人、古希臘人，還是美國密德鎮的居民，偏見的基本心理機制都不會改變。負面態度無論是否受到譴責，只要是源自錯誤的過度類化，都屬於偏見。每個時代、每個國家都存在著偏見，無論人們是否對它感到憤怒，它都是一種真實存在的心理問題。

偏見的功能意義

有些偏見定義還包含另一個元素，例如：

偏見是人際關係中的敵對模式，主要針對整個群體或個別成員。持有偏見者藉由行使偏見來實現其非理性目的。[7]

上述定義的最後一句話表示，負面態度只有在「用來滿足個人目的」時，才算偏見。後續章節會清楚說明，許多人確實是基於自我滿足，而形成並維持偏見。在大多數情況下，偏見似乎對當事人具有某種「功能意義」，但並非總是如此，很多人的偏見只是出於盲目遵循既有的風俗習慣。第17章將討論到，有些偏見跟個人生活系統無關，因此似乎沒有理由把偏見的「非理性功能」納入基本定義中。

態度和信念

前面提過，偏見的充分定義包含兩個基本要素，第一：必須涉及喜愛或厭惡**態度**。第二：必須跟過度類化（因而錯誤）的**信念**有關。人在說出帶有偏見的話語時，有時是在表達自己的態度，有時則是表達信念。下列幾則陳述中，A表達的是態度，B是信念：

A：我受不了黑人。
B：黑人身上有股怪味。

A：我不願意跟猶太人住同一棟公寓。
B：雖然有些例外，但猶太人大致上都差不多。

A：我不希望日裔美國人住在我們鎮上。

B：日裔美國人都很奸詐狡猾。

在討論偏見時，有必要區分態度和信念嗎？就某方面而言，其實是不必要的，因為態度和信念通常是一體兩面。人如果抱持著過度類化的信念，而將某群體視為一個整體，通常也會持續表現出對該群體的敵對態度。研究顯示，在偏見測試中表現出高度敵意的人，也會高度相信其所排斥的群體有許多令人反感的特質。[8]不過，區分態度和信念有助於達到某種目的，例如第30章將提到，有些旨在減少偏見的計畫，雖然成功改變了人的信念，卻無法改變態度。在一定程度上，我們可以運用理性思考來打破或改變人的信念。然而，人通常會以某種方式調整信念，使其符合自己的負面態度，但態度卻難以改變。這點可由下列對話來說明：

X先生：猶太人的問題在於他們只關心自己的族群。

Y先生：但是根據公益募款紀錄，猶太人捐錢給社區慈善機構的比例大於非猶太人。

X先生：這表示猶太人老想著收買別人、干涉基督教事務。他們眼中只有錢，所以才會有這麼多猶太裔銀行家。

Y先生：但最近有項研究顯示，在銀行業中，猶太人所占的比例非常低，遠低於非猶太人的比例。

X先生：沒錯，他們就是不喜歡老老實實地工作，才會去拍電影或開夜店。

如上述案例所示，人的信念系統會自動彈性調整，以證明既有態度的正當性。這一過程稱作**合理化**，即調整信念，使其跟態度一致。

各位應該記住這兩個偏見基本要素，因為後續討論需要區分兩者。但如果本書在使用「偏見」一詞時，沒有特別指明是態度或信念，就表示兩者皆涵蓋在內。

偏見行為

人在面對自己不喜歡的群體時，不見得會表現出真實的看法或感受。舉例來說，假設兩名雇主對猶太人的反感程度差不多，其中一名雇主可能會隱藏自己的感受，並一視同仁地雇用猶太人——也許他想讓自己的工廠或商店在猶太社區大獲好評；另一名雇主可能會將自己的厭惡反映在聘雇原則中，而拒絕雇用猶太人。這兩名雇主都有偏見，但只有一人做出**歧視**行為。一般來說，相較於偏見，歧視會造成更直接且嚴重的社會後果。

任何負面態度都會以某種方式、在某個地方，表現為某種行為，幾乎沒有人能夠徹底掩飾自己的反感。厭惡態度越強烈，就越可能導致激烈的敵對行為。

我們可以將負面偏見行為按照程度，從輕微到嚴重排序如下：

1. **仇恨言論**。大多數人會談論自己的偏見，這些人在跟志同道合的朋友聊天、或偶爾跟陌生人交談時，會肆無忌憚地表達出對其他群體的反感。但許多人表達嫌惡的方式，從未超出這種相對溫和的程度。
2. **迴避**。如果一個人的偏見再強烈一點，就會避開特定群體的成員，即使這會造成自己極大不便。在這種情況下，偏見者並不會直接傷害其厭惡的群體，而是自己設法遷就和迴避，並承擔所有不便的後果。
3. **歧視**。在這種情況下，偏見者開始做出明顯且有害的差別待遇。這些人試圖剝奪受歧視群體的社會權益，例如不允許他們從事特定工作或居住在特定區域，也不讓他們擁有政治權利、教育機會、娛樂機會，以及上教堂和去醫院的自由。種族隔離就是透過法律或習俗而強制執行的制度化歧視。[9]

4. **身體攻擊**。偏見者在情緒激動之下，可能會出現暴力或接近暴力的行為。不受歡迎的黑人家庭可能會被迫搬離社區，或因為受到嚴重威脅而害怕地主動搬走；猶太人的墓碑可能會受到破壞；北邊的義大利黑手黨可能會埋伏在路旁，等待南邊的愛爾蘭黑幫經過。

5. **種族滅絕**。基於偏見而行使的終極暴力行為，包括：私刑、集體迫害、大屠殺，以及希特勒式的種族滅絕計畫。

這五個層級並非建立在嚴謹的數學算式上，但仍有助於讓大家注意到，偏頗的態度和信念會引發範圍極廣的敵對行為。雖然大部分人的偏見行為並不會進展到更激烈的程度，像是從仇恨言論升級為迴避，或從迴避升級為歧視。然而，一旦出現某個層級的偏見行為，要演變成更激烈的手段就容易多了。正是希特勒的仇恨言論，導致德國百姓迴避自己的猶太鄰居和昔日好友，這使得納粹德國順利通過歧視性的《紐倫堡法》（Nürnberg Laws），進而讓接下來的焚燒猶太會堂和街頭攻擊猶太人事件顯得理所當然，而這個可怕進程的最後一步，就是把猶太人送進奧斯威辛集中營的焚化爐。

從社會後果的角度來看，許多「不失禮貌的偏見」大致無害，僅止於閒聊。但不幸的是，自二十世紀開始，偏見行為越來越常出現致命升級，嚴重威脅到人類大家庭的和諧安康。人跟人之間的關係越來越緊密、相互依存的程度越來越高，導致大家越來越無法容忍不斷增加的摩擦和衝突。

第2章 未審先判是常態

人為何如此容易陷入族群偏見？主要原因在於第1章提到的「**錯誤的類化**」和「**敵意**」——這兩個偏見的基本要素，正是人腦與生俱有的能力。讓我們先暫時把「敵意」以及相關問題放在一旁，只考慮人類生活和思考的某些基本模式，這些基本模式會讓人自動形成錯誤的類別化判斷，進而導致族群或群體對立。

首先強調，本書任何一個章節都無法完整闡述偏見問題的全貌，只能片面探討其中某一層面，這是在**分析**偏見主題時無可避免的缺陷。偏見是具有多重面向的複雜問題，各位在探究其中一個面向時，必須牢記同時還存在許多其他面向。本章將從「認知」的角度，探討人為何會形成先入為主的判斷，並暫時擱置其他同時存在的影響因素，例如：自我涉入、情緒、文化、個人特質……等。

群體間的區隔

世界各地的不同群體都會彼此區隔開來，人們和自己的同類交往，並跟同質性高的人聚集在一起，居住在同一個地區，一同吃喝玩樂、互相拜訪，也傾向擁有共同的信仰。這種自然形成的凝聚力僅僅是為了方便，因為這麼一來就不需要尋求外團體的陪伴。既然身邊有很多人可供選擇，何苦去適應新的語言、文化、飲食習慣或不同教育程度的人？反之，跟類似背景的人相處可就輕鬆多了，大學同學的聚會向來都很歡樂，原因之一就是所有人年齡相仿，不但有相同教育背景，還有共同的文化回憶（甚至有共同喜愛的經典老歌）。

因此，如果都跟同類聚在一起，我們就能輕鬆完成大部分日常事務。跟外國人相處會帶來壓力，跟不同社經地位的人相處也是如此。為何我們不太跟警衛玩橋牌？因為他也許比較喜歡撲克牌，而且可能無法理解我們跟朋友打鬧、閒聊時的笑點，如果硬要把作風習慣不同的兩類人湊在一起，場面就會有點尷尬。這不是階級偏見，而是因為跟同階層的人相處比較輕鬆自在，而且在自己的階層、種族、信仰中會有很多合適對象，可以一起吃喝玩樂或共組家庭。

通常在工作場合比較有機會接觸外團體成員。在層級分明的公司行號裡，管理者必須跟工人打交道，經理必須跟警衛打交道，銷售人員必須跟文書職員打交道。在核心組織中，不同族群的成員可能會並肩工作，但在閒暇時，大家多半還是待在自己的群體，因為這樣比較自在。工作上的接觸並不足以克服心理上的疏離感，有時跨階層接觸反而讓疏離感更嚴重。墨西哥工人可能會嫉妒白人雇主享有的舒適生活；白人員工可能會擔心黑人助手處心積慮、隨時準備搶走自己的工作；政府引進外籍勞工從事卑微的職業，而當他們有所成就、社會地位逐漸提升，卻引起主流群體的恐慌和嫉妒。

少數群體之所以保持疏離，不完全是受到主流群體的壓迫，而是更喜歡跟自己人在一起，就不用緊張地說著彆腳的外語，或隨時留意自己的舉止。就像在同學會跟老朋友相聚時，與擁有同樣傳統、背景的人相處才能「放鬆」。

一項具有啟發性的研究顯示，相較於美國白人高中生，美國少數族群高中生表現出更強烈的族群中心主義（ethnocentrism），例如：比起白人學生，非裔、華裔和日本裔年輕人更堅持在自己的族群中挑選朋友、合作夥伴或「約會對象」。的確，在選擇「領導者」時，少數族群不會選擇自己的同胞，而傾向選擇非猶太裔的主流白人，因為他們認同班長應該由主流群體的成員擔任。但是在尋求親密關係時，他們就會希望對方所屬的族群跟自己相同，這樣相處起來比較輕鬆自在。[1]

因此事實是，人類群體從一開始就傾向彼此保持區隔。這種傾向並非出自合群本能（gregarious instinct），也不是基於同類意識（consciousness of kind）或偏見，而是因為人類在自己所屬的文化中最輕鬆省力，也最有歸屬感、最自豪。

然而，分裂主義一旦形成，勢必會導致各種猜忌和推測。群體之間如果保持區隔，就幾乎沒有管道可以溝通，所以很容易誇大彼此的差異，並對差異成因產生誤解。最重要的是，這種區隔可能會造成真正的利益衝突，以及許多想像中的衝突。

舉個例，胡安是一名德州的墨西哥裔工人，他跟白人雇主在生活中幾乎毫無交集。他們住在不同的社區，說著不同的語言，上不同的教會，有著完全不同的傳統。他們的孩子很可能念不同的學校，也不會一起玩耍。雇主只知道胡安來上班，然後拿了錢就走，而且做事總是馬馬虎虎，看起來既懶散又無法溝通，於是雇主很快就假設所有墨西哥人都有這些特質，進而對墨西哥人形成了「懶惰、隨便、不可靠」的刻板印象。接下來，如果雇主發現胡安的草率給自己造成財務上的損失，就會理直氣壯地仇視墨西哥人——尤其當他認為自己的高稅賦或財務困難都是墨西哥人害的。

現在，胡安的雇主認為「所有墨西哥人都很懶惰」，如果這名雇主遇到另一個墨西哥人，就會把刻板印象加諸在對方身上。這種預設立場是錯的，因為：一、並非所有墨西哥人都一樣。二、胡安並不懶惰，而是個人價值觀導致他表現得如此。事實上，胡安喜歡跟孩子在一起，也需要慶祝宗教節日，還得經常維修房子。雇主對這些情形一無所知，所以按照邏輯應該說：「我不知道胡安那些行為的背後原因，因為我不了解他，也不了解他的文化背景。」反之，雇主卻用過度簡化的方式來處理一個複雜問題，把一切都歸咎於胡安和墨西哥人的「懶惰」。

但是，雇主的刻板印象確實有一些「事實根據」：胡安的確是墨西哥人，在工作上的確不夠認真。另外，雇主接觸過的其他墨西哥工人可能也有類似情況。

區分「有足夠根據的類化」和「錯誤的類化」絕非易事，對於本身就抱持著類化概念的人來說尤其如此。接下來將進一步檢視這個問題。

類別化的過程

人腦在思考時必須借助各種「類別」（在這裡相當於**類化**）。我們將事物分門別類後，這些類別就成為日常判斷的基礎。這一過程非常重要，是讓生活井然有序的必要條件。

類別化的過程大致包含下列五個重要特徵：

一、**類別化會將事物分成幾個大類別，指引我們適應日常生活**。我們在清醒的大部分時間裡，都必須仰賴預先形成的各種類別，才能順利度過日常生活。當天色變暗、氣溫下降，我們便預測快要下雨了，而為了適應這類事件，我們出門時就會帶把傘。當有隻看起來很暴躁的狗在街道上橫衝直撞，我們會把牠歸類為「瘋狗」，然後躲得遠遠地。當我們生病就醫，就會對醫生的診療有所期待。在上述以及無數其他情境中，我們「歸類」某個事件，把它放在熟悉的架構中，然後採取相對應的行動。但我們有時會歸類錯誤——沒有下雨，狗沒有發瘋，醫生也不夠專業。但是由於我們預期的結果很可能發生，所以我們的行為是合理的。儘管把事物歸錯類，但這已是我們所能做的最好程度。

這一切都顯示，我們會自動把生活經驗分成幾個不同的類別或概念，雖然可能在錯誤時機採用正確類別，或是在正確時機採用錯誤類別，但類別化的過程仍然主宰我們的心智生活。我們每天都會遇到無數事件，但無法處理那麼多狀況，要順利解決只能加以分門別類。

「心胸開放、毫無成見」是種美德，但嚴格來說，這是不可能的，因為新經驗一**定**會被納進既有類別。我們無法針對每一個新事件進行個別化處理，如果這樣做，那過去的經驗又有何用？這個問題曾被哲學家羅素（Bertrand Russell）用一句話來總結：「永遠開放的心靈將會是永遠空虛的心靈」。

二、**類別化會盡可能地擴大一個類別所能涵蓋的事物**。人在思考時有種奇特的惰性，即偏好輕鬆解決問題。要達到這個目的，最有效的方法就是迅速把問題歸到合適類別中，再根據該類別來判斷如何解決。據說海軍醫務兵只會把前來求助的病人分成兩類：身上**有**傷口，或**沒有**傷口。如果是前者，就在傷口上擦一些碘酒；如果是後者，就給對方一些鹽巴。生活對醫務兵來說很簡單，只要靠那兩個類別，就可以安然度過整個職業生涯。

換句話說，大腦傾向以解決問題所需的最「粗略」方式來歸類事物。如果醫務兵在執勤時，因為過於草率而受到指責，那他們可能會修正原本做法，採用更細緻的診斷分類，再為病人提供更合適的治療。但如果粗略的過度類化就足以「擺平」問題，我們就會傾向那麼做。（為什麼？因為更省力。除非是最感興趣的事，否則我們不會多花一分心力。）

這種傾向對「偏見」的影響顯而易見。如果白人雇主平常的行事作風，是依循「墨西哥人都很懶惰」這個過度類化的結論，而不是針對個別員工去了解其行為的真正原因，那就可以省下很多心力。如果我可以簡單地把美國一千三百萬同胞[1]歸納為「黑人都很愚蠢、骯髒、低劣」，那將大大簡化我的生活——只要避開每一個黑人就好。有什麼比這更容易？

三、**人會運用類別來快速辨識出相關對象**。每件事物都有一些特徵，提醒我們要預先採取何種判斷。當我們看到胸前長著紅色羽毛的鳥，就會心想「那是知更鳥」。當我們看到一輛汽車在馬路上橫衝直撞，就會想到「駕駛喝醉了」，並採取相應行動。當我們看到一個人有著深棕色皮膚，就會激發腦中任何關於黑人的主要印象，而該主要印象的類別如果是由負面態度和負面信念組成，我們就會自動避開那個人，或表現出其他偏見行為（見第1章）。

因此，我們看到的東西、下判斷的方式、採取的行動，都頻繁地直接受到「類別」影響。事實上，我們之所以會對事物進行分類，就是為了幫助自己形成感知，並採取適當行動。換句話說，形成類別的目的是讓我們迅速適應各種事件，並順利、連貫地生活。雖然我們在歸類事物時經常犯錯，並因此陷入麻煩，但大多數情況都能夠仰賴「類別」提供的原則。

四、類別會把它涵蓋的一切事物，都染上同樣的概念和情緒色彩。有些類別幾乎是純知識性的，我們稱之為概念。「樹」的概念，是由我們對數百種樹木的種類和數千棵個別樹木的印象所組成，但其本質上只有一個概念性意義。不過，許多概念（甚至包括「樹」）不只具有「意義」，還帶有獨特的「情感」。我們不但知道「**樹**」是什麼，而且還**喜歡**樹。關於族群的類別也是如此，我們不但知道「中國人」、「墨西哥人」、「倫敦人」這幾個概念的意義，還會對它們產生喜歡或厭惡的感覺。

五、某些類別的形成過程比其他類別更理性（或更不理性）。前面提過，類別的形成通常始於一些「事實根據」。理性類別正是如此，它會隨著相關經驗累積而不斷擴大和自我鞏固。「科學定律」就是理性類別，受到實證經驗支持，且任何屬於某則科學定律的事件都會以特定形式發生。雖然科學定律並非百分之百完美，但如果有很高的機率能準確預測事件的發生，我們就會認為它是理性的。

有些族群類別也是理性的。黑人很可能有深色皮膚（雖然不見得總是如此），法國人的法語很可能說得比德語流利（當然也有例外）。但是黑人真的很迷信？法國人真的很放蕩嗎？兩種說法的可信度都很低，甚至對照其他族群就會發現可信度為零。然而人腦在形成類別時，似乎不會區分機率高低，因此理性類別和非理性類別都同樣易於形成。

我們必須非常了解一個群體所具備的特徵，才可能對該群體的成員做出理性的預設判斷。似乎沒有人可以拿出可靠的證據，去證明蘇格蘭人比挪威人小氣，或東方人比白種人奸詐，但這類信念卻跟相對理性的信念一樣，輕易就會滋長。

1　譯注：當時美國黑人的人口數。現為四千六百九十萬人（二〇二三年）。

瓜地馬拉某個社區的居民非常痛恨猶太人，但他們從未見過任何猶太人。那麼，這種「猶太人很可惡」的概念是如何建立起來的？首先，那是一個虔誠的天主教社區，教師們告訴當地居民，猶太人是殺死耶穌的兇手。另外，當地流傳著一個古老的異教神話，內容恰好是關於魔鬼殺死天神的故事。兩種帶有強烈情緒的概念融合在一起，導致居民對猶太人形成充滿敵意的成見。

前面雖然提到，理性和非理性類別都同樣易於形成，但強烈情緒就跟海綿一樣，所以非理性類別或許**更**容易形成。想法會受制於情緒，導致人在判斷時經常被情緒牽著走，而不會考量客觀證據。

人在形成非理性類別時往往缺乏足夠證據，這又可以分成兩種情形。第一：當事人可能只是**不知道**事實真相，因而產生誤解（如同第1章的定義）。我們獲得的概念很多都來自傳聞或二手訊息，所以難免會基於錯誤資訊來形成類別。比方說孩子在求學時，如果要對一些事物（例如「西藏人」）形成大致概念，就只能透過老師和教科書提供的內容，所以很可能會出錯，然而他們已經盡力了。

第二：較令人費解、影響也較深遠的，是**無視**於證據的非理性預設判斷。有個牛津大學的學生曾說：「我從未遇過讓我反感的美國人，但我還是鄙視所有美國人。」在此例中，這個學生做的分類甚至跟他的親身經歷矛盾。「偏見」最奇怪的特徵之一，就是當我們已經知道更多訊息，卻還是堅持原本的預設立場。神學家告訴我們，基於無知的預設判斷是無罪的，但故意忽略證據的預設判斷就是一種罪過了。

當類別跟證據衝突

就本書的目的而言，我們必須了解：類別跟證據有衝突時會發生什麼事。類別在大多數情況下都相當頑固且抗拒改變，這是明顯的事實。畢竟，人之所以會形成類化，正是因為這樣很有效率，那又何必在每一個新證據出現時去改變既有類別？如果我們習慣了一種自動化的分類模式，也對此很滿意，為什麼還要設法找到另一種模式的優點？這只會打亂原本就夠好的習慣。

新證據如果可以支持原本的信念，我們才會選擇性地將它納入既有類別。得知某個蘇格蘭人很小氣時，我們會很得意，因為他證明了我們的預設判斷是正確的。有機會說出「我早就告訴過你了」這句話，是多麼令人開心的事。不過，一旦發現事實跟自己原先的想法不符，就很可能會抗拒。

在面對互相矛盾的證據時，人經常會運用一種心理機制來堅持己見，即「允許例外出現」。譬如我們可能會說「有些黑人很好，可是……」或者「我有幾個好朋友就是猶太人，可是……」。這是一種放鬆警戒的手段，排除了一些好案例之後，就可以繼續認為該類別的其他案例都很差勁。簡單來說，人不會接受「反證」，也不會用它來修正自己的類化，而只是敷衍地承認它存在，然後予以排除。

上述心理機制可說是「二度防備」。當一個人在心態上無法接受某件事，就會承認那是例外，然後又匆匆關上心門，不願意保持開放的心態。

在聊到關於黑人的話題時，常會出現一種有趣的「二度防備」。強烈排斥黑人的人，在面對有利於黑人的證據時，往往會提出一個常見的問題：「你願意讓你妹妹嫁給黑人嗎？」這種二度防備很狡猾，只要對方回答「不願意」或稍有遲疑，持有偏見的人就會說「看吧，黑人就是跟我們不一樣，有些事對他們來說就是不可能」，或是「我沒說錯吧，黑人天生有一些討厭的特質」。

人們只有在兩種情況下，才不會啟動二度防備來捍衛既有的類別思考。第一種情況很罕見，即**習慣性保持開放心態**。有些人似乎終其一生都很少用既定框架看待任何事物，這類人對所有的標籤、類別和籠統說法都保持懷疑，而且總是會去了解每個類化思維背後是否有事實根據。他們意識到人類的複雜性和多樣性，所以對於族群的類化特別小心，就算對某個族群抱持著特定看法，也只是暫時性假設，只要一出現反證，就會修正自己原有的族群概念。

第二種情況，是出於純粹的**自我利益**而修正既有概念。人們可能會從慘痛經驗中，學習到自己的分類方式有誤，必須加以修正。例如，某人可能不知道食用菇的正確類別，結果誤食毒菇而中毒，於是他開始修正自己的分類方式，不再犯相同錯誤。另一人可能認為義大利人都很野蠻無知、喜歡大聲喧嘩，直到他愛上一個有教養的義大利女孩，並發現為了自己的未來幸福著想，最好修正先前的類化結論，於是他建立了更正確的假設——世界上有形形色色的義大利人，並根據該假設展開行動。

然而，人總是有很多理由堅持自己的預設立場，而不做任何改變，因為這樣比較輕鬆。更重要的是，預設立場往往會得到朋友和同事的認同與支持。對於住在郊區的人來說，跟鄰居爭論「是否要讓猶太人加入鄉村俱樂部」似乎不太禮貌。但假如他的類別思考跟鄰居相似，就會比較寬慰，因為人們的自我感取決於旁人的眼光。只要自己和周圍的人都能接受某些構成生活基礎的信念，就沒必要一直重新檢視了。

個人價值觀決定了預設立場

前面說過，類別框架對人的心智生活至關重要，而這種框架的運作必然會讓人形成預設立場，進而產生偏見。

我們所形成的最重要的類別，就是個人價值觀，它給予我們生活的意義和指引。我們很少反思或衡量自己的價值觀，而是感受它、肯定它、捍衛它。個人價值觀相當重要，證據和理性通常必須服膺於它。在某國家一個塵土飛揚的地區，一名農夫聽到遊客抱怨到處都是沙塵，為了守護自己熱愛的這片土地，不讓它被人批評，他於是說：「你知道嗎，我很喜歡沙塵，可以淨化空氣。」農夫的論述毫無邏輯，卻捍衛了自己的價值觀。

作為自己生活方式的擁護者，我們的思考方式必然也會忠於個人價值觀。人的推論方式只有一小部分屬於心理學家所謂的「導向性思考」（directed thinking），即完全由外部證據決定、著重於解決客觀問題的思考模式。一旦涉及感受、情緒和價值觀，我們就很容易陷入「自由、基於主觀期望或幻想」的直覺、非理性思考模式。[2] 這種忠於個人價值觀的思考方式完全是天性，因為我們在這世上的任務，就是依循個人價值觀而過著協調一致的生活，為了做到這點，就必須仰賴基於個人價值觀的預設判斷。

個人價值觀與偏見

顯然，對個人價值觀的肯定往往讓我們處於偏見邊緣。哲學家斯賓諾莎（Baruch de Spinoza）曾將「愛的偏見」定義為「出於喜愛而被蒙蔽了雙眼」。陷入愛河的人會過度類化所愛之人的優點，認為對方的一舉一動都很完美。同樣地，基於對信仰、組織或國家的忠誠，也讓我們「出於喜愛而給予它們過高的評價」。「愛的偏見」的對立面是「恨的偏見」——斯賓諾莎定義為「出於仇恨而給予對方過低的評價」。我們有充分理由認為，「愛的偏見」對人類生活來說遠比「恨的偏見」更基本。人必須先看重自己的所愛，才能輕忽與其相對的事物。我們築起圍牆，是為了保護自己珍視的東西。

正向依戀關係對人類生活非常重要。幼兒如果沒有對照顧者產生依賴，就無法生存下來。他們必須先喜愛和認同某個人或某件事，才能學會恨；必須先體驗過親情和友情，才能夠界定哪些人是會構成威脅的「外團體」。[3]

我們也可以說，愛的偏見是過度類化自己所依戀和喜愛的類別。但為何人們很少討論它呢？原因之一，是愛的偏見不會造成社會問題。沒有人會反對一個人過分偏袒自己的孩子，除非他因此敵視鄰居的孩子（有時會發生）。當一個人捍衛自己的絕對價值觀，可能會侵犯到別人的利益或安全，這麼一來，我們就只會注意到此人的仇恨偏見，而沒有意識到仇恨偏見乃是源自其對立面——愛的偏見。

舉例來說，許多有教養的歐洲人長久以來都對美國抱持著偏見。早在一八五四年，一名歐洲人就輕蔑地形容美國是「大型瘋人院，裡頭聚集了歐洲的流浪漢和無賴」。[4]當時對美國的侮辱很常見，因此在一八六九年，美國詩人洛威爾（James Russell Lowell）發表了一篇文章，標題為〈論外國人的優越感〉，藉以抨擊歐洲批評者的態度。但類似的反美偏見至今依舊存在。

這種情形的根源是什麼？首先可以肯定的是，在詆毀他人之前，必定存在著自我珍視，即懷抱著愛國心、對自己的祖先和文化感到驕傲，這是歐洲批評者得以安身立命的正向價值觀。然而那些歐洲人到了美國之後，隱約感到自己的地位遭受威脅，只好藉由貶低美國來獲得安全感。所以他們並不是一開始就痛恨美國，而是太熱愛自己和原本的生活。同樣的解釋也適用於旅居國外的美國人。

一名來自麻州的學生，身上背負著傳達包容理念的使命（他自己是這麼認為的），他寫道：「黑人問題永遠不會解決，除非我們在愚蠢的南方白人腦袋裡灌進一點東西。」他懷有理想的正向價值觀，但諷刺的是，這種激進的「包容」卻導致他認為有一部分的人威脅到自己的價值觀，進而對那些人做出偏頗的譴責。

同樣地，一名女士說：「我當然沒有偏見，我跟我的黑人保母關係很好。我在南方出生，在那裡生活了一輩子，所以非常了解這個問題。如果黑人只在我們允許的範圍內生活，他們會比較快樂。那些愛找碴的北方人根本不懂黑人。」短短幾句話，就能看出她在（心理層面上）捍衛自己的特權、地位以及舒適的生活。與其說她討厭黑人或北方人，不如說她喜歡現狀。

對人們來說，如果能夠相信某類別的事物全都是好的，另一類別的事物全都是壞的，其實很方便。某公司高層打算調升一名工人，讓他接手管理工作。但有個工會職員卻告訴那名工人：「別去做管理工作，不然你會跟那些人一樣變成混蛋。」該職員心中只有兩種階級：工人和「混蛋」。

上述例子都說明了，負面偏見其實反映自身的價值體系。我們重視自己的生活模式，並且相對應地貶低（或主動攻擊）那些似乎威脅到自己價值觀的事物。佛洛伊德說：「對於必須有所接觸的陌生人，人們會不加掩飾地表達出厭惡和反感，我們可以看出那是對自我的熱愛與自戀。」

這種現象在戰爭時期更加明顯。當敵人威脅到我們所有（或幾乎所有）的正向價值觀，我們就會加強抵禦，並放大自我立場的優點，並認定自己完全正確（這是一種過度類化）。若不抱持這種信念，就無法集中所有心力來抵抗外侮。而如果我們完全正確，那敵人一定完全錯誤，既然如此，就應該毫不猶豫地消滅敵人。但即便以戰爭為例，我們也可以明顯看出，人類基本上是先抱持著愛的偏見，而後才衍生出恨的偏見。

儘管世界上可能存在著「正義戰爭」，即某一方的價值觀受到真實威脅而必須加以捍衛，戰爭仍然伴隨著某種程度的偏見。當我們受到敵國的嚴重威脅，就會認為敵國是萬罪不赦的惡魔，而敵國的每一個國民都會對自己造成危險。在這種情況下，人不可能抱持著客觀、明辨是非的態度。[5]

摘要

本章論述的重點是：人傾向於產生偏見。而這是基於人腦與生俱有的正常本能——形成類化、概念和類別，這些都是對經驗世界的過度簡化。人根據親身經驗而形成理性類別，但也會在缺乏事證的情形下，完全根據傳聞、情感投射和幻想，就輕易形成非理性類別。

個人價值觀使我們傾向形成毫無根據的預設立場，這種價值觀是所有人類賴以生存的基礎，容易導致愛的偏見，進而衍生出恨的偏見。恨的偏見可能、也經常反映出人的正向價值觀。

由於恨的偏見源自愛的偏見，為了進一步了解愛的偏見的本質，下一章將討論人如何對自己的所屬群體（即內團體〔in-group〕）形成忠誠感。

第3章 形成內團體

「親近生侮慢」這句諺語幾乎毫無道理。雖然我們有時會厭倦一成不變的生活和常見的老面孔，但我們的生活價值正是奠基在這些習以為常的人、事、物之上。更重要的是，熟悉的東西往往會**變得**珍貴。我們會漸漸愛上從小到大習慣的烹調方式、習俗和人。

從心理層面來看，關鍵在於：熟悉的事物是我們存在所不可或缺的根基。既然存在是美好的，其根基顯然也是美好而令人嚮往的。孩子生下來就被賦予了父母、鄰居、居住地和國家，此外還有宗教、種族和社會傳統。對孩子來說，這些從屬關係都很理所當然，他是周遭人、事、物的一部分，周遭人、事、物也構成了他的一部分，所以這一切都是**美好**的。

早在五歲時，孩子就能理解自己隸屬於很多群體，例如產生族群認同感，而直到九或十歲才能夠理解這些身分的意義，像是猶太人和非猶太人的不同、貴格會教徒（Quaker）和衛理公會教徒（Methodist）的差異。但在理解這一切之前，他們就已經對自己的所屬群體產生強烈的忠誠感。

一些心理學家表示，孩子因為身為特定群體的一員而得到「獎勵」，才會對所屬群體產生忠誠感。也就是說，孩子從家人那裡獲得食物和照顧，從鄰居、同胞的禮物及關懷中獲得快樂，所以學會愛這些人，正是這種獎勵使孩子忠於群體。但我們有理由懷疑前述解釋是否充分。黑人孩子很少（或從來沒有）因為身為黑人而得到好處——通常還會有壞處，但他們在成長過程中依然對自己的種族保持忠誠。一名印第安人只要想起家鄉，心中就有股暖流，這不見得是因為他在家鄉度過了快樂的童年，而只是因為他**來自**那裡，某種程度上，家鄉仍是其存在的根基。

獎勵的確有助於形成群體忠誠感。在家庭聚會中玩得很開心的孩子，很可能會因為這段經歷而更加依戀自己的家族，但一般來說，他無論如何都會喜愛家族，因為那是他生活中無法割捨的一部分。快樂（即「獎勵」）並不是讓我們對內團體保持忠誠的唯一原因，很少有人是因為某個群體可以帶來歡樂才繼續待在該群體——或許娛樂性質的群體除外。而且，一旦我們對內團體形成忠誠感，除非發生一次嚴重的不愉快，或一段漫長、痛苦的經歷，否則我們不會輕易離開。甚至有時受到更嚴厲的懲罰，也無法讓我們背棄對群體的忠誠。

這種「**根基**」原則對人類的學習非常重要。我們不需要用「合群本能」這種假設來解釋人為何喜歡聚在一起，因為大家只是自然地融入、交織在彼此的生存結構中。既然人認同自己的存在價值，當然也會肯定社會生活的美好。我們也不需要用「同類意識」的概念來解釋人為何要維護自己的家庭、氏族和族群，因為如果沒有這些群體，基本上就不會有現在的我們。

很少有人真正想成為別人，一個人就算自認有很多缺陷、過得很痛苦，也不會想跟別的幸運兒交換身分，雖然抱怨自己的不幸、渴望一帆風順，但他想要的是改變**自己的**命運和個性，而不是成為別人。這種對「自我存在」的執著是人類生活的基礎。我羨慕**你**，但不想**成為**你，只希望擁有你的部分特質或所有物。而每個人所珍視的自我，必然也包含此人的每一個群體成員身分。既然無法改變自己的家族血統、傳統、國籍或母語，就欣然接受。人們的口音不僅反映在說話方式上，更深深烙印在心底。

奇怪的是，人並不需要直接了解所屬的每一個內團體。雖然一般來說，我們都認識自己的直系親屬（孤兒可能會強烈依戀未曾謀面的父母），也會透過成員間的個別接觸而了解俱樂部、學校、社區等群體，但人只能藉由符號或傳聞的形式來間接了解其他所屬群體。我們不可能直接認識自己種族中的每一個人，也無法熟識所屬教會或擁有共同信仰的每一名教友。當年幼的孩子聽說曾祖父是船長、探險家或貴族，就會為此深深著迷，並用傳聞事蹟來建立自己的個人認同。傳聞內容跟日常經歷一樣，也為生命提供了真實根基。人透過象徵符號習得了家族傳統、愛國主義和種族優越感，因此就算只是口耳相傳下建立的內團體，還是會形成緊密而穩固的連結。

何謂內團體？

在靜態社會，人們可以輕易預測某一個體會忠於什麼樣的地區、氏族或社會階層。在這種社會下，就連親屬關係、社會地位，乃至於居住地，都可能受到嚴格規定。

> 中國古代有段時期是依照社會階層來安排居住地，因此從一個人居住的地區，就能看出其身分和所屬階層。最內圈是納貢的區域，只住了朝廷官員；往外的第二圈住著王公貴族；再往外的第三圈是防禦區，又稱和平區，住著文人雅士和其他名門望族。更偏遠的外圍是禁區，劃分給外國人和罪犯居住。最外圈則是蠻夷之地，只有野蠻人和被放逐的重罪犯才會住在那裡。[1]

在流動性更高、科技更進步的現代社會，已經不存在這種僵化規定。

不過，所有人類社會都存在一項原則，有助於我們做出判斷，那就是：**在地球上的每一個社會中，孩子都應該隸屬於跟父母同樣的群體**。孩子有著跟父母同樣的種族、血統、家族傳統、宗教、社會階級和職業地位。不可否認，孩子長大後可能會擺脫某些身分，但不可能脫離所有群體。一般來說，人們會預期孩子承襲了父母所懷有的忠誠和偏見，而如果父母因為自己的群體身分而遭受偏見，孩子自然也會深受其害。

雖然美國社會也適用這項原則，但相較於其他「家族主義」色彩濃厚的地區，這項原則在美國比較有彈性。在美國，孩子經常對家庭懷著強烈歸屬感，並對父母的原籍國家、種族和宗教形成一定程度的忠誠，但是在身分認同上卻有很大的自由度，不一定要跟父母完全相同，每個人都可以自由選擇加入或拒絕父母的某些所屬群體。

我們很難精確定義「內團體」，也許最好的說法是：內團體的所有成員在使用「**我們**」一詞時，本質上都有著相同意義。家庭成員符合這一定義，同學、教友也符合，工會、俱樂部、城市、州或國家成員都是如此。從籠統的角度來看，國際機構成員也符合這種定義。在構成「我們」的群體中，有些是暫時性的，像是一場晚宴，有些則是永久性的，例如家庭或氏族。

山姆是個中年人，社交活動量一般，其所屬群體列舉如下：

- 父系親屬
- 母系親屬
- 原生家庭（出生和成長的家庭）
- 再生家庭（妻子和兒女）
- 兒時玩伴（記憶模糊）
- 中小學（只剩回憶）
- 高中（只剩回憶）
- 大學（偶爾重訪）
- 大學同學（偶爾聚會以鞏固情誼）

- 所屬教會成員（自二十歲開始加入該教會）
- 專業領域（組織嚴謹，關係緊密）
- 公司（主要是指山姆工作的部門）
- 「好友圈」（經常一起從事休閒娛樂的四對夫妻）
- 第一次世界大戰的步兵連倖存者（記憶日漸模糊）
- 出生地（歸屬感薄弱）
- 目前居住城市（山姆具有積極的公民精神）
- 新英格蘭（對地區忠誠）
- 美國（中等程度的愛國精神）
- 聯合國（對聯合國的原則有堅定信念，但心理連結不強，因為這裡的「我們」意義模糊）
- 蘇格蘭—愛爾蘭血統（對相同血統的人隱約感到親近）
- 共和黨（只有在初選時登記為共和黨員，幾乎無歸屬感）

山姆列舉的清單或許不算完整，但已經清楚顯示哪些群體構成了他的生活根基。

山姆在這份清單中提到兒時玩伴，並回憶說，這個內團體對他而言曾經非常重要。山姆十歲時搬到新社區，身邊沒有任何年齡相仿的同伴，所以非常渴望有人陪伴。其他男孩對山姆既不信任又好奇，會接納他嗎？山姆的個性能讓他順利融入這夥人嗎？成群結黨的男孩有個不成文的慣例：他們會找機會對新面孔拳打腳踢，以快速測試新人的性格和鬥志。山姆是否能遵守那群男孩設下的規矩？是否有足夠的勇氣、毅力和自制力，並且能跟其他男孩和諧共處？幸運的是，山姆通過了考驗，很快就被那群男孩接納，獲得了自己渴望的友伴。也許山姆應該慶幸自己的種族、宗教或社會地位沒有造成更多阻礙，否則考驗期會更長，方式也會更嚴苛，甚至可能永遠被那群男孩排擠。

可見要成為某些內團體成員，有時必須靠自己爭取。但許多內團體的成員資格，則是透過出生或家族傳統自動賦予。以現代社會科學的術語來說，前者屬於**自致**地位（achieved status），後者屬於**先賦**地位（ascribed status）。

基於性別而形成的內團體

山姆並沒有提到自己的男性身分（先賦地位），對他來說，這個身分可能一度很重要，甚至終其一生都很重要。

依照性別劃分的內團體是個有趣的研究主題。兩歲幼兒通常無法區分同伴的性別，小男孩或小女孩對幼兒來說都是一樣的。就算到了小學一年級，兒童對性別的概念還是很薄弱，如果被問到想和誰一起玩，平均而言，一年級的兒童至少有二五％會選擇異性玩伴；到了四年級，跨越性別的選擇就幾乎消失了，只有二％想跟異性玩耍；而在八年級時，男孩和女孩通常會重新形成友誼，但就算如此，仍然只有八％願意跨越性別界線選擇異性玩伴。[2]

對某些人（包括厭女者）來說，性別永遠都是重要的分類依據。那些人認為女性跟男性完全是不同物種，而且女性通常是比較低等的物種。他們誇大男女在第一性徵和第二性徵上的差異，甚至幻想出根本不存在的區別來合理化對女性的歧視。男性面對世界上一半的人類（即同性），可能會感受到內團體凝聚力，但對於另一半的人類（即女性），則可能感到水火不容。

十八世紀的英國外交官切斯特菲爾伯爵（Lord Chesterfield）經常在家書中告誡兒子，要以理性引導生活，不要被偏見蒙蔽。然而一提到女性，他卻說：

「女人，不過是大一點的孩子。她們的閒談或許有趣，偶爾帶點機智，但我從未看過哪個女人擁有可靠的推理能力、良好的判斷力，或保持理性超過二十四小時……

「明智的男人只會跟女人開開玩笑、說好聽話逗她們高興，就像對待活潑、沒心眼的孩子一樣。但他不會向女人請益，也不把重要的事託付給她們，雖然他常常讓她們相信自己這麼做了，這也是她們最自豪的事……[3]

「比起男人，女人彼此之間更相似，事實上，她們只對兩件事積極，虛榮心和愛情，這就是她們的共同特徵。」[4]

哲學家叔本華（Arthur Schopenhauer）也有類似看法，他寫道：「女人終其一生都是個大孩子。女性的根本缺陷之一，就是缺乏正義感。」叔本華堅持其觀點是基於客觀事實，即女性的推理和思考能力不足。[5]

這種反女性主義反映了偏見的兩個基本要素：貶抑和過度類化。上述兩位著名智者既沒有考量到女性的個別差異，也沒有查證他們聲稱的特質是否真的更常見於女性，而非男性。

反女性主義帶來的啟發是，這意味著男性對自身所屬的性別群體感到安全和滿足。對切斯特菲爾和叔本華來說，男女之間的隔閡就是「可認同的內團體」和「被排斥的外團體」之間的隔閡。但是對許多人來說，「兩性戰爭」完全是無的放矢，因為根本不存在支持性別偏見的證據。

易變的內團體

每個人都有自己心目中最重要的內團體，然而時代還是會影響人的看法。在十九世紀，國家和種族的重要性逐漸提升，而家庭和宗教則日漸式微（雖然還是有一定地位）。蘇格蘭氏族之間的激烈對立似乎已成過去式，而「優等種族」的概念卻造成更大威脅。西方國家的女性已經承擔起一度專屬於男性的角色，這一事實讓切斯特菲爾和叔本華的反女性主義論述顯得陳舊而迂腐。

從美國人對移民的態度轉變，可以看出「國家」這一內團體在概念上的變化。如今美國人已不再對移民抱持理想主義的態度，不覺得有責任和義務為流亡人民提供住所，也就是不允許那些人加入自己的內團體。十九世紀刻在自由女神像上的詩句，似乎已成為過時傳說：

把那些疲憊、窮困的人民交給我，
把那些蜷縮著、渴望能自由呼吸的身軀，
那些被遺棄在熙熙攘攘的海岸邊的悲慘魂魄，
那些無家可歸、顛沛流離的人們，都送來給我。
我站在這金色大門旁，高舉自由的燈火。

美國在一九一八至一九二四年通過的反移民法案，幾乎熄滅了那盞自由的燈火。隨後的二戰又造成更多人在風雨飄搖中流離失所，他們哭喊著，乞求允許他們進入美國國土。但那揮之不去的愁緒，並沒有強烈到足以讓美國人對難民敞開懷抱。無論從經濟學或人道主義的角度來看，都有充分理由放寬移民限制。但人們開始害怕，許多保守派擔心激進思想流入，基督新教徒[1]憂心自己岌岌可危的主流地位會更加不保，天主教徒害怕共產黨滲透，反猶主義者不想讓更多猶太人進來，勞工則煩惱如果沒有新的工作機會，新移民可能會搶

1　譯注：Protestant，基督新教又簡稱為新教，華人通常稱為基督教。然而本書提到的「基督教」、「基督宗教」、「基督徒」皆指Christian，泛指所有信仰耶穌基督的宗教（信徒）。

走自己的飯碗，安全備受威脅。

在過去有數據記載的一百二十四年間，美國的移民累計約有四千萬人，有一年甚至多達一百萬人。其中八五%來自歐洲。但到了二十世紀中期，漸漸出現反對移民的聲浪。幾乎所有移民申請都被駁回，願意為「流離失所者」發聲的人也所剩無幾。時代變了，大環境越是糟糕，內團體的邊界就越收越緊。人們對外來者起疑心，並拒之於千里之外。

在一個文化裡，不僅內團體的重要性和定義會隨著時代變遷而改變，個體也可能在一段時期認同A群體，另一段時期又認同B群體。英國小說家威爾斯（Herbert George Wells）在《現代烏托邦》（*A Modern Utopia*）一書中，生動地描述了這種彈性。那個段落描述了一位勢利的植物學家，只有幾個圈子入得了他的眼。但就算是勢利的人，只要發現「適時對不同群體表達忠誠」是最有利的做法，也會展現某種程度的彈性。

那段文字說明了一個重點：內團體成員身分並不會永遠固定不變。我們會基於特定目的去認同某群體，也會出於其他原因而擴大自己所認同的群體類別，取決於哪一類群體可以滿足自我強化[2]需求。

威爾斯是這樣寫的：

他相當欣賞植物分類學家，但厭惡植物生理學家，因為覺得後者都是下流、邪惡的壞蛋。但一想到物理學家等號稱研究精確科學的人都是些愚蠢、呆板、心術不正的無賴，又覺得所有植物學家和生物學家實在好太多了。然而提到心理學家、社會學家、哲學家和文學家這些野蠻、荒謬、沒道德感的混帳，他又比較認同前面那些所謂的科學家。而如果比起工人這種撒謊成性、遊手好閒、無惡不作的廢物，他又認為所有受過教育的人都是好的。但要是把工人納入更大的群體，比如說英國人，那他們的地位又比所有歐洲人高一等，他覺得歐洲人都……[6]

因此，歸屬感是件很主觀的事。就算兩個人隸屬於同一群體，對該群體的組成也會有非常不同的看法。舉例來說，兩名美國人對自己的國家就有不同定義。

如圖1所示，A對於國家組成分子的看法比較狹隘，其認知是基於武斷的分類方式，因為他覺得這樣很方便（具有功能意義）。B則採取比較寬廣的角度，他對國家的概念完全不同於A。如果說A和B屬於同一群體，就會造成誤導，因為以心理層面來說，他們並不屬於同一群體。

本土白人、
非猶太裔新教徒、
黑人、
天主教徒、
猶太人、
移民……等

個體B眼中的美國

本土白人、
非猶太裔新教徒

個體A眼中的美國

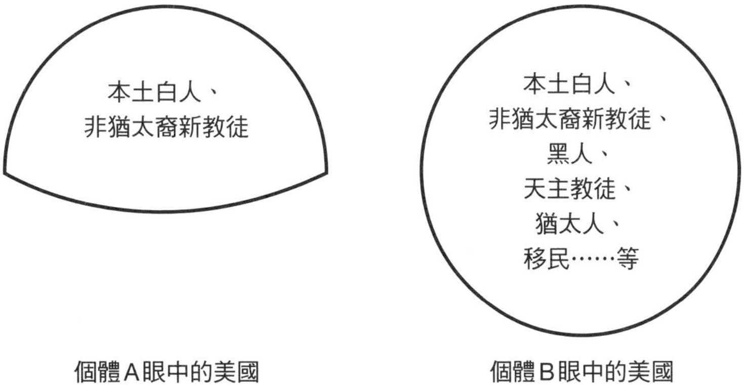

圖1　兩名美國人對國家組成分子有不同看法

每個人都傾向在內團體中明確找到自己所需的安全感。南卡羅萊納州民主黨大會上的一項決議，可以帶給我們一些啟發。對當時與會的人來說，民主黨是重要的內團體，但他們卻無法接受這個黨派的定義（如國家綱領所陳述）。為了讓每個成員都滿意，他們便將「民主黨」重新定義為：「包含所有支持地方自治，且反對中央集權和威權政府的人。此外，排除受下列外國觀念或領導方針影響的人：共產主義、納粹主義、法西斯主義、國家主義、極權主義和公平就業委員會……等。」

我們經常為了滿足個人需求而重新定義內團體，但如同上述案例所示，當這種需求極為強烈，我們就很有可能藉由仇視外團體來重新定義內團體。

2　譯注：self-enhancement，即增加正向自我感受。

內團體和參照團體

前面提過，「內團體」可概略定義為：一群人在使用「我們」一詞時，所表達的意義是相同的。但各位可能已經發現，群體中的每個人對於自己的群體成員身分各有不同的看法。第一代移民到美國的義大利人認為，自己的義大利背景和文化是自我認同中的重要元素，但他們的孩子——第二代義大利裔美國人就未必這麼想。青少年可能認為街頭死黨比學校群體更重要，而在某些情況下，人們可能會想盡辦法否認自己的某個群體成員身分，就算實際上無法真正擺脫。

現代社會科學採用「參照團體」（reference group）的概念來解釋上述情況。社會心理學家穆札弗・謝里夫（Muzafer Sherif）和卡羅琳・謝里夫（Carolyn W. Sherif）將參照團體定義為：「個體認為自己是其中一員，或在心理上渴望與之關聯的團體」。[7] 因此，參照團體可能是個人打從心裡認同的內團體，或渴望加入的團體。

內團體通常是參照團體，但也有例外。一名黑人可能希望融入其社區裡的主流白人群體，他想要享有該主流群體的特權，並被視為其中一員，甚至可能因此而非常排斥自己所屬的黑人群體——心理學家勒溫（Kurt Lewin）稱之為「自我憎恨」（self-hate），即仇視自己的所屬群體。然而，社區文化讓他被歸類在黑人群體，並且不得不和黑人一起工作與生活。像這種情況，當事人的內團體就不屬於參照團體。

再舉個例子。有位亞美尼亞裔牧師住在新英格蘭一座小鎮上，他有著外國人的名字，所以鎮上居民就把他歸為亞美尼亞人。雖然這位牧師沒有刻意抗拒自己的出身背景，但也很少回溯自己的根源。他的參照團體（生活重心）是所屬教會、家庭和居住的社區。不幸的是，鎮上居民堅持認為他是亞美尼亞人，並用其所屬族群來評斷他，而非他個人的言行舉止。

上述的黑人和亞美尼亞裔牧師都屬於社區中的**邊緣人**，很難跟自己的參照團體形成連結，因為來自社區的壓力，迫使他們跟對自己來說意義不大的群體綁在一起。

幾乎所有少數群體都處於同樣的邊緣狀態，這種狀態必然會使他們產生不安全感、矛盾和憤怒。所有少數群體都被置放在一個更大的社會裡，並且必須適應那個社會所制定的許多習俗、價值觀和慣例。因此在某種程度上，少數群體必須在語言、禮節、道德、法律等方面，將主流的多數群體當作參照團體。他們可能完全忠於自己所屬的少數群體，同時也得迎合多數群體的標準和期待。這種情形在黑人身上最為明顯。在美國，黑人文化和白人文化幾乎完全相同，因為黑人必須認同白人文化。但是每當黑人試圖融入白人群體，就很有可能遭到排斥，因此，黑人所屬的內團體（由生物學決定）和參照團體（由文化決定）幾乎必然不會一致。按照這個思路就能理解，為何幾乎所有的少數群體都處在邊緣地位，並因此感到憂慮、憤慨。

「內團體」和「參照團體」的概念有助於釐清歸屬感的兩個層次，前者表明了成員身分的事實，後者則透露一個人是否重視其成員身分、或試圖融入另一個群體。正如先前所述，很多人的內團體和參照團體其實是重疊的，但也有些人出於無奈或自己的選擇，而總是拿自己跟非所屬群體互相比較。

社會距離

關於「社會距離」的研究有助於釐清內團體和參照團體的差異。社會學家鮑格達斯（Emory S. Bogardus）所提出的〈社會距離量表〉（Social-Distance Scale）已是大家耳熟能詳的工具，受試者必須根據下列七個等級，指出在面對不同族群和國家的人民時，自己願意接納對方的程度：

1. 成為姻親
2. 參加同一個俱樂部，成為好友
3. 住在同一條街道上，成為鄰居

4. 成為同事
5. 成為本國公民
6. 只是本國遊客
7. 被驅逐出境

這類研究最驚人的發現在於，不論何種社經地位、教育程度、居住地區、職業，甚或族群，美國人普遍擁有相同的偏好模式。大多數美國人都可以接受英國人或加拿大人成為美國公民、鄰居、社會地位平等的夥伴，乃至於親屬。對美國人而言，英國人及加拿大人屬於社會距離最小的族群，而印度人、土耳其人和黑人則屬於社會距離最大的族群。這一排序在不同人口群體雖然略有差異，但大致上都相同。[8]

雖然受偏見群體的成員傾向把所屬群體排在接受度較高的位置，但對其他群體的排序也跟多數人一樣。例如一項研究以猶太兒童為受試者，結果發現其社會距離模式依然跟主流標準一樣，除了多數猶太兒童把猶太人列為高度可接受對象。[9] 其他類似研究顯示，平均而言，黑人和非猶太裔白人對猶太人的接受度都很低，而猶太人也總是把黑人排在列表末端。

上述各項研究結果可歸納出下列結論：少數群體的成員傾向形成跟主流群體一致的態度。換句話說，主流群體是少數群體的**參照團體**，這形成了強大的影響力，迫使後者在態度上跟前者保持一致，即從眾。不過，從眾態度並不會影響少數群體看待內團體的方式。黑人、猶太人或墨西哥人通常認為所屬族群應該被高度接納，但在其他面向上的判斷則跟參照團體一致。綜上所述，內團體跟參照團體都是形塑態度的重要因素。

團體規範理論

現在要探討偏見領域的重要概念——團體規範理論（group norm theory）。該理論認為，不論內團體或參照團體，所有團體都會各自發展出特定的生活方式，形成特定的慣例、信念、標準和「敵人」，以滿足其適應性需求。此外，團體內部存在或大或小的壓力，促使每一名成員遵守團體規範。內團體的喜好就是各個成員的喜好，內團體的敵人也是各個成員的敵人。提出該理論的謝里夫夫婦寫道：

> 一般來說，人形成偏見並非基於零碎的原因。在功能意義上，個人偏見的形成與其團體成員身分有關。人在調整自己的經驗和行為時，會以團體和團體的價值觀（規範）為標準。[10]

支持這一觀點的有力證據是，我們較難透過直接影響個人來改變其態度。孩子即使在學校上了多元文化課程，還是可能寧願採納家庭、玩伴或鄰居的作風，而漠視在課堂上所學的內容。要改變孩子的態度，必須先改變對他而言更重要的團體的文化平衡。在孩子能夠真正包容多元文化之前，其家庭、玩伴或鄰居必須先認同包容態度。

上述思路衍生出一種說法：改變團體態度比改變個人態度更容易。有些研究也支持此觀點，這類研究以整個社區、住宅區、工廠或學校體系為單位，透過適當的領導方針和民眾的參與，建立起組織或機構的新規範，而研究者發現在整個計畫結束後，個人態度通常會跟新團體規範一致。[11]

雖然我們無法質疑這些研究結果，但團體規範理論確實隱含了不必要的「集體主義」。事實上，偏見絕不只是集體現象。各位可以想想，你跟家人、同事、教友或所屬階層的社會態度是否完全一致？答案或許是肯定的，但更常見的情形是，各個參照團體持有的偏見是如此矛盾，因此你的態度不可能（實際上也沒有）

跟所有參照團體完全一致。你也可能認為自己有獨特的偏見模式，不同於任何一個參照團體。

團體規範理論的支持者也意識到個人對於自我態度的重要影響，於是進一步提出「可忍受的行為範圍」，並承認任何團體成員都只需要大致遵守其團體規範。所以成員的態度可能會有一定程度的偏離，但不會偏離太遠。

然而，一旦接受「可忍受的行為範圍」此概念，就表示我們更趨向於個人主義的觀點。承認團體成員有個別差異不代表否認團體規範和團體壓力存在。我們之中有一些人非常積極遵守團體規範，另一些人則是被動服從，還有一些人絕不墨守成規。我們所展現的特定服從態度，是個人學習、需求和生活方式的產物。

在探討態度的形成時，很難在「集體取向」和「個人取向」兩種觀點之間取得適當平衡。本書的立場是：偏見在本質上是人格形成和發展的問題，且不可能存在兩種一模一樣的偏見模式。任何人都不可能完全忠實地反映其所屬團體的態度，除非在個人習慣或需求的推動下，才會完全遵守團體規範。但本書也認同偏見的常見來源之一（或許是最常見的來源），就是內團體對個人人格在習慣和需求上的影響。本書支持個人主義的觀點，同時也不否認團體對個人的重大影響。

內團體形成時，一定會產生外團體嗎？

每條有形無形的界線、每道圍牆，都區隔出「內部」與「外部」。所以嚴格來說，一個內團體必定對應著一些外團體。不過這個邏輯對我們來說不太重要，我們只需要知道忠於內團體的人是否必然會背叛、仇視外團體，或做出其他否定外團體的舉動。

法國生物學家丹泰克（Felix le Dantec）堅稱，從家庭到國家，每個社會單位都只能仰賴「共同敵人」而存在。家庭單位需要抵擋許多外在力量，而這些力量威脅著家庭單位中的每一個人。排外的俱樂部、美國退伍軍人協會，甚至國家本身，都是為了擊敗其成員的共同敵人而存在。丹泰克的觀點和著名的馬基維利式手段不謀而合，這是種製造出共同敵人以鞏固內團體凝聚力的權術。與其說希特勒是為了消滅猶太人，不如說他是為了鞏固納粹對德國的控制，才煽動民眾把猶太人視為威脅。十九世紀末，加州工人黨（Workingmen's Parry）掀起一股排華情緒，藉以維護自己的權利，如果沒有刻意營造出一個共同敵人，該組織的成員就會繼續態度冷淡、意志不堅。學生在進行校際體育競賽時，若剛好碰上「死對頭」，其團隊精神就會空前絕後地高漲。類似的例子比比皆是，讓人忍不住接受丹泰克的觀點。心理學家艾薩克絲（Susan Isaacs）研究幼兒園孩子看到陌生人時的反應，寫道：「在一開始，外人的存在是提升團體氣氛或向心力的基本條件。」[12]

「為了提升社會凝聚力，似乎需要一個共同敵人」——這一事實顯然讓心理學家詹姆斯（William James）印象深刻，並為此寫了一篇著名論文。在《戰爭的道德等價物》（*The Moral Equivalent for War*）一書中，詹姆斯提出冒險精神、攻擊性和競爭是人類關係的特徵，對於處在服役年齡的年輕人來說更是如此。為了讓年輕人和睦相處，詹姆斯建議他們去找一個不會讓自己違背人性的敵人，例如向大自然、疾病和貧窮抗爭。

不可否認，具有威脅性的共同敵人將提升任何群體成員的內團體意識。家庭成員（如果還沒有分崩離析）在面對困境時會更有向心力，國家人民在戰爭時期會前所未有地團結。但是在心理層面上，人最渴望的其實是安全感，而不是敵對。

自己的家庭是內團體，而根據定義，社區裡的所有其他家庭都屬於外團體，但不同家庭之間很少發生摩擦。在二十世紀中期，美國約有一百種族群，雖然族群之間偶爾會爆發嚴重衝突，但大部分時候都可以和平共處。人們知道自己所屬的社會單位有與眾不同的特色，但不見得會輕視其他社會單位。

或許應該說，雖然人必須拿內團體跟外團體相比，才能感知到內團體的存在，但在心理意義上，內團體還是占首要地位。人的生活無法脫離並且必須仰賴內團體，有時甚至是為了它而活。仇視外團體雖然會助長對內團體的歸屬感，但並非必要。

由於內團體對人的生存和自尊至關重要，所以人會盲目推崇內團體，即黨派性，並認為內團體是最優越的，即族群中心主義。如果問鎮上的七歲孩子：「這個小鎮還是隔壁小鎮的孩子最棒？」幾乎所有孩子都會回答：「當然是我們這個小鎮。」如果進一步詢問原因，孩子們通常會說：「我不認識那個小鎮的人。」這個例子清楚顯示了內團體和外團體的主要差別：熟悉的事物**最優**。我們多少都認為陌生的東西比較差、沒那麼「好」，但不見得會產生敵意。

因此，人對內團體一定會有某種程度的偏愛，但在對待各個外團體時，態度上卻有很大的差異，包含兩種極端情形，第一種：把外團體當成共同敵人，而為了保護內團體並提升凝聚力，就需要打敗外團體。第二種：理解並包容外團體，甚至喜歡外團體具有的多樣性。教宗庇護十二世（Pope Pius XII）在《人類的團結》（*Unity of the People*）通諭中，表達了對現有各種文化族群價值的認同，更呼籲人類應該設法保有文化多樣性、避免彼此敵對，人類的團結是建立在一致採取愛與包容的態度，而不是一昧追求齊一性。

「人類」是否算是一個內團體？

「家庭」通常是最小、最穩固的內團體，或許正因如此，我們通常認為團體所涵蓋的範圍越大，凝聚力就越小。圖2的同心圓就呈現出這種普遍觀念：隨著人際距離越來越大，團體的效力就越來越弱。為了便於討論，圖中只舉了幾種身分類別為例。

圖2呈現的意象暗示了，人最難達到「對全世界的認同／忠誠」。這一假設在某種程度上是正確的，因為「人類」這個包羅萬象的大群體似乎特別難構成內團體。就連「大同世界」（One World）的忠實擁護者也做不到。假設X國的外交官正在跟其他國家的代表開會協商，而他們的語言、禮節和意識形態都非常不同，就算X國外交官對大同世界抱持熱切的信念，他在當下依然會有陌生感。X國外交官對「合宜」和「正確」的認知受到

自身文化薰陶，所以難免認為其他文化的語言、習俗很怪異，就算不是較次等，也有一點荒謬和不適切。

假設這位外交官思想開明，能看到X國的許多缺點，也真誠盼望結合各個文化的優點來建立一個理想社會。但就算他有如此崇高的理想，也只會做出些微讓步。他會發現自己只是用最真摯的態度捍衛X國的語言、宗教、意識形態、法律和禮節，畢竟X國的生活型態就是**他的**生活型態，他當然不可以輕易背棄整個生命的根基。

我們都會不由自主地偏愛自己熟悉的事物。當然相對而言，經常旅行或具有國際觀的人對其他國家的人民會比較友善，並明白文化上的差異不代表對方比較次等。但對於既缺乏想像力又見識狹窄的人，就需要刻意營造出**象徵符號**來幫助他們真切地理解「人類內團體」。但實際上，幾乎沒有全球規模的象徵符號。國家擁有國旗、公園、學校、國會大廈、貨幣、報紙、假期、軍隊和歷史文件作為象徵符號，而在全球規模上，人類團結的象徵符號才正在發展，且尚未獲得許多關注。這類象徵符號非常重要，能夠提供心理定錨點，幫助人類發展出對全世界的認同與忠誠。

最外圍、涵蓋範圍最廣的團體，不見得無法讓成員產生最大的歸屬感，事實上，許多人已經把「種族」當成最重要的內團體，尤其是雅利安主義（Aryanism）的狂熱支持者和某些受壓迫的種族成員。在今天看來，「種族至上」和「大同世界」信念（即最外圍的兩個內團體）之間的衝突，正在形成一個可能是人類有史以來最嚴重的問題。關鍵在於，在種族戰爭爆發之前，我們能否建立起對全世界的認同／忠誠？

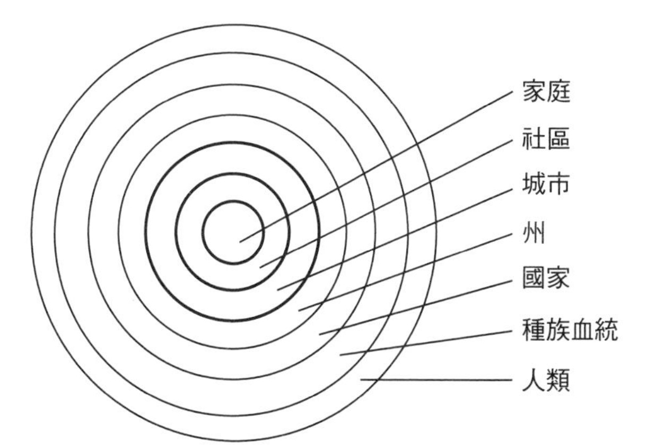

圖2 隨著內團體涵蓋範圍擴大，其影響力會假設性地減弱

理論上是可行的，如果我們能及時醒悟，並學會運用一項心理原則，必能挽救這場危機。這項心理原則就是：**忠於不同層次的內團體不必然會造成衝突**。投身於更外層的大團體，不代表要放棄對小團體的忠誠。[13]**人通常是在面對同一層次的內團體時，才會在忠誠感上產生衝突**。重婚者建立了兩個家庭，造成自己和社會的極大困擾。叛國賊效忠於兩個國家（一個是名義上，另一個是實際上），除了讓自己內心紛亂，也構成了社會重罪。很少有人會同時認同並歸屬於兩所母校、兩種宗教或兩個兄弟會。反之，世界聯邦主義者可以同時是熱愛家庭的人、熱心的校友和真誠的愛國者。縱使狂熱的國族主義者試圖挑戰「對全世界的認同／忠誠」和「愛國主義」的共存性，但上述心理原則並不會因而改變。美國共和黨黨員威爾基（Wendell Willkie）曾經和民主黨的小羅斯福競爭美國總統的位置，之後這兩人基於「大同世界」的信念，共同建立了聯合國，但他們對國家的忠誠依舊絲毫未減。

人需要時間才能夠對不同層次的內團體培養出忠誠感，當然也不見得會成功。發展心理學家皮亞傑（Jean Piaget）和薇爾（Anne-Marie Weil）針對瑞士兒童進行了一項有趣研究，結果發現幼兒無法理解：對一個團體的忠誠，可以被納入另一個更大層次的忠誠感之中。下列紀錄呈現七歲兒童的典型回答：

你聽過瑞士嗎？

「聽過。」

那是什麼？

「一個行政區。」

日內瓦在哪裡？

「瑞士。」（但孩子畫了兩個並排的圓圈來示意）

你是瑞士人嗎？

「不是，我是日內瓦人。」

年齡大一點的兒童（八到十歲），就能理解日內瓦的地理位置在瑞士境內，並且把兩者的關係畫成同心圓，但還不能理解「人可以忠於不同層次的團體」。

你的國籍是什麼？

「瑞士。」

為什麼？

「因為我住在瑞士。」

你也是日內瓦人嗎？

「不，不可能。」

怎麼說？

「我是瑞士人，就不可能同時是日內瓦人。」

十歲或十一歲的兒童就能搞懂整件事了。

你的國籍是什麼？

「瑞士。」

為什麼？

「因為我爸媽是瑞士人。」

你也是日內瓦人嗎？

「對啊，因為日內瓦在瑞士。」

十歲或十一歲的兒童也會對國家產生情感性評價。

「我喜歡瑞士，因為它是一個自由的國家。」

「我喜歡瑞士，因為它是紅十字會員國。」

「在瑞士，保持中立讓我們仁慈寬厚。」

顯然，這些情感性評價都是父母和老師灌輸給孩子的現成知識。在一般的教育模式中，師長所傳授的概念通常就停在這裡，而不會進一步擴大孩子的歸屬感範圍。因為出了國界就只是「外國人」的領土，那裡沒有同胞。九歲半的米歇爾在接受研究者訪談時，回答如下：

你聽說過外國人嗎？

「聽過，有法國人、美國人、俄羅斯人、英國人。」

很好。這些人之間有什麼差別？

「他們講不同的語言。」

還有呢？盡量告訴我越多越好。

「法國人不是很認真，他們無憂無慮，而且法國很髒。」

那美國人呢？

「他們很有錢又很聰明，還發明了原子彈。」

你對俄羅斯人有什麼看法？

「他們很壞，總是想發動戰爭。」

說說看你是怎麼知道這些的？

「我不知道……聽來的……大家都這麼說。」

大多數孩子只會對家庭、城市、國家產生歸屬感，而從未擴展到更大範圍。原因似乎是，孩子生活周遭的人都沒有這樣做，而孩子會模仿那些人的態度和看法。皮亞傑和薇爾寫道：「這一切都顯示，孩子了解周遭生活圈的價值觀之後，就認為自己必須接受這個圈子對其他國家的看法。」[14]

雖然大多數孩子所學到的最大範圍的忠誠對象是國家，但我們不應該讓孩子的眼界停留在這裡。研究人員發現，有些十二、十三歲的孩子具有高度「互惠」意識，也就是說，就算偏好自己的生活模式，還是願意承認所有種族都具有同樣的價值和優點。孩子的腦海中一旦形成根深蒂固的互惠意識，就會擴大自己可以接受並認同的人類群體範圍，同時仍保有對所屬群體的忠誠。如果沒有學習到這種互惠態度，就不太可能由衷接納其他國家的人民。

總之，內團體對個人的生存至關重要。人所擁有的各種成員身分會交織為自己的風格習慣。當我們遇到一個外人，其依循的慣例跟自己不同，我們會下意識地認為「他打破了我的習慣」，而這會令人不悅。人都偏愛自己熟悉的事物，當自己的習慣受到威脅、甚至質疑時，就會有所防備。雖然對外團體的敵意經常有助於增強內團體凝聚力，但不見得要透過仇視其他團體，才能表現出對內團體或參照團體的偏愛。人對於小團體的忠誠可以漸漸擴展到更大的團體，而不必然會產生衝突。雖然不容易達到這樣的理想狀態，但從心理學的角度來看，仍然充滿希望。

第4章

排斥外團體

上一章討論過，對內團體忠誠不一定代表仇視外團體，甚至也不代表意識到外團體存在。

在一項未發表的研究中，研究者找來大量成人受試者，並要求他們盡可能列出自己所屬的所有群體。每個受試者的列表都很長，其中「家庭」最常被提到，關係也最緊密，接下來的排序分別是由地理區域、職業、社交（俱樂部或朋友）、宗教、族群、意識形態所構成的群體。

完成上述列表之後，受試者被要求「列出你所認為任何跟你認同的群體形成對立或構成威脅的群體」。結果有七九％的人完全想不出來，只有二一％的受試者提出一些在族群、種族和意識形態方面的外團體。被提到的外團體包含各種類型。一名來自美國南方的女士認為跟自己格格不入的外團體有：新英格蘭人、未受大學教育者、有色人種、外國人、中西部人和天主教徒。圖書館的一般館員覺得學科專家館員屬於外團體，食品營養研究室的員工覺得樓上實驗室的血液學家們都是討厭的怪胎。

顯然，我們的忠誠雖然可能使我們仇視不同於內團體的群體，但這不是必然。第2章提到，「愛的偏見」是通往「恨的偏見」的道路（尤其是在受挫時）。這一推論雖然合理，但證據顯示，正面的偏愛不一定會滋養出負面的偏見。

不過，很多人的確是透過仇視外團體來定義自己對內團體的忠誠。這類人總是不斷擔心外團體可能造成的影響，並對此深感壓力，所以必須排斥外團體，也有必要形成族群中心主義。

一個人如果明顯在意外團體，會表現出不同強度的敵意。第1章曾提出五種不同程度的排斥行為：

1. 仇恨言論
2. 迴避
3. 歧視
4. 身體攻擊
5. 種族滅絕

本章將進一步檢視不同層次的排斥行為，並把它們簡化為三類：

1. 言語排斥（仇恨言論）
2. 歧視（包括種族隔離）
3. 身體攻擊（包含各種程度的暴力攻擊）

這裡省略了「迴避」和「退縮」，因為這兩種排斥行為對受害者的傷害最小。少見的「人身威脅和攻擊」與有組織的「暴力活動和種族滅絕」則放在一起討論，因為正如第1章所述，大多數人只會在朋友面前口頭宣洩對外團體的不滿，而不會做出更具傷害性的舉動，有些人則會主動歧視，但只有少數人會參與破壞、暴動、私刑等行動。[1]

言語排斥

人們很容易在言談間流露敵意。

> 兩名優雅的中年女士正聊到新鮮切花的價格很昂貴，其中一人提到某個猶太婚禮上奢華的花藝佈置，並強調：「我很懷疑那些猶太人怎麼負擔得起，想必是在申報所得稅時動了手腳。」另一人附和說：「對啊，一定的。」

上面的日常閒聊中，包含了三個重要的心理現象：

1. 第一個發言者主動提到猶太人，但這不是原本的談話主題，可見其偏見很強烈，才會在閒聊時脫口而出，迫不急待地發洩自己對該外團體的不滿，或許這樣做會讓她舒坦一點。
2. 這場對話的目的是維持兩人的良好關係，而對話內容本身是次要的。兩名女士試圖保持友誼，所以在每個話題上都盡量意見一致。指明一個外團體並加以貶抑，則有助於鞏固這兩人組成的內團體。正如先前提過的，仇視外團體雖然不是促進團結的必要條件，但有助於提升凝聚力。
3. 兩名女士的發言都反映了其所在階級的態度，並表現出某種階級團結，似乎是在告誡彼此，必須扮演好中上階級非猶太人的角色，無論觀念或作風都要有這個階級的樣子。

當然，兩名女士都沒有意識到上述心理歷程，更重要的是，她們都不是極端反猶主義者。兩人都有很多猶太朋友，也都反對歧視和暴力。她們的偏見行為是最輕微等級（仇恨言論），但即使如此，也透露出偏見問題的某種複雜性。

玩笑或嘲諷式的批評通常隱含輕微敵意，有些極溫和的敵意甚至會融入輕鬆幽默的話語中而不被察覺。一個人在講關於吝嗇蘇格蘭人的笑話時，不一定是在表達對蘇格蘭人的敵意（蘇格蘭人自己也喜歡聽）。但這些無傷大雅的笑話，有時卻掩蓋了真正敵意，因為說笑話的人用沒有惡意的方式來貶低外團體、吹捧內團體。人們會嘲笑故事中黑奴的愚蠢、猶太人的奸詐、愛爾蘭人的易怒，這些故事本身或許有趣，但其實是一種過度類化，暗示了黑人、猶太人和愛爾蘭人具有某種典型特質，並企圖證明這些外團體比自己的團體更次等。

言語侮辱則帶有更強烈敵意，例如猶太佬（kike）、黑鬼（nigger）、義大利佬（wop），這些蔑稱通常來自長期的深刻敵意。不過有兩個明顯例外，第一，孩子經常天真地使用這些無禮稱呼，但只是隱約知道它們有「力量」，而不明白真正意思。第二，相較於「上流」階級，「底層」階級的人在使用這些稱呼時並沒有隱含太多意思。因為「上流」階級的人有更足夠的詞彙，只要願意，完全可以避開使用這些蔑稱。

如前所述，仇恨言論越是不經意地出現，而且跟主題越無關，其潛藏的敵意就越強烈。

> 一名遊客造訪緬因州的小村莊，跟理髮師聊到當地家禽業時，為了更了解其中的養殖方式，便隨口問道：「農民一般會把蛋雞養多久？」理髮師用剪刀比了惡狠狠的手勢，回答說：「直到被猶太人帶走為止。」

理髮師的強烈情緒一瞬間突然爆發，而且跟正在聊的話題無關，唯一合理的關聯是有些猶太商人會在附近收購家禽，再拿到市場去賣，但農民可以自己決定是否要把雞賣給猶太人，所以理髮師的回答顯然跟問題無關。

下面的類似案例也透露出明顯敵意：

麻州一名虔誠的羅馬天主教徒正在街頭發送傳單，呼籲民眾投票否決放寬墮胎法。有個路人拿到傳單後就丟在地上，並且說：「我才不會投票反對墮胎，那只會讓猶太佬醫生有更多生意上門。」

這種突如其來、毫不相關的偏見，代表著強烈而明顯的敵意。在這種情形下，當事人對外團體的仇恨情緒造成了沉重心理壓力，才會在不恰當的場合迫不急待地宣洩自己的敵意。這種敵對態度是如此強烈，即使是極小的關聯也會觸發仇恨情緒。

當仇恨言論達到非常激烈的程度，就很可能演變成主動、公開的歧視，甚至是暴力行為。某位參議員在國會上反對一項補助學校午餐的聯邦法案，他激動地大吼：「我們寧願餓死，也不願意讓白人和黑人一起上學！」[2] 幾乎可以肯定，在他如此偏激的仇恨言論背後，一定存在著歧視行為。

歧視

我們經常會避開不投緣的人，而如果是**我們**自己遠離他們，就不構成歧視。**只有當我們不允許一個人或群體擁有其渴望的平等待遇，才算歧視**。[3] 當我們將外團體成員趕出社區、學校、工作場所或國家，歧視就發生了。限制條款、抵制、社區壓力、合法的種族隔離、不受法律約束的君子協定[1]……等，都屬於歧視的手段。

這裡必須進一步說明上述的歧視定義。罪犯、精神病患和道德敗壞者也希望獲得「平等待遇」，而我們很可能會理直氣壯地加以拒絕。差別待遇如果是基於**個人**特質，就不應該被歸類為歧視，因此本節只討論基於族群分類的差別待遇。聯合國的官方備忘錄將歧視定義為：「任何基於先天或社會類別而做出的區別對待，且跟受歧視對象的能力或價值無關，也跟其具體行為無關。」[4] 這種區別對待是有害的，因為沒有考量到個體的獨特性。

聯合國曾列舉出世界各地的**官方**歧視行為，如下：

- 法律不平等（廣泛剝奪特定群體權利）
- 人身安全不平等（基於對方的群體身分而加以干涉、逮捕或貶抑）
- 移動和居住自由不平等（猶太聚集區、旅行禁令、設立禁區、宵禁限制）
- 思想、意識形態、宗教自由上的保護不平等
- 限制自由交流之權利
- 限制和平結社之權利
- 對於非婚生子女的不平等對待
- 限制結婚和組建家庭之權利
- 限制自由就業之權利
- 在所有權的監管和處理上的不平等
- 著作權保護不平等
- 接受教育或發展專長上的機會不平等
- 共享文化福利上的不平等
- 服務不平等（例如：健康照護、娛樂設施、住房等服務）
- 限制取得國籍的權利
- 限制參與政治事務的權利

1 編注：gentlemen's agreements，也稱紳士協定，適用於當事人之間非正式的、不具有法律約束力與強制約束力的協議。

• 限制獲得公職的權利

• 強迫勞動、奴役、特殊稅賦、強迫穿戴區別標誌、禁奢法律、針對群體的公開誹謗

除了上述官方的公然侮辱行為，個人私下做出的歧視行為也相當多。就業、升職、申請貸款的過程可能充滿歧視，剝奪居住機會或住房設施不平等也很普遍；類似情形還有酒店、咖啡廳、餐廳、戲院等娛樂場所禁止特定群體進入，報紙等傳播媒體對於不同群體的區別對待也時有所聞；拒絕提供公平的教育機會，拒絕外團體成員加入教會、俱樂部或社會組織……這些都很常見，實在不勝枚舉。[5]

種族隔離也是一種歧視行為，藉由在空間上設置界線，以凸顯外團體成員的劣勢。

有個黑人女孩應徵華盛頓聯邦政府辦公室的工作，卻在每個階段都遭到歧視：某個職員說，該職缺已經找到合適人選了，另一個職員則說，她鐵定不會想在全是白人的辦公室工作。但這個黑人女孩還是堅持不懈，最後終於「得到」那份工作。當她踏進辦公室，卻發現主管將她安排在最角落的位置，還用屏風把她的桌子圍起來。這個黑人女孩好不容易克服種種**歧視**，沒想到卻一頭栽進**種族隔離**之中。[6]

住房方面的歧視特別普遍。在美國的城市裡，黑人總是集中住在被區隔開來的區域，倒不是出於意願，也不是考量到租屋開銷，「白人區」的房租反而比較便宜，房屋設備和品質甚至更好。但社會壓力限制了黑人的居住自由，並且反映在住房合約的限制條款上。不過並非只有黑人深受其害，住房合約有時也包含下列附註：

「此外，土地不得出售、出租給白人以外的任何人，或供其使用。」

「另外，除非雇用黑人為家庭傭工，否則被授權者不得將房屋出售或租借給黑人使用。」

「不得提供給黑人、印度人、敘利亞人、希臘人或其轄下公司使用。」

「該地區的任何部分，均不得出售、租借給任何具有黑人血統，或四分之一以上閃米特族血統者，包括：亞美尼亞人、猶太人、希伯來人、土耳其人、波斯人、敘利亞人、阿拉伯人……」[7]

一九四八年，美國最高法院做出一項歷史性決議，裁定地方法院不能強制實施住房合約的限制條款，但效果有限，人們還是會利用君子協定來限制少數族群的住房自由。事實上，這種情形仍然相當頻繁。各種民意調查研究顯示，約七五％白人反對與黑人為鄰，這表示美國民眾普遍默許住房歧視。

教育歧視就跟其他領域的歧視一樣，通常都暗中進行。不過直到二十世紀，美國南方各州仍有許多學校公然實行百分之百的種族隔離制度（雖然當時有改善趨勢）。而在美國北方各州，教育歧視則較隱晦，手段也較多樣，許多學校機構——尤其是依靠稅收支持的公立學校在招收學生時，並不會考慮種族、膚色、宗教或國籍，但有些學校會限制特定族群的總錄取率，甚至完全拒收。這方面的數據很難取得，但可以從以下研究來了解這種現象。

研究者以問卷調查的形式，收集了康乃迪克州一千三百名高中畢業生在申請大學時的經歷。這裡只考慮成績為班級排名前三〇％的優秀學生。私立大學（非教會學校）對不同族群的接受度如下：新教和天主教申請者（不含義大利裔）的錄取率為七〇％以上，猶太裔的錄取率為四一％，而義大利裔的錄取率只有三〇％。黑人和其他移民族群由於案例不足，所以沒有納入統計。

被拒絕的申請者會怎麼做？一、繼續申請其他學校。他們可以同時申請**好幾所**大學，以提高錄取機率，最後通常會順利被某所學校錄取。但義大利人似乎不知道可以這麼做，猶太人則善於此道。平均來說，猶太裔會申請二・八所大學，新教和天主教徒會申請一・八所，義大利裔只會申請一・五所，所以義大利裔學生很少進入私立大學就讀。二、轉而申請公立大學，因為公立大學幾乎沒有歧視性的入學限制（至少當時在康乃迪克州是如此）。州／市立大學之所以有許多猶太學生和移民學生，原因之一就是少數族群在申請私立大學時遇到不公平的門檻。[8]

職業上的歧視手法同樣隱而不顯，不過研究者可以透過報紙上刊登的「徵人啟事」，統整出遭到雇主排擠的外團體。帶歧視性的徵才廣告像是「僅限非猶太人」、「新教徒優先錄取」、「開放給基督徒的職缺」、「謝絕有色人種」……等。一項研究統計了過去六十五年的數據，結果顯示，隨著少數族群占總人口的比例增加，歧視性廣告的數量也呈現上升趨勢。其他研究則指出，歧視性廣告是一個良好指標，可以即時反映時局波動：在經濟蕭條時，歧視性廣告會因為對外來者的普遍恐懼而增加數量，在局勢緩和的平常時期則會較少出現。[9]不過社會科學分析的領域，可能無法繼續以歧視性廣告作為指標，因為一些媒體已經禁止刊登這類廣告，美國許多州也立法禁止徵才廣告設有條件限制。

關於美國境內存在的職業歧視，繆達爾（Gunnar Myrdal）、戴維（Maurice R. Davie）、桑格（Gerhart Saenger）等學者已做了詳盡闡述，[10]本書就不再細談。許多研究也揭露出歧視所造成的經濟損失，例如眾所周知，南方鐵路公司（Southern Railway Company）為了運載一名黑人乘客，於是加裝一節車廂，免除白人乘客必須和黑人共處數小時的困擾。許多公司若遇到最優秀的人才，也會因為對方的深色皮膚，或對方是猶太人、天主教徒、外籍人士，而不予以錄用，即使應徵者的工作效率和產值是白人的兩倍，雇主還是會放棄。為了隔離不同族群而刻意增設其專用的學校、等候室和醫院，同樣不符合經濟效益。限制少數族群自由買賣的權利，就無法刺激生產，進而導致整體經濟衰退。所以在歧視最嚴重的州，人們的生活水準是最低的，而在包容性最大的州，人們的生活水準是最高的，這種相關性多半不是巧合。[11]

歧視會導致各種有趣的不一致行為。某個美國人在旅行時可能不介意坐在猶太人身旁，如果他是北方人，可能也會樂意坐在黑人旁邊；但他也許不願意和猶太人或黑人當鄰居，因為這是底線。某個雇主或許可以接納猶太員工，但不允許黑人踏進他辦公室；他會雇用黑人當家裡的廚工，但不會雇用猶太人；不過他歡迎猶太人來家裡拜訪，但黑人不行。某個人在學校可能會對所有族群人士都很友善，但會盡量阻止某些族群的成員參加學校舞會。

紅十字會是運用科學知識來執行人道救援的服務性組織。但在二戰期間，許多地方的紅十字會都將白人和黑人捐的血分開保存。科學沒辦法分辨不同人種的血液，但社會迷思卻有辦法。無論是否正確，紅十字會的某些人員顯然認為，戰爭時期應該要尊重社會迷思，科學和工作效率都要讓位給偏見。[12]

儘管世界上常見各種形式的歧視，但仇恨言論更普遍。有兩個例子說明了人們經常表達出尖銳的仇恨言論，卻很少實際做出歧視行為。一個常見的例子是，許多雇主因為其他員工強烈反對，而不敢聘用黑人或其他少數族群人士到自己的工廠、商店或公司上班，但只要他真正聘用少數族群成員（或許是因為《公平就業法》的要求），反對聲浪就會迅速消失。人們一次又一次斷言，禁止歧視會造成罷工、暴動等嚴重後果，但這些其實都很少發生。事實上，比起採取歧視行動，人們更常以言語抗議。

另一個例子來自社會學家拉皮耶（Richard Tracy LaPiere）設計的巧妙實驗。這位史丹佛大學社會學教授和一對華裔夫婦到美國各地旅行，共投宿六十六間旅館，在一百八十四家餐廳吃飯，整趟旅程只遭到一次拒絕。後來拉皮耶寄了一份問卷給所有造訪過的店家，調查「是否願意接待華裔旅客」，結果有九二%旅館和九三%餐廳表示不願意向華裔旅客提供服務。拉皮耶還把問卷寄給另一些沒造訪過的店家（對照組），也得到類似結果。那些旅館和餐廳先後出現兩種不同行為，哪一種才是「真實」態度？這顯然是個愚蠢的問題。拉皮耶的研究最有價值之處，就是表明了那兩種行為都反映出「真實」態度，分別適用於兩種不同情境。相較於實際情境，人在「言語」情境會有更強烈的敵意。在口頭上威脅的人，實際上可能不會真正做出歧視行為。[13]

拉皮耶的發現後來也被庫特納（Bernard Kutner）等人證實。[14] 這群研究人員在紐約郊區的高級地段找了十一家餐廳和小酒館，然後安排兩名白人女孩先進去店裡占用三人座位，一名黑人女孩隨後加入她們。這十一家店都沒有予以拒絕，服務態度也不錯。接下來，每家店的老闆都收到一封訂位信件，內容寫道：「我們有幾個人是有色人種，不知貴店是否在意？」所有老闆都沒有回信。研究人員再以電話確認，有八家店表示沒有收到預約信，其他家店也試圖用類似方式推掉預訂。

這種情形似乎相當常見。庫特納等人的結論是，「人在面對面的情境最不容易做出歧視行為」。老闆（和許多其他人）在面對直接的挑戰時，顯然不會表現出歧視舉動，但如果不會當眾引起糾紛或當面給人難堪，他們會試著做出歧視行為。上述兩項研究是在美國北部和西部進行，那幾個州都已立法禁止歧視行為，因此我們可以大膽歸納出結論：當人面對明顯衝突——一邊是法律與良知，另一邊是習俗與偏見，大多會隱晦、間接地表現歧視，以避免當面歧視造成的尷尬。

引發身體攻擊的條件

暴力永遠是從相對溫和的心態演變而來。雖然大多數仇恨言論不會發展成實際的身體攻擊，但在發生任何一種身體攻擊之前，必然先有仇恨言論。歐洲曾有整整七十年時間，社會瀰漫一股反猶聲浪，但相對較少出現歧視行為。直到希特勒政府通過《紐倫堡法》，不久後，德國就展開一連串滅絕猶太人的暴力計畫。[15] 這就是偏見的典型進展：仇恨言論→歧視行為→身體暴力。在俾斯麥（Otto von Bismarck）擔任德意志帝國首相的時期，民眾對猶太人的批評相對較溫和，而在希特勒的統治下，仇恨言論越演越烈，從性變態到顛覆世界秩序的任何罪名，都堂而皇之地冠在猶太人身上。

但是就連支持詆毀猶太人的煽動者，也明顯對這場出征行動的最終結果驚駭不已。在紐倫堡審判中，面對奧斯威辛集中營有兩百五十萬名猶太人慘遭殺害的事實，羅森堡（Alfred Rosenberg）和施特萊徹（Julius Streicher）這兩名納粹黨的思想領袖和宣傳公關都不認為自己該負責，因為他們「不知道」自己的煽動言論會引發這場屠殺行動。然而，奧斯威辛集中營的指揮官——霍斯（Rudolf Hoess）上校卻明確表示，正是因為不斷被灌輸猶太人是所有邪惡的罪魁禍首，他和其他劊子手才會相信猶太人應該被趕盡殺絕。[16]顯然在特定條件下，言語攻擊和流言蜚語會逐漸演變成暴力、暴動和大屠殺。

在暴力事件發生之前，行使暴力的那一方必定經歷了下列九個階段：

1. 長期抱持著類別化的思考與預設立場，對受害群體形成標籤化的刻板印象，無法看到外團體成員的個別差異。
2. 長期在口頭上抱怨受害群體（通常是少數族群），懷疑和指責的習慣已經根深蒂固。
3. 漸漸出現歧視行為（例如通過《紐倫堡法》）。
4. 感受到外在環境的壓力。他們可能長期面對經濟貧困、社會地位低下等問題，或是對政治局勢不滿，例如戰爭時期的諸多限制，或擔心失業。
5. 長期壓抑的情緒即將爆發。他們不再覺得自己可以、或應該繼續忍受失業、物價上漲等各種社會問題帶來的屈辱和憂慮，並且開始向非理性主義靠攏，不再信任科學、自由與民主，一致認為「加增知識，就加增痛苦」，於是大聲疾呼：「打倒知識分子！打倒少數族群！」

6. 這些心懷不滿的人被有組織的運動吸引，紛紛加入納粹黨、三K黨或黑衫軍（Blackshirt）。如果當地沒有正式組織，他們就會成為暴民，或循其他非正式管道以達成其目的。
7. 這些人從上述正式或非正式的社會組織中獲得了勇氣和支持，他們看到自己的憤怒被社會認同，便以所屬群體的標準來合理化自己的暴力衝動。
8. 出現促發事件（precipitating incident）。以前會忽略的不愉快事件，如今已變成引爆衝突的導火線。那些事件可能完全子虛烏有，或在以訛傳訛的過程中不斷誇大。（對於許多參與底特律種族暴動的人來說，這場騷亂的導火線似乎是一則四處瘋傳的謠言：有個黑人奪走一名白人婦女的嬰兒，然後扔進底特律河。）
9. 暴力衝突發生時，「社會助長」（social facilitation）作用會導致破壞活動一直持續下去。人們看到其他激昂的人也處在瘋狂的暴民狀態，會更亢進，於是做出更多瘋狂暴力行為。在這種情況，人的衝動性通常會提高，抑制力會下降。

這九個階段就是從「言語攻擊」發展成「明目張膽的暴力行為」的必要條件，它們會讓人的煞車失靈，進而引爆衝突。在兩個對立群體可能密切接觸的場所，像是海灘、公園或住宅區交界，最有機會滿足上述條件，也最容易出現促發事件（即導火線）。

炎熱的天氣會助長暴力行為，因為酷熱會讓人身體不適、煩躁易怒，也會讓人走到戶外，進而增加接觸和衝突的機率。悠閒的週日午後尤其是暴力溫床。事實上，災難性的暴動似乎最常發生在炎熱的週日下午，而私刑的發生頻率也在夏季達到高峰。[17]

言語敵意在特定條件下可能會導致暴力衝突——這一事實引發了有關言論自由的問題。在美國這類高度重視言論自由的地區，法律當局普遍認為「試圖控制對任何外團體的口頭或書面毀謗」並不明智，而且不切實際，因為這等於限制公民的批評權利。美國在原則上允許完全的言論自由，除非有人明確煽動暴力，而對公共安全造成「明顯而立即」的危險，才會予以限制。但這條法律的界線很難拿捏。言語攻擊就算相對溫和，在條件成熟時也可能發展成暴力。而在「正常」時期，人們可以容忍較多仇恨言論，因為其攻擊力道會受到反駁和內在抑制而減弱。大多數人通常不會留意關於外團體的謠言，而正如我們所看到的，就算是散播謠言者，通常也不會主動歧視他人，更別說行使暴力。但是在情勢緊張時期，人的偏見行為就會逐步升級。因此美國有些州，例如紐澤西和麻州就立法禁止「種族毀謗」，但這類法律至今依然很難確實執行，也無法明確界定是否符合憲法精神。[18]

我們可以觀察到，參與打架、幫派鬥毆、破壞公物、暴動、私刑、大屠殺的主要是年輕人。[19]相較於中老年人，年輕人的生活挫折可能較少，但社會化的程度也確實更低，因此無法抑制衝動，而必須尋求宣洩。相對來說，年輕人更容易退化到嬰兒式暴怒，加上長期缺乏社會抑制，所以也很容易在宣洩中獲得強烈快感。年輕人動作敏捷、精力旺盛，又敢於冒險，這些恰好也是行使暴力需具備的特質。

在美國，最嚴重的兩種族群衝突就是「暴動」和「私刑」，其主要區別在於：暴動中的受害者會反擊，而私刑的受害者則無法反抗。

群眾暴動和私刑

一個地方的社會局勢出現快速變化時，最有可能發生暴動。黑人「入侵」住宅區、某地引進某族群的成員來頂替罷工者，或移民迅速湧入動盪地區——以上所有單一條件都不會造成暴動，還必須加上長期敵意，以及相信對方構成「威脅」的固執信念，才會使人們對特定群體發動攻擊。正如先前所述，發生暴動之前必然存在著長期且激烈的言語敵意。

暴動者通常是低社經地位的年輕人。某種程度上，這可能是因為底層家庭較少教導自律／自我控制，也可能是因為教育水準不高，才會誤解生活條件惡劣的真正原因。而擁擠、不安定的生活和生存機會被剝奪，絕對是直接刺激因素。一般來說，暴動者通常是邊緣人。

如同任何形式的族群對立，人們很容易認為暴動的發生是基於真實利益衝突。當一大群貧窮的黑人和同樣貧窮的白人相互爭奪有限的工作機會，不難看出「競爭」是真實存在的，而不安全感和恐懼會讓人暴躁且易怒。但即便是利益衝突如此明顯的情況，各位應該也能發現「只把**不同**種族的人視為威脅」並不合邏輯。白人的工作不只會被黑人搶走，還會被白人搶走。因此在同一個地區，族群之間的利益衝突並非完全真實。人必定先對外團體形成強烈的競爭感，才會把這種利益爭奪解讀成族群（而非個人）之間的競爭。

因此暴動的根源在於，既有偏見在一連串情境下不斷被強化和釋放（如同上一節整理的九個階段）。[20]暴動發生之後，所引發的混亂場面也毫無邏輯。一九四三年，紐約哈林區發生了一場暴動，導火線是一名白人警察「不公平地」逮捕一名黑人。然而這場種族抗議採取了非種族的形式。情緒激動且緊繃的黑人反抗者瘋狂地四處放火搶劫，不分青紅皂白地破壞黑人和白人的商店或財物。在所有形式的身體攻擊中，暴動最不直接針對受害者，態度也最不一致，因此最不合邏輯，就好比生氣的孩子亂發脾氣。

暴動經常發生在美國北部和西部地區，而私刑則常見於美國南部各州。最重要的是，這個現象顯示：南方的黑人通常不會試圖反抗。當麻煩找上門，他們就只能躲起來或尋求庇護，直到風暴過去。這種模式顯然是嚴格奉行「白人至上」原則所致，大家普遍認為黑人應該接受自己的卑微角色，無論受到何種屈辱都不能報復。黑人也可能認分地接受自己的階級，或者因為生活在恐懼中，所以遭受挑釁時通常不會反擊。在這種社會氛圍下，黑人就算受到嚴重壓迫也不太容易發生暴動。

另一個相反案例，來自一九四三年十月刊登在倫敦幾家報紙上的新聞：

在英國西南端的康沃爾小鎮，一群美國黑人士兵造訪當地「酒吧」，卻遭到白人憲兵蠻橫制止。黑人士兵們回到營地，拿了槍，又返回鎮上，質問那些憲兵，為何黑人不能享有跟白人士兵同樣的權利。經過一番激烈爭執，有些人還開了槍，最後那群黑人士兵被憲兵制服，其中有兩人掛彩。

這起事件屬於暴動的特例，或許更應該稱之為**抗爭**，其中有幾點值得留意：一、黑人敏銳地感受到自己遭到歧視，尤其他們正在英國，而英國普遍重視平等。二、跟大多數的種族暴動不同，這次是少數群體自己引發暴動。三、抗爭的焦點是黑人受到歧視和不當對待——這個巨大背景跟導火線（促發事件）相比，後者顯得微不足道。四、軍旅生活強化了黑人的權利意識，讓他們更勇於爭取平等、非歧視性的對待。五、白人憲兵的反應是基於根深蒂固的偏見，即黑人就算在國外也不能獲得平等社會待遇。六、軍事教育讓黑人變得勇敢而無所畏懼，也讓他們相信武力可以解決紛爭。我們再次看到，任何暴動都必須從爭端雙方的背景來理解。

前面提過，私刑主要發生在歧視和隔離已根深蒂固的地區，且受害者通常受到社會習俗的嚴重脅迫。還要再加上一個必要條件——當地執法不力，幾乎無法防範私刑，私刑者就算身分曝光也很少被逮捕，甚至幾乎不會受到懲罰，這項事實反映了警察、法院等執法機關默許私刑。在這種情況下，私刑就成了「社會規範」的一部分，而無法完全以私刑者的心理狀態來解釋。

私刑分為兩種。第一種是所謂的波本（Bourbon）私刑，或**維安型**私刑（vigilante lynching），即一小群有權勢的當地公民會組織起來，逮捕有罪或據稱有罪的黑人，然後悄悄處以私刑。這種私刑的用意在於重申白人和黑人之間的既有壁壘，提醒黑人必須對優秀的白人百般敬畏及順從。長久以來，這種「以正義為名的私刑」主要發生在黑人帶（Black Belt）地區，那裡階級差異概念已深植人心。

第二種是**暴徒私刑**（mob lynching），相對於第一種私刑，暴徒私刑較常發生在社會結構不穩定的地區，當地白人和黑人可能必須爭奪同一份工作，他們也許都是佃農，生活同樣清苦，卻沒有團結起來解決共同問題，反而把彼此當成競爭對手，白人更無故將自己的劣勢地位和不安全感都怪到黑人頭上。由於白人的敵意加上地方執法不力，無怪乎只要一點微不足道的小事，就可以作為私刑的藉口。一般認為，針對白人女性的性犯罪（或據稱的性犯罪）是私刑主要原因，但一項研究回顧了過去六十五年的資料，顯示在南方所有私刑中，只有四分之一涉及性犯罪指控。[21] 暴徒私刑通常包含兇殘的惡行，私刑者會聚集起來，每個人都想「教訓一下」被指控對象，因此對受害者的凌虐會極端殘忍，連屍體也不放過，慘不忍睹。

如先前所述，這種讓人毛骨悚然的虐殺行為，主要是受到文化習俗影響。在某些地區，未受教育的社會邊緣男性們曾有獵捕人類的傳統，就跟獵捕浣熊差不多，因此「獵殺黑鬼」向來都是被認可的活動，甚至漸漸變成一種使命，而執法部門有時也會放任或縱容這項傳統。在私刑過程中，當民眾情緒高漲，甚至會理直氣壯地搜刮、破壞黑人住宅和店鋪，用黑人的家具當柴火來焚燒受害者屍體，藉以警告**所有**黑人。

私刑頻率有明顯下降的趨勢。在一八九〇年代，美國每年平均發生一百五十四起私刑，而在一九二〇年代，每年平均有三十一起，到了一九四〇年代，每年只發生兩、三起。私刑頻率下降的部分原因，可能是公眾輿論給予執法機構壓力。自一九二〇年代開始，美國國會持續努力推動一項聯邦反私刑法，不過卻受到南方議員杯葛，他們認為北方人不得無理干涉南方事務，並主張把私刑問題交還給各州政府自行解決——事實上，看樣子他們是成功了。[2] 另外，社會變遷也導致私刑數量減少。在美國早期的殖民地中，法院很稀少，要維持社會穩定，就必須靠義務糾察隊來逮捕罪犯，並立刻執行懲罰。林奇法官（Charles Lynch）是維吉尼亞州的貴格會教徒（其姓氏以如此遺憾的方式流傳下來）[3]。在獨立戰爭期間，幾名保守黨人因為偷馬匹而被逮捕，林奇以地方法官身分，在自家設立法庭，很快就判處每名竊賊四十下鞭刑。因為林奇法官的宗教信仰不允許殺人，那些竊賊才保住小命。在美國歷史上，被處以私刑的白人比黑人多，但近年來則是黑人遭到私刑的案例引發了全國性的暴動。

謠言的重要作用

在謠言助長下，暴動和私刑才會發生——這幾乎是千篇一律的原則。謠言會在下列其中一個階段、或所有階段參與暴力的形成。[23]

1. 在暴力事件發生之前，關於外團體的惡行的謠言會助長仇恨累積，尤其是少數族群正暗中策劃某些行動，或囤積槍支、彈藥之類的傳聞。此外，族群謠言通常會爆發式地擴散開來，反映了日益緊張的局勢。如果要即時掌握社會局勢的緊張程度，最好的方法就是調查和分析當地流傳的族群謠言。

2. 第一波謠言成功提高仇恨情緒之後，在新謠言的推波助瀾下，暴動或私刑可能會一觸即發。謠言就如號角般集結所有仇恨力量：「今晚河邊要出事了」、「他們今晚就要抓住那個黑鬼，然後幹掉他」。如果警方有所警覺，就可以利用「具有號召性的謠言」來預防暴力。一九四三年夏天，華盛頓特區傳出有大批黑人計畫在某個遊行日發起反抗運動，這種謠言勢必讓充滿敵意的白人立刻武裝戒備，但警方在事前採取堅定的公眾立場，並為黑人遊行者提供充足保護，最後及時阻止一場可能的衝突。

3. 謠言通常是炸藥桶的引線。當煽動性謠言在大街小巷流竄，隨著每一次轉述，內容會越來越誇張、扭曲。一九四三年，一名白人警察從背後開槍射擊一名黑人，這起事件不斷被誇大，最後引爆哈林區暴動。而在底特律四處瘋傳的大量謠言，也直接觸發民眾滿載的情緒。在那個決定性的週日的前幾個月，各種族群謠言早已在底特律鬧得滿城風雨，電台甚至播報有好幾卡車全副武裝的黑人正從芝加哥前往

2　譯注：直到二〇二二年，美國總統拜登才簽署首部聯邦反私刑法。
3　譯注：據說私刑（lynching）和私刑法（lynch law）一詞正是源自林奇法官的姓氏。

底特律。[24]

4. 在暴動期間，謠言會讓民眾持續處在情緒激昂的狀態。令人匪夷所思的是，有些謠言似乎是幻想出來的。社會學家李（Alfred McClung Lee）和人類學家亨弗瑞（Norman Daymond Humphrey）提到，在底特律暴動最激烈的時候，警方接到一名婦女的報案電話，她口口聲聲地說親眼看到一群黑人暴徒殺害一名白人男子，當警察趕到現場，卻只看到一群女孩在玩跳房子遊戲，沒有任何暴力事件的跡象，也沒有任何證據可以支持那名婦女的報案內容。其他同樣亢奮的市民卻跟那名婦女一樣，不假思索地相信這個故事，並且把它傳播出去。

讓我們再回到這項假設：謠言可以立即反映群體之間的緊張程度。當然，謠言本身只是一種仇恨言論、一種透過語言來表達敵意的方式。謠言可能針對天主教徒、黑人、難民、政府官員、大企業、工會、武裝部隊、猶太人、激進分子、外國政府以及其他各種外團體，謠言會毫無例外地表現出敵意，並編造出令人反感的特質來合理化敵意。下面是典型例子：

聽說在一家生意興隆的連鎖餐廳，有位客人在櫃檯點了燉牛肉和咖啡。店員把燉牛肉放在托盤上，然後轉身去倒咖啡，回頭時，卻發現燉肉裡有隻死老鼠，這位客人也看到了這個噁心的畫面，並引起一陣騷動。他離開餐廳之後立刻告上法院。但不幸的是，法院判定證物——那隻死老鼠，並沒有被煮過。而且有人還看見是他趁店員不注意時，從口袋掏出死老鼠，然後放進燉肉裡。故事的結尾是：「那個客人當然是猶太人。」

在戰爭時期，類似的反猶謠言非常多，如下列例子：

- 西岸的徵兵委員會決定不再招募更多人入伍，除非那些向猶太徵兵委員會申請緩召的紐約、費城和華盛頓的猶太男孩通通入伍。
- 阿拉巴馬州維斯托弗市（Westover）的所有官員都是猶太人，那裡的非猶太人幾乎不可能爬到更高的職位。
- 美聯社（Associated Press）跟合眾社（United Press）都被猶太人操控了，所以我們不能相信任何有關德國和希特勒的報導，只有希特勒才知道怎麼對付那些猶太人。

貶低黑人的謠言相對較少。研究者收集並分析了一九四二年戰爭期間的一千則流言，其中一〇%是針對猶太人，三%針對黑人，七%針對英國，約二%針對企業和勞工組織，關於軍方和行政機構則各占二〇%。大約三分之二的謠言是針對特定外團體，其他大多反映了人民對戰爭的深深擔憂。[25]

由此看來，謠言似乎是個敏感的指標，反映出群體之間的敵對狀態。我們或許可以藉由澄清謠言來降低群體之間的敵意，但這不是最有效的方法。在戰爭期間，有些國家會在報紙上設立「謠言診所」專欄，試圖澄清假消息，並讓民眾意識到散布謠言所造成的危害。然而，揭發謠言是否足以改變任何根深蒂固的偏見，還有待商榷。闢謠的作用頂多只能提醒輕微偏見者：無論戰爭或承平時期，造成族群分裂的謠言都不符合國家最大利益。

第5章 偏見的模式和程度

我們可以確定的事實之一是，人要是排斥某個外團體，通常也會排斥其他外團體。如果一個人是反猶主義者，他同時也可能反對天主教、黑人等任何外團體。

偏見是個人的整體態度

上述事實在心理學家哈特利（Eugene L. Hartley）的巧妙研究中獲得驗證[1]，他採用鮑格達斯發展的〈社會距離量表〉（見第3章），調查一群大學生對三十五個國家或種族的態度，不過其中有三個族群是虛構的，分別是「丹尼人」、「皮瑞人」、「瓦隆人」，而那群大學生也果真以為三個「罕見」族群都真實存在。結果顯示，對熟悉的族群懷有偏見的人，也會對不熟悉的族群產生偏見。根據那群大學生在〈社會距離量表〉上的評分，三十二個真實族群跟三個虛構族群之間的相關性為「.80」，確實是高相關。[2]

其中，A學生對許多真實族群都很反感，對虛構族群的評語是：「我完全不了解他們，所以會將他們驅逐出我的國家」。相對地，整體上幾乎沒有偏見的B學生則表示：「我完全不了解他們，所以對他們沒有任何偏見」。

這兩名學生的評論都很有啟發。對A學生而言，任何陌生群體都是潛在威脅，因此在沒有實際接觸或足夠證據的情況下，他會先拒絕對方。B學生則天生不容易疑心憂慮，在尚未了解事實之前不會預先評斷，例如他會先假設「丹尼人」是無害的，並且樂於接受他們，直到證據顯示該群體不好。顯然，學生本身的性格或特質，會使他們對外人一律抱持偏見或包容態度。

這項研究更顯示，對不同群體的負面態度彼此也有相關，如下所示：

黑人	猶太人	.68
黑人	天主教徒	.53
天主教徒	猶太人	.52
虛構族群	猶太人	.63
虛構族群	共產主義者	.68
虛構族群	工會成員	.58

為什麼不信任工會的人也不信任「皮瑞人」之類的虛構族群？這確實是一道心理謎題。

在煽動者的激烈演說中，也可以觀察到同樣的傾向，他們會一口氣批評好幾個群體，例如：「樸實、真誠，像綿羊一樣溫順的美國同胞何時才會覺醒？你們難道沒發現國家早已落入那些外來者、共產主義者、瘋子、難民、叛徒、社會主義者、敗類和賣國賊手裡？那些人操縱著我們的生活！」[3]

類似案例也發生在一九五二年德國大選，當時的法西斯組織「社會主義帝國黨」（Socialist Reich Party）印了宣傳手冊來鼓吹選民拒絕投票：

> 你們還沒發現嗎？猶太人是民主的獨裁者，他們跟布爾什維克主義（Bolshevism）和梵蒂岡正操控著各位

的生活。請堅守德國人的精神，不要投票，並且耐心等候，我們將奪回政權。

對這些狂熱的德國人來說，所有外團體都構成了威脅，無一例外。

既討厭黑人、又痛恨聯邦政府的人，有時會把自己的敵意濃縮成「那些喜歡黑人的官僚」這樣的語句。類似的表述像是「猶太裔的國際銀行家」，此說法也融合了兩種負面態度，並且忽略一件事實，即猶太人很少是國際銀行家，而國際銀行家之中的猶太人也寥寥無幾。拉丁美洲人主要信奉天主教，於是有些人認為「猶太人和新教的聯盟」正威脅著全世界。但是在普遍反對天主教和猶太人的地區，則會同時批評「梵蒂岡和猶太人」。人們經常把不同的代罪羔羊牽扯在一起，這種現象顯示，重要的是人的**整體**偏見，而不是針對單一群體的具體指控。

許多研究也顯示，偏見往往是一種人格特質。[4] 這裡僅引用加州大學一群研究人員進行的廣泛調查，其數據來自大學生，以及大學生之外的各種成人群體。[5] 受試者必須填寫一份內容相當廣泛的問卷，並用六點計分來表示對每項陳述的同意程度：-3是強烈反對，-2是中度反對，-1是稍微反對；1是稍微支持或同意，2是中度支持，3是強烈支持。

問卷內容如下：

族群中心主義量表

※改編自《威權人格》（*The Authoritarian Pursonality*）

A. 猶太人

1. 猶太商人的問題在於他們總是形成小團體，導致其他人沒有公平競爭的機會。

2. 我無法想像自己嫁給一名猶太人。
3. 除了少數例外，猶太人大致上都差不多。
4. 讓猶太人住進一個好社區的問題是，他們會在社區中慢慢營造出典型猶太氛圍。
5. 如果要終結人們對猶太人的偏見，猶太人必須先真誠地改掉他們有害、惹人厭的缺點。
6. 猶太人總有點怪異，很難知道他們在思考或計畫著什麼，還有他們背後的動機。

B. 黑人

1. 黑人擁有自己的權利，但他們最好還是待在自己的社區跟學校，不要過度頻繁地跟白人接觸。
2. 黑人不應該擔任白人的工頭或領導者。
3. 有些黑人音樂家也許跟白人音樂家一樣優秀，但他們不應該跟白人一起組成樂隊。
4. 黑人在心態和能力上，似乎更適合非技術性的勞動工作，而不適合需要技術或承擔責任的工作。
5. 有些人主張黑人應該擁有跟白人相同的地位，那些人多半是想要挑起衝突的激進煽動者。
6. 如果不讓黑人認清自己的身分地位，他們大部分會變得蠻橫又討人厭。

C. 其他少數群體

1. 阻特裝愛好者[1]證明了，這種人一旦擁有財富和自由，就只會仗著自己的優勢四處惹是生非。
2. 某些宗教派別拒絕向國旗敬禮，我們應該強迫他們遵守這種愛國行為，否則就該廢除那些宗教。
3. 菲律賓人如果謹守本分，通常沒什麼大問題。但他們打扮得太浮誇，還經常跟白人女孩廝混，就太

1 譯注：zoot suiter。阻特裝是一種寬鬆、誇張的西裝風格。在二戰期間被認為是浪費物資的表現，且牽涉一起暴動事件。

過分了。

4. 每個人都認為自己的家庭比其他家庭好，這是理所當然且天經地義的事。

D. 愛國主義

1. 五十年來，美國精神的最大威脅來自國外的觀念和其煽動者。
2. 既然新的世界組織已經成立，美國作為主權國家，必須確保獨立性和權力絲毫不會受損。
3. 美國也許不完美，但美國的生活方式卻讓我們盡可能地接近完美的社會。
4. 美國國家安全最好的保障，就是擁有全世界最強大的陸軍和海軍，以及握有原子彈的秘密。

可以看到，上述「加州大學族群中心主義量表」包含了A、B、C、D四個子量表。對我們來說最重要的發現是：不同子量表之間呈現一系列高相關。表1是大致結果。[6]

表1最醒目的結果，仍然是先前提過的，個體會一律排斥所有外團體。這有些難理解，為何認為「阻特裝愛好者四處惹是生非」(C-1)的人，通常也認為「猶太人總有點怪異」(A-6)，或「黑人不應該擔任白人的工頭或領導者」(B-2)？

更難理解、卻更有啟發性的是「排斥外團體」和「愛國主義」之間的高相關。例如，認為「黑人更適合從事勞動工作」(B-4)的人，同時也認為「美國擁有全世界最強大的陸軍和海軍，且握有原子彈的秘密」(D-4)。

	黑人	其他少數群體	愛國主義	總量表
猶太人	.74	.76	.69	.80
黑人		.74	.76	.90
其他少數群體			.83	.91
愛國主義				.92

表1　子量表之間、以及跟總量表的相關性（資料來源：《威權人格》）

乍看之下，這些項目之間的高相關性似乎不合邏輯，尤其是「排斥外團體」和「愛國主義」的高相關。然而，這些想法上的聯結必定可由某種心理上的一致性來解釋。在這份量表中，用來檢驗「愛國主義」的題目，似乎不涉及對美國傳統信念的忠誠度，反而更接近「孤立主義」（這或許比「愛國主義」更精準）。排斥外團體的人很可能對國家組成分子的看法很狹隘（見第3章圖1），這是「安全島」心態作祟，這樣的人會努力建立防禦來抵抗威脅，對他們而言，到處都是潛在威脅——外國人、猶太人、黑人、菲律賓人、阻特裝愛好者、「某些宗教派別」……等等，而在家庭關係中，他們堅持「每個人都認為自己的家庭比其他家庭好，這是理所當然且天經地義的事」（C-4）。

加州大學的研究還進一步發現，正如我們所預期的，「安全島」類型的人非常忠於自己的教會、兄弟會／姊妹會、家庭……等內團體，但是對所有生活在其安全圈以外的人都保持警戒。類似的狹隘性也反映在「族群中心主義」和「政治、社會保守主義」的相關上（相關係數約為「.50」）。加州大學的研究者將這種政治觀定義為「偽保守主義」，因為排斥外團體的人並沒有試圖保衛美國傳統精神的重要核心，而只是選擇性地支持傳統主義。研究者的看法如下：

> 這類型的人強調「競爭」的價值，同時卻支持將經濟力量集中在大企業——這是個別競爭業者唯一的最大威脅。他們推崇經濟流動性，以及白手起家的「阿爾傑（Horatio Alger）」神話，但是卻支持各種形式的歧視，這些歧視嚴重限制了大部分人口的流動性。他們也可能贊同擴大政府的經濟功能，但並非出於人道主義，而是利用這種手段來限制勞工和其他團體的權力。[7]

其他研究則發現另一種相反傾向：不滿於現狀的自由主義者通常會採取包容態度。[8] 二戰期間有項調查報告指出，「越支持工會的人，對黑人、宗教和蘇聯的態度就越開放」。[9]

本節回顧的研究提供了非常有力的論據，證明偏見基本上是一種**人格特質**。當偏見在人的心裡扎根，就會漸漸發展成一種整體態度。人或多或少會對無關緊要的對象產生偏見，因為整個內在狀態都受到了影響，因此會形成系統性的敵意和恐懼。這一觀點將在其他章節詳加說明（尤其是第25、27章），不過這不代表深層人格結構是唯一需要考量的因素。

選擇性偏見

回應上一節最後一句話，讓我們回頭檢視加州大學研究數據中的不一致。表1顯示「反猶太人」和「反黑人」的相關性是「.74」，數值雖然很高，但仍可看出兩種偏見之間存在著一定的獨立性，也就是說，至少有一些人雖然排斥猶太人，但是並不排斥黑人，反之亦然。[10]因此，雖然心理動力因素說明了許多關於偏見的現象，但我們不能假設它可以解釋所有現象。在特定地區，特殊形式的族群中心主義背後可能存在著特定因素。

> 心理學家普洛斯羅（Edwin Terry Prothro）調查了美國南部的路易斯安那州近四百名成人對黑人和猶太人的態度，並統計出兩者的相關性為「.49」。[11]而前面提到，這一相關性在加州為「.74」，在南部以外地區進行的其他研究也同樣發現高相關。

看來，在路易斯安那州的研究樣本中，只有一部分明顯的反黑人情緒可以歸因於全面性的族群中心主義（即一律排斥所有少數族群）；而有整整三分之一的受試者表現出對猶太人的友好態度，但是對黑人卻抱持負面態度。考量到這些情形，結論是：人格結構和心理動力並不能完全解釋偏見現象，還必須考量情境、歷史和文化等因素。

這項重要事實讓族群敵意的現象變得更複雜。假如各種偏見之間都完全相關(即相關性為「1.00」),就沒必要再尋找其他解釋,因為那表示人格結構中存在著一個同質的偏見矩陣,所以人總是一律排斥或包容所有外團體——這樣一來,只要用人格的結構和運作就能完全解釋偏見了。

但事實並非如此,除了人格特質以外,還有其他因素會影響偏見。就算某個人天生容易產生偏見,他卻更有可能只仇視猶太人,而不討厭貴格會教徒——雖然這兩者都是少數群體,在政商界也都有不成比例的影響力。一個偏執的人並不會無差別地憎恨所有外團體,他可能對南方鄰國墨西哥有強烈偏見,但對北方鄰國加拿大則沒有太大成見。這種選擇性偏見無法只用人格動力來解釋。

雖然問題的核心可能在於人的心理組成狀態,但要完全理解偏見,還必須分析社會因素,這就是第6章至第9章要討論的主題。

偏見到底有多普遍?

偏見到底有多普遍?這個問題當然沒有絕對答案,但我們可以從各種現象獲得一些洞見。關鍵在於如何劃分「偏見」和「無偏見」?根據第2章的內容,或許可以說每個人都必然帶有偏見。人都偏愛自己的生活方式,並據此做出先入為主的判斷,因為在深層意義上,人**就是**自身持有的價值觀,所以必然會自豪且真摯地捍衛自己的價值觀,而排斥任何反對它的群體。

但是,「每個人都有偏見」這一結論毫無意義。而如果只考慮生活重心被仇恨給占據的人,嚴格來說也不太正確,更何況,有辦法統計出這類人的數量嗎?

讓我們仔細檢視民意調查的結果。雖然對大部分的人來說,談論自己的偏見是件非常尷尬的事,但研究人員仍然排除萬難地收集到相當有意義的數據。[12]

這類民意調查包含了各式各樣的問題，例如：

「你是否認為猶太人在美國擁有太多權力和影響力？」

這個問題已在美國各種具代表性的樣本中被反覆提問，並一致得到五〇%的肯定答案。那麼，我們是否可以說一半的美國人都是反猶分子？

第一個例子的問法顯然帶有引導性，將原本可能不存在的想法置入受訪者的腦袋中。看看另一種較不具暗示性的問法：

「在你看來，哪些宗教、國家或種族會對美國構成威脅？」

在第二個例子裡，「威脅」當然是個強烈、嚴峻的用詞，但問句中沒有直接提到猶太人。這時只有一〇%受訪者會主動提及猶太人，那是否表示反猶主義者占總人口的十分之一？

再來看第三個例子。這一次，受訪者拿到一張卡片，上面列了幾個群體：新教徒、天主教徒、猶太人、黑人。接下來，受訪者被問到：

「在這些群體中，是否有任何一個群體在美國獲得的經濟權力，大於該群體對這個國家的貢獻？」

結果約三五%選擇猶太人，約一二%選擇天主教徒。

第四個例子是用同一張卡片詢問：

「在這些群體中，是否有任何一個群體在美國獲得的政治權力過大，而對這個國家不利？」

這次約二〇％選擇猶太人。

綜合上述結果，可以得知反猶主義者的比例介於一〇％至五〇％之間。如果使用更強烈或更溫和的問句，就會得到更極端的結果。

由此可見，當提問者**暗示**了一個關於猶太人的負面陳述（如第一個例子），多數受訪者就會表示贊同；如果猶太人是幾個選項之一，就沒有那麼多受訪者表達出反感；而當受訪者必須**自發性地**思考哪些群體符合問句的描述，只有少數受訪者會提到猶太人——我們可以肯定這類人的情緒生活確實充滿敵意，一逮到機會就要宣洩自己的強烈憎恨。約一〇％的人會主動表達尖銳的反猶情緒，其他研究也有同樣結果，例如一項研究發現，戰爭期間有一〇％美國人贊同希特勒對待猶太人的方式；二戰後，駐紮在德國的美軍中，二二％認為德國人有理由「仇視猶太人」——其中有一〇％態度搖擺。[13]

在調查仇視黑人的人口比例時，也會隨著提問方式和訪問地區不同，而得到不同結果。大多數民意調查都顯示，許多人支持任何形式的種族隔離。二戰期間，美軍之中約五分之四的白人士兵認為，白人、黑人士兵應該要有各自的販賣部。同樣地，很大比例的白人士兵贊同白人、黑人士兵的俱樂部和服役單位都要區隔開來。[14]

對一般民眾的調查也得到類似結論和比例：[15]

一九四二年：「城鎮中是否應該區隔出專門給黑人居住的區域？」八四％答是。

一九四四年：「如果一個黑人家庭搬到你家隔壁，對你的生活是否會有任何影響？」六九％答是。

針對職業方面的歧視則較不強烈：

一九四二年：「雇主是否應該雇用黑人？」三一％答否。

一九四六年：「黑人是否應該擁有跟白人同樣的工作機會？或者白人應該優先獲得任何工作？」四六％認為白人優先。

而涉及教育機會時，民眾的態度明顯較為友善：

一九四四年：「這個鎮上的黑人是否應該跟白人一樣，有機會接受良好教育？」八九％贊同。

接下來讓我們把注意焦點從成人的態度轉移到高中生的信念。如表2所示，大約三分之一的美國高中生對黑人抱持著明顯成見。[16]雖然這些調查數據相當有啟發性，但我們也清楚看到，結果會隨不同提問方式而改變。

心理學家貝特罕（Bruno Bettelheim）和社會學家傑諾維茲（Morris Janowitz）對一百五十名芝加哥退伍軍人所做的深入研究，為偏見的盛行程度提

「黑人是劣等種族嗎？」		
	是	否
青少年	31%	69%
青少女	27%	73%

「黑人對社會的貢獻是否跟其他群體一樣多？」		
	是	否
青少年	65%	35%
青少女	72%	28%

表2　針對三千三百名美國各地高中生的調查結果，以百分比表示

供了更好的洞察。研究者對這群退伍軍人進行了長期訪談，並在直接調查其族群態度之前，先提供大量機會讓他們自由表達自己的看法，如此便可以更細緻地評估他們的敵意程度。表3呈現了這群退伍軍人對猶太人和黑人的態度。[17]

從表3可以清楚看到，那群退伍軍人對黑人的敵意更強烈，而較不仇視猶太人。受訪者對外團體的敵意被分成四個等級，如果主動說出自己討厭某個少數族群，就會被評為「**強烈敵意**」，這類人會主動提到「猶太人的問題」或「黑人製造的麻煩」，也會提出嚴苛手段來打壓對方（「把他們趕出這個國家」、「用希特勒的方法解決他們」）。我們注意到，由於貝特罕和傑諾維茲用這個方式來評估敵意程度，因此這項研究並不像先前提到的其他研究發現那麼多激烈的反猶分子。

受訪者被直接詢問時，如果表達出對少數族群的真實敵意，並贊同限縮其權益，就屬於「**坦承敵意**」。受訪者被直接詢問或自由表達時，若提到自己對少數族群的成見，則為「**刻板印象**」，他們沒有直接表達出敵意，也沒有提出限制手段，但是認為猶太人很排外、唯利是圖，或認為黑人很骯髒、迷信。受訪過程都沒有表達任何刻板印象或敵意的人，就被評為「**包容**」。

目前為止，我們的數據只涉及猶太人和黑人。本章一開始雖然證明了，對某個族群有偏見的人，很可能對其他族群也有偏見，反之亦然。但是就目前已討論的問題來看，或許根本沒有觸及到某些人的偏見。所以，「偏見

態度類型	占受訪者的比例（樣本數：150人）	
	針對猶太人	針對黑人
強烈敵意（主動表達）	4%	16%
坦承敵意（被問到時）	27%	49%
刻板印象	28%	27%
包容	41%	8%
總計	100%	100%

表3　退伍軍人對兩個少數族群的態度

普查」應該還要納入民眾對更多群體的態度，像是天主教徒、波蘭人、英國人、政黨、勞工、資本家……等等，才能更精確地估計社會中具有偏見的人口比例。

一項未發表的研究，讓一百名大學生寫下一篇短文，主題是「我跟美國少數群體的相處經驗，以及我對他們的態度」。這些文章經過分析之後，有八〇%包含明顯的族群偏見。

另一項類似的調查，要求四百多名大學生說出他們覺得「合不來」的群體，結果只有二二%完全沒有提到任何少數族群。這些「合不來」的名單包括：華爾街、勞工、農民、資本家、黑人、猶太人、愛爾蘭人、墨西哥人、第二代日裔美國人、義大利人、天主教徒、新教徒、基督教科學派信徒、共產主義者、新政支持者、軍官、保守派、激進分子、瑞典人、印度人、格林威治村居民、南方人、北方人、教授和德州人。雖然「合不來」不等於「有偏見」，但兩者很接近。透過這種方法，約七八%大學生透露出對某些群體的排斥態度。[18]

綜合上述幾項研究可以得知，約有八〇%的美國人對少數族群懷有敵意，且程度足以影響其日常行為，這一數值跟本節先前提到「支持對黑人實行種族隔離」的人口比例很接近。

偏見目標具有多樣性，這個現象有著重要的社會意義。如果人們的仇恨廣泛分散到不同群體，就比較不容易發生「合夥」對付某一特定少數族群的情形。本章雖然證明了偏見的普遍性——即仇視某個群體的人，可能也會同時仇視其他群體，但在許多利益關係的相互牽扯下，人類似乎不太可能**有組織地**共同迫害某個少數族群。例如：反對天主教的黑人不可能加入同樣反對天主教的三K黨，因為三K黨**也**仇視黑人；住在郊區的盎格魯—撒克遜人厭惡猶太人，所以寧願忍受跟義大利人當鄰居。因此整體上，各個群體大致維持著一種暗潮洶湧的休戰狀態。

如果有八〇%(甚至更小比例)的民眾內心充滿群體偏見,那我們應該要對相對平穩的社會生活感到驚訝。毫無疑問,美國整體上抱持的平等信念以及多元文化傳統,有助於牽制人們對特定群體的排斥態度(請見第20章)。某種程度上,彼此對立的各種敵意會互相抵消,而人們對民主信念的堅持,則形成進一步約束。

誰都可能有偏見嗎?

前面討論的都是廣義的平均值,幾乎沒有根據不同地區、教育程度、宗教、年齡或社會地位,來細分不同偏見程度。

雖然許多研究旨在探討人口學變項和偏見的關係,但結果往往互相矛盾,A研究證實了女性比男性更容易產生偏見,而同樣證據充分(但採用不同樣本)的B研究,卻宣稱男性比女性更有偏見;C研究發現天主教徒比新教徒更常抱持偏見,D研究卻得到相反結果。或許目前最安全的結論是:這些研究固然可信,但是任何單一研究結果都不足以推論到整體。

根據目前最被廣泛支持的證據,可以歸納出三個結論。第一:平均而言,相較於美國北部和西部,南部各州對黑人的態度較不友善;而相較於南部或西部,東北部和中西部地區的反猶主義更強烈(但這方面的研究較少)。

第二:在**教育程度**變項上,研究通常顯示,受過大學教育的人略比學歷只有中、小學的人容易有偏見(至少後者在答題上較具包容性),但並非總是如此。

第三:平均而言,相較於高社經地位白人,低社經地位白人對黑人的歧視更嚴重,這一趨勢似乎相當穩定。而反猶主義的情形則恰好相反,高社經地位者比低社經地位者更加仇視猶太人。

除了上述三個暫時結論,似乎無法可靠地推估宗教、性別、年齡、地區、經濟狀況……等人口學變項和偏見的關係。各位將在接下來幾個章節看到，在特定情境下，每個變項都可能跟較高或較低的偏見相關。而目前最可靠的結論是：沒有證據支持人口學變項和偏見之間存在著穩定不變的關係。

第二部

群體差異

當外界評價一遍遍烙印在腦海，
無論是真是假，人的性格一定會改變。

第6章

關於群體差異的科學研究

「先生，我比任何人都希望看到你提出的那些證據，即自然之母賦予了我們的黑人同胞跟其他膚色人種同樣的天賦，而無論在非洲或美國，他們的貧困只跟惡劣的生存環境有關。」

——時任美國國務卿的傑弗遜（Thomas Jefferson）給非裔科學家班納克（Benjamin Banneker）的回信，一七九一年八月

持有偏見者總是以「受歧視群體具有讓人反感的特質」為由，來合理化自己的負面態度，他們會說那一整個群體都有濃烈的體味、低等的大腦，或生性狡猾、好鬥、懶惰。相較之下，包容者（例如美國第三任總統傑弗遜）則**期望**看到證據證明群體差異根本不存在、或小到可以忽略。如果偏執者和包容者都能暫時放下成見、克制慾望，直到了解相關科學事實，那事情就容易得多。

但即便是學者，在研究國家和種族差異時也很難完全客觀。這些學者必須克服自己的偏見，不偏袒或反對任一方，並意識到自己的預設立場會如何影響證據解讀。值得慶幸的是，今日的社會科學家比以往更加意識到學術研究偏見造成的危害。

在十九、二十世紀，就算是享有信譽的社會學家也會發表歧視性言論，內容充斥著武斷的類化和未經查證的偏見，卻不會受到懲處。例如在一八九八年出版的一本書中，一名社會學家對波士頓黑人做了以下描述：

> 他們之中的一些人具有紳士的氣質……然而大部分則表現出黑人種族的一般特徵：聒噪且庸俗，透露出他們缺乏靈性的動物本質。不過，就算他們是黑人，也很溫和善良，而且經常以他們那種粗野的方式虔誠地信奉宗教。[1]

雖然這名社會學家承認有一些例外，但仍以高高在上的姿態，妄自評斷「黑人種族的一般特徵」，現今沒有社會學家膽敢這麼做。

同樣地，在二十世紀初，英國著名政治學家布萊斯（James Bryce）在牛津大學發表演講，主題為「人類先進及落後種族之間的關係」（The Relations of the Advanced and Backward Race of Mankind），他引用達爾文的演化論，證明「具適應力」的強大種族可以合理侵略弱小種族，更譴責美國印第安人頑強抵抗、拒絕服從白人訂下的標準，注定釀下大屠殺的惡果（他也暗示了大屠殺的正當性）。布萊斯欣慰地表示黑人天性順從，「因為他們願意屈服，所以才能生存下來」，由於黑人自知身分劣等，所以應該讓他們有機會獲得良好教育與工作，但必須考量其「低智商」來做安排，奴僕工作再適當不過。他還強調大多數黑人不該擁有投票權，不僅因為他們無知，還因為他們會「突然產生非理性衝動」，使他們容易被賄賂。另外，布萊斯非常厭惡異族通婚，除了本身對這件事的排斥，還引用未經證實的論述，極力主張「混血兒就算沒有體弱多病，也會有性格軟弱的問題」。

布萊斯由衷希望「優等」和「劣等」種族能更和諧相處，但其評斷完全無濟於事，更沒意識到這些評斷是出於個人成見，而非已證實的事實。[2]

我們甚至不需要倒退一百多年，就能看到偏見對科學的破壞。例如在希特勒主義盛行時期，德國心理學家和社會學家提出了各種「發現」和「定律」，並嚴肅地宣稱：「每項人類研究的結果都是種族差異所致」。比方說，他們透過調查發現，相較於一九二六年，一九四〇年德國的十四歲學童健康狀況更加良好，他們完全將這一發現歸因於「奉行納粹元首所頒布的準則」，而忽略了一件事實：在所有實行現代營養和衛生標準的文明國家，孩子的健康狀況都相應地獲得改善，跟元首是誰無關。同一群「科學家」也將犯罪行為歸因於種族遺傳，並宣稱「是這些人的犯罪傾向才導致他們住在貧民窟，而**不是**因為住在貧民窟才導致他們的犯罪行為」。[3]然而，非種族主義國家的社會學家們大多抱持相反觀點。

相較之下，有些社會學家則是太快地否認種族、國家或群體之間可能存在明顯或根本上的差異。其中有些人雖然動機良善，但通常只拿得出零碎證據。

「很不一樣」就一定會被排斥嗎？

這個問題的答案是：**不一定**。家庭成員的外貌、天賦和氣質往往有很大差異。泰德聰明英俊，弟弟吉姆樸拙平庸，姊姊梅外向但懶散，妹妹黛博拉則有點「古怪」，他們幾個兄弟姊妹雖然各不相同，卻仍可能接納彼此、互相友愛。差異本身並不會引起敵意。

然而，偏見者老是**宣稱**，是某些所謂的差異引發他的負面態度。這樣的人似乎從沒有考慮過包容，更不用說去愛那些（他眼中）愚昧、奸詐、好鬥，甚至體味濃烈的外團體，即使他可能會愛護有同樣特徵的家人或朋友。

不過，群體之間也可能存在著真實利益衝突。X群體也許正計畫要攻擊或超越Y群體，也可能想限制對方的自由，或用其他方式加害。不難想像，對於可能有攻擊優勢和危險性的某群體，只有聖人才會覺得不需要迴避和譴責。更準確地說，由於某群體可能有攻擊優勢和危險性，所以其成員有**很高的機率**具有攻擊性。

罪有應得論

如果問有偏見的人為什麼抱持負面態度，很可能聽到這種回答：「**瞧**，他們言行舉止那麼怪異，實在很讓人反感，難道你沒**看到**？我沒有偏見，他們會被討厭，完全是**罪有應得**。」[4]

雖然上一節提過，「罪有應得論」（well-deserved reputation theory）可能是正確的，但此論點的缺陷在於無法回答兩個問題：一、該評價是否建立在證據確鑿的事實上？二、如果是，那些特質又為什麼是引發反感和敵意，而非冷漠、同情或善意？除非能合情合理地回答這兩個問題，否則「罪有應得論」必然只是偏見的掩飾。

以反猶主義為例，反猶主義者總是聲稱，猶太人的某些特質會引發別人的敵意。要驗證此論述，就必須一、證明猶太人和非猶太人在該特質上有顯著差異。二、證明這樣的顯著差異足以構成排斥猶太人的理由。

假使證據充分，那結論應該是：反猶主義反映的是真實存在的社會衝突，而不符合偏見定義。第1章提過，對明顯的反社會分子（如納粹集團或幫派、罪犯……等）的仇視，都不該視為偏見，而應視為真實的價值衝突。第1章也舉了前科者為例，說明有些情形的確難以斷定是「罪有應得」還是「偏見」。戰爭時期有很多情況也是如此，雖然戰爭可能是由真實的價值衝突引發，但隨之而起的流言、關於暴行的傳聞、焚書、對敵國的強烈仇恨，以及對其後代的報復行為，在在顯示，即使事實的核心是理性的，還是可能被加諸許多偏見。

現今世界局勢就是很好的例子。毫無疑問，共產國家和民主國家之間有許多真實的價值對立，如何化解這場衝突，就是我們這個時代最重要的問題。然而這個現實的核心問題，卻被巨大的偏見團團包圍。在鐵幕後，人民被教育、且普遍相信美國才是侵略者，而美國教授的授課內容都是華爾街準備的。而在美國，人們經常認為自由派和知識分子——尤其是致力於促進國際理解和種族平等的人是共產主義者，所以是叛國賊。這些不理性的情緒讓一切變得非常混亂，導致人們偏移了焦點，無法正確看待迫切需要解決的核心問題。

研究群體差異的方法

人幾乎總是以群體差異為理由，來解釋和合理化自己的敵意，因此我們有必要區分哪些差異是**真實**存在的，哪些只是**想像**出來的。更學術的說法是：除非了解刺激域的性質（即群體特質），否則無法估計其引發的非理性扭曲的本質或程度。[5]

我們不妨先承認：社會心理學對群體差異的研究尚未有明顯進展。針對我們的問題，社會心理學目前還無法給出肯定答案，雖然有數以千計的研究旨在探討群體差異，但這些發現仍有不足。[6]其中一個困難在於，需要比較的群體數量龐大，分散了投注的心力，因此還有許多研究尚待進行。另一個困難則是研究方法上的缺陷，導致不同研究團隊雖然針對同一類型的群體進行研究，卻得到相反結果。最後一個困難是如何正確解讀收集到的資料，研究者通常很難判斷其發現的差異是源自先天因素，還是早期訓練和文化壓力所致，或是各種因素的綜合影響。

研究差異的第一步，就是先決定：針對哪些類型的群體進行比較才有意義。這似乎有無數種可能。目前已知遭受偏見的群體至少可以劃分成下列十幾種類別：

> 種族、性別、年齡、族群、語言、地區、宗教、國家、意識形態、世襲階級、社會階級、職業、教育程度、各種利益團體（礦工協會、醫學協會、扶輪社、兄弟會……等）。

每個類別底下都可以進行大量比較研究，像是：法律系學生和醫學系學生有何不同？佛教徒和浸信會教徒有何不同？說法語的人和說芬蘭語的人有什麼差異？

但是依照人口社會學來分類並不合適，因為最常遭受偏見的人通常會橫跨好幾種類別，例如猶太人可以被視為族群，也可以被視為語言或宗教群體；黑人涉及種族、世襲階級、社會階級和職業上的差異；共產主義者則涵蓋了意識型態、社會階級、國家、語言、宗教和特殊利益團體等類別。

任何遭受偏見的群體，都不會只被貼上一張類別的標籤，像是種族、族群、意識形態……等。雖然「種族偏見」的說法還是很常見，但當我們逐漸意識到一些事實，例如猶太人並不是一個種族，而黑白混血兒擁有一半白人血統、一半黑人血統，那麼種族概念在科學上就站不住腳了。「族群」這個詞則較為廣泛，可以適當地涵蓋文化、語言和傳統上的差異，但不適用於性別、職業和利益團體。

上述的兩難我們暫放一邊，先來看看群體差異的研究已經實際運用了哪些**方法**。基於該研究主題的本質，顯然必須以同一種方法來**比較**兩個以上的不同群體。以下是已被採用的可行方法：

一、**旅行者報告**（包括人類學家、記者和傳教士的記述）。這是歷史上最常見的訊息來源，旅行者**帶著自己的文化背景**，去感受、詮釋並報告他在另一片土地上發現的有趣事物。這個「觀察者」可能受過專業訓練，能敏銳地覺察細微事物，但也可能是個天真、輕信表象的人，執著於「自己的想像」。在目前、甚或將來，好的旅行者報告都是我們了解外團體的最佳來源。雖然有時這類報告是刻意進行文化上的比較[7]，但大多數時候，旅行者在比較時，自身的文化背景只是內隱於腦海中的參考架構。由於這種方法必須仰賴旅行者的印象，所以有個明顯缺點：報告中提到的文化差異無法被量化，也不見得是該族群或群體的典型特徵。旅行者本身的興趣、道德標準和訓練，都會影響其印象，而他所觀察到的重要特徵，對其他人來說可能不重要或根本不存在。

二、**人口統計和其他統計數據**。一些國際組織（例如：國際聯盟、國際勞工局、聯合國及其專門機構）已向其成員國收集了大量數據，但對於各國國民相對智力上的數據仍較不足，也缺乏種族特質或直接探討國族性的數據，但仍然能讓我們在有限程度上運用，例如：了解瑞典、荷蘭、義大利人的平均教育程度之後，就不用憑空**想像**哪個國家的教育程度最高。「聯合國教育、科學及文化組織」（UNESCO）的任務之一，就是提供關於各國文化民情和生活方式的具體報告，這些「比較性統計數據」相當實用。[8] 各國發布的統計數據也很有幫助，像是人口普查或國稅局提供的數據就詳細而實用。去查詢政府的統計資料之後，可能就會讓一個人適當地修正原本對醫生平均收入的預設判斷。

三、**測驗**。幾乎每個學生都熟悉心理測驗。理想上，心理測驗可以解決一些最讓人摸不著頭緒的問題，例如可以用於：比較原始部落和文明地區的感覺敏銳度、比較不同群體的智力、了解各種職業的人的抽象思考能力。簡而言之，心理測驗可以提供「所有答案」。雖然我們有時必須仰賴不同群體的測驗結果，但各位應該先了解心理測驗的限制：

1. 有些人很習慣接受測試（例如大學生），有些人則不曾接受測驗。對於測驗情境的熟悉度會明顯影響表現。
2. 有些測驗隱含競爭性，但某些文化並不存在競爭心態，導致該文化的受試者無法理解為何不能讓家人、朋友以團隊合作的方式一起完成測驗，也無法理解測驗對答題速度的要求。
3. 某些群體的成員在鼓勵下就會努力完成測驗，某些群體的成員則不容易被激勵。
4. 測驗情境有時很難標準化，納瓦霍部落的孩子通常在吵雜的環境受測，有些文化的孩子卻可以在安靜的環境受測。
5. 某些群體的成員不具備完成測驗所需的閱讀和理解能力。
6. 測驗題目經常具有「文化限制」，即使是在現代化國家，鄉下孩子也可能無法回答一些偏重都市孩子生活經驗的問題。
7. 大多數心理測驗是由美國心理學家所設計並進行標準化，因此這些測驗工具的內容必然是以美國文化為主。對於不同文化背景、或沒有受到美國文化薰陶的人而言，這些測驗項目可能都很陌生、不

> 公平，而且會造成誤導。如果美國的心理學家接受南非班圖人設計的智力、人格或態度測驗，想必也會抱怨連連。

幸好，社會科學家們已充分意識到上述限制，並且非常謹慎地解釋不同群體的測驗結果——甚至可以說，謹慎到沒有人確切知道這些結果的意義。也許關於智力測驗的主要發現是：**越不受文化影響的測驗，所得到的群體差異就越小**。例如在跨文化的比較中，讓孩子「畫一個人」的簡單測驗就遠比語文智力測驗更公平。事實上，白人兒童和印度兒童在畫人測驗（Draw-A-Person Test）上的表現只有相當微小的差異，有時印度兒童的表現比較好。[9] 前述發現並不代表人類群體在智力上毫無差異，而是意味著，**完全**不受文化影響的測驗才能夠真正測量到群體差異。

四、意見和態度研究。自二十世紀中期開始，民意調查已經跨越了國界。我們可以透過這種相當精確的技術，比較不同國家的代表性樣本在某些議題上的看法，像是政治問題、宗教觀點、達成和平的方式。[10] 不過，這種方法只適用於擁有可靠、專門的民意調查機構的國家，而且需要各個機構的通力合作。另外，如同測驗的限制，不同文化背景的人對於調查問題會有不同解讀，而且那些問題經過翻譯之後通常會有點失真，進而影響回答的可靠性。

這個方式有種變體是讓受訪者自由發揮，例如葛萊斯彼（James M. Gillespie）進行的調查：[11]

> 研究者向十個國家的青年收集大量資料，每個人都必須完成兩份文件，一份是關於未來的自傳：〈我從現在到公元兩千年的生活〉，另一份是包含五十幾道題目的問卷。
>
> 結果顯示，不同國家之間存在著明顯差異。例如，美國青年較關注個人生活，對政治和社會發展則興趣缺缺。這十個國家的青年之中，紐西蘭人在意見和態度上跟美國人最接近，然而不同的是，紐西蘭青

年認為自己未來很有可能到公家單位服務，為國家效力。而整體上，美國青年似乎沒有意識到個人和國家的命運休戚與共，也不在意自己是否對國家有貢獻，相對較不關心公共和國際事務。

透過這種國際間比較，我們才得以發現美國青年的「利己主義」，但是該如何解讀這項發現呢？美國青年在個人主義的傳統背景下長大，每個人都盡力維護自己的利益，而美國的遼闊、富有和強大，使得他們認為自己的未來必定安全無虞。對物質的重視更讓他們在計畫未來職涯時，傾向考量如何在最大程度上提升自己的生活水準，而不是為公共利益犧牲。因此，美國青年在談論未來時，就會表現出對他人淡漠或「利己主義」的態度。

但這並不表示美國青年在國家危急時仍缺乏愛國精神，或不願意犧牲個人利益。雖然這些資料透露出美國青年特有的自我中心主義，然而一旦國家陷入危機，其自我中心傾向就會被根深蒂固的意識形態抵消，這也是美國人典型的「國族性」。

五、官方意識形態的比較研究。涉及某種信仰體系的群體（國家、宗教、哲學、政治），通常都有描述其信念的文本。從馬克思、列寧、史達林的著作可以萃取出共產主義的核心精神，並進一步跟其他信仰體系的文本進行比較，例如美國《憲法》、《獨立宣言》等國家文件。透過這種對比，或許會得出：

共產主義者認為自然世界是以物質為基礎，透過對立的力量不斷相互較勁而呈現「螺旋狀」進步（辯證唯物主義）。他們崇尚統一行動，正如一黨專政的極權政府，並主張目的證明了手段的正當性。他們不推崇個人自發的道德感，且宣稱生產和實踐本身就是理論。

美國人認同猶太基督教傳統和普通法系所奠定的基本價值觀，並認為社會是朝著共同理想而呈現單線

> 進化[1]。他們推崇理性力量（真理最終會勝出），以及在兩黨（或多黨）的選舉制度中自由表達、互相交換各種觀點。他們認為政府是不同利益團體之間的仲裁者，且個人自發的道德感應該受到保護。

「比較宗教學」領域或許特別會進行意識形態研究，因為該領域有非常大量權威且神聖的文本，備受信徒尊崇與奉行。

這種方法很有幫助，但我們必須記住，信仰體系的**官方文本**並非總是跟其擁護者的觀點或實際做法一致，它表達的往往是理想，而非實際達成的結果。然而這樣的文本具有重要的心理意義，為群體成員指引了共同方向，並為他們制定行為準則，這些準則自他們小時候就深深烙印在腦海。

六、內容分析。現代社會科學為了更精確地研究各種現象，便發展新的量化技術，不僅適用於官方文件，也適用於各種社會交流媒介。例如：研究者可以錄下廣播節目的內容，然後分析其中傳達的訊息。同樣的分析方式也可適用於影視戲劇、報章雜誌、廣告、笑話或小說。藉此，我們可以注意到重複出現的主題。將不同研究者所做的獨立分析進行交叉比對，就能夠確認個別分析報告的信度與效度。這種方法在執行上的最大難處，在於一開始就要決定應該列入統計的元素類型。例如：應該將討論主題分門別類，還是只要記錄在處理特定主題時所使用的情緒性字眼？應該只考慮字面意義，還是要找出話語背後的涵義？應該以整個傳播內容為單位，還是要以每個字詞、語句或概念為單位？各種可能性都會衍生出不同形式的內容分析，每一種都有獨特用途。[12]第7章描述了針對「國族性」所做的其中一種內容分析。

七、其他方法。上述六種方法並未囊括所有探討群體差異的實用研究工具，而只是舉例說明。特定問題需要特定解決方式，例如：體質人類學家（physical anthropologist）可能會在實驗室裡比較不同人種的骨骼，生理學家可能會研究血型，精神病理學家可能會分析不同種族、國家、社經地位所好發的精神障礙類型。

群體差異的類型和程度

先前提過，探討群體差異的研究數以千計，這些研究結果有時會分成下列幾種類型：

解剖差異
生理差異
能力差異
群體成員的基本人格特質
文化習俗和信仰

但這種分類方式意義不大，因為它提供的是互不相關的零碎訊息，而不是遵循一個可以解釋群體差異的理論架構。

本書採取另一種模式，把所有已知群體差異分成四種類型，能幫助我們掌握群體差異的基本邏輯。這種模式假設，人類群體之間的每個已知差異都符合下列四種類型之一：

1. 呈現「J型分布」的服從行為
2. 稀—無差異
3. 重疊的「常態」分布

1 譯注：unilinear evolution，單線進化論為十九世紀重要理論，即所有社會、文化發展都遵循同一路徑。

接下來詳細解釋每一種類型：

一、**呈現「*J* 型分布」的服從行為**。許多群體規定每個成員（基於其成員身分）都必須採取特定形式的行為，於是這種行為就成為群體的主要特徵。在美國需要使用英語，幾乎每個美國公民都接受這項要求，但極少數人不這麼做（也許他們沿用祖先的語言）。符合這項群體特徵的人，分布如圖3所示，雖然其中的百分比只是估計值，但已經足以說明。根據圖中數值，可以畫出一條近似字母「J」的頻率曲線。

這讓人立刻想到許多符合*J*型分布的群體差異。天主教徒應該每週日都上教堂做禮拜，大多數天主教徒會這麼做，只有少數例外。汽車駕駛看到紅燈應該停下，大多數人會這麼做，少數人只會放慢速度，而極少數人會繼續往前。如果施加更多壓力（例如：除了紅燈還加上停車標誌、路口有交通警察指揮），對特定行為的服從率就會更高（*J*曲線更陡峭）。在美國文化中，員工得準時上班，因為「守時」是美國人的一項特徵。讓我們以一個實際研究的數據來說明這個例子。[13]

圖3 美國人口中，使用英語（服從行為）者的估計比率

大家普遍認為美國是守時的國家，這表示跟其他國家相比，美國人在*J*曲線上會反映出更多人符合該特徵（服從這項群體規定）。

一名德國人到美國拜訪朋友，當被問

到美國生活中印象最深刻的一點，他回答：「如果女主人邀請十二位客人在七點鐘吃晚餐，所有人都會在六點五十五分至七點零五分之間抵達。」

在美國，劇院和音樂會幾乎總是準時開場，火車和飛機都按照時刻表上的班次出發，人們也都在約好的時間去看牙醫。美國人重視守時的程度，可能會讓其他文化（甚至西歐）都甘拜下風。

圖4不但呈現出美國人的守時特性，也反映出對這一規定的「過度服從」傾向——有不少人會提早赴約，但是眾數（最高峰）仍然落在美國文化規定的標準上（準時抵達）。

*J*曲線的特點是，行為模式只能應用在群體成員，而不適用於非成員。某工廠的員工應該遵守該工廠的規定，但員工的妻子並不需要遵守，因為她們不是工廠員工。天主教徒參加彌撒的人數會呈現*J*型分布，但非天主教徒不會呈現這種趨勢。大多數的美國紳士在進門時會讓女性優先，但某些文化中的男性不會。

*J*曲線的邏輯如下：一個群體如果強烈要求特定行為模式，其成員作為群體的一分子就會傾向服從。

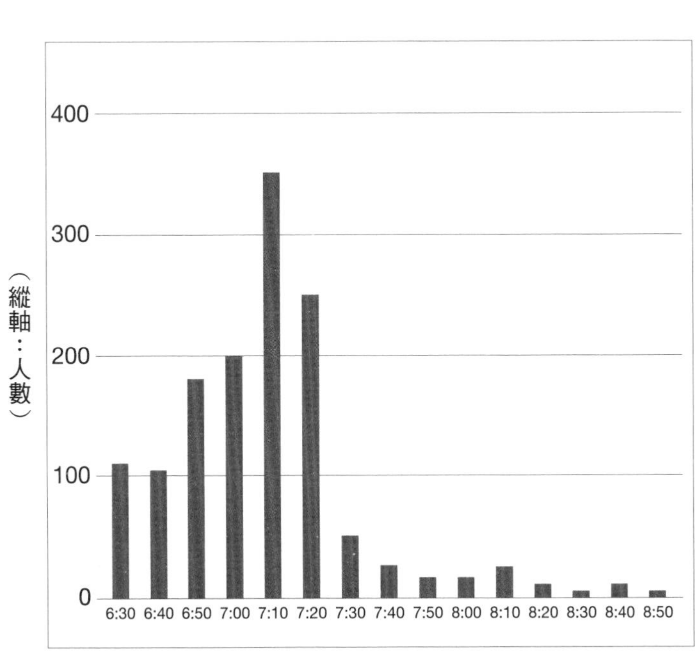

圖4　以十分鐘為間隔，在每個時間點抵達工作場所的員工數量——呈現出*J*曲線的變體。（引用自：F. H. Allport, *Journal of Social Psychology*, 1934, 5, 141-183）

這一邏輯構成了不同群體之間最顯而易見的差異。荷蘭人說荷蘭語；在西方，男人穿褲子，女人穿裙子（雖然也有例外）；大多數猶太人會慶祝猶太節日（非猶太人則不會）；大多數學齡兒童每天都會上學。諸如此類的例子還有很多，而原則上：一**個群體的基本特徵——即能夠定義該群體的特徵，通常會呈現*J*型分布**。

許多群體的基本特徵大致符合*J*型分布，但可能不像美國人遵守法紀的例子那麼明顯。也有一些群體的基本特徵完全不符合*J*型分布，表示成員漠視該群體的規定，不再遵守特定行為模式。這是一種不祥的徵兆，意味著該群體正逐漸衰弱或瓦解。根據猶太教的規定，猶太人每週都應該上猶太會堂做禮拜，如果不這麼做（加上許多猶太人已經不信奉猶太教），團體凝聚力就會下降，或至少其本質就改變了。符合*J*型分布的服從行為可能會漸漸**衰減**，而當遵守特定行為模式的成員越來越少，該群體的獨特性也會隨之消失。

二、**稀—無差異**。人們經常誤以為某個群體具有某種典型特徵，但實際上，這種特徵卻很少在該群體出現，而且也不存在於其他群體。傳說土耳其實行一夫多妻制，但實際上，即使在古土耳其時代，一夫多妻的情形也很罕見，歐洲其他地區也**不存在**合法的一夫多妻制。有種方言叫做「下緬因」口音，只有**少數**緬因州的當地人會說，在美國其他地區則不可能聽到這種口音（除非遇到緬因人）。有些（但並非全部）貴格會教徒在稱呼彼此時，會用「thee—汝」代替「you—你」，但其他人不會這樣，所以這種習慣又稱為「貴格會特質」。有些美國人是億萬富翁，其他國家的人有時會誤以為「美國到處都是億萬富翁」，因為在其他國家連一個都沒有。

顯然，人們在談論「稀—無差異」特徵時的問題在於，該特徵其實很罕見，卻錯誤地假設它在某個外團體很普遍。荷蘭孩子很少穿木鞋，蘇格蘭高地人很少穿蘇格蘭裙，印第安人不常用弓箭狩獵，婆羅洲人幾乎不再獵人頭，愛斯基摩人很少出借妻子，中國人幾乎不留長辮子了，匈牙利農民也很少穿著傳統華麗服飾。上述都是各個群體的真實特徵，只是都很**罕見**。

有些「稀—無差異」特徵可能是已經衰退的*J*曲線。也許曾有一段時期，在制度和文化的強大壓力下，所有蘇格蘭高地人都要穿蘇格蘭裙，所有中國男人都必須留長髮紮辮子，然而在今日，這些特徵的分布可能如圖5所示。但我們不應該貿然地把所有「稀—無差異」都當成J型分布衰退的特例，因為有些的確不是，例如土耳其的一夫多妻制和「下緬因口音」，這兩者從古至今都不是該群體的普遍特徵。

三、**重疊的常態分布**。有些群體差異恰好可以表示為兩條部分重疊的「鐘型曲線」，即大家熟知的常態分布。在這種情況，我們會知道某個特質在兩個群體的發生率各為多少。以智力測驗為例，哈佛大學心理學系教授赫希（Nathaniel David Mtrron Hirsch）曾用相同的測驗，來評估麻州的兩群外裔學童以及田納西州一所學校的黑人學童。[14]三組學童的分數分布如圖6所示，俄羅斯—猶太裔學童的平均分數略高於愛爾蘭裔學童，而這兩者的平均分數又都高於田納西州的黑人學童。三組學生的實際平均分數如下：

俄羅斯—猶太裔	九九．五分
愛爾蘭裔	九五．九分
黑人	八四．六分

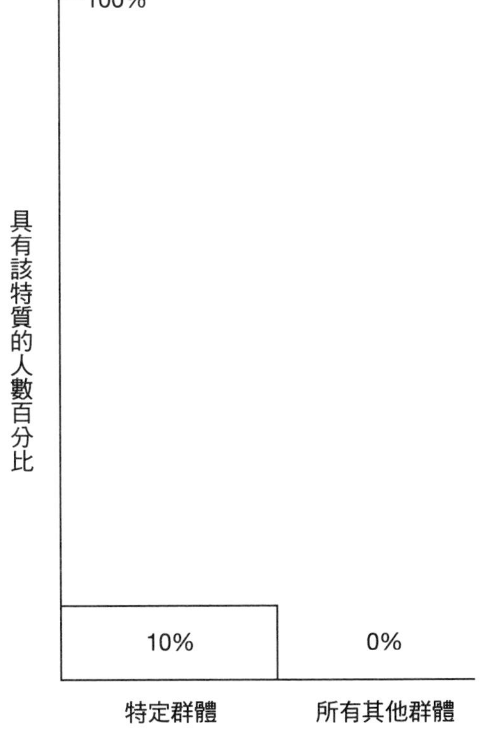

圖5　稀—無差異的可能分布情況

問題來了，是什麼原因導致分數差異？天賦能力、學習機會，或是成就動機和誘因？先前提過，心理測驗在確認群體差異時會有局限，雖然這在跨國家、跨語言的情境最為明顯，但即便是對同一國的不同亞群施測，也可能有相同限制。

如果暫時不考慮這些差異代表的意義，心理測驗確實有助於看出群體之間的平均差異。任何特質只要屬於連續變項（即可以在一個由低至高的連續向度上被測量），就可以畫出該特質在不同群體的常態分布，並藉由兩個（或多個）常態分布的重疊程度來了解群體差異。

這種分布情形稱作「常態」，是因為許多人類特徵都呈現出這種對稱的分布模式：少數人落在兩端（極低、極高），大多數人則集中在中間位置。生理特徵（如身高、體重、力量）和大部分的能力分數（智力、學習能力、音樂能力……等）最常呈現「鐘型分布」。大部分人格特質也符合常態分布，在一個群體中，少數人屬於極度支配型，另外有少數人屬於極度順從型，而大多數人屬於中等或「平均」程度。[15]

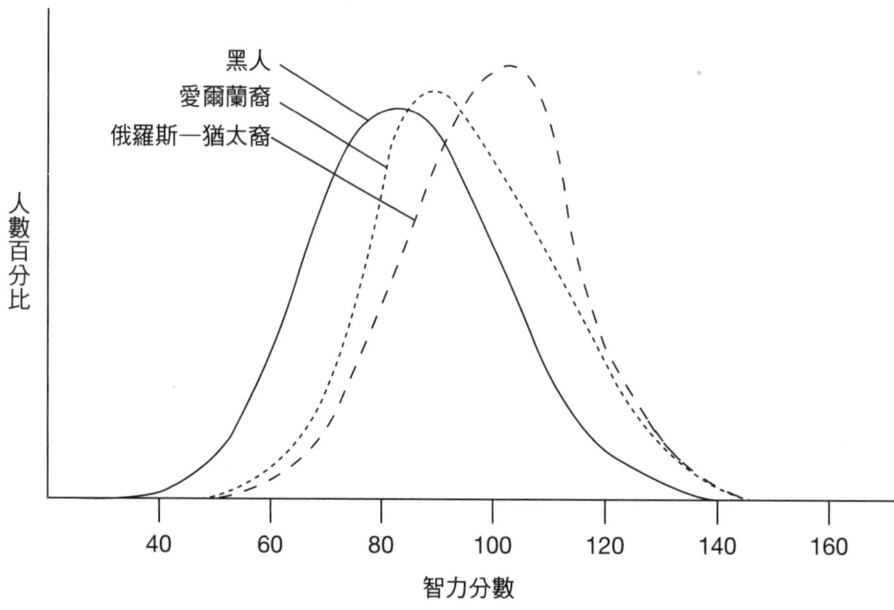

圖6　俄羅斯—猶太裔、愛爾蘭裔、黑人學童的智力分數分布（改編自赫希的研究）

兩個常態分布之間會有各種不同程度的重疊，圖7列出其中三種：圖7-1顯示相當大的重疊，例如兩個不同種族或文化群體在智力測驗上的表現；圖7-2只有稍微重疊，表示該特質具有明顯群體差異，例如侏儒和英國人的身高；圖7-3是中等程度的重疊，例如黑人和白人的鼻孔寬度。

如果把兩條部分重疊的常態曲線繪製成同一個分布，就會得到一個具有雙峰的分布曲線。換句話說，當一個分布曲線出現雙峰，就很可能潛藏著群體差異，例如圖8的智力分數分布，其中就有兩個高峰（眾數），乍看之下很令人困惑，但事實上，該分布包含了兩個截然不同的族群的測驗結果。[16]

現在我們知道，圖7-1表示兩個群體的測量結果只有些微差異，也就是說，B群體中可能只有五一%的人高於A群體的平均值。圖6就是一個實際案例，顯示俄羅斯—猶太裔和愛爾蘭裔學童在智力分數上只有些微差異。

圖7-2顯示出較大的群體差異，在這種情況，我們仍然可以觀察到這類群體差異的一項普遍原則：**「群體內的差異」大於「群體之間的平均值差異」（即前者的全距比較大）**。以圖6為例，許多俄羅斯—猶太裔學童的分數低於黑人學童的平均分數，另一方面，也有一些黑人學童的分數高於俄羅斯—猶太裔學童的平均值，因此不能斷定所有猶太人都很聰明，而所有黑人都很愚笨，甚至也不能錯誤地認為猶太人「整體上」都很聰明，而黑人「整體上」都很愚笨。

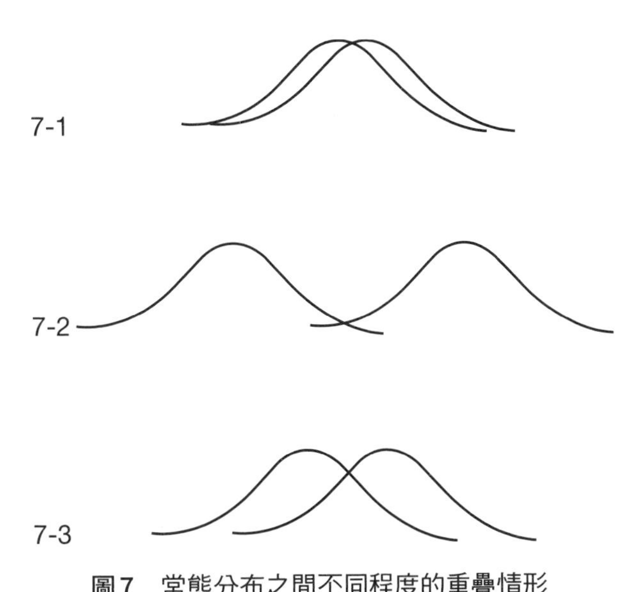

圖7　常態分布之間不同程度的重疊情形

四、類別差異。最後一類群體差異是指，某個特徵在各個群體的發生頻率都不同。以酒癮為例，眾所周知，愛爾蘭裔美國人酗酒的情形比猶太裔美國人更嚴重，這是一個真實存在的群體差異，但並不代表所有愛爾蘭裔美國人都有酒癮。如同先前提到的稀—無差異，該特質在兩個群體都不是很常見，但不同的是，它在兩個群體都有一定的發生率。

一項研究調查了二戰期間士兵除役的原因，結果發現，猶太裔新兵罹患精神疾病的比例相對較高，而黑人新兵則相對較少罹患精神疾病。此外，有七％黑人士兵因為精神疾病而提早退伍，白人則有二二％。[17]

霍曼（Leslie B. Hohman）和沙夫納（Brian Schaffner）曾研究二十一至二十八歲未婚男性中保持童貞的比例，各族群的結果如下：[18]

新教徒	二七％
天主教徒	一九％
猶太人	一六％
黑人	一％

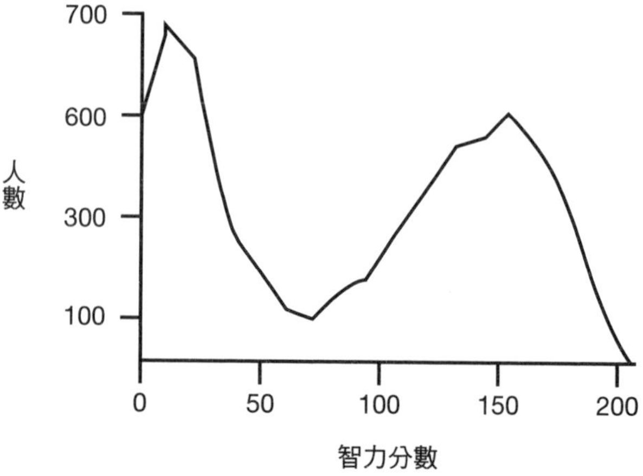

人數

700
600
300
100

0 50 100 150 200

智力分數

圖8 將截然不同的群體混合在一起所得到的雙峰分布：約兩千七百七十名教育程度只有小學四年級的士兵，以及約四千名教育程度為大學畢業的軍官，在陸軍智力測驗 α 版（Army Alpha Test）上的分數。（引用自：Anastasi and Foley, *Differential Psychology*）

自殺也是一種不連續變項，不會呈現常態分布。一九三〇年，每十萬死亡人口中，自殺致死的比例如下：[19]

日本　二一．六%
美國　一五．六%
愛爾蘭　二．八%

單就美國來看，各族群每十萬死亡人口中，自殺致死的比例如下：

白人　一五%
華裔　五四．六%
日裔　二七．二%
黑人　四．一%

以自殺的例子來說，雖然在各個群體都較為罕見，但不能被歸為稀—無差異，因為所有群體都有自殺身亡的案例。

最後再以國族性為例，一項研究讓美國和英國保險員完成下列句子：「我最欣賞的人格特質是……」。[20]大家的回答五花八門，其中許多回答並沒有顯示出國家差異，例如兩個國家提及「幽默感」的次數就一樣多。然而，三一%美國人提到掌控及利用環境的特質，例如「野心勃勃」，但只有七%英國人提到類似特質。另一方面，三〇%英國人提到自我控制的能力，而只有八%美國人提到這一點。根據上述結果，我們似乎可以有一點把握地說：美國人重視**自信**，英國人強調**含蓄**。但必須留意的是，這些差異都小於二五%，因此必須小心解釋，避免過度類化。並非所有英國人都欣賞含蓄的特質，也並非所有美國人都欽佩自信的表現。

對「差異」的解讀

群體間的差異到底要多大，才算**真正**存在差異？整體上，大多數研究結果只呈現些微差異。**也許永遠找不到一種特徵，能夠百分之百區分A群體和B群體中的每一個成員**。就連「白人是白皮膚，黑人是黑皮膚」的類化結論也是錯的，許多白人的膚色比黑人更深，更何況還有**患白化病**的黑人，完全沒有色素沉澱。你可能會說「天主教徒肯定都有同樣的信念」，但事實並非如此，而且有許多非天主教徒也很認同天主教教義。你可能又會說「好吧，至少基本性徵肯定可以區分男性和女性」，但這種非黑即白的論述也不一定成立，因為有雌雄同體的實例。也許下列兩種情形都不可能發生：一、群體中的每一個成員都具備該群體的所有特徵。二、某個特徵只出現在某個群體的每一個成員身上，而不存在於其他群體。

呈現*J*型分布的特徵有很高的**機率**能區分不同群體的成員；屬於常態分布的特徵，在不同群體之間的差異通常沒那麼明顯。在稀－無差異和類別差異的情形中，雖然可以看到明顯的群體差異，但差異值都不大。因此嚴格來說，任何關於「群體差異」的陳述都是誇大的說法（除非該差異經過適當驗證）。

日常閒談會出現這類錯誤陳述的主要原因，也許是人們經常誤以為所有群體差異都符合*J*型分布。就像有人會說美國人都很積極、好勝、愛慕虛榮、生活富裕，且過分推崇浪漫愛情。然而，在這些所謂的特質中，有些完全是無中生有（甚至該特質在其他國家更常見），另一些則屬於稀－無差異或類別差異。但那樣的言論意味著這些特質都呈現*J*型分布，都是美國精神的精髓，是整個美國獨有的特色。當一個人對任何人產生任何刻板印象，多少都會套用*J*型分布模式，認為對方所屬的整個群體都具有同樣特徵，但這樣的歸因實在過於誇大，或根本錯得離譜。

事實是一回事，人們賦予這些事實的意義又是另一回事。喜歡多元文化的人通常會擁抱各種明顯差異，為生活增添樂趣。而不信任外團體的人，則會把群體差異視為威脅。一八九〇年，一名普魯士議會的議員在開會時故意強調下列事實：普魯士男性中只有一．二九％是猶太人，而大學生中卻有九．五八％是猶太人。[21]群體差異是真實存在的，但意義完全取決於人們的解讀。

各位可能已經發現，針對真實差異的討論很少提到惡劣特質（會將敵意合理化），原因是缺乏實際數據。跟其他類型的差異相比，判斷人格和道德差異更困難，然而我們應該繼續研究這類差異，並盡量掌握事實全貌，才能評判那些遭受仇視的群體是否罪有應得。

我們必須運用科學方法繼續探索群體差異的真相，唯有了解事實，才能辨別「錯誤的過度類化」和「理性判斷」，辨別「罪有應得」和「偏見」。本章提出的幾項原則，將有助於這類科學研究的進展。

第7章
種族和族群差異

人類學家克拉克洪（Clyde Kluckhohn）寫道：

> 雖然種族是個真實的概念，但恐怕沒有哪個科學領域會像這樣，連受過教育者都有這麼多嚴重誤解。

克拉克洪所謂的誤解之一，就是「**種族**」跟「**族群**」的混淆，這兩者都是歸類人類的方式，前者是指遺傳關係，後者是指社會和文化上的連結。

為何混淆這兩者會造成嚴重後果？因為「種族」一詞莫名有種宿命感——人們覺得遺傳特質無法改變。如果發生混淆，就像是硬要賦予一個群體某種**本質**，而該群體無從拒絕。這會導致一連串扭曲觀念，例如：東方人種天生具有奸詐狡猾的劣根性；猶太種族的所有人始終都有基因遺傳的猶太特質；在不可抗拒的演化作用下，黑人種族依舊很接近其猿猴祖先；這些種族的特質都會遺傳給下一代，就連混血兒也不例外，所以只有一點黑人「血統」的男性就算跟白人女性結婚，生下來的小孩還是會跟煤炭一樣黑，並具有黑人的「心智能力」。這些令人震驚的扭曲想法，都是因為混淆了「種族」和「族群」兩種不同的概念。

人為何強調「種族」？

「種族」之所以成為人類差異的核心概念（尤其在過去一百多年裡），有幾個原因：

一、達爾文主義提供了一張藍圖，將物種（如狗、貓、人）分成不同品種或種族。雖然有混種的狗和牛，人類也有混血兒，但是在大眾的想像裡，還是崇信「純種最好」的觀念。

有些人宣稱在達爾文主義中領會到宇宙的神聖法則、一種在根本上對於種族對立主義的支持。例如蘇格蘭人類學家基思爵士（Sir Arthur Keith）就認為，對自己種族的偏愛是與生俱有的「部落精神……自古以來就存在於人類基因」，自然之母不計一切地反對混種，「為了確保人類按照她的旨意來進行這場偉大的生命遊戲，她便將人類（種族）分成不同的顏色」。基思又寫道：

> 「自然之母在各個部落的成員心中埋下愛恨並存的種子，目的是什麼？假設她只賦予各部落愛的能力，會發生什麼事？全世界的人類就會將彼此視為手足，親密地融合在一起，人類就不可能分隔成不同部落，而部落才是自然之母的演化搖籃……沒有演化，人類就不會有今日的進步。」[1]

這些論述都以達爾文主義作為種族主義的論據，以及合理化偏見的藉口。雖然大多數社會科學家肯定不認同基思的推論，但仍有少部分受其吸引。

二、家庭遺傳讓人印象深刻。人們大多認為，既然樣貌和氣質，以及各種生理、心理上的特質都會在家族裡代代相傳，而種族也是由血緣相同的人組成的群體，想必也具有遺傳特性。然而，這種觀念忽略了兩件事實，第一：某些家族相似性並不是遺傳的產物，而是後天學習的結果。第二：雖然基因可以在原生家庭中直接延續（並隨著每一代通婚而改變），但種族是由許多不同家族所構成，所以其基因組成遠不如在一個家族裡那麼一致。

三、從外觀就可以分辨出尼格羅人種（即黑色人種）、蒙古人種、高加索人種這幾個主要血統，因此教科書上通常會列出幾種不同膚色（白、棕、黃、紅、黑）的種族，**彷彿**膚色是各個種族的基本差異。

然而專家認為，基因對膚色的影響只占一小部分。雖然膚色和某些身體特徵確實會在種族血統中傳遞下去，但並非每個成員都會遺傳到所有這些特徵。根據人類學研究，在決定人的遺傳特性的基因中，只有不到一％跟種族有關。[2] 膚色確實跟種族有關，但沒有證據顯示膚色的基因跟「智力和道德品格」的基因有關。

四、即使只是一個無關緊要的可見特徵，仍會讓人執著地認為所有特質都可能跟該特徵有關，例如：鳳眼或瞇瞇眼代表某種性格、黑皮膚的人都有危險的攻擊性。這種思考方式是人類的共同傾向，我們會誇大那些吸引自己注意的特徵，然後盡可能地把所有相關特徵都放進同一類別（見第2章）。

在性別分類中也可以看到同樣傾向。人的特質只有一小部分具有性別差異，而基因雖然賦予男性和女性不同的性徵，但大部分生理、心理特質都和性別無關。然而在大多數文化中，女性和男性的地位有著明顯誇大的差距，女性被視為低人一等，不能任意踏出家門，不能穿著男性的服飾，不能享有男性專屬的許多權利和待遇。男、女在性別角色上的不平等，已經遠遠超過基因所能證明的性別差異。種族問題也是如此，社會差異遠遠超過基因所能解釋的程度。身體的可見差異就像一塊磁鐵，牢牢吸附各種歸咎。

五、多數人不清楚「種族和族群」的差異，也不明白「種族和社會階級」或「先天和後天」的差別。他們不假思索地把各種獨特的外貌、習俗和價值觀全都歸因於種族，畢竟把差異歸因於遺傳因素要比了解其複雜的社會成因還更簡單、省力。

讓我們思考一下美國黑人的情況，就更能意識到這種歸因上的謬誤。黑人屬於黑色人種，這是千真萬確的事實，但有位人類學家估計，在美國可能只有不到四分之一的黑人擁有純正黑人血統。而在所謂的黑人特徵方面，一般美國黑人的身體特徵跟純種黑人的差別，其實無異於他們跟一般白人的差別。[3] 簡而言之，美國黑人平均擁有一半黑人、一半白人血統。因此人們貼在黑人身上的差異標籤，至少有一半是社會虛構的，甚至很多時候，被我們貼上黑人標籤的人，在**種族**上其實更接近白人。

猶太人的處境也很類似，這個群體擁有非常複雜的族群、宗教、歷史和心理層面的影響，卻被簡化為一個「種族」的標籤，這樣雖然方便，卻不正確。此外，人類學家也一致表示，猶太人並不是一個種族。

六、「血統」一詞有股微妙的神秘吸引力，此概念雖然已經過時，卻似乎帶著某種明確、親密、象徵性的重要意義。家族和種族的自豪感都建立在血統之上，但這種象徵意義卻沒有科學根據，嚴格來說，每種血統都分布在所有種族之中。然而，推崇「血統」的人卻不知道這只是一種比喻，還以為是科學事實。瑞典經濟學家暨社會學家繆達爾在描寫美國的黑人—白人關係時，就確切捕捉到這個神話般的象徵造成了難以破除的嚴酷後果。[4]

七、有些人出於某種目的或心懷無名恐懼，特別喜歡利用「種族」來散布危險言論或煽動群眾。種族主義者似乎就是出於自身焦慮，而編造出所謂的種族惡魔，看看戈比諾、張伯倫、格蘭特、斯托達德等人，[1]他們成功地敲響世人心中的警鐘，並將大家的注意力引導到一個無助於解決世界病徵的荒謬診斷上。希特勒之流則發現，種族主義可以轉移人們對自身問題的關注，並提供了現成的代罪羔羊。煽動者為了鞏固其支持者的凝聚力，通常會捏造出「共同的敵人」(見第3章)，而一個模糊的「敵對種族」就是最合適的選項。

愛瞎想的人幾乎能用任何自己想要的方式來扭曲種族概念，並以此來建構及「解釋」其偏見。例如在南北戰爭爆發時，肯塔基州有個編輯出於個人喜好，用他期望的方式來解釋整場戰爭，在報導中宣稱這是兩個

1 譯注：戈比諾（Arthur de Gobineau）是法國作家與社會思想家，提出雅利安人為最優越人種之理論；張伯倫（Houston Stewart Chamberlain）是德籍英裔作家，思想亦受戈比諾影響，為種族主義者；格蘭特（Madison Grant）是美國律師、作家，種族優生論者；斯托達德（Lothrop Stoddard）是美國歷史學家、記者、優生學家、反移民者。

互不相容的**種族**——全然理性的盎格魯人（北方人）和墮落放蕩的諾曼人（南方人）之間的生死戰。

真實的種族差異

雖然種族概念受到嚴重濫用和不實誇大，但不可否認的是，種族差異確實存在，然而基於研究和解釋上的困難，社會科學還無法確切呈現出種族差異的型態。我們在第6章提到，心理測驗目前還無法回答關於種族遺傳特徵的問題，除非以下情況發生：每個人的社會和經濟機會平等、教育程度相當，而且都能克服語言差異；全世界真正廢除種族隔離制度；每個受試者在測驗時都能表現出強烈動機、克服對主試者的恐懼，並且建立信任關係；其他測驗情境和條件都能維持標準化。就現階段而言，心理測驗在這方面還無法提供有價值的資訊。

也許了解種族差異最好的方法，就是**實驗**。如果我們可以將十個剛出生的蒙古嬰兒（其父母都有純正蒙古血統）裝在保溫箱裡，用飛機送到美國，將他們寄養在十個精挑細選的美國家庭中，盡可能地跟美國白人小孩一樣撫養長大，那我們就會得到種族差異的寶貴訊息。或是讓十個來自挪威的道地北歐嬰兒跟十個血統純正的非洲班圖寶寶在一出生時就進行交換，多次重複這類實驗，直到幾個主要血統都暴露在不同族群的養育環境中，再對他們進行心理測驗，以確認他們是否仍保有原本的種族特質，以及他們的平均智力是否顯著高於或低於寄養環境中的同齡者。不過，這種實驗設計仍然不夠完美，因為外表看起來像「外國人」的小孩，永遠不可能被當成在地人。儘管如此，這類研究仍然可以提供相當多訊息。

在我們有望確認真實存在的種族差異之前，必須先就種族的數量和特性取得共識。只可惜，人類學家對此莫衷一是，他們對種族的分類從兩種到兩百種不等，通常至少包括蒙古人種、高加索人種、尼格羅／黑色人種。人類學家庫恩（Carleton S. Coon）等人稱這三者為「基本人種」，並將其視為基於氣候條件而形成的群體：

蒙古人種的體質能適應極度寒冷的環境，尼格羅人種適合酷熱氣候，高加索人種則不能適應任何極端溫度。[5]

庫恩等人後來又增加了三個古老而獨特的血統：澳洲人種（即棕色人種）、美洲印第安人種、波利尼西亞人種。接著，他們進一步推測，如果根據地理區域來劃分，則大約會有三十個「種族」，每個種族各自都有明顯不同的身體特徵。根據前述定義，他們又列出阿爾卑斯人、地中海人、印度人、北美有色人種、南非有色人種、中國北方人、西藏—印度尼西亞蒙古人、拉迪諾人（拉丁美洲人的一種亞型）。各位是否注意到，這種相對精細的分類概念中也不包含猶太人，猶太人幾乎存在於所有已知的種族類別中。

美國人類學家林頓（Ralph Linton）則用「類型」而非「種族」來表示血統的分支，因此我們可以像平常做的那樣，將高加索人種再細分為北歐人、阿爾卑斯人、地中海人……等等，取決於分類者所需的精細程度。林頓還提出第三種遺傳群體，即更為純粹的「品種」，意指「一個同質的人類群體，人數通常不多，成員彼此非常相似，且有著較為近期的共同祖先」。[6] 針對人類品種的研究遠少於血統或類型方面的研究，因為只有在與世隔絕的地方，才可能有那種純正程度符合要求的群體，例如某個愛斯基摩人部落。

我們看到，人類學家完全以身體特徵（如膚色、頭髮質地、脛骨的平直度）來區分不同血統、種族、類型或品種。無論人類學家採用何種定義，都從未聲稱「種族」存在著固有的氣質、心理特質或道德特性。

在一項針對美國男大學生的研究中，一位人類學家經過仔細測量，將這群學生分成下列幾種「類型」：北歐人、阿爾卑斯人、地中海人、凱爾特人（Keltic）、第拿里人（Dinaric）。接著，這位人類學家以大量心理測驗和量表，來評估這群學生的能力和人格特質，結果卻沒有發現任何顯著差異，不同「類型」人種的能力和人格特質大致落在同一範圍。雖然有幾項零星的統計差異，卻沒有呈現一致趨勢，也無法加以合理解釋。[7]

人類學家沒有發現任何能夠支持白種人比其他種族更「進化」的決定性證據。如果腦容量是「腦力」的一項指標（事實上不是），那麼白種人的平均腦力會輸給好幾個群體，包括日本人、波利尼西亞人，甚至尼安德塔人。[8] 雖然乍看之下，黑人的臉部特徵和猿猴相似，但白人的細薄嘴唇和濃厚體毛其實更接近猿猴，而且大多數猴子的毛髮下面是白色皮膚，就連類人猿（great apes）的膚色也比黑人的膚色淺，而跟白人比較接近。[9]

一些學者試圖藉由新生兒的比較研究來排除環境和文化上的影響，以了解先天的「種族」差異。

兒童發展學家帕薩瑪尼克（Benjamin Pasamanick）採用「耶魯發展量表」（Yale Developmental Schedule），評估康乃狄克州紐哈芬市（New Haven）五十個黑人嬰兒和五十個白人嬰兒。他發現，「平均來說，紐哈芬市黑人嬰兒在行為發展上跟白人嬰兒完全一樣」，如果存在任何顯著差異（這點值得商榷），那就是黑人孩子在大肌肉動作上的表現比白人孩子更優秀。[10]

其他研究者在稍大一點的學齡前兒童身上，也發現一個有趣現象：生活在種族隔離區的黑人兒童，其語言發展比白人兒童更遲緩，但生活在混居社區的黑人兒童，其語言發展跟白人兒童差不多。這項研究還以古迪納夫（Florence L. Goodenough）發展的畫人測驗進行評估，結果顯示黑人兒童跟白人兒童的智力程度相當。顯然，學齡前兒童在非語文智力上，並沒有呈現出種族差異，但早期的語文能力卻受到社會因素影響：居住在種族隔離區的黑人兒童其父母可能教育程度較低，或者這些兒童在社交互動上較受限制，因此無法發展出靈活、流暢的表達能力。[11]

心理學家古德曼（Mary E. Goodman）針對一所混合幼兒園裡的黑人、白人兒童進行研究，結果發現這兩組兒童的一般活動量都很高。她還發現，這個年紀的黑人兒童已經形成比白人兒童更強烈的種族意識。黑人兒童因為隱約意識到自己的阻礙而感到不安，雖然他們年紀太小，還無法理解這些不安的本質，然而這種模糊的劣勢感已經導致一些黑人兒童在各方面都表現得防備、過度反應和緊張。[12]

顯然，黑人兒童並不冷漠、懶惰或缺乏主動性，如果黑人長大後明顯比白人更冷漠，那就不會是先天的種族因素所致，更可能是因為黑人健康狀況較差、生活遭受較多挫折、或對歧視的消極防備。

把種族和族群特徵混為一談，就等於混淆了「先天遺傳因素」和「後天學習因素」，先前提過，這種概念上的混淆會帶來嚴重後果，即導致人們過分相信人類特徵會固定不變。事實上，經由遺傳而得的特質會隨時間逐漸改變，而後天習得的東西，理論上過了一代就會完全不同。

在關於種族的人類學研究中，最重要的結論有兩點：一、地球上只有偏遠地區才可能存在血統純正的人，大多數人（在種族上）都屬於混血兒，所以種族概念其實意義不大。二、大多數被歸因於種族遺傳的人類特徵，事實上是由於文化多樣性而產生，因此這些特徵應該被視為族群特徵，而非種族特徵。

黑人就算沒有混合多種血統，也屬於許多不同族群。波蘭人和捷克人雖然源自相同血統和人種，但屬於截然不同的族群（也使用不同語言）。另一方面，同一族群（例如瑞士）可能包含不同人種，而同一個國家（例如美國）也可能包含不同族群。

族群特徵是後天習得的，通常在童年時扎根，且終其一生都不會改變，例如在學習任何外語時都會受到母語口音的影響。人們會不自覺地用自己習得族群特徵的方式，將其傳遞給下一代。

有些人類學家（尤其是受佛洛伊德影響者）提出「基本人格結構」理論，以解釋族群差異。[13] 該理論強調的是幼兒學習滿足基本生活需求的過程，如果嬰兒在襁褓中受到嚴格約束，其心智習慣就會永遠受到這件事影響；如果孩子在童年時期受到嚴厲的如廁訓練（例如在某些東方家庭），其日後可能會變成非常挑剔、追求完美而殘酷的人；如果家中的長子經常被母親嘲笑，且被拿來跟弟弟妹妹比較（就像峇里島人的文化），那他可能會發展出高度「挫折容忍力」，並學會隱藏自己的憤怒或真實感受。美國和英國社會有許多相似的族群特質，但有項差異十分醒目：大家普遍認為美國人喜歡誇大其詞、經常吹捧自己，而英國人則是出了名的低調含蓄。根據基本人格理論，該差異可以追溯到兒童時期：美國社會鼓勵孩子暢所欲言，並且表揚他們的成就，美國父母也會在孩子勇於表達自己時給予獎勵；而英國家庭則傾向教育孩子壓抑自己，並且強調「孩子應該保持安靜，行為端正得體」，英國父母會獎勵孩子的謙虛，而不鼓勵誇耀的言行。

同一族群中養育孩子的方式大致相同，因此「基本人格」被認為是一個族群的共同特徵。沒有人能夠否認這個概念的價值，唯一的缺點在於，它高估了某種模式在特定群體的普遍性，以及過於強調該模式對孩子一生的影響。

事實上，許多族群特徵相當有彈性，舉例來說，到國外旅遊的人很快就會了解當地風俗習慣，並且在許多面向上改變自己的行為舉止，以適應新的族群規則。一項關於族群手勢的著名研究，揭示了某些習慣性特質也可以暫時改變：

> 人類學家埃夫隆（David Efron）研究了住在紐約的義大利人和猶太人，發現當他們跟同族群的人聚居在一起，其說話時的手臂動作會出現明顯的一致性。然而當他們搬離聚集區，跟美國人混住在一起，原本的手勢習慣就消失了，其肢體語言反而變得跟美國人一樣。[14]

無論族群特有的習俗和價值觀是固定不變還是具有彈性，往往都過於隱晦，而無法進行任何量化研究。

> 美國的社會工作者經常遇到關於族群價值觀的問題，舉例來說，希臘人特別注重「榮譽之愛」（philotimo）——即個人責任與尊嚴，導致希臘個案不願意向外人求助；新墨西哥州說西班牙語的居民較注重活在當下，而不在意未來的事；住在西南部的墨西哥年輕人完成義務教育便不願意升學，對他們而言，「為未來做準備」似乎不太有意義；有些群體反對在孩子表現良好時給予獎勵，尤其是中國人和東歐猶太

人普遍認為這種獎勵代表賄賂，孩子應該自發性地表現良好，美德本身就是最好的回報。[15]

文化相對性

族群差異如此複雜、難以全盤掌握，於是有些人便認為世界各地的文化缺乏一致性，而「文化相對性」的主張更進一步擴展前述觀點。有人說：「習俗讓一切變得合理」，這意味著所有行為準則完全是習慣問題，你學到的做法就是正確做法，良知只不過是反映群眾的聲音。在A文化裡，殺死自己的祖母可能是正常的，而在B文化，人們或許可以任意虐待動物。然而人類學家警告我們，不應該用如此空泛的論述來解釋群體差異。事實上，所有人類群體都會發展出「功能等同」的活動，也許在細節上有所差異，但每個社會的成員在執行這些活動時，其目的和做法都是一致的。

人類學家默多克（George P. Murdock）表示，根據歷史或民族誌的記載可以得知，某些人類行為或活動見諸於每個文化之中，也就是所謂的人類普同性，如下：

年齡階層、體育運動、身體裝飾、曆法、清潔訓練、社群組織、烹飪、合作勞動、宇宙學、求偶、舞蹈、裝飾藝術、占卜、解夢、教育、末世論、倫理、民族植物學、禮儀、信仰治療、家庭宴會、生火、民俗傳說、飲食禁忌、喪葬儀式、遊戲、手勢、贈禮、政府、問候、髮型、招待賓客、住房、衛生、亂倫禁忌、繼承規則、開玩笑、親族、親屬關係、命名法、語言、法律、迷信運氣、巫術、婚姻、用餐時間、醫學、敬畏自然力量、哀悼、音樂、神話、計數、婦產學、懲罰與制裁、姓名、人口政策、產後護理、懷孕禁忌與習俗、財產權、敬拜鬼神、成年禮、宗教儀式、居住規則、對性的限制、靈魂概念、地位分化、手術、製造工具、貿易、旅遊、斷奶、控制氣候。[16]

上述清單雖然過於繁雜，對於了解族群差異助益不大，然而它表明了在世界歷史的這一刻，社會科學家對於族群之間的普同性研究跟差異性研究一樣成果斐然。若強調族群差異，就會導致分歧，而強調族群間的相似性，則讓人們注意到人類大家庭各分支之間的共同點，這是形成合作共榮的基石。

國族性

雖然在某些情況，「國家」和「族群」所指稱的是相當接近的群體（如芬蘭、希臘、法國），但這兩個概念並不能互換。通常，幾個不同的國家會使用同一種語言（定義族群的一種方式），但同一個國家內使用一種以上的語言（如俄羅斯、瑞士）也很常見。

國家不一定等於族群，但也能用來劃分人類群體，並探討其中差異。「國族性」的概念是指，儘管一個國家的成員之間具有族群、種族、宗教和個體差異，但在某些基本信念和行為模式上依然彼此相似，而與其他國家的成員較不相似。

以美國為例，根據社會學家理斯曼（David Riesman）的說法，外界的觀察者傾向認為其國族性是友善、慷慨、膚淺，而且在價值觀上搖擺不定，導致美國人需要向外尋求認同。[17]

無論這一印象是否正確，都是相當典型的描述。尤其是自二十世紀開始，全世界掀起了一股國族主義熱潮，各個國家的形象越來越鮮明，而在同一時期，社會科學家也對國族性產生了濃厚興趣。[18]第6章提過的所有研究群體差異的方法，都適用於國族性研究。這裡只引用一項採用內容分析的研究作為說明：

麥格拉納漢（Donald V. McGranahan）和韋恩（Ivor Wayne）曾針對國家藝術作品中的一個細微面向進行研究，分析了一九二〇年代中期在德國和美國大受好評的戲劇。[20] 結果顯示，德國戲劇中的典型英雄（幾乎全是男性，很少為女性）通常是地位高於、或自外於普羅大眾的人物，且具有理想的抱負，也許是比子民更有遠見、更開明的王子，或是被社會放逐的人。而美國戲劇中的英雄（通常是女性）則多為社會中的普通人物。

德國戲劇經常涉及哲學、意識形態和歷史等主題，美國戲劇則多著墨於私人生活（主要是愛情）。德國戲劇以悲劇結尾的次數是美國戲劇的三倍。在美國戲劇中，善的一方之所以勝出，通常是因為某個關鍵角色突然改變心意或「恢復理智」，戲劇轉折通常發生在一記耳光、妻子離去、新生兒誕生、一次突如其來的好運……等日常俗事。美國人推崇個人的努力，也相信性格可以改變、好運會突然降臨。相較之下，德國戲劇多半將人性塑造成不知變通、不肯妥協，因此不會有任何改變，唯有掌握權力、甚至透過殘酷手段，才能夠達成目標。

兩國的戲劇都提到反抗社會，但美國戲劇中的反抗是個人主義式的，以追求個人幸福之名違反社會常規；德國戲劇中的反抗（也許）並非出於私利，而是為了追求理想和抱負，才推翻權威力量的壓迫。在德國戲劇中，個人力量通常無法勝出，主角也不願意屈服，所以最後多以英雄落難收場。而在美國戲劇中，當反叛的主角陷入危機，通常就會出現觀念或情境上的逆轉，最後主角獲得救援，有個圓滿結局。

這項研究雖然只是基於有限素材，但仍相當具有啟發性。這意味著，大量分析報紙、廣播節目、笑話、廣告……等傳播媒介的內容，將有助於深入而廣泛地了解國族性的差異。

我們應該運用客觀方法（內容分析、民意調查、謹慎進行的心理測驗……等）來確認國族性的真貌。國家間的差異也符合第6章提出的四種基本模式，包括：一、在特定行為上的J曲線差異，例如對領導者、國旗和傳統的忠誠度。二、稀－無差異，例如皇室頭銜、農民服飾、一夫多妻的習俗。三、重疊的常態分布，例如透過適當測驗來比較各國的競爭力、對音樂的興趣、道德感。四、類別差異，例如自殺率、年輕人接受高等教育的比例，或是在民意調查中對同一問題的各種回答比例。

然而，客觀研究結果跟人們對國族性的「印象」完全是兩回事。

> 在二戰期間，美國士兵大多**欣賞**英國人的友善、好客、勇氣和「承擔的能力」，但**不喜歡**他們的矜持、自負、道德敗壞、落後的生活水準以及階級制度。

首先要注意的是，上述美國士兵對英國人性格的看法明顯受到參考架構影響，他們主要是依據美國的標準來評斷。比方說，美國士兵已經習慣獨立浴室和中央暖氣系統，因此認為英國是「落後國家」，義大利或中國士兵也許就不這麼認為。

眾所周知，日本人經常覺得美國人很偽善（表面上說得很動聽，實際上卻做不到），且崇尚紙醉金迷的庸俗生活。要理解日本人為何會做出這些負面評判，必須先知道他們非常重視「真誠」，即全心全意地履行承諾，犧牲生命在所不惜。所以在日本人的行事準則和觀念裡，無法接受一個人的行為違背其價值觀（這是偽善的表現）。日本社會非常講究形式、喜歡自我貶抑、重視責任，且非常害怕「丟臉」，因此美國人的不拘小節和衝動性在日本人眼裡就成了粗俗和自我放縱。

總結來說，國族性的議題越來越受大家關注。國家差異和族群差異問題有部分重疊，但不完全相同，然而兩者都適用同樣的研究方法和分類架構。針對國族性的客觀研究雖然不多，但在不久的將來應該會快速進展。重要的是，不要把國族性的真實樣貌跟一般人的印象混為一談，因為這些印象就如同所有感知和記憶，混雜了事實以及既有的參考架構和價值觀。但我們也必須研究這些印象，因為人們會根據印象來採取行動。此外，我們也迫切需要找出方法來糾正人們的錯誤印象。不過，就算沒有額外的誤解加劇彼此的對立，仍有許多衝突是起因於國族性的真實差異。

何謂「猶太人」？

許多遭受偏見的群體都無法完全歸類為任何單一種族、族群、國家、宗教……等社會單位。猶太人就是很好的例子，二十世紀在全球大約有一千一百萬猶太人口，他們遍布世界各地，其中七〇％住在俄羅斯、以色列和美國。雖然猶太人已有悠久歷史，卻很難清楚界定其本質。社會心理學家伊赫海澤（Gustav Ichheiser）試著如此定義他們：

> 在社會互動中，大致上（但有很多例外）可以從某些身體特徵或肢體語言來辨識出猶太人，像是手勢、言談、舉止、姿態、表情……等。成長於猶太家庭的人會有一種特別的「猶太氣質」，因此大多數猶太人具有某些獨特的情感和智識特徵，雖然這些特徵常常難以言述。他們被周遭的人當成「猶太人」看待，這種外界眼光（和所有暗示）明顯地形塑了他們的性格。奇怪的是，他們自己也不清楚身為猶太人是否意味著一種宗教、國家、種族或文化類別上的身分。[20]

這一複雜定義主要著重在「猶太習性」的**社會**概念上。**有些**猶太個體或家庭傳統具有一些核心的「身體或肢體語言特徵」，其他人如果符合其中一、兩項特徵，就會**被稱為**猶太人——這個**標籤**進而塑造出「猶太人」

群體，並賦予其應有的身分。根據伊赫海澤的說法，當某些人被稱為猶太人，並因此受到區別對待，這些人就會發展出其他猶太特徵。

從歷史的角度可以下一個更簡單的定義：猶太人就是猶太教信徒的後代。這個群體起初是一種宗教派別，但由於其成員也是一群緊密連結的遊牧人，因此它同時發展出文化（族群）上的同質性，所以不能錯誤地視之為「種族」。猶太人甚至不屬於高加索人種的其中一種「類型」，而之所以在身體外觀上類似高加索人，是因為猶太教的發源地也常見亞美尼亞人種[2]。但許多非猶太人也屬於亞美尼亞人種，早期自猶太教皈依的基督徒，就跟猶太人一樣有著亞美尼亞人的外表。就算在今天，如果不考慮穿著風格與習俗，也無法單從外觀來區分猶太人跟其他同屬於亞美尼亞人種的群體。

擁有其他身體外觀的人種（包括黑人）也可能會信奉猶太教，而猶太人和非猶太人通婚的情形已長達好幾世紀，因此，經過這麼大範圍的融合之後，很難單靠外表就辨識出猶太人。許多人之所以只憑外表就能辨識出猶太人（見第8章），是因為具有亞美尼亞人種特徵的猶太人彼此更常通婚，當人們看到A的長相具有亞美尼亞人種的特徵，就會猜A是猶太人，而A實際上若不是亞美尼亞人或敘利亞人，就有很高的機率是猶太人，因此人們很有可能猜對。

猶太人除了擁有共同的宗教起源以及跟宗教息息相關的族群傳統，且部分猶太人有著趨於一致的外貌，他們在某種程度上也屬於同種語言群體。從古至今，猶太人一直使用希伯來語，但是現代會說希伯來語的猶太人相對較少了，也幾乎沒有人專門使用這種語言。意第緒語（Yiddish）是從希伯來語衍生而來、並且混合了德語，世界上只有一小部分猶太人會使用這種語言。

最後，猶太人曾經是、現在某種程度上也是一個國家。建國需要國土，而猶太人在歷史上最大的悲劇，就是失去了自己的國土——「巴比倫之囚」[3]事件發生後，猶太人展開了大逃亡，最終導致「流浪的猶太人」以四海為家。一些反猶主義論述認為，猶太人好幾世紀以來都是無家可歸的民族，所以才被其他國家的人民視為「異己」。猶太復國主義者（Zionistic Jews）渴望重新建立一個真正的民族國家、一個獨立的政府，經過好幾世紀的盼望，直到二十世紀中期，他們終於在故土——巴勒斯坦實現這個夢想。然而，流落世界各地的猶太人並非都想搬到以色列[4]，他們大多不認為自己屬於猶太國家，而把自己當成居住國的公民。

在心理層面上，大部分猶太人並不留戀過往歷史。猶太教的影響力也日漸薄弱，甚至令人懷疑除了相對少數的正統派猶太人，是否仍有猶太人把宗教儀式當成自我認同的**重要**部分。雖然多數猶太人在原則上認同猶太復國主義，但是並沒有以實際行動支持。此外，猶太族群內也不存在統一的語言了。

隨著猶太教衰落，《聖經》上關於猶太人是上帝「選民」的傳統概念也逐漸消退。反猶主義者認為，前述歷史說法鞏固了猶太族群的情感，必然也使猶太人感到自豪，導致他們產生「被寵壞的孩子」情結，而自認為是全能之神的寵兒則會招致其他群體忌恨。一名支持這種反猶論述的人說：「獨生子女若基於優越感而拒絕跟別人來往，最終就會讓自己變得惹人厭並遭受排擠，因此無法享有愉快的社會互動」。[21] 儘管該論述有一定的適用性，但還是有兩個漏洞：一、它忽略了許多群體成員都自認為是「天選之人」，或獲得了唯一、真正的天啟，而這些群體卻不見得會遭受偏見。二、它忽略了一件事實，即現代猶太人已經不太宣稱自己受到神的偏愛了。

在簡短、概略地討論完猶太人群體的複雜本質之後，現在要進入主題——猶太人的特質到底是什麼？關於這個問題，也有許多複雜且難以釐清的證據和觀點。

據說猶太人身上的許多特質使其或多或少和非猶太人不同，而本書的目的是盡可能地指出哪些**證據**支持

2 譯注：高加索人種的分支。
3 譯注：公元前五九七年至前五三八年，新巴比倫國王將大批猶太人擄往巴比倫。
4 譯注：當時以色列和巴勒斯坦的疆界尚未劃分。

所謂的群體差異。為了簡單起見以及考量資料的可得性，這裡只討論美國的猶太人。

1. **猶太人大多住在城市裡**。這點很容易從類別差異（見第6章）的角度來證實。在二十世紀，猶太人約占美國總人口的三．五%，但在人口超過兩萬五千人的城鎮，猶太人就占了其中八．五%。四〇%猶太人住在紐約市，其餘則住在其他大城市。[22]造成此趨勢的原因有很多，例如：一、大部分中、東歐移民選擇到工廠工作，就直接住在城市裡，只是猶太人選擇住在城市的比例比其他群體高。二、猶太人在之前居住的國家幾乎不能擁有土地，所以通常不從事農業工作，也不具備相關技能。三、猶太教規定在安息日不能出行，因此正統派猶太移民就只能住在猶太會堂附近。

2. **猶太人傾向從事某些職業**。這點同樣可以透過類別差異的方法來驗證。在一九〇〇年，住在城裡的猶太人之中有六〇%從事製造業（多為工廠工人，以服飾業為主），但是到了一九三四年，這個比例就降到一二%。同時，從事貿易業（包括開店）的比例從約二〇%躍升到四三%，許多原本在工廠工作的猶太家庭後來自己經營生意（通常是做裁縫或服飾零售）。[23]

   在二十世紀，猶太人大多從事貿易業或擔任公司職員，較少從事製造、運輸及通訊業。專業人士占猶太人口的一四%，而占總人口的六%。紐約的猶太人大約有二八%，但是醫生群體中有近五六%是猶太人，同樣地，牙醫有六四%、律師有六六%是猶太人。而跟一般印象相反的是，猶太人在金融業的比例非常低。雖然猶太人占美國人口的三．五%，但只有〇．六%銀行家是猶太人。而且猶太人對金融命脈的控制相對較微弱，他們並不如傳聞所說的遍布華爾街和證券交易所，甚至幾乎沒有人是「國際銀行家」。

   猶太人的就業趨勢也逐漸改變，最新資料尚待統計。而在二十世紀中後期，他們在政府部門工作的比例上升了（部分是因為在私人企業遭到歧視），從事各種娛樂行業（如影劇、廣播）的比例也有所增加。

猶太人有非常高的比例從事高風險職業（如貿易、娛樂產業、專業人士），這一事實讓猶太人變成了公眾品頭論足的對象。而他們從事單調、保守、低調的職業（如農業、金融業）的比例也相對較低。反猶主義其中一個論點，就是基於猶太人明顯集中在向上流動且引人注目的職業。該論點認為這些職業處於「保守價值的邊緣」，謹慎的人不會碰觸如此高的風險，尤其是新興產業。這種「價值邊緣論」（fringe-of-values theory）進一步指出，猶太人在整個歷史進程中都占據類似位置，他們一度成為放債者（因為基督徒認為放高利貸是一種罪行），也一直處於宗教價值的邊緣。該理論更認為，直到今天，猶太人依舊明顯偏離正統的保守主義，因此才不被信任。

3. **猶太人很有野心，且工作勤奮**。這方面缺乏直接的評估方式，因為缺乏關於野心的全面性測驗，也很難證明每個猶太人在每個時段、每個行業都比非猶太人更勤奮。此外，雖然我們輕易就能舉出一票猶太天才，但沒有任何明確證據顯示猶太人比非猶太人更成就輝煌。

4. **猶太人的智商很高**。以智力測驗作為評斷標準，我們可以說有些猶太人的智商**確實**很高，有些則**否**。我們也可以說，猶太兒童的**平均**智力通常略高於非猶太兒童（見第6章）。然而這些差異既不夠顯著，也沒有呈現一致模式，因此不足以做出「智力存在先天差異」的結論。而這些微小差異可以解釋為：猶太傳統文化中對於學習和良好表現的鼓勵及重視。

5. **猶太人相當熱愛且重視學習**。這點似乎可從日常觀察獲得證實，不過許多其他族群的移民家庭也相當重視子女的教育。部分佐證數據來自大學入學率，雖然也有數據顯示某些私立學校歧視猶太學生，但猶太學生念大學的比例依舊很高。[24] 第6章提過，一八九〇年的普魯士也有同樣趨勢。了解猶太文化的人都認同，猶太人幾世紀以來都高度注重孩子的教育和學習。

6. **猶太人強調為家庭犧牲奉獻**。針對這點，有少量證據證明猶太家庭比其他家庭更緊密，雖然如今不論是猶太或非猶太家庭，都能感受到家人的連結逐漸變弱。[25] 據說猶太家庭更常因為嬰幼兒的餵食問題而求診，這項事實反映了猶太母親對子女的過度關切——或許這也是為家庭犧牲奉獻的表現。

7. 與第6點相關的是，**據說猶太人很喜歡形成自己的小圈圈**。這個說法意味著很多事，如果是指猶太人有完善的慈善組織，因此美國和海外猶太人在需要時都能獲得自己人的慷慨援助，那它確實有事實佐證。但如果是指猶太人通常不跟非猶太人互動，那證據並不充分。[26]

一所著名男子預備學校進行了一項社會計量研究，研究者讓男孩們自己選擇室友，結果發現相較於非猶太男孩，猶太男孩更喜歡自己獨住，就算可以自由選擇，也不會選擇跟其他猶太男孩同住。這個發現並不支持猶太人有形成小團體的傾向，反而顯示猶太男孩害怕被成群結隊的非猶太男孩排斥。[27]

8. **猶太人同情被壓迫者**。藉由比較猶太人和非猶太人在偏見態度量表上的分數分布，可以證明不同族群在「包容性」上的差異。一項研究以偏見量表調查了大學生對黑人的態度，受試者共有四百名，其中有六十三名猶太學生。結果在**傾向**反對黑人的那一半學生中，猶太學生只有二二%，而在**較不**反對黑人的那一半之中，猶太學生就占了七八%。[28]其他關於偏見的研究也顯示，猶太人的平均態度明顯比天主教徒或新教徒更包容。

9. **猶太人很有生意頭腦**。這點很難驗證，尤其在美國，多數人都非常重視競爭和金錢。不過有項研究顯示，相較於新教或天主教背景的學生，猶太學生並沒有特別重視「經濟價值」。[29]當然，只憑一項研究並不足以驗證任何假設。

10. **其他差異**。我們還可以列舉出許多所謂的猶太特質，但證據通常很薄弱。[30]但原則上，還是有必要直接檢驗針對猶太人的常見指控，像是：

猶太人很情緒化、容易衝動。
他們既奢侈又愛炫富。
他們對歧視過於敏感，很容易動怒。
他們經常從事不正當的商業活動，很不老實。

然而在出現可靠證據之前，這些都只能被視為未經證實的說法。

我們已經針對猶太群體進行了一些討論，並藉此表明，要界定少數群體及其客觀特徵（有別於其他群體的印象）是件很複雜的事。我們以猶太人為例，是因為這個群體在各個時代都遭受偏見和敵意，而到目前為止，並沒有客觀證據足以證明這種敵意的合理性。即使存在著些微族群差異，也不足以證明所有猶太人都具有這些特質。

小結

正如第6章和第7章所討論的，我們能夠、也應該更深入探討群體差異。到目前為止，研究結果針對「刺激對象[5]的本質」提供了一些事實。人們對某些群體的感知及看法並非全是空穴來風，的確存在著一些真實的群體差異。簡而言之，人們有時是基於現實的核心，而對其他群體形成類別化的看法。

同時我們也發現，除了少數J曲線差異，我們永遠無法斷定某群體的成員都具有所謂的典型特質。而且，

5 譯注：stimulus object，本書用來指稱遭受偏見的對象。

無論是J曲線差異或其他類型的差異特質，都不具有令人反感的本質。

道德和個人特質最難以測量，但就目前所知，「某種令人討厭的特質只會出現在特定群體的所有（或大多數）成員身上」的說法並無證據，因此人們對整個特定群體不斷表現出的強烈敵意，都是不合理的。

換句話說，針對群體差異的研究顯示，基於「罪有應得論」而對任何群體形成敵意的行為並不合理。就算某群體確實罪有應得，那麼如同第1章的定義，這種情形應該視為真實的價值衝突。雖然研究結果顯示，目前已知的群體差異基本上都無法支持任何偏見，但人們的既有印象和感受卻凌駕於證據之上。

下一步將探討「可見性」和「陌生感」對感知者的心理影響，因為我們現在了解到，偏見是一種複雜的主觀狀態，而影響這種主觀狀態的重要因素，就是個體對於差異的感受——即便這種差異是想像出來的。

接著本書會以另一種方式，重新探討群體差異的問題。偏見受害者也是行為者，他們同樣有自己的想法、感受和反應。任何關係都是相對的，每一個侵略者都對應著一個受害者；每一個勢利小人背後都有一個憎惡他的人；而每出現一個壓迫者，就會有一個人努力反抗壓迫。因此，我們可以預期偏見受害者的反應將發展成他們的某些特質。

第8章
可見性與陌生感

前幾章探討了種族、國家或族群之間的真實差異，現在要換個角度，思考人們如何感知及關注這些群體差異。我們已經知道，人們印象中的族群差異很少跟真實差異完全一致。原因之一在於，一些（但不是很多）群體具有明顯的可見特徵，比方說，當我們看到黑人、東方人、女人或穿著制服的警察，就會立刻把他們歸到某個類別，並形成預設判斷，因為我們看到了某些醒目標記，進而激發了腦中的既有類別。

換言之，除非一個群體具有某種可見而醒目的特徵，否則我們很難建立跟該群體有關的類別，而且在遇到該群體的成員時，也很難喚起這個類別。可見性和可識別性有助於分門別類。當我們遇到陌生人，除非對方恰好有某種可見標記，否則我們不會知道如何歸類他。因此我們對陌生人通常會保持警戒，並抱著試探態度。

有個故事是這樣的：一群農夫聚在鄉下的雜貨店裡，突然走進來一名陌生的年輕男子，「好像要下雨了」那男子親切地搭話，但沒有人回應。過了一會兒，一個農夫問：「你叫什麼名字？」「吉姆．古德溫，我爺爺以前就住在這條路上，離這裡大概一英里。」「哦，埃斯拉．古德溫啊。對呀，好像要下雨了呢。」某種意義上，陌生感本身就是一種可見標記，它表示：「慢慢來，先看看這個陌生人可以被歸到哪個類別。」

我們在考量是否接納陌生人時，似乎會遵循一條通則：他的待遇取決於他對內團體要實現的價值來說，是一種資產還是一種負擔。[1]有時陌生人的功能只不過是提供陪伴的友善過客。田納西州的山丘區對陌生人有條不成文規定：在抵達當地住戶的家門口之前，必須大聲叫喊，讓房子裡的人知道，除非住戶的狗已經先發出警告；進門前，必須把槍放在門廊上；如果以上都照做，就會受到熱情款待，因為山上的居民也很歡迎陌生人到訪，這讓生活沒那麼無聊。

如果一個群體想要吸收新成員，且陌生人剛好具備該群體所需的特質，此人可能就會受到永久性的歡迎，但通常會經過一段試驗和磨合期。在關係緊密的社群，可能需要數年、甚至一整個世代或更長的時間，才會完全接納新成員。

幼兒

如果說人類對特定群體的偏見有任何本能基礎，那應該是對陌生事物的遲疑。嬰兒經常對陌生人表現出驚嚇反應，如果陌生人靠近或抱起六到八個月大的嬰兒，嬰兒通常會哇哇大哭。就算是兩、三歲的孩子，如果遇到陌生人突然示好，也會退縮並害怕得哭出來。幼兒對陌生人的膽怯通常會持續到青春期，而在某種意義上，這種反應永遠不會完全消失。我們必須時時留意環境中的變化，才能保有安全感，所以對陌生人會很敏感。我們回到家時可能不會注意到坐在一旁的家人，但如果有陌生人在場，就會立刻察覺到他的存在，並保持警戒。

不過這種「本能」的害怕或遲疑並不會持續太久，通常片刻之後就會緩解。

一項研究以十一到二十一個月大的嬰兒為實驗對象，每個嬰兒都被抱離熟悉的育嬰室，然後被單獨放在陌生房間。研究者透過單面鏡來觀察這些嬰兒，結果發現他們身邊雖然擺滿各種玩具，但一開始都會放聲大哭，顯然是因為周圍環境變化而感到恐懼。五分鐘後，這些嬰兒又被抱回熟悉的育嬰室。隔天，他們再次被單獨留在陌生房間，但這次哭聲很快就停止了。反覆幾次之後，嬰兒對新房間的陌生感就消失了，每個嬰兒都安心地玩著玩具，沒有用哭聲抗議。[2]

第3章提到，熟悉性會滋養「美好」的感覺。既然熟悉的東西是美好的，那陌生的東西一定是不好的。然而隨著時間推移，所有的陌生事物都會自動變得熟悉。同樣地，在其他條件不變的情形下，隨著熟悉度逐漸增加，陌生人帶給我們的感受通常就會從「不好」變成「好」。既然如此，我們就不能完全以「對陌生人的本能恐懼」來解釋偏見。畢竟，就算只是幾分鐘的適應，也能減輕幼兒對外來者的恐懼。

「可見差異」暗示了「真實差異」

回到可見性的問題。所有經驗都告訴我們，兩個看起來不相同的東西，通常在本質上也確實不相同。天上的烏雲和白雲意味著不同的天氣狀況，臭鼬和貓是不同的生物。我們的安逸自在、甚至有時我們的生活，都有賴於學會以不同的方式面對不同的人、事、物。

每個人的外表都不相同。我們對孩子行為的期待不同於對成人的期待、對女人的期待不同於對男人的期待、對外國人的期待也不同於對本地人的期待。因此，單純**預期**黑人和白人會有明顯差異，或鳳眼、黃皮膚的人和眼角平直、白皮膚的人會有明顯差異，這些都很正常，並不構成偏見。[3]

> 二戰期間，黑人士兵有時會抱怨說，較早進入歐洲的美國白人部隊到處散播不利黑人的謠言。當被問及為何會這樣想，黑人士兵回答，他們著陸時，歐洲人用奇怪的眼神盯著他們。然而更可能的原因是，歐洲白人很少或根本從未看過黑人，所以才仔細觀察黑人是否真如他們的膚色所顯現的那麼不同。

雖然有些可見差異是獨特的個人特徵（每張臉都有獨一無二的輪廓和表情），但也有許多差異是類別化的特徵，性別和年齡差異就是明顯的例子，許多用來辨別外團體的差異也是如此，例如：

> 膚色、臉型、手勢、基本面部表情、說話方式或口音、穿著、習性、宗教儀式、飲食習慣、姓名、居住地、身分標誌（例如：象徵成員身分的制服或徽章）

有些差異屬於天生的外觀，但大部分是後天習得、甚至受到群體成員身分的影響。沒有人被規定一定要配戴退伍軍人勳章、兄弟會胸針或戒指。雖然有些群體成員會試圖降低自己的「可見性」（例如黑人會用化妝品或直髮器來改變外表），但也有些人會刻意凸顯自己的群體成員身分（像是穿著特定服裝或別上徽章）。無論如何，重點是：那些看起來（或聽起來）不一樣的群體似乎**真的**很不一樣，而且往往比實際上更不一樣。

上述定律衍生出一個奇怪的結果：人會認為（或要求）那些似乎**真的**很不一樣的群體，看起來也必須不一樣。在納粹德國，大家發現猶太人的「可見性」不足以提供辨識，就要求猶太人必須佩戴黃色臂章。教宗伊諾森三世（Pope Innocent III）因為無法區分基督徒和異教徒而困擾，於是下令所有異教徒都必須穿著有識別性的衣服。同樣地，許多白人為了提高黑人的「可見性」，就宣稱黑人有特殊體味和外貌。

綜上所述，可感知的差異是區分內、外團體成員的重要依據。人是如此迫切需要「可見標記」來歸類一切，因此有時會想像出不存在的可見性。許多用膚色來辨識白人的東方人，也**認為**白人都具有獨特的體味。多年來，美國人一直**認為**所有布爾什維克[1]成員都留著鬍鬚。但在二十世紀中期，共產黨員（讓人非常畏懼的外團體）不具有可識別特徵，造成了美國各州和國家立法機構的隱憂，因此必須花費大量資金「揪出他們」，像是指認出共產黨員的名字，以提高他們的可見性。

當可見性確實存在，人就會認為它必然關乎更深層的特質，但實際上並非如此。

可見性的程度

人類學家基思依照群體中可辨識的成員比例，為不同種族（血統、類型、品種）的可見性提供了分類架構：[4]

全可見／泛區別性＝每個個體都可辨識
高度可見／巨觀區別性＝八〇％以上的個體可辨識
中度可見／中觀區別性＝三〇％～八〇％的個體可辨識
輕度可見／微觀區別性＝少於三〇％的個體可辨識

根據這個架構，我們可以說猶太人屬於「中度可見」。研究顯示，受試者光看外表（照片）就能辨識出約五五％猶太人。[5]若依據亞美尼亞人種的可見特徵，或族群特有的面部表情習慣，受試者通常能夠相當準確地區分猶太人和非猶太人。但可想而知，如果要求受試者區分猶太人和敘利亞人的臉孔，正確率就沒那麼高了。

1　譯注：Bolshevik，由列寧建立的蘇聯共產黨。

值得注意的是，前述研究也證實了相較於沒有偏見者，持有偏見者更能準確辨識出自己不喜歡的外團體成員。這一事實可從心理學角度解釋：對有偏見的人來說，知道如何辨識「敵人」是很**重要**的。偏見者會變得善於觀察且多疑，並認為每個猶太人都是潛在威脅，因此對所有可能指向猶太人身分的線索都很敏感。反之，沒有偏見的人並不在意群體成員身分，當被問到某個朋友是否為猶太人，可能會發自內心地說：「怎麼了，我不知道，從來沒想過這件事。」除非相當在意，否則人不會特別觀察或發現有辨識性的線索。

東方人或黑人通常很好辨識，但也有例外，因此這些血統應該屬於「高度可見」，而非「全可見」。「看起來像」白人的黑人（具有大部分白人血統，同時也有一點黑人血統），向來都是反黑人的偏見者所在意和關注的對象。膚色較淺的黑人可能會被誤認為西班牙人或義大利人，甚至被當成膚色較深的盎格魯─撒克遜人後代，所以可能已經完全不具備黑人的外顯特徵。根據一九四六年的各項調查，每年估計有兩千至三千名黑人脫離黑人群體，自此被視為白人。[6]兩千這個數值可能比較接近實際情況。

雖然經驗和熟識度有助於辨識外團體成員，但要區分同一人種的兩個外團體就非常困難了。一項研究同樣以照片作為實驗材料，讓史丹佛大學和芝加哥大學的白人學生區分中國留學生和日本留學生。結果顯示，史丹佛大學的學生雖然較常接觸東方留學生，但正確率只有略高於芝加哥大學。整體來說，兩所學校的學生表現都不好——跟亂猜差不多。[7]

膚色對感知的影響非常大，導致我們往往無法區分相同膚色、但不同人種的臉孔。不論中國人或日本人，全都是東方人。我們也無法感知每一張臉孔的**獨特性**。雖然美國人經常坦承自己眼中的東方人長得都一樣，然而一旦得知東方人經常抱怨「美國人看起來都很像」，還是會覺得很離譜。一項實驗測試了白人受試者對於黑人和白人臉孔的記憶，結果發現，抱持強烈反黑人偏見者比較難再認出看過的黑人**個體**的臉孔，而對白人臉孔的再認能力較好。[8]

我們通常無法穿透膚色和族群帶來的整體印象而感知到個別差異，但如果對方的可見特徵跟我們自己**很**

接近，情形就恰好相反。白人或許無法從外表來區分中國人和日本人，但不用說，中國人和日本人絕對知道有哪些線索可以區分彼此。佛洛伊德曾提出「微小差異的自戀」(narcissism of small differences)，當我們遇到跟自己相似、但又有所不同的人，就會仔細地拿自己跟對方比較。根據佛洛伊德的理論，「微小差異」隱含或潛藏了我們對自己的批評，因此我們會特別留意跟對方的區別（就像兩名來自市郊的女士，會在橋牌派對上打量彼此的裝扮），而且通常會做出對自己有利的結論，譬如：我們判斷那個看起來很像自己的「雙胞胎」不如我們圓融得體。宗教團體內部的分裂，似乎也屬於「微小差異的自戀」。對外人來說，路德會就只是路德會，但是對路德會的成員而言，不同派系之間有很大的差異。

有名印度女子在美國南方某一州旅行，飯店服務生卻因為她黝黑的皮膚而拒絕讓她入住。於是這名女子拿下頭巾，露出自己的直髮，然後就順利入住了。對服務生來說，對方的膚色導致他一開始的舉動。而這名印度女子則對「微小差異」更加敏感，所以迫使服務生改變感知，重新將她歸類。

膚色、頭髮質地和臉部特徵只是其中幾種「可見性」，當然還有其他類型的可見性，以猶太人為例，他們還會上猶太會堂、遵守節日和飲食規定、實行割禮、沿襲姓氏。第1章提過，光是一個猶太姓氏也能作為可見線索，進而引發一連串後果。無論線索多寡以及可靠與否，都足以引起人們注意，進而引發類別化的判斷。

移居到美國的清教徒對「教皇主義」[2]的可見符號特別悲憤，看到彌撒和教堂尖塔上的十字架就會惶惶不安，甚至覺得被冒犯。直到二十世紀中期，仍有一些極端新教徒禁止在聖誕樹上點蠟燭，因為那看起來很「天主教」。在這些案例中，可見符號和事物本身被混淆了。也就是說，該符號激發了以它為線索的整個類別，因此失去了適用性。事實上，清教徒痛恨的是專制、迂腐的教會主義，然而區區幾個符號就引發了他們的憤慨和迴避。

2 譯注：Popery，指羅馬天主教的教皇制，是一種貶義詞。

對可見線索產生的態度凝縮

人類將符號和其代表的事物混為一談的傾向可稱之為「**凝縮**」(condensation),它有各種形式和相應的後果。以膚色為例,尤其在十九世紀,「黃禍」警報頻頻作響,同時「白人的負擔」[3]也備受關注。一種說法是,歐洲企業家和官僚在中國、印度、馬來西亞、非洲的殘忍剝削及頻繁暴行,導致白人良心不安,因而害怕有色人種挾怨報復,這種恐懼心理又反過來使白人更傾向壓迫其他族群。

不管是什麼原因,膚色對白人來說都是個顯著特徵,就像流星般醒目,且具有重要的象徵意義。但整體來說,有色人種並不像白人那麼在意膚色,也不覺得膚色跟基本生活問題有關。在一樁涉及限制性合約的案件中,原告是一名黑人婦女,辯護律師質問她:「妳是什麼種族?」她回答:「人類」,律師又問:「妳是什麼膚色?」她答:「自然膚色」。

深色皮膚本身並不讓人反感,許多白人很喜歡把皮膚曬黑。所有正常人的表皮最下層都含有黑色素(melanin)——這個詞在希臘語中就是指「**黑色**」。靠著度假和防曬乳,數百萬名北國居民竭盡所能地利用身上僅有的黑色素,以曬出「堅果般的棕色皮膚」或「印第安人般的紅色皮膚」,甚至是「黑人般的黝黑皮膚」,象徵度過了美好的夏日假期。喜歡做日光浴的人都渴望擁有黑人的膚色。

那麼,為何天生膚色深的人卻不受歡迎,反而遭到厭惡?原來他們的膚色不僅代表正常的色素沉澱,還象徵社會地位低下,所以問題不在於膚色,而是因為他們較低等。有些黑人意識到這點,就努力調整外表,試圖用化妝品或染髮劑讓自己看起來更接近白人,期望藉此擺脫污名以及實際遇到的阻礙。黑人討厭的並不是自己的天生膚色,而是膚色帶來的社會性羞辱,他們也是凝縮(將線索和其象徵物混為一談)的受害者。因此,對於受害者和偏見者來說,可見性都是非常重要的符號,激發了跟可見性本身無關的類別。

感官厭惡

可見線索就像一個定錨點，讓人聯想到各種事物，此外還聯結到一系列感官想法。人很快就會從視覺上的感知滑坡到下列想法：不同膚色的人，體內一定流著不同「血液」，也有不同體味和衝動。這麼一來，人就可以用感官、本能或「動物性」解釋來合理化自己的負面態度。

這個過程相當自然，因為感官上的厭惡或不愉快是人類的共同經驗。每個人都會近乎反射地不喜歡或厭惡某種感官體驗，例如桃子的口感、大蒜的氣味、粉筆刮過黑板的刺耳聲音、油膩的頭髮、口臭、盤子上的髒污、棉花糖的味道，或是用娃娃音跟小狗說話的女生。一項研究調查了一千多人所討厭的事物，結果發現，平均每個人提到二十一種感官或類感官厭惡，其中大約四〇%跟人的身體特徵、習性癖好和衣著風格有關。[9]

有些感官厭惡可能是天生的，但大部分是後天習得。不論從何而來，它都讓我們不寒而慄並設法避開刺激物，或用其他方式保護自己。這種傾向本身不是偏見，卻為偏見提供了現成的好理由。這裡又看到符號和態度上的**凝縮**：即使是基於其他原因而討厭外團體，人還是會**宣稱**自己只是不喜歡他們的某些感官特徵。

大多數人都討厭汗臭味。假設有個人**聽說**黑人（或東方人、外國人）身上有股特殊體味，這種語言「訊息」（幾乎不會有實際驗證）就會把他的感官厭惡和偏見聯結起來，於是他只要一想到汗臭味就會聯想到黑人，而想到黑人也會聯想到汗臭味，這些相關聯想便形成一個類別。很快地，他就會形成動物性的結論：自己是因為體味才無法忍受黑人，這是自然、本能的厭惡反應，必須實行種族隔離才能解決黑人問題。

由於「體味論」非常普遍，我們需要進一步探究。[10] 心理學家提出了嗅覺的三個重要特性：

3 譯注：出自英國詩人吉卜林的詩作。引申為白人優越主義，認為白人才是世界文明的創造者，有責任教育其他落後的有色人種。

1. 高度情感性。氣味很少是中性的，惡臭的氣味讓人反感和厭惡，而香水之所以有銷路，是因為給人浪漫的感受。因此，特定群體的成員所散發的獨特體味，很容易引發他人的好感或厭惡。有些東方人會說白人的體臭是因為吃了太多肉。

在接受偏見的鼻腔理論之前，我們必須先證明體臭不是憑空想像，而是真實存在、且為某個群體所**特有**，也就是說，相較於（我們喜歡的）內團體成員，這種體臭在（我們討厭的）外團體成員身上更明顯。雖然很難針對無形的體味進行研究，不過接下來會介紹一個有啟發性的初步嘗試。

2. 氣味讓人聯想到很多事物。某種香味可能會突然喚起兒時去過的舊花園的回憶，麝香味讓人想起祖母家的客廳。同樣地，一個人如果把大蒜的味道跟他遇過的義大利人聯結在一起、把廉價香水味跟移民聯結在一起、把惡臭的氣味跟擁擠的破舊公寓聯結在一起，那麼下次再聞到這些味道時，此人就會聯想到義大利人、移民和破舊公寓的住民。遇到義大利人則可能會讓人想到、甚至「聞到」大蒜味道。基於類似聯結而產生的嗅幻覺很常見，正因如此，形成這類嗅覺聯結的人，才會堅稱所有黑人或移民身上都有股味道。

3. 人很快就能適應氣味。就算空氣中確實瀰漫著強烈味道（例如在體育館、破舊公寓、化工廠），人在幾分鐘內就會迅速習慣，然後就聞不到那股味道了。這一事實本身就駁倒了「人是因為噁心的氣味才討厭特定群體」的說法。就像嬰兒對陌生人的恐懼很快就會消退，這些過於短暫的現象都無法成為偏見的理論基礎。然而，氣味和相關**想法**之間持久而巨大的聯結，卻會抵消習慣化的迅速效應。

那麼事實到底是什麼？黑人有沒有特殊體味？我們還無法給出肯定答案。所幸，心理學家莫蘭（George K. Morlan）的實驗提供了一些證據：

研究者要求五十多名受試者區分兩個白人和兩個黑人男學生的體味，但受試者並不知道這四個學生的背景資料。實驗的第一階段是在四個學生剛沖完澡的情形下進行；而在第二階段，四個學生都做完十五分鐘的劇烈運動，並且大量出汗。結果，絕大多數的受試者都判斷錯誤或無法區別，整體的正確率比隨機猜測還差。[11]

這樣的實驗情境對受試者來說非常不愉快，而兩個種族的學生的汗臭味讓人反感的程度**相當**。氣味具有奇特的心理特性，直接受到主觀感受（和偏見）影響，而其主要作用，似乎是為該主觀感受提供「客觀」的藉口或合理的理由，因為這樣的感受太過於個人且私密，無法明說或予以理性分析。

討論

現在我們明白為何「可見性」會成為核心象徵（可見性在膚色的例子中是真實存在的，在氣味等「感官」特質中通常是想像出來的）。如果我們認為某個群體的成員具有任何獨特的感官特徵，這些特徵就會像「凝聚棒」一樣，把所有對該群體的想法和感受聚集在一起。正是這種凝聚棒的存在使我們傾向把外團體看成一個同質性的整體。第2章也提過，我們會盡可能地擴大一個類別所能涵蓋的事物。

再談一下性別差異的問題。性別差異顯然具有高度可見性，而在所有文化中，這些可見性都扭曲了人們對性別差異的看法。女性不但在外觀上跟男性不同，而且女性的生理特性導致她們被認為沒那麼聰明、理性，也缺乏剛正之氣和創造力，有些文化甚至認為女性缺乏靈魂。真實存在的生理差異會被視為**本質**上的完全（類別化）差異。所以人們眼中的黑人不只是皮膚黑，連心地也是黑的，而且低等又懶惰——但這些特質，都與決定膚色的基因無關。

綜上所述，在可見差異的極大推力下，族群中心主義的發展得到了助長。但可見差異只是**推波助瀾**的角色，不代表排外的合理性。我們對特定群體的反感就算跟可見差異有關，也只是些微關聯，但我們卻用可見差異來合理化自己的偏見。

在動盪不安的時期，上述關於可見差異的事實就特別重要。在經濟重挫下，俄羅斯人和波蘭人都衝進猶太聚集區攻擊所有找得到、可識別的猶太「敵人」。在種族暴動時，任何黑人隨時可能變成施暴者的目標。一九二三年日本發生大地震時，驚慌失措的日本人在歇斯底里的狀態下，襲擊了當地無辜的朝鮮人。

明確找出跟自己對立的群體是很重要的，唯有辨識出敵人，才能予以有效攻擊。可見性低會造成混亂，前面提過，美國在二十世紀就因為「共產黨員」的身分隱匿而導致內部的騷亂，因為這個可恨的群體缺乏明確的成員標誌，使得國會和立法機構必須花費大量時間和金錢把他們引出來。當時試圖揪出「共產黨員」的麥卡錫主義[4]也無端將許多教授、神職人員、政府雇員、自由派和藝術家捲入這股風波。

我們也應該留意可見性對心理層面造成的隱微影響。下面敘述來自一個觀察敏銳的人的反思：

> 最近我在紐約街道上遇見一名有色人種老婦人，她臉上布滿麻子，而且還隨地吐痰。我也見過滿臉痘疤的白人做出同樣舉動，但我對他們只有同情和憐憫，因為我自己多年來也飽受嚴重面皰所苦。然而，看到有著同樣處境和行為的**有色人種**女性，我卻心生厭惡……如果一名猶太人或黑人違反了社會習俗，就會立刻受到相當嚴厲的譴責，相較之下，若是較不那麼醒目的少數族群成員，則不會受到如此嚴厲的對待。

這個例子顯示，就算是「包容」的人，也會下意識地把引發厭惡的**真正**原因跟**無關**的可見特徵聯結在一起。

當我們的所屬群體的成員犯了小錯，我們通常會忽略，然而當外團體成員犯了同樣錯誤，就似乎不可原諒。

這也是一種**凝縮**的例子：真正讓人惱火的事跟無關的視覺線索相結合，兩股力量累加在一起。

如果可見性總是準確反映出真實威脅，那實在是太幸運了。社會上確實有些人如寄生蟲、水蛭般對他人造成危害，但通常都不易被看穿。單從外表根本無法分辨誰才是社會的敵人，而如果這類人都有著綠皮膚、紅眼睛或塌鼻子，那就太方便了，這樣我們的仇恨就能夠合理地對應到可見線索。然而，這個夢想目前還無法實現。

4 McCarthyism，源自一九五〇年代，美國共和黨參議員麥卡錫（Joseph Raymond McCarthy）認為共產黨滲透美國政府及其他機構，而發起的大規模指控與調查。

第9章

因受害而出現的特質

「人生在世的苦難，無論是自然發生、偶然降臨，或命中注定，都沒有他人任意強加在我們身上的苦難那麼令人絕望。」

——德國哲學家，叔本華（Arthur Schopenhauer）

想想看，如果你不斷聽到別人說你好吃懶做、頭腦簡單，只能靠偷竊維生，而且血統低劣，那麼你的性格會發生什麼變化？如果這些評語是大多數同胞強加在你身上，而你永遠無法改變他們的看法，只因你剛好擁有黑皮膚，你會怎麼樣？

或者，如果你時常被別人認為你應該很精明狡詐、事業成功，但是俱樂部和飯店都不歡迎你；別人都說你只跟猶太人來往，而如果你真的這麼做，又會受到嚴厲指責；不管你怎麼做都無法改變他們的看法，只因為你正好就是猶太人，你會有什麼改變？

無論外界評價是真是假，當它一遍又一遍強行烙印在你腦海，絕不可能完全不影響你的性格。

一個四處碰壁且不斷遭受攻擊的孩子，不太可能發展出尊嚴和自信，而會變得防備。他就像生活在巨人國裡的侏儒，無法平等地與之戰鬥，而必須聽任巨人的戲弄和嘲笑，忍受虐待。

這個侏儒般的孩子會發展出很多自我防衛行為，例如變得退縮、拒絕跟巨人互動，也不願對巨人真誠。

他可能會跟其他侏儒形成緊密的群體，互相尋求安慰並建立自尊。他也可能一有機會就試圖戲弄那些巨人，一嘗報復的滋味，或偶爾在情急之下把某個巨人推下人行道、在安全無虞時朝他們扔石頭。或者，他可能出於絕望而被迫迎合巨人的期待，並漸漸跟巨人一樣瞧不起其他侏儒。由於長期遭受蔑視，他可能會失去珍視自我的本能，而變得畏畏縮縮、憎恨自己。

自我防衛

心胸寬大、富有正義感的人，往往不認為少數群體的成員有任何奇特之處，這類人認為少數群體就跟大家「一樣」。廣義來說，這種判斷是合理的，因為正如先前所述，群體間的差異絕對沒有一般認為的那麼明顯，而且群體內的差異幾乎總是大於群體間的差異。

然而，每個人都不可能對別人施加的**凌辱**和**預期**無動於衷，因此可以預期任何遭受嘲笑、侮辱和歧視的群體，其成員經常會出現自我防衛，這是必然的反應。

不過，在討論受迫害而引發的特質之前，必須謹記兩點：一、這類特質並非都是負面的，有些會帶來正向、有建設性的社交關係。二、自我防衛的形式有很大的個別差異。任何受迫害群體的每個成員都會各自發展出不同的自我防衛，有些人可以自在地面對自己的少數群體成員身分，甚至從其性格中也絲毫看不出他們為此困擾；有些人則同時出現正面和負面的補償反應；還有些人會拼命反抗自己遭受的阻礙，並發展出許多頑劣的防備行為，因而不斷招致他人排斥，形成不幸的惡性循環。

個體因應成員身分的方式，取決於本身的生活環境、接受的訓練、受迫害的嚴重度，以及是否擁有灑脫的人生觀。我們只能有一點把握地說，某些類型的自我防衛在特定受害群體中更常見。接下來將列舉幾個案例，這些案例基於特殊情況，因此可能比其他受害群體更常發展出某種形式的自我防衛。

過度擔憂

在二十世紀，美國各地的黑人經常無法自在地踏進商店、餐館、電影院、旅館、遊樂園和學校，也無法心安理得地搭乘電車、飛機、渡輪，更不用說到白人家裡拜訪。他們不時擔心被侮辱或羞辱，而如果到外地旅行，就會因為不知道當地有色人種習慣聚集的場所，導致這種如影隨形的焦慮更加強烈，於是從早到晚都無法擺脫種族框架的念頭。

二戰期間，美國陸軍研究部門進行了一項調查，清楚呈現出種族框架是如何占據黑人的腦海。該調查向所有士兵詢問：「如果你有機會跟美國總統談話，關於這場戰爭和你在其中的角色，你最想提出的三個問題是什麼？」幾乎沒有白人提到種族歧視問題，但一半的黑人都提到這個面向，他們提出的各種問題都指向同一個主題，例如：「身為黑人，我在戰後也能夠享有所謂的民主嗎？」「南方會把黑人當人看待嗎？」「為何黑人士兵不能像白人士兵一樣上戰場？」「如果白人和黑人士兵都是為了共同目標而奮鬥犧牲，那為何我們不能一起受訓？」[1]

下列三名猶太學生的陳述雖然各不相同，但是都表達出：遭受偏見的少數群體成員基本上都缺乏安全感。

「我很怕聽到反猶言論，甚至因此出現明顯症狀，隨時都感到無助、焦慮和恐懼。」

「反猶主義一直都對猶太人的生活構成壓力……」

「我很少直接遇到別人公開表達反猶言論，雖然如此，我還是一直覺得有人在背地裡批評，而且隨時會浮上檯面，只是不曉得何時會爆發。我總是隱約有種不祥的預感，彷彿大禍即將臨頭。」

美國東部一所大學的猶太學生也寫了類似的短文，其中一半以上的人也提到身為特定族群的一員，經常籠罩在這種「大禍臨頭」的感覺中。

因此，「警覺」就是自我防衛的第一步。受害個體必須隨時保持在警戒狀態，但有時過於敏感會變得疑神疑鬼，一發現微不足道的線索就很激動。例如，猶太人經常對「eu」的發音特別敏感：

在一九三〇年代末，一對剛抵達美國的難民夫婦在新英格蘭的雜貨店購物，先生想買些橘子。

店員問：「要榨汁（for juice）用的嗎？」

太太低聲向先生說：「你有聽到嗎？他問是不是給猶太人（for Jews）的？瞧，這裡也開始迫害我們了。」

相較於主流群體成員，少數群體成員對其處境所做的調適是好幾倍。假設在某個城市，墨西哥裔美國人占總人口的二十分之一，那麼在正常情況下，他們遇到「非拉美裔美國白人」（Anglos）的次數，會是後者遇到他們的二十倍。當然，實際比例要再大幅修正，因為大家都傾向跟所屬群體的成員互動，但我們確實不可否認：少數群體成員更頻繁地感受到種族意識帶來的沉重壓力，而且必須經常自我調適。

當然，少數群體成員可能會過度關注種族問題，因此每次跟主流群體成員接觸時都會非常多疑，進而憤恨不平，這種心態就好像：「我們太常受到迫害了，所以必須學會如何保護自己，不要相信那些經常壓迫我們的群體，他們每個人都不可信。」由此看來，警戒和過度敏感都是少數群體可能會有的自我防衛形式。

否認自己的群體成員身分

也許受害者所能做的最簡單的反應，就是否認自己是受歧視群體的一員。有些人從膚色、外觀和口音上看不出其群體身分，有些人對所屬群體沒有半點忠誠感或依戀，這些人就可以輕易行使這種防衛方式。他們或許只繼承了一半、四分之一或八分之一的族群血統。一名黑人的膚色可能淺到足以「自稱」白人，邏輯上，他有充分理由這麼做，因為他身上的白人血統多於黑人血統。否認自己的群體成員身分的人，可能是堅定的「同化主義者」[1]，並認為所有受到區隔的少數群體成員都應該盡快放棄自己的少數群體身分。但拒絕忠於所屬群體的人，內心通常會相當煎熬，可能會覺得自己是叛徒。

一名猶太學生自責地坦承，為了隱藏猶太人身分，有時會「在對話中開猶太人玩笑，其實沒有惡意，只是想讓別人以為我不是猶太人」。

另一名學生寫道：

「當我遇到反猶主義者，就會盡量『保持沉默』，並趕快離開。我沒有勇氣在對方面前承認自己是猶太人，對此我非常內疚」。

「否認自己的群體成員身分」有三種形式：一、永久否認，例如改信另一個宗教，或順利成為主流群體的一員。二、暫時性、或迫於情勢的否認，例如使徒彼得（Apostle Peter）因一時軟弱，而否認自己是耶穌的追隨者。三、部分否認，例如移民可能會覺得改掉本名、取個英文名字比較有利，或是黑人可能會設法把自己的捲髮用直，這並不是因為真的想被「當成」白人，而是因為象徵性地擺脫不利特徵可以獲得某種程度的滿足。

我們有時很難區分一個人是刻意否認自己的群體成員身分，或只是順其自然地適應主流文化。學習英語的波蘭移民不見得就是否認其波蘭血統，但一定會降低波蘭血統在其生活中的相對重要性，這樣的人正處在轉換群體成員身分的階段，就算無意背棄所屬群體，但實際上，邁向「同化」的每一步都是在「否認」自己原本的成員身分。

被動退縮

自遠古時代開始，奴隸、囚犯和被驅逐者都會以被動服從來掩飾真實情緒。他們將自己的怨恨隱藏地如此徹底，表面上看起來沒有任何不滿，偽裝成滿足就是他們的生存手段。

在二戰期間，美國陸軍研究部門針對許多主題向士兵進行調查，其中白人士兵被問到的一個問題是：「你認為本國大部分黑人是否滿意其現狀？」只有十分之一的南方人和七分之一的北方人回答：「大多數黑人都不滿。」[2]

上述發現其實是對「黑人善於偽裝以保護自我」的致敬，同時也揭示了主流白人群體的洋洋自得只不過是自我安慰。事實上，大多數黑人都不滿意其處境，至少有四分之三的黑人認為「白人試圖壓迫黑人」。[3]

有時，遭受嚴重迫害的少數群體只有被動服從才能夠生存下去，若是反抗或反擊一定會遭到更嚴厲的懲

1 譯注：assimilationist，即認同一個國家的弱勢族群應該接受主流的優勢文化。

罰，受害者本身也可能因為持續的焦慮和憤怒而罹患精神疾病。只要順從壓迫的那一方，就不會招惹麻煩，更不需提心吊膽，還能悄悄地把生活切割成兩部分：一個是在所屬群體中（較為主動積極）的生活，另一個是在外部世界裡（較為被動）的生活。這種生活方式雖然看似衝突，但大多數黑人還是能維持心理健康——也許默默接受是有益的自我防衛方式。以退縮或消極軟弱的態度來回應壓迫，實際上具有一定程度的保護效果。

被動退縮有各種程度。「沉默寡言和莊重嚴肅」會給人留下平靜、沉著的印象，在美國黑人和東方人身上較常見。許多人欣賞這種特質。

「幻想」是另一種退縮形式。在現實生活中，遭受歧視的人無法在其身分地位上獲得滿足，但可以想像或跟同伴討論更美好的生活，就像瘸腿的人會想像自己沒有任何缺陷，偏見受害者可能會幻想自己是強壯、英俊又富有的人，每天都打扮得光鮮亮麗，既有令人稱羨的社會地位，又有十足的影響力，開的車也很有派頭。白日夢是被剝削者普遍會出現的反應。

「奉承諂媚」則是較不討喜的退縮類型。在主流群體成員面前，有些偏見受害者會像個奴隸似地毫無尊嚴，主人高興時，奴隸就跟著大笑；主人發怒時，奴隸就嚇得畏畏縮縮；主人想聽讚美的話，奴隸就拼命拍馬屁。

扮演丑角

如果主人想要來點娛樂，有時奴隸就得殷勤地扮演丑角。猶太裔、非裔、愛爾蘭裔或波蘭裔的喜劇演員在舞台上時，可能會誇張地模仿其所屬群體，逗得觀眾哈哈大笑，演員也從掌聲中獲得成就感。非裔美籍作家賴特（Richard Wright）在其自傳小說《黑孩子》（*Black Boy*）中，描述一名黑人電梯員成功克服困境的故事，他靠著誇大的口音，並故意做出外界刻板印象中的黑人特徵，像是乞討、偷懶、說些荒謬的話來博取好感，搭乘電梯的人就會給他零錢，把他當成寵物。黑人小孩有時也會模仿大人做出笨拙的乞討動作，因為這樣就能獲得他人善意（而傲慢）的關注和幾塊錢。

以扮演丑角來保護自我的方式，也會延伸到跟內團體成員的互動上。黑人士兵之間有時會裝模作樣地說著極端的「黑人語言」——竭盡所能地破壞文法規則，這對他們來說是一種樂趣，似乎也能將內心的沮喪一掃而盡。黑人有時會自稱「鬼魂」（spook），這個詞除了幽默，背後還有更深遠的意涵：鬼魂不會受傷，也不會受歧視，它雖然不會回嘴，但也不會被脅迫；無論你在做什麼，鬼魂都可以穿牆而過，它雖然沉默無聲，但永遠刀槍不入。

少數群體的自嘲式幽默似乎都帶點悲戚，這種心情就如同英國詩人拜倫（George Gordon Byron）的詩句所言：「我嘲笑一切世俗之物，只為了停止哭泣。」

加強跟內團體的連結

第3章提到，來自共同敵人的威脅並不是團結的唯一基礎，但確實能鞏固團體凝聚力。一個國家的人民在戰爭期間會前所未有地團結，針對失業者家庭的研究也表明，在經濟蕭條期間，這些家庭通常會更有向心力。當然，有些已經搖搖欲墜的家庭在危機之際就會四分五裂，正如一些衰退中的少數群體會因為遭受迫害而完全瓦解。這讓人聯想到在美國歷史上，幾個理想主義、激進或宗教性質的團體都抵擋不了外界的強勢攻擊，還有一些族群（像是某些印第安部落）無力抵抗迫害，於是紛紛解體。

但一般來說，受苦的人彼此會形成緊密連結，進而撫平痛苦。外在威脅會讓擁有共同成員身分的人趨於團結，以達到保護的作用。二戰期間，美國西岸盛行「日本佬終究是日本佬」的觀念，這讓移民美國的第一代日本人（出生於日本）和第二代日本人（出生於美國）建立起牢固的連結，雖然這兩代日本人在遭受歧視之前經常起爭執。

由此看來，「氏族主義」(clannishness) 應該是受到迫害的結果，雖然迫害者經常認為它是招致迫害的**原因**。加州人很少把日本移民群體的凝聚力歸因於歧視性法律和手段，他們沒有意識到日本移民在種種法律限制下，不能擁有土地和公民權，也不能和異族通婚，在求職和住房方面更是屢遭拒絕，所以只好團結一致。反之，加州人認為排外是日本人的「天性」，就跟「猶太人的天性」一樣。然而當各種職業、住宅區、飯店和度假村一致對少數群體成員說「不」，那到底是誰在排外？

或許根本不存在先天的「同類意識」。孩子都是後來才學到群體身分的觀念，例如五歲的黑人孩子經常否認自己是黑人——雖然他們知道身邊的同伴都屬於這個受歧視的族群。年幼的猶太兒童可能會說別人是「骯髒的猶太人」，而不曉得這個綽號帶有嘲諷意味。少數群體的父母經常苦惱，是否該在孩子年幼時就告訴他們非自願的身分需承受的痛苦，或者寧願讓孩子先享受幾年無憂無慮的時光，日後再遭受打擊（通常是在八歲左右）。

不過，無論孩子是否準備好面對打擊，都能迅速學會從這種無法逃脫的身分中找到慰藉。父母會告訴他們族群歷史的所有光榮事蹟，這些傳說具有撫慰效果，能夠消除強加在其群體身上的「劣等」標籤。孩子會告訴自己：「我們才是真正的優勢族群，你們並不是」。隨著合理化的情形越演越烈，主流群體可能會被認為是野蠻、粗俗的，或充滿「病態」(即有偏見) 的人。這裡再次看到，受歧視者會從自己的命運中設法獲得內心的滿足，認為所屬群體受到孤立是因為**重要性**被認可。受害者驕傲自滿和自以為是的程度可能不亞於加害者，因為沒有人真心認為自己低人一等。

因此，少數群體可能會發展出特殊的向心力。在所屬群體裡，可以盡情嘲笑壓迫者，歌頌自己的英雄，慶祝自己的節日，一起過著安適自在的生活。只要緊密地凝聚在一起，就無需再為歧視所苦。第2章提到，少數群體會比主流群體表現出更強烈的族群中心主義，現在各位知道原因了。

跟內團體形成強烈連結之後，只差一小步就會演變成對內團體的偏私。由於人的安全感主要來自內團體，所以自然會**偏袒**內團體成員。猶太人可能特別照顧自己的同胞，若是這樣的話，指責他們排外就並非毫無根據了。黑人有句口號：「別在不讓你工作的地方買東西」，這也是袒護內團體的表現，不難理解。許多人很好奇黑人為何不加入誠摯歡迎他們的「白人」教會，黑人經常會回答：「我們很樂意，但那些教會願意給黑人牧師公平的就業機會嗎？」偏袒自己人是遭受外團體偏見後的正常反應。

奸詐狡猾

綜觀歷史以及全世界，對外團體最常見的指責之一，就是不老實、奸詐、狡猾。埃及的穆斯林如此指責信奉基督宗教的科普特人[2]，歐洲人對猶太人、土耳其人對亞美尼亞人、亞美尼亞人對土耳其人也都是如此。這種指責的根源，在於人類群體自古以來的道德雙重標準。人們被**期待**要老老實實地對待自己人，但是對外團體就不需如此。原始人只會制裁欺騙自己部落成員的人，並認為欺騙外人是應該的，值得讚揚。就算在文明時代，仍然可以觀察到對內、外團體的雙重標準，例如遊客被多收費，或出口商理直氣壯地向海外出口劣質商品。

如果必須耍手段才能夠生存，欺騙外人的傾向就會加劇。在歷史上的不同時期，許多猶太人如果沒有狡猾地誤導迫害者，根本不可能躲過掠奪，也無法從大屠殺中倖存，這在沙皇俄國、希特勒統治的德國，以及所有被納粹蹂躪的國家都真實發生過。類似情形也經常發生在亞美尼亞人、美國原住民，以及其他受到迫害的族群和宗教團體身上。

2 譯注：Copt，一世紀時皈依基督宗教的古埃及人後裔，現為埃及的少數族群。

受害者的「卑鄙」特質也可能導致他們在一些小地方尋求報復，這是弱者對強者所能做的「掠奪」，例如：黑人廚工從白人女主人的廚房「夾帶走」一些食物，除了實際需求，也有象徵性的報復意味。不只偷竊，奸詐還包含各式各樣的偽裝。一個人為了生存和報復，會不惜奉承諂媚、接受別人施捨的小惠、扮演丑角，並且經常降低人際互動上的道德標準。

遭受偏見或迫害後，出現這類反應完全是合情合理的，讓人納悶的是，這種情況並不常見。

認同主流群體：自我憎恨

受害者也可能發展出一種更微妙的心理機制，即**真心認同**比自己「更優秀」的人，並用對方的眼光看待自己的群體，而不是假裝迎合。這種心理機制可能會促使同化主義者努力克服阻礙，也可能讓一個人完全迷失自我——尤其當他的生活條件和言行舉止都無異於主流群體。令人匪夷所思的是，有些受害者雖然完全被排除在主流群體之外，絲毫不可能融入，但他們在心態上仍然認同主流群體的做法、觀念，甚至偏見，而全然接受自己的處境和地位。

我們或許可以從某些失業者的遭遇來理解上述心態。研究顯示，在一九三〇年代經濟大蕭條期間，美國許多失業者都對自己的窮困處境深感羞恥與自責。雖然在大多數案例中，都沒有理由怪罪失業者，但他們的恥辱感依舊揮之不去。主要是因為西方文化強調個人責任，並認為每個人都形塑了自己的世界，所以要為一切過失負責。在這樣的文化下，移民就會為自己的口音、忸怩姿態、粗俗舉止和低文憑感到**羞愧**。

猶太人可能會痛恨自己的傳統宗教（要不是因為猶太教就不會遭到迫害），或責怪某類同胞（例如正統派猶太人、卑劣的人或商人），也可能厭惡意第緒語。由於無法擺脫所屬群體，因此他們也真真切切地痛恨自己——至少痛恨自己身為猶太人的部分。更糟的是，他們還可能痛恨自己竟然有這樣的感覺，並為此飽受煎敷。這種內心的撕扯可能會導致他們提心吊膽、侷促不安，並且變得「神經質」而一直缺乏安全感。這些不愉快的心理狀態，又會反過來加劇他們對猶太人身分的憎惡和內在衝突，形成永無止盡的惡性循環。[4]

一個多世紀前，法國政治家托克維爾（Alexis de Tocqueville）描述了黑奴的自我憎恨，雖然那番話讓人揪心，卻錯誤地把這種心理狀態歸咎於**所有**黑人。實際上，這類型的自我防衛在奴隸中並不普遍，在今日的黑人族群也不常見。那段描述如下：

> 黑人想方設法地融入排斥他們的圈子裡，迎合壓迫者的喜好，接納壓迫者的觀點，並期望藉由模仿壓迫者而成為其社群的一部分，然而都徒勞無功。他們一開始就被告知黑人天生比白人低等，因此接受了這個說法，並對自己的天性羞愧不已。黑人發現自己的每項特質都殘留著奴性，如果有能力的話，他們將欣然捨棄一切形塑他們的事物和特徵，不再當黑人。[5]

針對納粹集中營的研究顯示，只有在其他自我防衛的方式都無效時，受害者才會藉由認同壓迫者來進行心理調適。起初，集中營的囚犯會試圖維護自尊，在心裡偷偷鄙視壓迫者，並且暗中使用小手段來保全性命和避免生病。然而那些囚犯在承受兩、三年的極端折磨之後，原本只是表面上取悅集中營的守衛，最後卻演變成心理上的屈從。他們開始模仿守衛的言行，撿守衛的破衣服來穿（象徵權力），並且欺負新來的囚犯，最後甚至變成反猶分子，繼承了壓迫者的邪惡心態。[6]

每個人的意志力都有極限，超過極限就會崩潰。從托克維爾筆下的黑奴和被長期監禁的囚犯身上可以得知，對群體的壓迫可能會摧毀成員的自我完整性、打擊其自尊，從而為他們塑造出卑微的自我形象。

並非所有認同主流群體或自我憎恨的案例都如此極端。北方黑人士兵會半開玩笑、半認真地嘲笑南方黑人的「劣等」。白人普遍採取的評斷標準，也常常被黑人拿來評斷自己。黑人實在太常聽到他們是懶惰、愚蠢、骯髒又迷信的種族，因此自己都半信半疑，又加上西方文化通常瞧不起那些特質——當然，黑人也受到同樣的文化所薰陶，因此多少會厭惡自己的群體。例如，膚色較淺的黑人可能不自覺地接受了白人對膚色的評價，因而鄙視膚色較深的手足。

攻擊所屬群體

「自我憎恨」有兩種意涵。上一節提到，無論受鄙視的特質是真實存在或捏造出來的，如果少數群體的成員因為具有該特質而羞愧，就屬於一種自我憎恨。而當一個人厭惡所屬群體中的其他成員，因為他們「擁有」該特質，這種情況也稱為自我憎恨。

假如憎恨明顯只針對所屬群體的其他成員，那我們可以想見，該群體將出現各種內部紛爭。一些猶太人會叫同胞「猶太佬」——把整個族群所遭受的反猶主義都怪罪到這些人頭上。成員如果想要撇清，否認整個群體遭受的歧視跟自己有關，往往會導致群體內部形成階級，例如：「家裡有蕾絲窗簾」的愛爾蘭人會瞧不起「住在簡陋小屋」的愛爾蘭人；富有的西班牙和葡萄牙猶太人長久以來都認為自己位居希伯來民族的金字塔頂端；德國猶太人仗著富饒的文化而自詡貴族，經常瞧不起奧地利、匈牙利和巴爾幹半島的猶太人，並認為波蘭和俄羅斯的猶太人最低等。不用說，不是所有猶太人都接受這種排序，尤其是波蘭和俄羅斯的猶太人。

黑人內部的階級格外明顯，他們通常會使用膚色、職業和教育程度來劃分，上層黑人理所當然地認為下層黑人要為整個族群的劣勢地位負責。在封閉又充滿壓力的軍旅生活中，可以觀察到膚色深的黑人士兵經常挑釁膚色淺的黑人同袍，因為後者看起來更像支配他們的種族；而膚色淺的黑人則會刁難膚色深的「鬼魂」，因為對方既「懶惰」又「愚蠢」。

因此，群體成員之間的關係，往往會因為該群體的劣勢地位而變得更緊張。採取某種防衛方式的成員，可能會看不慣採取另一種防衛方式的同胞。對白人卑躬屈膝的黑人被貶稱為「湯姆叔叔」；穿著長大衣、留著長鬢髮的正統派猶太人可能會被現代化的猶太人排斥，後者的感受有時已經與反猶的外邦人相差無幾。一個人如果想擺脫其成員身分，並設法融入主流群體，幾乎都會被其他成員冷眼相待，被指責「自命清高」或「愛拍馬屁」，甚至被當成叛徒。

遭到危急迫害時，群體成員確實可能放下怨恨，將炮口一致朝外。但當外界偏見只是「正常發揮」，群體就可能起內鬨，這也是一種自我防衛的方式。

對外團體產生偏見

偏見受害者也會把自己遭受的痛苦強加在別人身上，被剝奪權力、地位的人總是渴望重獲這兩樣東西，就像穀倉旁的雞群，當啄食順序（pecking order）較低的雞隻被較高的雞隻啄咬，就會去攻擊更弱、更低等，或對自身有威脅性的雞隻，人也是如此。

> 一項研究以〈社會距離量表〉比較喬治亞州兩所大學的白人和黑人學生的偏見。平均來看，黑人學生對研究者列舉的二十五個國家及族群的友好程度，都低於白人學生（對黑人群體的態度則除外）。[7]

其他研究也支持上述發現，平均而言，黑人的族群偏見程度高於白人。但並非只有黑人會以偏見來反擊偏見，其他少數群體的成員也是如此，特別是自認為其成員身分給自己帶來災難的人。[8]

一名猶太學生描述了這樣的心境：

我不是包容的人，因為我在人格發展的早期就遭受別人殘忍對待。我內心滋長的仇恨和偏見都是防衛機制。如果哪個傢伙仇視我，我自然也會以同樣的方式回敬他。[9]

偏見受害者主要是因為沮喪和憤怒，才會直接仇視壓迫者，或把仇恨轉嫁到其他群體，但他們之所以形成偏見還有別的原因。透過仇視其他群體，受害者就可以跟主流群體形成微弱的連結，並因此得到慰藉。白人可能會明示或暗示黑人：「至少我們都不是猶太人。」例如，一名反猶主義者居高臨下地告訴黑人：「不管怎麼說，山姆，比起該死的猶太人，你更接近我們白人。」山姆受寵若驚，欣然接受了對方的說法，並開始瞧不起猶太人，認為猶太人比自己低等。缺乏安全感的猶太人也可能會加入非猶太鄰居的行列，一起把黑人家庭趕出他們的住宅區。共同的偏見會創造共同的連結。

最後會出現一種弔詭的數學機率：憎恨外邦人的猶太人可能會加倍憎恨黑人，因為後者既是黑人又是外邦人。而憎恨白人的黑人，則可能會加倍憎恨既是猶太人又是白人的猶太人。黑人或許不敢直接表現出對白人的反感，但可以用雙倍力道譴責「骯髒的猶太人」（部分意味著「骯髒的白人」）。[10]同樣道理，猶太人說「骯髒的黑鬼」時，可能也是在發洩對**異教徒**（即非猶太人）的怨恨。

同情

許多偏見受害者從未發展出上一節提到的防衛機制，甚至恰好相反，一名猶太學生寫道：

我非常同情黑人，他們比猶太人更容易遭到攻擊。既然我知道被歧視的感覺，又怎麼可能對別人產生偏見？

企業家羅森沃德（Julius Rosenwald）雖然是猶太人，但其慈善機構旨在提升黑人福祉。開明的猶太人表示，當猶太群體面對遭受壓迫的受難者，自然會產生憐憫之心。他們自身經歷的折磨（以及其宗教信仰中的普世主義），使他們更能理解與同情相同遭遇的人。

有趣的是，佛洛伊德認為正是自己的猶太人身分，使他在思想上保持客觀，並作為自由的先驅者。他寫道：「正因為我是猶太人，才不至於像其他人被許多偏見給蒙蔽，阻礙才智的發揮。而身為猶太人，我時時準備好站在對方的立場思考，並不惜跟『封閉的主流群體』斷絕良好關係」。[11]

上述觀點獲得了研究證實。許多大規模的調查都顯示，平均而言，相較於新教徒或天主教徒，猶太人實際上**較少**對其他少數群體形成偏見。而重點是，包括猶太人在內的受害者通常會呈現兩種極端反應：不是擁有強烈偏見（如上一節所述），就是幾乎沒有偏見，很少處於「中間」狀態。簡而言之，受害者要不是對外團體產生敵意，就是會同情他們。[12]

這一點非常重要：**個體遭受迫害後，幾乎無法擁有正常程度的偏見**。一般來說，受害者會走上兩條不同路徑，其一是加入恃強凌弱的行列，用別人對待自己的方式來對待別人；另一則是刻意避免同樣傾向，這類受害者會有所體悟地說：「這些人跟我一樣是受害者，所以我應該跟他們站在一起，而不是攻擊他們。」

反擊：好戰

到目前為止，幾乎沒有提到少數群體成員可能採取的一種簡單反應，即拒絕「忍受」。他們隨時可以反擊，這在心理層面上是最直接了當的做法。斯賓諾莎寫道：「人如果覺得自己被別人憎恨，並認為對方毫無道理，就會反過來恨那個人。」用精神分析的術語來說，就是挫折滋生敵意。

一九四三年夏天，哈林區發生暴動後，一項研究詢問了大量黑人居民的看法，結果顯示，將近三分之一的黑人**贊成**這場暴動。這些黑人表示：「我贊成這麼做，希望可以再來一次，讓我的同胞獲得自由」、「這是讓黑人得到政府關注的唯一方式」、「這是對底特律的報復」。另一方面，有六成的黑人居民則認為這場暴動「很可恥」、「這樣做只會讓我們更退步」、「太可怕了，而且很丟黑人的臉」。這項研究無法確定的是，同樣是種族歧視的受害者，為何有些人支持這場暴動，有些人卻予以譴責。有跡象顯示，反對的聲音主要來自閱讀量較大、較常上教堂、年紀較輕的人（也許遭受歧視的時間相對較短），但仍缺乏明確證據。[13]

不難理解為何有些少數群體成員會持續發出不平之聲，他們對偏見的反應就是反擊，但有時會過於激進，甚至連自己群體的成員都不領情，但如果沒有這群狂熱分子的努力，真正的改革就不會發生。

必須注意的是，受害者並不比主流群體成員更能意識到外團體的個別差異，他們也會認為：「日本佬終究是日本佬」、「雖然也有例外，但所有黑人都差不多」、「所有天主教徒在本質上都是法西斯主義者」。基於報復心態，激進好戰的受害者可能會咒罵所有白人、所有異教徒、所有新教徒，他們會用最激烈的方式來報復整個主流群體。

有些受害者發現暴力沒有幫助，於是加入一些承諾改善現況的政黨或行動組織，因此移民群體大多會在左派政黨占有一席之地。自二十世紀中期，美國黑人開始感受到政治行動有機會改善現狀，於是把大幅選票從共和黨（林肯的政黨）轉投給民主黨（小羅斯福的政黨）。還有一些人加入了共產黨。少數群體經常支持自由派或激進的政治行動，因此經常被指控為麻煩製造者或煽動者。猶太人有時會被推向社會改革的前線，並成為自由運動的領導者，也因此更容易被反猶分子譴責為「違反價值體系」、處於「保守價值的邊緣」（見第7章）。

加倍努力

人類在面臨挫折和阻礙時，也可能出現正面、健康的反應，即「加倍努力」。我們會欽佩堅持不懈並克服缺陷的殘障人士，西方文化亦高度推崇對於劣勢的補償（compensation）反應。因此，有些少數群體成員會將不利的處境，視為需要努力克服的阻礙。有些移民在工作一整天之後，還會去夜校學習美國人的說話和思考方式。每個少數群體中都有不少人採取這種直接、積極的補償模式。

許多猶太人的生活模式似乎就是如此。由於意識到所屬群體的共同困境，猶太父母有時會要求孩子在課業和工作上都要比競爭對手更努力，才不至於輸在起跑點。猶太人認為成功的唯一途徑，就是要準備得比非猶太人更充分，還要擁有更高的學業成績和更豐富的實務經驗。毫無疑問，猶太人對學術研究的重視，也使他們更傾向採取這種因應偏見的方式。

以「加倍努力」來自我調適的受害者，往往會得到虛情假意的讚美，也可能因為**過於**勤奮能幹而招來攻訐。但無論如何，他們選擇了公開競爭這條路，大聲宣告：「我要參賽，並接受你們設立的種種障礙，放馬過來吧！」

爭取象徵性地位

相較於上述直接、積極的努力，有些受害者則會採取間接方式來爭取社會地位。少數群體成員可能會偏愛盛大、隆重的場面，譬如有些黑人士兵特別喜歡閱兵典禮、擦得閃閃發亮的鞋子、燙得筆挺整齊的衣服……等象徵優秀士兵的標誌，這些都是地位的象徵，而地位對黑人來說是稀缺物品。在移民群體的遊行、慶典，甚至葬禮上，有時也可以觀察到類似的亮麗打扮和自豪神情，他們浮誇地展示身上的珠寶和昂貴的汽車，彷彿是在說：「你們老瞧不起我，現在給我看清楚，我有那麼低賤嗎？」

類似的「替代性補償」可能會導致性方面的強烈征服慾。被鄙視的少數群體成員可能會在性活動中找回權力、自信和自尊，覺得自己跟那些高高在上的主流群體地位相當，甚至比他們更優秀。黑人似乎不介意被貼上性活躍的標籤，並認為這是一種讚美，因為他們在許多其他層面都覺得自己被閹割。問題並不在於「性放蕩主義」是否真的是黑人或其他少數群體的特徵，重點是，一個人的「名聲」也可能構成象徵性地位，並帶來滿足。

另一種爭取象徵性地位的有趣例子是裝模作樣的談吐。被剝奪社會地位的人似乎認為在談話中加入艱澀冷僻的用詞，就可以提高地位。有些人為了掩飾低學歷，刻意使用優雅的措辭和豐富的詞彙（雖然偶爾會誤用），卻透露出他們嚮往著自己所缺乏的教育背景。

精神官能症

遭受歧視的受害者面對著許多內在衝突，因此有必要了解其心理健康狀態。統計資料顯示，有些證據表明猶太人罹患心理疾病的比率較高，而黑人較常出現高血壓。[14] 不過整體上，少數群體的心理健康狀態跟整個社會的平均值並沒有太大差異。

如果要對偏見受害者的心理狀態歸納出結論，那就是他們都過著稍微解離（dissociation）的生活。只要能在內團體裡面自由自在地做自己，他們就能夠忍受（或忽略）外界敵意，久而久之就習慣這種稍微分裂的生活模式。

然而偏見受害者最好有所警惕。由於不斷遭受外界侵擾，他們**很可能**採取本章提到的一或多種防衛模式，其中有些是適切且成功的，有些則會招惹麻煩，並把他們推到精神崩潰邊緣，進而發展出精神官能型[3]防衛機制。只有意識到隱患，才能夠過著更順遂的人生。

相對地，占優勢地位的主流群體也應該了解偏見受害者的心理歷程。當一個人的自尊受威脅，就很有可能發展出自我防衛的特質，而且有些特質會讓人反感，但這卻是遭受歧視的結果，不應該拿來作為歧視的理由。

> 有個十二歲的男孩放學回家後，狠狠地批評一個被他叫做「混蛋」的同學，那個「混蛋」因為吹牛、撒謊和畏畏縮縮而被排擠。當男孩被問到：「你認為他變成那樣，是什麼原因？」男孩陷入沉思，一會兒之後才回答：「他看起來很可笑，運動能力很差，大家不管做什麼事都不會找他。沒有人給他機會，我想他是故意惹人討厭，好讓自己振作一點。」這個男孩的分析很可能是正確的。

男孩在練習分析班上同學的情形之後，對那個「混蛋」越來越感興趣，也開始客觀看待他，並漸漸釋出善意。理解就是寬恕，或至少代表更多包容。

如果那個「混蛋」也能試著分析自己的情形，那會很有幫助。當他知道造成自己行為的深層原因，也許

3 譯注：neurotic，也作「神經性」，包括焦慮、憂鬱、恐慌等症狀。為避免跟神經系統的疾病混淆，本書選譯「精神官能性」。

就會尋求較不惹人厭的方式來補償缺陷。受害者就算發展出精神官能型防衛機制，只要能充分理解本質和原因，就會比較穩定，或至少不表現出這種特質。有時，受害群體的成員也需要理解自己的行為成因。

不過，與其從精神官能性的補償機制來理解受害者，不如多去理解他們所處的邊緣狀態——時而被接納，時而被排斥。心理學家勒溫把受害者的遭遇比喻為青春期狀態：永遠無法確定自己是否能被成人所主導的世界給接納。他們所遭受的風暴與壓力會導致緊張和焦慮，以及不時爆發非理性情緒或行為。人必須歸屬於一個**明確**的世界，才能夠成熟地因應外在環境，可是大部分少數群體成員從未被完全接納，也從未被允許正常、自在地參與社會，就跟青少年一樣，他們沒有任何歸屬，是社會邊緣人。[15]

自我應驗的預言

讓我們回到本章開頭的觀點：外界眼光在一定程度上會形塑我們的人格。如果一個孩子被認為是「天生的小丑」，並因此受到寵愛和讚美，他就會學到用這種方式討好別人，最後成為真正的小丑。如果人進到一個群體時，認為大家都對他有敵意，他就會防備地先發制人，於是招來別人的真正攻擊。如果一個新來的女傭被誣賴偷竊，她受到侮辱之餘，可能會為了報復而真的去偷東西。

對他人特定行為的期望會以無數種微妙的方式，促使此人實際做出該行為，社會學家莫頓（Robert King Merton）把這種現象稱為「自我應驗的預言」（self-fulfilling prophecy）。[16]它讓我們注意到人際互動時的相互作用。我們常常以為：外團體具有某些獨特的特質（第7章），而內團體對那些特質抱持著錯誤的既定印象（第12章）。但事實上，兩者是相互影響的，我們對他人特質的感知，會影響對方展現出何種特質。當然，這並不表示我們對外團體的任何負面印象，都會導致對方發展出令人憎恨的特質，最後證實我們最糟糕的預期。反之，這意味著我們對外團體的負面看法，可能會使對方出現讓人不愉快的反應，於是形成了惡性循環。除非刻意停止這種互動模式，否則雙方的隔閡將越來越大，也為偏見提供了更多合理的理由。

除了惡性循環，自我應驗的預言也可能帶來良性循環。包容、欣賞和讚美都會引發友好行為。受群體歡迎的外來者可能會做出紮實的貢獻，因為是發自內心回應，而不僅是防備地偽裝。在家庭關係、族群關係、國際關係等所有人類關係中，「預期」的力量是非常巨大的。[17] 如果預期他人是邪惡的，就很可能挑起對方的惡行；而預期他人是善良的，就會引發對方的善行。

摘要

少數群體成員並非都會表現出明顯的自我防衛——即使受到最嚴酷的迫害。然而一旦他們這麼做，又產生一個有趣問題：為何採取A方法而不是B方法來自我保護和爭取權利。本章所描述的自我防衛方式大致可分成兩類[18]：第一類主要涵蓋向外的、針對痛苦來源的攻擊型防衛，受害者傾向將其劣勢**怪罪**給外在因素；第二類是內向型的防衛機制，受害者若不是責怪自己，至少也會認為有責任自我調適以適應外在情境。依照美國心理學家羅森茲維格（Saul Rosenzweig）的分類方式，採取第一類防衛機制的個體可以被歸為「**外懲型**」，第二類則屬於「**內懲型**」。有了這個架構，我們就可以藉由圖9來總結本章：

不過，這個分析架構的缺點在於，可能會讓我們的印象停留在一堆雜亂無章的「防衛機制」。事實上，每個人的性格都各自呈現出一套模式。某個偏見受害者可能會表現出好幾種特徵，其中一些屬於外懲型，一些屬於內懲型。

讓我們以許多受歧視者的典型特徵來說明這點。首先，他們認為被邊緣化不代表無法追求健康快樂的生活，其基本價值觀跟人類的普世價值觀一樣，他們也知道有許多不同群體的人跟自己有同樣信念，因此不會只局限於所屬的少數群體，而會在許多擁有同樣價值信念的群體中結交朋友和尋找夥伴。當他們遇到價值觀

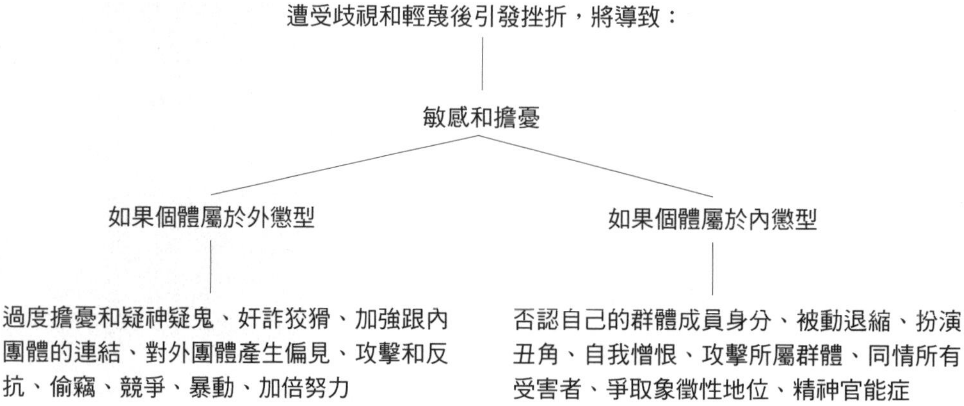

遭受歧視和輕蔑後引發挫折，將導致：

敏感和擔憂

如果個體屬於外懲型

過度擔憂和疑神疑鬼、奸詐狡猾、加強跟內團體的連結、對外團體產生偏見、攻擊和反抗、偷竊、競爭、暴動、加倍努力

如果個體屬於內懲型

否認自己的群體成員身分、被動退縮、扮演丑角、自我憎恨、攻擊所屬群體、同情所有受害者、爭取象徵性地位、精神官能症

圖9　遭受歧視的受害者可能採取的補償行為類型

跟自己較不一致的外團體成員，因而遭受歧視和偏見，則會不卑不亢地回應，並表現出充分的理解。他們會說：「每個人都會遭受挫折和不公平待遇，我的命運跟其他人一樣，都需要勇氣和毅力來克服困難。」因此他們會培養出適度的競爭力，以及明智地追求個人目標，包括努力減少社會歧視和強化民主實踐。他們也同情所有遭受壓迫的人，不論對方是什麼身分。總之，他們具有同情心以及堅忍不拔的勇氣，同時也保有自己的尊嚴。當然還是有些較不社會化、也較不成熟的防衛模式，但有句話說得好，一個性格成熟的人能夠妥善處理自己的痛苦，而不會將痛苦加諸在別人身上，既然許多偏見受害者已經做到這點，就表示他們擁有成熟、豐厚的人格特質，實在令人敬佩。

第三部

對群體差異的感知與思考

標籤會賦予這個世界意義，
它們正如林中小徑，為生活建立起秩序。

第10章 認知歷程

「內在之光與外在之光相遇。」

——柏拉圖

正如先前所述，群體差異是一回事，人們對它的感知與思考又是另一回事。第二部檢視了**刺激對象**，即外團體本身的特徵。現在要換個角度，討論我們在**遇到**刺激對象時的心智歷程，以及所引發的結果。

任何映入眼簾的事物、傳到耳朵的聲音，都無法直接傳達訊息給我們。我們總是經過自己的**選擇**和**詮釋**，才對周遭環境形成印象。「外在之光」雖然可以傳遞部分訊息，但主要是由我們的「內在之光」賦予其意義和重要性。

當我望向窗外，看到一棵野生的櫻桃樹正隨風搖曳，風吹得葉片翻飛，露出葉背。這時，櫻桃樹反射的光刺激了我的感覺器官，進而傳遞了大部分訊息，但我卻說：「今晚可能會下雨」，因為我聽說當樹木被風吹得露出葉背，就是下雨的預兆。

我感受到的、知覺到的，以及我所思考的內容，都會融合成單一的認知行為。當我遇到一名黑人，我的感覺系統傳達給我「黑色」這一訊息，但我的過去經驗又告訴我其他事實：他是一個人，也是某個種族的一員，因此應該具有（我所認為的）該種族的其他特徵。這整個複雜且融合各種訊息的過程，就叫做認知歷程。

重要的是，千萬不要誤以為我們可以直接感知群體特徵。正如阿德勒（Alfred Adler）寫道：

> 對外在的感知永遠無法類比為攝影，因為感知者所獨有的個人特質，會跟其感知的外在事物結合在一起，不可分割。
>
> 感知不止是簡單的物理現象，而是一種心智功能，透過感知，我們得出的是內心世界最深刻的結論。[1]

選擇、強調、詮釋

感知－認知歷程對「外在之光」有三項獨特的操作：選擇、強調和詮釋。[2]讓我們透過下列案例來了解其運作過程：

> 我大概接觸過X學生十次，在我看來，每次他交上來的報告或發表的評論品質都很差，因此我判斷他能力不足，無法繼續從學業中獲益，應該在這學期結束時退學。

身為老師，我對學生是否能力不足的跡象會很敏感，因此我把注意力放在相關跡象上，**選擇**了我想要的證據。我也**強調**了這些跡象的重要性，故意忽略X在品格和個人特質上還有很多優點，只著重於我跟他在課業上的十次接觸。最後，我對這些證據做了**詮釋**，歸納出「學業能力不足」的評斷。這個過程聽起來十分合理——最後得出的任何評斷應該也是合理的。我的評斷可說是「有憑有據」，然而實際上並非如此，誰知道第十一次或第十二次是否會出現不同證據？但整體上，我已經盡我所能地挑選最相關的證據，並根據我自身的教學經驗來強調特定證據的重要性，最後也盡可能地做出明智的解釋。

再來看另一個例子：

> 在南非的公務員考試中，有道考題是：「你認為猶太人占南非總人口的：一%、五%、一〇%、一五%、二〇%、二五%，或三〇%？」統計結果顯示，大多數的考生回答「二〇%」，而正確答案是略高於一%。[3]

在上述例子中，大多數考生在思考這個問題時，顯然是從自己的記憶中挑選、回想自己所認識或遇過的猶太人，並強調（誇大）過去經驗的正確性，而做了錯誤詮釋，最後導致判斷失準。某種程度上，這種錯誤必然是因為對「猶太人問題」過度敏感，很可能是基於害怕猶太人的「威脅」，而高估了他們的人數。

下面例子更清楚地呈現出「內在之光」對「外在之光」的強大影響：

> 有天，一名在暑期學校上課的中年女士氣沖沖地向老師說：「班上有個黑人女孩！」老師沒有給予明確回覆，這名女士繼續固執地說：「你總不希望班上有個黑鬼吧？」隔天，這名女士又跑去找老師，並堅決地說：「我知道她是黑鬼，因為我把一張紙掉在地上，跟她說『撿起來』，她照做了，證明她就是個想要往上爬的臭黑奴。」

這名女士的判斷只是源自一個微不足道的感官線索，她指明的女孩雖然有著深色頭髮和皮膚，但多數人肯定不認為那女孩是黑人。然而，這名女士在指控過程中，**選擇**了她認為是證據的線索，並在腦海中不斷**強調**、放大這一點，最後依照她的偏見來**詮釋**一切，比如說，她相當武斷地解釋女孩揀起掉落的紙張這一舉動。

最後再舉個更極端的例子。紐約曾在一九四二年實行夜間熄燈政策，為了減低亮度，就連馬路上的圓形紅綠號誌燈也被部分遮蔽，只露出十字型線條，以維持最小照明下的最大可見度——客觀事實是這樣，以下則是一名男士對這件客觀事實的理解：

大衛之星的子民們[1]要是看到紐約五大區的交通號誌燈都變了，一定會大為震驚！原本是直徑約十五公分的圓形紅綠號誌燈，現在全改成十字型的紅綠號誌燈了。雖然這項改變是為了因應夜間熄燈政策，但改成十字型一定是我們紐約警局工程部門的主意，好讓猶太人知道這是個基督教國家。[4]

在上述案例中，選擇、強調和詮釋的過程都非常荒謬。

導向性思考和自我中心思考

「思考」基本上是盡力對現實做出預判，讓人得以預測後果，並計畫該採取何種行動才能躲避威脅以及實現希望和夢想。「思考」絕不是被動的，它是一系列主動的歷程，包含「記憶—感知—判斷—計畫」。

當思考被有效地用來預測現實，就稱為**推論**。如果一個人的思考盡可能地符合刺激對象的已知客觀特質，使他能夠朝著重要且根本的人生目標前進，我們就說此人是在推論。人的推論絕對會出錯，但如果整體方向是基於現實導向，就可以確定其思考合乎理性。這種一般的問題解決過程通常稱為「導向性思考」。[5]

與之對立的，則是幻想、自我中心或「自由」思考。我們的大腦經常不停運轉，想法一個接著一個冒出來，但對既定目標卻毫無任何幫助。例如，我們做白日夢時可能會勾勒出美好願景，並想像自己功成名就，但這樣的幻想通常不會推動我們採取任何有建設性的行動。這種較不理性的心智活動，可以稱為「**自我中心思考**」，這裡的自我中心就是「指向自我」的意思。前述把班上同學「感知」為黑人的女士，以及把紅綠號誌燈「感知」為十字架的男士，其思考歷程都屬於「自我中心思考」，而非「導向性思考」，因為那兩人的執念已經完全扭曲了整個情境，導致他們都做出錯誤詮釋，也都「無濟於事」。這種思考歷程只為滿足自己的私心，完全沒有堅實根據。

舉個實驗來說明。實驗心理學家賽爾斯（Saul B. Sells）曾探討人們使用三段論證的推論能力——三段論證是導向性思考中的簡單邏輯問題，該實驗讓受試者（都是大學生）判斷一系列三段論證的邏輯是否正確，其中一部分題目跟黑人有關，如下列兩個例子：

A1：許多黑人是著名的運動員，而且許多著名的運動員都是民族英雄，那麼許多黑人都是民族英雄。

A2：許多黑人是性犯罪者，而且許多性犯罪者都感染了梅毒，那麼許多黑人都感染了梅毒。

上述兩個例子的邏輯推論都是**錯誤**的（以「許多」一詞為前提，最後推導出的結論都不會正確），但無論是否受過邏輯訓練，毫無偏見的人對那兩個例子的判斷應該會一樣——不是都正確，就是都錯誤，因為它們的陳述方式完全相同。

結果顯示，雖然大多數學生對兩兩一組的三段論證都能給出一致判斷，但有些學生認為A1正確，A2不正確，這些學生在態度測驗上大多呈現出**支持黑人**。而另一些學生則認為A1不正確，A2正確，這些學生大多**排斥黑人**。[6]

這項實驗表明了，人會以自我中心的方式來思考完全客觀的問題，最後推衍出符合自己喜好和偏見的結

1 譯注：即猶太人。大衛之星即六芒星，是猶太教和猶太文化的標誌。

論。該實驗也表明，不論是否支持黑人，只要是先入為主的想法都會誤導推理過程。

自我中心思考經常會伴隨**合理化**，因為人不願意承認自己的想法具有自我中心傾向。事實上，人通常不**知道**自己有這樣的特性。我們特別不喜歡被指責說自己的思考受到偏見左右，因此會編出較體面的理由。持有偏見的白人不太可能承認自己是因為討厭黑人，才拒絕跟他們共用酒杯，所以宣稱黑人都「有傳染病」，這個理由聽起來**似乎**很合理，雖然他會豪不猶豫地跟同樣可能有傳染病的白人共用酒杯。在一九二八年的美國總統大選中，很多美國人不投票給信奉天主教的史密斯（Alfred Emanuel Smith），但給出的理由卻是他很「粗野無禮」，同樣地，這個理由貌似合理，卻不是真正原因。

推論和合理化有時很難區分，尤其兩者出現**錯誤**的時候特別容易混淆。使用「合理化」一詞時應該謹慎，它只能表示「以明顯錯誤的理由來為自我中心思考辯解」。

合理化難以被察覺的原因之一，在於它通常會遵循下列原則：一、符合某些普遍被認可的社會規範。抵制一個「粗野無禮」的總統候選人是可以**被接受**的，就算這不是抵制的真正原因。二、盡可能地接近公認的邏輯準則。就算不是真正的理由，但至少是**好**理由。不願共用酒杯是因為害怕傳染病，這**聽起來**很合理，雖然並不是行為背後的根本原因。

因果思維

無論我們使用的是導向性思考或自我中心思考，目的都是試圖建立一個有秩序、可掌控，且相當簡單的世界圖景。外在現實本身是雜亂無章的，充斥著太多可能意義，因此為了順利度過每一天，我們必須**簡化**一切，並維持感知的一致性。而同時，我們又永無止盡地尋求**解釋**，因為討厭不確定性，並認為每樣東西都應該有既定位置。就連幼兒也會不斷地問：「為什麼？為什麼？為什麼？」

彷彿是在回應我們對意義的基本渴求，世界上的每種文化都為每一個問題提供了答案，沒有哪種文化最終會回答：「我們不知道答案」。於是這世界充滿了創世神話、人類起源的傳說，還有各種知識大全。在山窮水盡的時候，總有一種宗教適時出現，引領人們理清一切困惑。

上述基本需求對於群體關係有著重要影響，比方說，我們總是認為一切事物的**起因**都跟「**某個人物**」有關：是「神」創造並整頓世界，是「魔鬼」帶來邪惡與混亂，是「這個國家的總統」造成經濟大蕭條，朝鮮戰爭又被稱為「杜魯門」戰爭，希特勒宣稱是「**猶太人**」引發了戰火。這種將因果關係「人格化」的傾向非常明顯，導致人們認為是「摩根集團」（House of Morgan）造成一九二九年股市崩盤，是「壟斷者」造成通貨膨脹，而火災、爆炸和不明飛行物則是「共產黨」搞的鬼，高物價都是「猶太人」的陰謀害的。[7] 如果世上的罪惡是由某些人造成，攻擊這些人有何不對？這既不是歧視也不是任意挑釁，單純是自衛罷了。

因此，我們總是將自己的挫折和不幸做外歸因，而且特別容易怪罪某些人。除非有意識地覺察並盡力自制，否則這種傾向很容易使我們陷入偏見。而實際上，我們遭受的挫折和不幸往往源自「非人為」因素，例如經濟環境改變、社會和歷史變遷……等，只有充分意識到這一事實，才不會習慣性地將自己的命運歸咎於可識別的人物（代罪羔羊）。

類別的本質

本書經常提到「類別」，第2章已介紹過這個概念，並指出一些顯著特徵，包括：人會盡可能地把各種新、舊經驗放進同一類別，也會運用類別快速地辨識出屬於該類別的事物，而同一類別的事物往往帶有相同情緒色彩，此外，類別思考是人類心智一種自然且不可避免的傾向，非理性類別就跟理性類別同樣易於形成。

但我們還沒有針對「類別」下定義。這個詞是指一**組可存取的相關概念，能夠引導我們適應各種外在情境**。

當然，類別具有重疊性。狗是一個類別，狼是另一個類別，這些類別底下又包含不同子類別，例如狗又包含西班牙獵犬。所有名詞都可被歸到某個類別（也稱為概念），但名詞無法窮盡類別的所有可能性。我們還會形成複合型類別，即結合不同類別形成一個更高層、具有特殊意涵的類別，比方說「看門狗」、「現代音樂」、「粗魯的社交行為」等。簡而言之，類別就是任何構成認知運作基礎的組織單位。

沒有人確切知道為何我們腦海中的想法傾向聚集在一起，並形成各種類別。自亞里斯多德時代以來，各種「聯想法則」被提出來解釋這個重要的心智特性。我們所形成的類別不需要符合外在現實，好比世界上並沒有「精靈」，但我們還是可以針對精靈形成明確的類別。同樣地，我們對人類群體也會形成明確的類別，只是這些類別不必然與事實相符。

要形成理性類別，就必須根據「可被正確歸到同一類的所有事物的**基本**特徵」來構建類別，就好比所有的房子在某種程度上都可以居住（無論過去或現在）。不過，每個房子也都有一些非必要特徵，例如有的房子大、有的小，有的是木製、有的用磚塊蓋，有的貴、有的便宜，有的舊、有的新，有的漆成白色、有的漆成灰色——這些都不是房子的基本特徵，即非「定義性特徵」(defining attribute)。

同樣，一個猶太人必定具有猶太人的「定義性特徵」。然而正如第7章提到的，要指出猶太人的定義性特徵有點困難，但或許可以說：一個人因為血統（或皈依）而跟具有猶太教傳統的人產生連結。除此之外，猶太人不具有其他基本／定義性特徵。

只可惜，我們天生無法確認自己形成的類別是否完全、或主要由定義性特徵組成。因此，孩子可能會誤以為所有房子都跟自己的家一樣，有兩層樓，還有一台冰箱跟一台電視機，但這些偶發性特徵完全不是房子的必要特徵。事實上，這些非必要特徵會妨礙我們形成可靠的類別，因此心理學家有時稱之為「雜訊特徵」(noisy attribute)。

回到「猶太人」的概念，它或許如先前所說，只有一個主要的定義性特徵，但是基於各種原因，許多其他特徵也會被歸在這個類別，導致它多少有點「雜訊」。當然，其中有些特徵具有一定的可能性，例如某個猶太人長得像亞美尼亞人、從事貿易或專業工作，且受過良好教育的機率明顯大於零。正如第7章討論的，這些特徵構成了真正（但非必要）的群體特徵。但也有些特徵可能完全錯誤或屬於雜訊特徵，例如：猶太人是銀行家、陰謀者和好戰者。

然而不幸的是，我們天生也無法區分哪些才是必要的定義性特徵、哪些只是可能出現的特徵、哪些又錯得一塌糊塗，因為在我們的腦海中，每個特徵都同樣正確無誤。換句話說，對於我們所形成的群體特徵類別，我們通常無法察覺其中哪些屬於J型分布，哪些構成了稀－無差異，那些則純屬虛構，因為在心理層面上，所有特徵對我們來說都同樣重要。

在我們形成的類別之中，有些顯然較有彈性（允許差異存在）；而對於較不彈性的類別，我們可以效法心理學家波斯曼（Leo Joseph Postman）的說法，稱之為「專斷化類別」(monopolistic category)。[8] 專斷化類別是如此強硬且僵化，其包含的特徵永遠一成不變，導致所有跟它矛盾的證據都會被駁回。會形成專斷化類別的人，心態較不開放，還會用微不足道或臆想的證據來「鞏固」該類別。這樣的人會以符合並強化其專斷化類別的方式，來選擇及詮釋他想看到或聽到的東西。堅定的反猶主義者會抗拒每一項有利於猶太人的證據，或加以忽略（視為「例外」），而欣然認同任何支持其反猶觀點的蛛絲馬跡。

並非所有類別都如此剛硬，有些則充滿彈性且考量到個別差異。許多人發現，只要越了解某個群體，就越**不**容易形成專斷化類別。舉例來說，大多數美國人都知道，任何關於美國人的刻板印象都不切實際，例如：並非所有美國人都很拜金、傲慢或粗俗，也不是所有美國人都很友善、好客。反之，不太了解美國人的歐洲人卻經常把美國人視為一個整體，認為所有美國人都具備上述特質。

如果我們只是暫時形成一個類別，並允許它有被修改和細分的空間，就可以稱之為「**差異化類別**」（differentiated category），其對立面就是偏見。下列反思即為差異化類別的例子：

我認識很多天主教徒，小時候原本以為他們都既無知又迷信，社會地位和智力程度也遠不如我。以前總是快步經過他們的教堂，也從不跟信天主教的小孩一起玩，甚至不去「天主教」商店買東西。現在我知道，天主教徒只有少數共同點，他們會遵守某些天主教的信念和習俗。但隨著我對他們的認識加深，才意識到天主教徒在有限的共同點之外是如此不同，所以不能把宗教信仰以外的任何特徵納進我對天主教徒的概念裡。我發現相較於新教徒，天主教徒之中窮人、都市居民以及外國裔的比例較高。還有，許多天主教徒是念教會學校而不是公立學校。但在別的特質上，天主教徒跟其他任何我知道的群體幾乎毫無差異，所以只能在幾個面向上視為一個群體。

最小努力原則

原則上，相較於差異化類別，人們更容易形成並持有專斷化類別。雖然多數人在**特定**領域上會抱持批判和開放心態，但在其他方面，人們總是依循「最小努力原則」。[9] 醫生或許不迷信關節炎、蛇咬傷的偏方，或阿斯匹靈的妙用，卻可能在政治、社會保險或墨西哥人的議題上採納過度類化的結論。生命短暫，無法對每樣事物都形成個別化概念，只要有**少數**幾條捷徑就夠了。一旦知道某款車足以符合我的需求，就可以把其他汽車都歸到「不考慮」的類別，生活因此變得簡單而有效率。這一簡化原則顯然也適用於群體關係上。

並非所有簡化都是有害的。一個人可能認為瑞典人都很整潔、真誠、勤奮，並帶著這樣的偏袒觀點跟瑞典人互動（當然，有些瑞典人確實具有其中幾項特徵）。重點是，當我們不用進一步形成更細緻的差異化類別，生活就輕鬆多了。只要認為某個群體的所有成員都具有同樣特徵，就不用費心地一一了解，跟他們相處時也不需要尊重每個人的差異。

我們在群體分類過程中依循最小努力原則的結果之一，就是形成「**本質信念**」，例如認為每個猶太人都與生俱有「猶太習性」。另外像「東方靈魂」、「黑人血統」、希特勒鼓吹的「雅利安主義」、「天賦異稟的美國人」、「邏輯嚴謹的法國人」、「熱情奔放的拉丁人」……等，也都屬於本質信念，彷彿該群體的所有成員都具有神秘魔力（不論好壞）。下列詩句呈現出英國詩人吉卜林（Rudyard Kipling）的本質信念，可以看出他為何堅信英國人應該侵占亞洲和非洲的土地，並奴役這些地方的人民。

你們那些剛被俘虜、滿臉慍怒的人們，
一半像惡魔，一半像小孩。

吉卜林的信念影響了很多英國人，這種思考方式讓他們的生活暫時變得輕鬆簡單，不必去適應殖民地人民的個別差異，也不用理會其中涉及的複雜道德問題。然而，吉卜林以無差別的方式看待龐大人口，這種錯誤觀念在很大程度上導致了大英帝國解體。專斷化類別或許可以暫時解決問題，但長遠來看卻可能造成災難。

最小努力原則最終會走向**兩極化判斷**：

有個小男孩從大約四歲開始，每天都頻繁向父親詢問同樣的問題，例如只要廣播或電視播完一則新聞，就會問：「那是好是壞？」這個習慣一直持續到十歲左右。由於小男孩缺乏獨立判斷的能力，所以希望父母幫他把每樣事物都分成兩類，以簡化這個讓人困惑的世界。

並非每個人都已經成長並脫離小男孩所處的階段。人很容易將所有類別進一步劃分為「好」或「壞」的更高層類別，因為這大大簡化了生活的複雜度。其他兩極化命題也會讓生活變得更簡單，所以有些人會認同凡事都有「正確」和「錯誤」的做法；所有女性不是「純潔」就是「邪惡」；世界非「黑」即「白」，沒有灰色地帶。

第5章提過，討厭特定外團體的人，通常也會討厭所有其他外團體。這就是典型的兩極化邏輯：內團體是好的，外團體是壞的，就這麼簡單。

偏見人格的認知動力學

現在要進入心理學研究對於偏見的最重要發現：**整體上**，偏見者和包容者在認知歷程上存在差異。換句話說，人的偏見也許不僅僅是對特定群體的特定態度，更反映出對所處環境的整體思考模式。

一方面，研究顯示偏見者**普遍**會做出兩極化判斷，習慣以二分法來思考自然、法律、道德、兩性、族群等問題。

另一方面，偏見者不喜歡差異化類別，而偏好專斷化類別，因此其思考模式很僵化，不會輕易改變自己的習慣，而堅持採用既有的推論——無論該推論是否跟眼前的群體有關。他們對於「確定性」有強烈需求，無法忍受模糊；在歸類事物時，並不重視、也不尋找真正的「定義性」特徵，反而認為許多「雜訊」特徵才是重要的。

第25章將進一步探討「偏見人格」，並詳細說明上述研究發現。各位將看到偏見、認知、情緒三方面的動力是如何交織成單一而獨斷的生活風格。

我們也可以從對立面來了解偏見。第27章將討論「包容人格」，其認知歷程的特徵是：在歸類事物時會思考差異性、更能忍受模糊、更願意承認自己的無知、習慣質疑專斷化類別的正確與否。

這絕非暗示世上只有兩種人（否則就犯了二分法謬誤），實際上有各種不同程度的偏見特質和包容特質，分布在連續光譜上。這也不是指人不會同時擁有這兩種特質，而是強調：人的偏見不可能脫離自己的整體認知歷程和生活模式。

小結

本章及第2章介紹了認知的基本心理歷程，包含下列觀點：

我們傾向把類似、同時發生，或是會一併提起的印象歸到同一類別（或概念、類化），尤其當那些印象都被貼上相同標籤，這種傾向就更明顯。

我們形成的所有類別都會賦予這個世界意義，它們就像森林裡的小徑，為生活建立秩序。

當類別已經無法滿足我們的需求，我們通常會根據經驗加以修改。不過只要類別還堪用，我們就傾向依循最小努力原則，繼續沿用早期形成的粗略類別。

我們通常會盡可能地擴大一個類別所能涵蓋的事物。

由於我們排斥改變既有類別，所以會把不符合既有類別的證據視為「例外」（即二度防備）。

我們運用類別來辨識新的人、事、物，並期望對方符合我們先入為主的看法。

由於類別中可能混雜了知識（事實）、錯誤概念和情緒色彩，所以可能同時反映了導向性思考和自我中心思考。

當證據跟類別互相衝突，我們通常會（藉由選擇、強調和詮釋）扭曲證據，使其符合既有類別。

我們必須根據人、事、物的基本／定義性特徵，才能夠形成理性類別。但是在形成類別的過程中，卻經常會納入非必要的「雜訊」特徵，從而降低類別和外在現實的一致性。

族群偏見即任意將一群人歸到同一類別，這樣的類別並非建立在定義性特徵的基礎上，而是包含各種「雜訊」特徵，並導致該群體的所有成員都遭受歧視。

當我們尋找一切事物的起因——尤其在解釋自己的挫折和不幸時，我們傾向怪罪給某個／些人（通常是少數群體），也就是將因果關係人格化。

我們很容易形成兩極化類別，尤其是宣稱某個類別所涵蓋的對象不是全好、就是全壞，這會限制我們對特定群體的看法。

整體上，偏見者的思考特徵為：對任何領域的經驗都以專斷、無個別差異、兩極化且僵化的方式來形成類別。包容者則呈現與之相反的認知歷程。

第11章

語言因素

如果沒有語言，人類根本無法歸類一切。狗也許會形成基本的類化——「要避開小男孩」，但這樣的概念只停留在制約反射層次，不會進展到思考階段。為了讓我們形成的類化能夠停留在腦海中，以便反思和回憶，進而幫助我們辨識外在事物並採取相關行動，就必須用語言來鞏固它。少了語言，我們的世界就會如同心理學家詹姆斯（William James）所說，變成「經驗的沙堆」。

名詞的副作用

外在經驗世界中，大約有二十五億顆沙粒可以對應到「人類」這一類別，而我們的心智卻無法處理這麼多不同的實體，就算只是每天可能遇到的數百名個體，也無法一一了解，所以必須分門別類，因此我們樂於接受任何有助於分類的「名稱」。

「名詞」最重要的特性在於，能把許多沙粒放進一個桶子裡，而無視於同樣的沙粒也能放進另一個桶子裡這一事實。嚴格來說，「名詞」是指從一件具體事物中**抽取**出某個特徵，再將擁有該特徵的不同具體事物都聚集在一起。「分類」迫使我們忽略所有其他特徵，然而被忽略的特徵可能才是必要的分類依據。語言學家歐文·李（Irving Lee）舉了一個例子：

我認識一個雙眼失明的男人，大家都叫他「盲人」，但也可以說他是「專業打字員」、「盡責的員工」、「好學生」、「細心的傾聽者」，以及「需要一份工作的人」。然而，他卻應徵不上賣場訂貨室的工作，那裡的員工明明只需要坐著接聽電話，然後輸入訂單。人事部的職員在面試時就表現出不耐，不停強調「但你是盲人」，語氣透露出背後的成見：在某方面有缺陷的人，在其他方面必定也有缺陷。面試者被「盲人」的標籤給蒙蔽，無法跳脫框架去看待應徵者。[1]

有些標籤（例如「盲人」）十分醒目，且具有強大的黏著力，一旦貼上這類標籤，就無法再被歸到其他類別。族群標籤通常屬於這一類，尤其是涉及高度可見特徵，像是黑人、東方人，有點類似弱智、殘廢、盲人……等表示明顯缺陷的標籤。我們把這類語言符號稱為「主要效力」（primary potency）標籤，它們就像震耳欲聾的警報聲，讓人無從察覺其他可被感知的細微差異。雖然有些人基於某些目的而把「失明」和「深色皮膚」當成定義性特徵，但是就其他目的而言，它們卻是無關緊要的「雜訊」特徵。

大多數人都沒有意識到語言的一項基本原則：貼在某個人身上的任何標籤，都只反映出此人的其中一個面向。我們可以正確地描述某個人是人類、慈善家、中國人、醫生或運動員，但是當某個人同時擁有這些身分，我們對他的印象卻很可能只停留在「**中國人**」這個主要效力標籤上。然而無論哪一種標籤，都無法代表一個人的全部本質（姓名除外）。

因此，我們使用的任何標籤，尤其是主要效力標籤，都會分散我們對具體事實的注意力，導致我們眼中看不到活生生、會呼吸的複雜個體——人性的最基本單位。如圖10所示，標籤不成比例地放大了某個特徵的重要性，而掩蓋了其他重要特徵。

如同第2章和第10章所指出的，當一個人根據主要效力標籤來形成類別，往往就會納入不該納入的特徵。

貼有「中國人」標籤的類別不僅代表族群身分，還代表含蓄、冷漠、貧窮、奸詐。雖然如第7章所示，某些族群特徵可能真正存在，因此某族群的成員在一定**機率**上擁有那些特徵。但我們的認知歷程並不嚴謹，正如各位所見，我們盲目地把定義性特徵、可能存在的特徵，以及純屬虛構、根本不存在的特徵，都納入貼有標籤的類別中。

就連理應讓我們把注意力放在個體身上的「姓名」，有時也會變成主要效力標籤，特別是在姓名讓人聯想到特定族群時。第1章提到的格林伯格先生就因為有個猶太姓氏，導致聽到他姓名的人在腦海中激發了整個猶太人類別。這點也在心理學家拉茲蘭（Gregory Razran）設計的巧妙實驗中清楚呈現，該實驗同時表明了，當姓名成為族群的象徵符號，會如何引發一連串刻板印象。[2] 如下：

> 研究者讓一百五十名美國學生觀看三十張女大學生的照片，並針對外貌、智力、性格、上進心和整體好感度在五點量表上評分。兩個月後，同一群受試者又做了一次實驗，這次要對原本的三十張照片以及十五張新照片評分（用以混淆記憶）。但這次的照片有附上姓名：五張舊照片被冠上猶太姓氏，如：柯恩（Cohen）、坎托爾（Kantor）；五張舊照片是用義大利姓氏，如：瓦倫蒂（Valenti）；五張舊照片是愛爾蘭姓氏，如：奧布萊恩（O'Brien）；其餘照片的姓氏則是從《美國獨立宣言》簽署者和《社會名人錄》中挑選出來的，如：戴

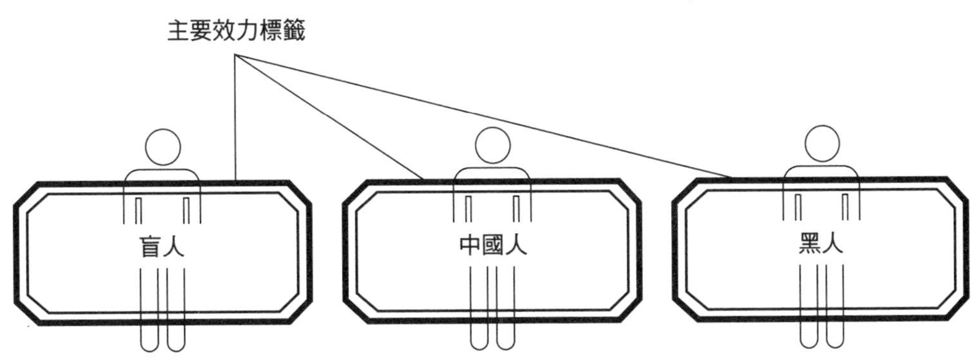

圖10　語言標籤如何影響我們對個體的感知與思考

維斯（Davis）、亞當斯（Adams）、克拉克（Clark）等。

當照片附上猶太姓氏，受試者的評分出現下列變化：

整體好感度下降、性格減分、外貌減分、智力加分、野心加分

針對附上義大利姓氏的照片，評分變化如下：

整體好感度下降、性格減分、外貌減分、智力減分

由此可見，光是姓氏就會讓人產生先入為主的看法，把對方歸到遭受偏見的族群類別，而無法客觀、公正地評斷。

雖然愛爾蘭姓氏也會造成減分效果，但不像猶太和義大利姓氏那麼嚴重。「猶太女孩」整體好感度下降的幅度是「義大利女孩」的兩倍、「愛爾蘭女孩」的五倍。不過，「猶太女孩」的照片在**智力**和**上進心**方面獲得更高評價，因此並非所有刻板印象都是負面的。

人類學家米德（Margaret Mead）表示，若把主要效力標籤從名詞改成形容詞，其效力就會減弱。當我們說「黑人士兵」、「信奉天主教的老師」、「猶太藝術家」，注意力就會轉移到其他同樣合理的分類方式，而不局限於種族或宗教類別。如果我們提到「強森」時不只提到他的黑人身分，還提到他的**軍人**背景，至少就能從兩方面特質來了解他，會比只從單方面來了解更準確。當然，如果要真正把他當成一個個體來理解，就必須了解更多面向。米德的建議非常實用，我們應該盡量以**形容詞**而非**名詞**來表示人的族群和宗教身分。

情緒性標籤

許多類別都有兩種標籤：一種較不情緒性，另一種較情緒性。當你看到「老師」和「老處女」這兩個稱呼，分別有什麼感受和想法？顯然後者會聯結到更嚴厲、荒謬無理、脾氣暴躁的印象，這幾個簡單的字讓人不寒而慄，或忍不住輕蔑地嘲笑，它們喚起了一個樸素、不苟言笑且易怒的老女人形象，卻沒有傳達出對方也是個人，會有自己的煩惱和悲傷。這幾個字讓人立刻把對方歸到不受歡迎的類別。

在族群方面，就連普通的「黑人」、「義大利人」、「猶太人」、「天主教徒」、「愛爾蘭裔美國人」、「法裔加拿大人」……等標籤，也可能帶有情緒性，原因稍後會說明。前述名稱都可對應到情緒更強烈的稱呼：「黑鬼」、「義大利佬」、「猶太佬」、「教皇至上主義者」（papist）、「愛爾蘭佬」（harp）[1]、「加佬」（canuck），人們使用這幾個標籤時，不僅是在描述對方的成員身分，還帶有貶抑和排斥**意味**。

除了特定標籤隱含的侮辱意涵，許多指稱族群成員的用詞也影射對方具有先天缺陷，即「面相學」（physiognomic）的概念。比方說，美國人覺得某些族群的姓名聽起來有點荒謬（比起美國人所熟悉、因而認為是「正確」的東西），例如中國人的姓名又短又蠢，波蘭人的姓名既複雜又古怪。另外，美國人也覺得不熟悉的方言很可笑，而外國的傳統服飾（族群的視覺象徵）看起來有點彆扭。

在所有影射「面相學」缺陷的名稱中，跟膚色有關的標籤最多。「Negro／黑人」這個英文單字源自拉丁語的「niger／黑色」，但實際上，沒有一個黑人的膚色是純黑色，可是跟其他膚色較淺的族群相比，他們只好被稱作「黑」人。不幸的是，「黑」在英語中帶有不祥、邪惡等負面意涵，例如：前途黑暗、反對票[2]、混蛋

1 譯注：harp本意為「豎琴」，是愛爾蘭的傳統樂器，也出現在愛爾蘭國徽上。

2 譯注：blackball。源自古希臘以黑白球表達意向的投票法。現代則表示反對新成員加入。

（blackguard）、黑心腸、黑死病、黑名單、黑函、黑手黨。此外，梅爾維爾（Herman Melville）在其小說《白鯨記》（*Moby Dick*）中，詳盡地描述了黑色代表的病態意涵，以及白色象徵的高尚情操。

「黑」與凶兆的聯結不僅出現在英語中，跨文化研究顯示，「黑」的語意在世界各地或多或少是相同的。在某些西伯利亞部落，特權階級的氏族成員會自稱為「白骨」，並且叫其他人「黑骨」。甚至也有證據顯示，在烏干達的黑人族群中，神權政治階級的最高階是「白神」；而他們顯然也用象徵潔淨的白布來驅逐惡靈和疾病。[3]

看來，「**白種人**」和「**黑種人**」的概念本身就隱含著價值判斷。我們還可以繼續探討「**黃色**」帶有的諸多負面意涵，以及這些負面意涵可能如何影響美國人對東方人的看法。

這樣的推論不宜做得太極端，因為「黑色」和「黃色」在很多情況下都聯結到愉快的情緒。咖啡、巧克力和黑美人威士忌（Black velvet）都令人心曠神怡；黃色鬱金香深受人們喜愛，和煦的太陽及溫暖的月光也都是黃色的。然而，多數人都沒意識到跟「膚色」有關的詞語確實帶有沙文主義色彩。許多耳熟能詳的俚語或用詞都隱含了白人的優越感，例如：像黑人口袋一樣黑、在黑人區昂首闊步、寄予厚望者（white hope，最初是指挑戰非裔重量級拳王傑克．強森〔Jack Johnson〕的白人拳擊手）、白人的負擔、黃禍、黑孩子。無論使用這些詞語的人是否有所覺察，許多日常用語實際上都帶有偏見。[4]

這裡點出了一件事實：就算是最適切、最中性的少數群體標籤，有時也難免流露出負面意味。在很多語境和情況下，雖然人們正確且沒有惡意地使用「法裔加拿大人」、「墨西哥人」或「猶太人」這些稱呼，但聽起來還是有點輕蔑，原因是這些稱呼都屬於偏離社會常態的標籤，尤其是在高度重視一致性的文化，**任何**偏離社會常態的名稱，實際上都包含了負面的價值判斷。像是「精神失常」、「酗酒者」、「性倒錯者」，這些名詞原本是對人類狀態的中性描述，但聽起來更像是在指責當事人的偏差行為。少數群體都偏離主流社會，所以在很多情況下，最不具惡意的標籤打從一開始就蒙上不光彩的陰影。當人們想要強調並進一步嘲諷偏離常態的人，就會使用更情緒性的字眼，例如：瘋子、酒鬼、娘炮、小混混、鄉巴佬、黑鬼、愛爾蘭佬、猶太佬。

不難理解，少數群體的成員往往對別人如何稱呼自己非常敏感，不僅討厭明顯有羞辱意味的綽號，有時還會覺察到不存在的惡意。在英文中，「黑人」（Negro）這個單字的第一個字母經常被寫成小寫的「n」，但只有少數情形是故意要羞辱黑人，大多數都是無心之過（英文單字「白人」〔white〕的第一個字母就不需要大寫，但「黑人」跟「高加索人」〔Caucasian〕一樣，第一個字母都要大寫）。而「穆拉托人／黑白混血兒」（mulatto），或「阿特倫人／八分之一黑人血統的混血兒」（octoroon）這類稱呼也會讓當事人反感，因為這些詞過去在使用上經常帶有貶意。刻意區分性別的稱呼也讓人不舒服，因為那聽起來雙重強調了族群差異，否則為何要說「女猶太人」（Jewess）或「女黑人」（Negress），而不說「女新教徒」（Protestantess）或「女白人」（whitess）？用來指稱「中國人」（Chinaman）和「蘇格蘭人」（Scotchman）的英文名詞也有過度強調的情形，因為英文使用者不會用類似的說法（即American man）來稱呼美國人。由於主流群體往往不經意地使用這些稱呼，加上少數群體心中的陰影使他們對歧視特別敏感，因此經常造成誤解。

共產主義標籤

人們必須給外團體貼上標籤，才能在腦海中形成清楚的印象。舉例來說，有些人會莫名其妙地要求外團體負責，卻說不清楚是哪個外團體，只好用「他們」來表示，像是：「他們為什麼不把人行道拓寬？」「我聽說他們要在鎮上蓋一座工廠，而且要雇用很多外國人。」「我不會去繳稅，他們休想拿到這筆錢！」奇怪的是，若進一步詢問「他們」是誰？這些人就會尷尬地支支吾吾。這種缺乏具體對象、只能含糊地以「**他們**」來表示的情形其實很常見，說明了人們自己也搞不清楚所謂的外團體到底是誰，卻經常想要、也需要指定一個外團體（通常是為了發洩怒氣）。然而，只要洩憤的對象是模糊、定義不清的，人們就無法針對該對象產生具體偏見。為了標示出敵人，我們就需要標籤。

雖然有點不可思議，但直到二十世紀中期，美國人才對**共產主義者**的象徵標誌有了一致看法。「共產主義」一詞當然早就存在，但在二十世紀之前並不帶有情緒色彩，也沒有指向任何公敵。即使美國在一戰後感受到越來越強烈的經濟和社會威脅，但大家對威脅的實際來源依舊莫衷一是。

針對一九二〇年份《波士頓先驅報》(*Boston Herald*) 的內容分析，發現了一系列標籤，這些標籤所在的語境都暗示了某種威脅。當時整個美國籠罩在歇斯底里的情緒下，跟二戰後的情形差不多，大家認為一定有個罪魁禍首要為戰後的蕭條、高物價和動盪不安負責。而在一九二〇年代，記者和社論家中立地使用下列標籤來指稱所謂的罪魁禍首：

異族、鼓吹者、無政府主義者、炸彈和火藥的狂熱者、布爾什維克、共產黨、共產主義勞工黨員、陰謀者、虛偽的外國使者、極端分子、外國人、歸化入美國籍的移民、煽動者、世界產業工人聯盟（Industrial Workers of the World）、空談的無政府主義者、空談的左傾分子、空談的社會主義者、密謀者、激進分子、赤色分子、革命分子、來自蘇聯的煽動者、社會主義者、蘇維埃、工團主義者（syndicalist）、叛徒、不良分子。

從這一長串慷慨激昂的名單可以發現，人們**需要**一個敵人（充當不滿和不安情緒的發洩對象），而非確切知道敵人**身分**。總之，當時美國對於「敵人」並沒有一個明確標籤，也許部分出自這個原因，所以民眾歇斯底里的情緒漸漸緩和。既然不存在明確的「共產主義」類別，人們的敵意也就無法聚焦在具體對象上。

但是在二戰之後，美國人對「敵人」的看法漸趨一致，矛頭幾乎總是指向「**共產主義**」或「**赤匪**」這樣的外團體，因此原本那些模糊、可互換的標籤就漸漸減少。在一九二〇年代，來自外團體的威脅由於缺乏明確的標籤而模糊不清；但是到了一九四五年之後，象徵威脅的標誌或造成威脅的對象都變得更加明確。這並不表示人們在提到「共產主義」時，是清楚知道其涵意的，而是藉助這個標籤，至少能夠將砲口一致對準某個令人恐懼的對象。隨著「共產主義」一詞演變成「威脅」的象徵，任何被正確或錯誤地貼上該標籤的人，都淪為各種鎮壓手段的階下囚。

理論上，「共產主義者」的標籤應該用在明確的定義性特徵，像是共產黨員、效忠蘇聯政權者，或馬克思的追隨者。然而實際上，這一標籤卻遭到濫用。

二戰後，美國的情形大致如下：經過戰爭的摧殘，加上警覺到國外的革命造成的毀滅後果，民眾因此惶惶不安，擔心失去所有家當，同時也為高稅賦煩惱。眼看傳統的道德及宗教價值觀遭受威脅，而更嚴重的災難恐怕即將到來，為了找出一切動盪不安的禍源，人們就需要一個明確的敵人。指責蘇聯或其他遙遠的國家還不夠，歸咎於「社會情境變遷」也無法令人滿意。人們需要的是近在眼前的「代罪羔羊」（見第10章），那樣的人就在首都華盛頓，就在自己熟悉的學校、工廠和社區。人們認為，如果感受到迫切的威脅，那個危險人物一定就在身邊，因此斷定是共產主義搞的鬼，它不僅存在於蘇聯，還蔓延到美國，蔓延到自家門口，滲透到政府、教會、大專院校和鄰里街坊。

這表示人們對共產主義的敵意是偏見嗎？不見得。因為社會衝突是真實存在的，美國的價值觀（例如：尊重個體）和蘇聯的極權主義價值觀在本質上完全不同，所以勢必會出現真實的對立和衝突。只有當人們不確切根據「共產主義者」的定義性特徵來歸類，導致任何支持社會改革的人都被當成共匪，這種情形才涉及偏見。害怕社會改革的人，最容易把他們視為威脅的對象或行為貼上「共產主義」標籤。

這些人的「共產主義」類別並不允許差異存在，任何跟其觀點相悖的書籍、電影、傳道者或老師，都歸為「共產主義」；如果災難降臨——例如森林大火或工廠爆炸，那一定是共產主義者搞的破壞。漸漸地，他們的「共產主義」類別越來越專斷，幾乎涵蓋他們不認同的一切。一九四六年，美國眾議員藍欽（John Rankin）在議會上說詹姆斯・羅斯福（James Roosevelt）是共產主義者，國會議員歐特蘭（George E. Outland）敏銳地回應：「很顯然地，每個不同意藍欽先生觀點的人都是共產主義者。」

當差異化思維不被看重（正如在社會危機時期的情況），兩極化邏輯就會被放大。人們以道德秩序劃分出內、外兩個世界，而落在道德秩序以外的，就叫做「共產主義」。相應地，被冠上「共產主義」名號的任何對象（就算錯得離譜），也會立刻被扔到道德秩序之外——這正是問題所在。

這種連鎖機制把極大的權力交付到善於操縱民心的政客或意見領袖手中。在一九五〇年代，美國參議員麥卡錫不斷將意見與其不合的公民抹黑為共產黨員，並用這個簡單的手段成功清除異己。當時幾乎無人看穿麥卡錫的詭計，許多人的名譽就此毀於一旦。但那位著名的參議員並不是唯一這麼做的人，根據《波士頓先驅報》在一九四六年十一月一日的報導，眾議院共和黨領袖馬丁（Joseph Martin）在要結束與民主黨對手的競選時說：「人民明天的一票，將意味著他們是選擇混亂、困惑、破產、國家社會主義、共產主義，或選擇保障我們美國人的生活以及所有自由與機會。」馬丁用一連串情緒性標籤，輕而易舉地將對手排除在美國人公認的道德秩序之外，最後成功地讓自己再度勝選。

第14章將進一步討論「真實社會衝突」和「偏見」的差別，第26章則會檢視煽動者為了自身利益而試圖偷換概念的其他手段。

當然，並非每個人都會被蒙蔽。操弄仇恨意識的手段若是太過火，便顯得荒謬而可笑。美國作家和政治活動者迪靈（Elizabeth Dilling）所寫的《紅色網絡》（*The Red Network*）一書，就透露出極為誇張的兩極化思維，讓人一笑置之，有名讀者甚至評論：「顯然，如果你先用左腳走下人行道，那你就是共產主義者。」然而在社會局勢緊張、民眾集體歇斯底里的時期，要保持客觀並不容易，更不用說抵抗語言符號所捏造出的各式各樣偏見思維。

語言現實主義和符號恐懼症

多數人不喜歡被貼上標籤，尤其是帶有貶意的標籤。幾乎沒有人願意被稱為「法西斯主義者」、「社會主義者」或「反猶分子」，這些敗壞名聲的標籤或許適合貼在別人身上，但絕不能貼在自己身上。

> 人們渴望給自己貼上光榮而值得讚許的標籤，這點可由下面例子來表明：一群白人聯合起來將一個黑人家庭趕出社區，可是那群白人卻自許做到「敦親睦鄰」，並以「愛人如己」作為座右銘。這個聖潔的群體展現敦親睦鄰的第一步，就是起訴那名將房屋賣給黑人的前屋主；接著，他們用水淹沒了那間屋子，因為另一對黑人夫婦打算搬進去。那群白人雖然高舉著愛人如己的大旗，卻做出相反的舉動。

心理學家斯塔格納（Ross Stagner）[5]和哈特曼（George W. Hartmann）[6]的研究表明，一個人的政治態度就算足以使他被稱為法西斯主義者或社會主義者，此人還是會極力否認這些負面標籤，也不會支持任何標榜這些理念的活動或候選人，簡單來說就是**符號恐懼症**（symbol phobia），與之相對的則是**符號／語言現實主義**（symbol/verbal realism），當涉及自己時，我們較傾向前者，而涉及別人時，我們則會毫不猶豫地給對方冠上「法西斯主義者」、「老處女」、「盲人」、「老古板」等稱呼。

當語言符號引發強烈情緒，人們有時就會把它當成真實的事物，而不再是符號。人們或許可以接受較溫和、隱晦的輕蔑稱呼，但如果聽到「混帳」、「騙子」等「挑釁詞語」，就會要求對方「收回」其使用的字眼，這當然不會改變對方的態度，但在某種程度上，去除這類語言符號似乎非常重要。

這種語言現實主義可能會走向極端，例如：

一九三九年十二月，麻州劍橋市議會一致通過一項決議：在該市「禁止擁有、藏匿、保管、引進、運輸任何涉及『列寧』或『列寧格勒』字眼的書籍、地圖、雜誌、報紙、手冊或傳單」，否則將視為違法。[7]

把「語言符號」和「現實」混為一談雖然看似天真，然而一旦意識到語言對人類思考有如魔法般的重要影響，這種行為就不難理解了。下面兩個例子和前述麻州市議會的案例，都引用自日裔美籍語言學家早川一會的著作：

- 馬達加斯加的士兵把吃「腎臟」視為大忌，因為在馬達加斯加語中，「腎臟」和「子彈」的發音一樣，所以他們認為吃了腎臟就一定會中彈。
- 一九三七年五月，紐約一名參議員強烈反對一項控制梅毒的法案，因為「過度使用『梅毒』一詞會破壞兒童的純真……這個詞也會讓正派的女士和男士們感到不舒服」。

這種將文字具象化的傾向，凸顯出「語言符號」和「類別」之間的緊密關聯。有些人只要一聽到「共產黨員」、「黑人」、「猶太人」、「英格蘭」、「民主黨人」，就會陷入焦慮、恐懼或盛怒，而我們無法區分究竟是詞彙本身、或是其代表的事物引發了他們的負面反應。任何專斷化類別一定包含「標籤」，因此如果要消除人們的種族或政治偏見，就必須同時消除人們對特定詞彙的執念。唸過普通語意學的學生都知道，語言現實主義和符號恐懼症通常會使人產生偏見。因此，任何旨在降低偏見的計畫或方案，都必須包含大量的語意治療（semantic therapy）。

第12章 美國文化中的刻板印象

為何這麼多人崇拜林肯？他們可能會說，因為林肯勤奮節儉、求知若渴，還具有遠大抱負、致力維護每個人的權利，而且他一步步努力奮鬥，最後獲得了卓越成就。

為何這麼多人討厭猶太人？他們可能會說，因為猶太人勤奮節儉、求知若渴、還具有遠大抱負、致力維護每個人的權利，而且他們一步步努力奮鬥，最後獲得了卓越成就。

不過，人們當然不會用讚美的口吻來描述猶太人，實際上可能會說：猶太人很吝嗇、野心太強、咄咄逼人而且很激進。重點是，同樣的人格特質在林肯身上就是令人欽佩的美德，在猶太人身上卻是讓人不恥的陋習。

這個例子（引用自莫頓）告訴我們：刻板印象不能完全解釋人為何會排斥某些群體。刻板印象基本上是個人腦海中關於特定類別的形象，用來合理化其愛的偏見和恨的偏見，因此刻板印象雖然扮演著重要角色，但不是造成偏見的唯一因素。

刻板印象 vs 群體特質

我們腦海中的任何印象都**其來有自**，理論上，那些印象應該來自跟某類對象的多次接觸經驗。如果我們是根據一定的機率，來判斷某個類別的成員整體上具有某些特徵，這樣的判斷就不屬於刻板印象，如第7章所述，並非所有對族群或國家特徵的機率估計都是憑空想像。可靠的群體評價跟刻板印象不同，後者是經由選擇、強調某些證據而捏造出來的。

人可能會無視於**所有**證據而發展出刻板印象。

> 舉例來說，加州佛雷斯諾縣（Fresno）的居民一度認為亞美尼亞人「既虛偽又不老實」，社會學家拉皮耶為了確認這個看法是否有客觀證據支持，便做了一項研究。結果發現，根據商業協會（Merchants Association）的紀錄，亞美尼亞人的信用評級跟其他族群一樣高，此外，亞美尼亞人較少向慈善機構申請補助，也較少涉及法律案件。[1]

既然所有證據都不支持當地居民的看法，那麼，關於亞美尼亞人「既虛偽又不老實」的刻板印象是怎麼形成的？雖然不是百分之百肯定，但亞美尼亞人在外觀上跟一些猶太人相似，也許居民把所謂的猶太人特徵轉嫁到亞美尼亞人身上；又或者早期的居民可能跟附近的亞美尼亞商販有過不愉快經驗。無論如何，當地居民的看法顯然是**沒有**明確事實根據的刻板印象。

當然，其他刻板印象或許有一定道理。歷史上確實有些猶太人贊成把耶穌釘在十字架，這項事實被刻板印象加深，甚至到了現代，整個猶太族群都被稱為「殺害耶穌的兇手」（Christ killer）。對猶太人的另一個刻板印象似乎也有事實根據，就像第7章討論過的，從重疊的常態分布曲線可以得知，猶太兒童的平均智力略高於非猶太兒童，且黑人兒童的平均智力略低於白人兒童（採用受文化限制的智力測驗），這樣的族群差異雖然獲得驗證，但不足以支持「猶太人都很聰明」或「黑人都很愚蠢」的刻板印象。

由此看來，有些刻板印象完全沒有事實佐證，另一些刻板印象則源自刻意凸顯某件事實並過度類化。人們一旦形成刻板印象，就會用既有類別來看待後續出現的證據（見第2章），並對相關跡象特別敏感，像是特別留意顯示猶太人很精明、黑人很愚蠢、工會信奉共產主義、羅馬天主教徒具有法西斯傾向的跡象。

刻板印象甚至會妨礙最基本的理性判斷。作家和社會運動者拉斯克（Bruno Lasker）引用了兒童默讀測驗中的項目為例：

> 阿拉丁是貧窮裁縫的兒子，住在中國首都——北京。他整天遊手好閒、懶惰成性，不肯好好工作。你認為他是印第安人、黑人、中國人、法國人還是荷蘭人？

大部分的孩子都回答「**黑人**」。[2]

上述情形不表示孩子可能對黑人有敵意，而反映了他們受到常見的刻板印象干擾，暫時失去推理能力。

刻板印象不見得都是負面的，也可能伴隨正面、肯定的態度，例如：

> 一名退伍軍人講起他那優秀的猶太裔中尉，彷彿任何讚美之詞都不為過，「中尉喪命的前一天，還幫我跟另一個弟兄拍照……他真的是很高尚的人……非常照顧自己的手下，總是想辦法滿足我們的需求，其他人身上都沒有香菸的時候，我們還有菸可抽，**這就是他的猶太人本性**，他就是有門路拿到那些東西。他願意為自己的手下做任何事，他的手下也願意為他赴湯蹈火。」
>
> 另一名退伍軍人說道：「我很佩服猶太人，他們就算遇到阻礙還是知道該怎麼做，以及如何獲得資源。要是我女兒嫁給猶太人，我一定很高興，因為猶太人會努力賺錢養家，也很照顧妻小，而且不會花天酒地」。[3]

這些案例很有趣，他們對猶太人的「本質」雖然有著刻板印象，卻沒有出現常見的敵意。

定義刻板印象

無論正面或負面，刻板印象是跟類別相關的誇大信念，其作用是合理化人們對該類別的所作所為。

第2章檢視過類別的特性，第10章曾探討圍繞類別而形成的認知結構，第11章強調了語言標籤在指稱類別時的重要影響，現在則要繼續討論類別所包含的概念內容（即印象）。我們透過認識類別、認知結構、語言標籤和刻板印象，便能了解一個複雜心理歷程的全部面貌。

早在一百年前，作家和政治評論家李普曼（Walter Lippmann）便對「刻板印象」有所著墨，稱之為「腦海中的意象」。不過，雖然李普曼先生的描述十分到位，也奠定了現代社會心理學關於「刻板印象」的概念[4]，然而在理論層面卻稍嫌鬆散，比如將「刻板印象」和「類別」混為一談。

刻板印象並不等於類別，而是隨著類別出現的固定概念。例如，人們可能對「黑人」這個類別形成一組中性、如實、非評價性的概念，並認為「黑人」只是人類種族之一。然而，如果該類別一開始就充斥著對黑人的「印象」和評斷，像是「喜歡音樂、懶散、迷信」等等，就表示該類別中出現了刻板印象。

因此刻板印象不是類別，它通常是類別上的固定標記。如果有人說「所有律師都不老實」，此人表達的就是對該類別的成見與類化。刻板印象本身並不是類別（概念）的核心，卻會阻礙人們思考其中的個別差異。

刻板印象既能作為一概接受或拒絕某群體的理由，也能充當挑選或過濾事實的工具，幫助人們維持感知和思考的簡潔性。

必須再次強調，「真實存在的群體特徵」讓刻板印象的問題更加複雜。刻板印象未必完全不正確，如果說「愛爾蘭人比猶太人更常出現酗酒問題」，就是正確的機率判斷；然而，如果像某些人宣稱的「猶太人都不喝酒」或「愛爾蘭人都是酒鬼」，則顯然誇大了事實，因而形成了未經證實的刻板印象。只有確實掌握真實群體差異的機率數據，才能夠區分合理的類化及刻板印象。

對猶太人的刻板印象

許多研究調查了非猶太人對猶太人的「印象」，像是在一九三二年，心理學家卡茨（Daniel Katz）和布雷利（Kenneth Braly）發現，大學生普遍認為猶太人具有下列特徵：[5]

精明；唯利是圖；勤奮；貪婪；聰明；野心勃勃；狡猾

另外，也有些人提到下列特徵：

忠於家庭；堅持不懈；健談；積極進取；信仰虔誠

同樣的調查在一九五〇年又進行了一次，關於刻板印象的變化會在本章後續篇幅討論。貝特罕和傑諾維茲訪談了一百五十名芝加哥退伍軍人，並將這些退伍軍人對猶太人的批評按出現頻率排序如下：[6]

猶太人很排外。
他們金錢至上。
他們掌控了一切。

「大家都批評猶太人，他們控制了一切，無論在職場或政界都占據重要地位，所以他們才是握有大權的人……他們的勢力遍及世界各地的每個行業，還擁有廣播電台、銀行、電影和店舖，馬歇爾（Marshall Field）

百貨和各大商場都是猶太人的。」

他們使用卑鄙的商業手段。

「他們很吝嗇，如果他們欠你錢，你必須拚了命才能把錢要回來。」

他們不做粗重工作。

「他們自己開工廠，雇用白人替他們工作。」

有些評語較不常被提到：

猶太人很蠻橫。

他們很骯髒下流、不修邊幅。

他們很有活力，也很聰明。

他們常常大聲吵鬧、引起騷動。

一九三九年，《財星雜誌》（*Fortune*）在一項調查中問道：「你覺得在美國或其他國家，人們仇視猶太人的原因是什麼？」[7] 根據調查結果，主要原因如下：

他們掌控了金融和貿易。

他們太貪得無厭。

他們太精明、太有成就了。

他們不善於交際應酬。

美國反誹謗聯盟（Anti-Defamation League）民權部主任弗斯特（Arnold Forster）總結了上述以及其他研究，並根據各個猶太特徵被提到的頻率予以適當權重，整理如下：[8]

排外（拒絕異族通婚、阻礙同化）。

崇尚金錢，但在財務處理上有道德瑕疵。

咄咄逼人、有侵略性，且言行粗魯。

具有聰明才智、遠大抱負和過人能力。

在前述所有猶太特質列表中，宗教因素很少或根本沒出現。當然，宗教差異在一開始是最重要的因素（猶太教是猶太人跟其他群體之間唯一的J曲線差異），當時關於宗教的指控（例如「殺人祭神」）也比現代普遍。在今日世俗化的社會中，猶太人這一類別似乎漸漸失去它唯一、真正的定義性特徵。其他特徵取代了宗教的地位，然而那些特徵充其量只是發生機率很低、或完全無關的「雜訊」特徵。

前面列出的刻板印象大致上是一致的，表示同樣的批評一再出現，以專業術語來說，那意味著人們對猶太人的印象具有很高的「信度」，即一致性。

然而，進一步分析則顯示出一個有趣現象：有些刻板印象是相互矛盾的。也就是說，人們對猶太人抱持著兩種完全不同的印象，而那些印象不太可能同時為真。社會學家阿多諾（Theodor W. Adorno）等人的研究[9]，可以幫助我們更了解這個矛盾現象。他們設計了一份全面性量表來評估人們對猶太人的態度，該量表中穿插了各種本質上相互對立的命題。舉例來說，受試者必須回答是否同意下列陳述：

A1：人們對猶太人的諸多不滿，主要源自猶太人傾向形成小團體，並將非猶太人排除在自己的社交圈之外。

B1：猶太人不應該過度打探基督教的活動和組織，也不應該尋求基督徒的認同和敬重。

另一組陳述如下：

A2：猶太人在美國社會仍然是外來者，他們傾向保留自己舊有的社會規範，並且抗拒美國人的生活方式。

B2：猶太人過分隱藏自己的猶太習性，甚至極端地改名、整鼻子、模仿基督教的禮儀和習俗。

A項目都屬於「孤立性」子量表，B項目則是「侵擾性」子量表。這項研究的重要發現在於，子量表之間的相關高達「.74」，也就是說，批評猶太人過於孤立的受試者，**同時**也傾向於批評猶太人過於侵擾。

誠然，可以想像一個人在某種意義上既孤僻又擾人（就好比既慷慨又愛自誇、既吝嗇又愛炫耀、既邋遢又浮誇、既膽小又惡毒、既冷酷又無助），但這種情形的可能性很低，至少不會顯著到足以讓我們發現這種矛盾的指控。

有段對話是這樣的：

A先生：我說猶太人實在是太孤僻了，總是跟自己人在一起，愛搞小團體。

B先生：但你看，我們社區裡的柯恩和莫里斯[1]都在社區福利基金組織裡服務，也有一些猶太人加入扶輪社和商會，而且很多猶太人都很支持我們社區的建設。

A先生：我就是這個意思，他們總是想盡辦法擠進基督教的團體。

顯然，人若是基於更深層的原因而討厭猶太人，就會認同任何能夠支持其立場的刻板印象，而不在意這些刻板印象是否互相矛盾。無論猶太人有什麼特性、做了哪些舉動，有偏見的人都會將其合理化為「猶太人的本質」。

> 英國作家蘭姆的例子發人深思，他在〈不完全同情〉（*Imperfect Sympathies*）一文中，坦承自己對猶太人的偏見，並以輕鬆流暢的筆觸寫道：「我大膽地承認，我不希望猶太人跟基督徒走得太近，雖然這已經是一種趨勢。在我看來，他們相互表達親暱的舉動有點矯揉造作。我也不想看到基督徒和猶太教徒尷尬地互親臉頰致意，裝模作樣地寒暄問暖。如果**猶太人**已經皈依基督教，為何還不完全融入我們？」幾句話之後，蘭姆絲毫沒有察覺到其中的矛盾，竟對一個皈依基督教的猶太人做了如下評論：「B應該要依循他們祖先傳承的信仰，才更合乎情理。」[10]而B實際上正是蘭姆方才提到的「完全融入我們」的人。

蘭姆前後不一致的標準，比他公開坦承的內容透露出更多訊息：無論猶太人做什麼、或不做什麼，他都厭惡猶太人。

持有偏見者輕易就會認同自相矛盾的刻板印象——這一事實證明了，真實存在的群體差異根本不是問題

1 譯注：柯恩（Cohen）和莫里斯（Morris）都是常見的猶太姓氏。

所在，重點是，人們需要藉口來合理化自己對他人的厭惡，而任何符合當下敘述情境的理由都能派上用場。

讓我們暫時擱置偏見議題，來看看生活中的諺語，就更能了解其中涉及的心理歷程。請比較下列幾組互相矛盾的諺語：

亡羊補牢，猶時未晚。
覆水難收。

物以類聚，人以群分。
親近生侮慢。

小時了了，大未必佳。
小時偷摘蔥，長大偷牽牛。

我們會用某則諺語來「解釋」一種情況，而當情況相反，我們又會引用另一則相反的諺語加以解釋。族群刻板印象也是如此，我們會視情況來選擇合適的批評，以解釋與合理化自己對某個群體的厭惡，而完全不在意是否前後矛盾或邏輯不一致。

刻板印象是透過「選擇性感知」和「選擇性遺忘」而維持。當我們聽說自己的猶太朋友達成某項成就，就會不假思索地說：「猶太人真聰明」，而如果對方沒有達到目標，我們就會裝作沒這回事，也不想修正自己的刻板印象。同樣地，我們可能會忽略前九個愛乾淨的黑人住戶，直到終於遇到第十個骯髒的黑人住戶，就會像抓到把柄般大聲抱怨：「他們真的會害房子貶值！」再以「殺害耶穌的兇手」為例，這個過時的說法反映出人們選擇性地遺忘了許多事實，譬如，判處耶穌被釘死在十字架上的是羅馬總督彼拉多（Pontius Pilate），執行死刑的是羅馬士兵，而當時喧聲的暴民只有一部分是猶太人。另外，早期基督教尚未穩固的時候，完全是靠猶太人（無論是族群或宗教意義上）才得以建立和存續。

雖然我們還是必須找出特定群體的族群和心理特徵，但許多刻板印象顯然是無中生有，因此結論是：與其說刻板印象反映了群體特徵，不如說它主要被用來充當合理化的藉口。

對黑人的刻板印象

社會學家楊恩（Kimball Young）曾調查民眾對黑人的刻板印象，結果如下：[11]

> 智力低下；性格野蠻；情緒不穩；過度自信；懶散且吵鬧；宗教狂熱；喜歡賭博；衣著俗艷；很接近猩猩；會持刀進行暴力犯罪；出生率高而威脅到白人的主流地位；易受政客賄賂；工作不穩定

在之前引用的研究中，卡茨和布雷利則發現人們大多認為黑人具有下列特徵：

> 迷信；懶惰；隨遇而安；無知；有音樂天賦

卡茨和布雷利還測量了不同群體所遭受的刻板印象的**確定性**，結果發現相較於其他群體，大家對黑人典型特徵的看法較一致。研究者使用檢核表的方式，讓受訪者在一系列特徵中，挑選出他們認為最符合該群體的描述。當判斷對象是黑人時，有八四%的受訪者選擇了「迷信」，這表示當人們**被要求**選出黑人的特徵，大多數人都會把迷信跟黑人聯結在一起。

貝特罕和傑諾維茲則使用較開放性的方式，讓受訪者自由描述黑人的特質，結果得到的清單完全不同於猶太人遭受的刻板印象。[12] 按照出現頻率排序如下：

> 邋遢、骯髒；讓房產貶值；占據並擠壓白人的生存空間；懶散且工作怠慢；品格低劣、缺乏道德、不誠實；不求上進、社會階級較低；愚蠢、智力低下；經常惹事生非、造成別人困擾；體味重、有異味；帶有傳染病；喜歡把錢花在行頭上，不存錢

心理學家布雷克（Robert Blake）和丹尼斯（Wayne Dennis）讓較年幼的受訪者挑選出白人和黑人的特徵[13]，受訪者大多認為黑人具有下列特徵：

> 迷信；動作遲鈍；愚蠢；隨遇而安；衣著俗艷

上述研究還發現一個有趣的特點：四、五年級的孩子在刻板印象上的差異化程度遠遠小於七、八年級的孩子。較年幼的孩子會把所有「不好」的特質都歸給黑人，例如認為白人比較「開朗」。較年長的孩子對黑人的刻板印象則跟成人一致，而且並非都是負面的，像是認為黑人較開朗、幽默。較年幼的孩子對黑人的態度較負面，但尚未形成更複雜的刻板印象模式，因此無法進一步細分外團體。梅爾策（Hyman Meltzer）也指出，相較於大學生，年幼的孩子較少對外團體產生刻板印象。[14]

相較於猶太人，關於黑人的刻板印象似乎較少自相矛盾，但並非完全沒有。人們批評黑人懶散而遲鈍，卻又指責黑人很有侵略性、給人壓迫感。在南方有些人會說：這裡沒有「種族問題」，因為黑人很有自知之明，

不會逾越本分；下一刻又說需要動用武力來鎮壓黑人。

少數群體之間也會對彼此產生刻板印象——甚至對自己的群體也是如此。第9章提過，主流文化造成的龐大壓力，導致少數群體的成員有時會以其他群體的眼光來看待自己。抱持反猶主義的猶太人認為其他猶太人（不包括自己）有令人反感的特質，一些黑人指責自己的同胞具有反黑人的白人所厭惡的特質。

同樣地，少數群體可能會對其他關係密切的少數群體產生特別鮮明的刻板印象，這或許是源自佛洛伊德所說的「對微小差異的自戀」，例如德國猶太人能夠敏銳地辨識出波蘭猶太人。美國當地黑人則對來自西印度群島的黑人移民有一套刻板印象，社會學家里德（Ira Reid）列舉如下。[15]

美國黑人認為跟自己相比，西印度群島的黑人：

- 非常「聰明」，教育程度比美國原住民高
- 比猶太人狡猾，在財務上也不可信任
- 過度敏感，急於捍衛自尊
- 脾氣暴躁
- 親英或親法
- 自認比美國黑人優越
- 因為太驕傲或太懶惰而不願意工作
- 排外
- 會毆打妻子，把女人視為自己的財產
- 是白人眼中的麻煩製造者
- 刻意給人留下深刻印象

- 缺乏對黑人種族的自豪感
- 喋喋不休

比較猶太人和黑人遭受的刻板印象

針對黑人和猶太人的刻板印象似乎剛好互相對應。正如貝特罕和傑諾維茲指出的，反黑人者傾向指責黑人縱慾、懶惰、骯髒、好鬥，而反猶者傾向批評猶太人聰明、狡猾、野心勃勃、不擇手段。接下來，貝特罕和傑諾維茲請我們捫心自問：自己的本性中有哪些原罪？一方面，我們承擔著肉體的罪孽，必須克制自己的縱慾、懶惰、邋遢和好鬥，因此我們把這些罪惡投射到**黑人**身上。另一方面，我們也要對抗自己的傲慢、狡猾、自我中心以及貪婪的野心，所以又把這些罪惡投射到**猶太人**身上。黑人反映了「本我」(id)衝動，猶太人則反映了違背「超我」(superego)——即良知，因此我們對這兩個群體的指責和厭惡象徵著對自身原罪的反感。就像貝特罕和傑諾維茲所說：

> 根據精神分析的解釋，族群仇恨反映了我們把自己無法接受的內在衝突投射到少數群體身上。[16]

歐洲由於不存在黑人這個少數群體，因此那裡的**猶太人**被指責為淫亂、下流和暴力，這一觀察支持了上述理論。美國人因為可以把這類特質投射到黑人身上，因此不**需要**讓猶太人來承擔這類罪名，而是另外為猶太人設立一套刻板印象，僅涵蓋野心、傲慢、精明等涉及「超我」的特質。

因此，把黑人和猶太人視為互補的對象是有道理的，他們分別承擔了兩種主要罪名：「肉體」和「精神」上的罪惡。人們憎恨猶太人是因為他們人數少，而且很聰明；人們歧視黑人則是因為他們人數多，而且很愚蠢。雖然美國社會中還存在著其他各種偏見，但針對黑人和猶太人的敵意確實是最主要的偏見類型。研究顯示，針對黑人的偏見更為強烈，這是因為肉體上的罪惡更為普遍嗎？

第23、24章將進一步探討本節提到的理論。至少就目前的研究發現來說，人的刻板印象確實反映其潛意識中的自我參照（self-reference）。人因為自己擁有的負面特質而產生內在衝突，於是將同樣特質投射到某個群體，進而討厭該群體。因此對偏見者來說，黑人和猶太人變成了另一個自我，並鏡射出自己的缺點。

媒體與刻板印象

前面提到，刻板印象可能源自事實，也可能毫無根據；它們有助於簡化類別、合理化敵意，有時還能充當個人內在衝突的投影。但刻板印象之所以存在，還有一項非常重要的社會因素，就是大眾傳播媒體（包含小說、短篇故事、報紙、電影、舞台劇、廣播和電視節目）一再地喚醒那些刻板印象，並將它們深深烙印在大眾的腦海裡。

一九四四年戰爭期間，作家戰時委員會（Writers' War Board）在哥倫比亞大學應用社會研究所（Bureau of Applied Social Research）的協助下，對大眾媒體所描繪的「樣板角色」進行了廣泛研究。[17]

研究人員發現，大眾化的輕小說最常出現所謂的樣板角色，他們分析了一百八十五則短篇小說，發現九〇%以上的角色（幾乎都是有名望的人物）全是盎格魯—撒克遜人（或「北歐人」），而「不討喜的角色，像是僕人、詐騙者、小偷、賭徒、非法夜店的老闆、狡猾的拳擊賽經紀人等，則很少是盎格魯—撒克遜人。」一般來說，「這些虛構人物的的行為經常被用來『證明』黑人是懶惰的，猶太人很狡猾、愛爾蘭人很迷信、義大利人經常犯罪」。

此外，分析了一百部涉及黑人角色的電影之後，發現其中七十五部電影是以輕蔑、帶有刻板印象的方式塑造黑人角色，只有十二部電影中的黑人角色會讓觀眾留下好印象。為何英雄角色清一色由盎格魯—撒克遜人擔任？兩位分別來自漫畫界和廣告界的精明商人如此評論：

- 我們只關心發行量，你能想像一個叫做「柯恩」[2]的英雄嗎？
- 如果廣告裡出現有色人種，就會流失觀眾。除非是在舊南方的圖片或是威士忌廣告中，才會放一個湯姆叔叔來營造氣氛。

至於廣播內容，報告指出：

> 多年來，廣播界一直在爭論《阿莫斯與安迪秀》[3]對黑人種族究竟是幫助還是傷害。有些黑人反對這個節目，有些則否。另一個持續爭論的主題是關於《傑克．本尼秀》(*Jack Benny Program*)中的「羅徹斯特」這個黑僕角色。該節目對黑人並無惡意，而且把「羅徹斯特」塑造成聰明伶俐的形象，但除此之外，節目中卻經常出現對黑人的刻板印象，例如酗酒、嗜賭、好色和持刀犯案。

幾項調查顯示出，美國報紙中關於黑人的新聞有個共同趨勢：過於集中在犯罪新聞，而很少報導黑人成就。[18]有人認為像「黑人布朗因闖空門而被逮補」這類報導是合理的，因為有助於讀者在腦海中形成心像、便於閱讀，並且在小小的版面中提供了足夠訊息。站在記者的立場，這種做法可能不帶有深層偏見，出發點也沒有惡意。但是報紙經常將黑人跟犯罪行為聯結在一起，一定會讓讀者留下深刻印象，尤其是缺乏關於黑人的正面新聞來抵消這種聯結。更何況，有些報紙確實會刻意貶低黑人，像是一貫地把「Negro／黑人」的第一個字母寫成小寫的「n」，彷彿透過某種文字魔力，就能讓這個種族「認清自己的地位」。

不過到了二十世紀中期，許多研究都指出大眾媒體在這方面已顯著改善，部分原因可能是少數群體不再保持沉默，紛紛站出來抗議媒體不當地強化民眾刻板印象。批評聲浪日漸高漲，一名好萊塢導演曾因此抱怨說，他現在只敢讓純美國佬類型的人演反派。

這類抗議甚至會走向極端，例如：在狄更斯的著名小說《孤雛淚》（*Oliver Twist*）中，費金的角色被塑造成猶太人刻板印象的化身，而一九四九年改編自該小說的同名英國電影卻在美國引發爭議，電影上映前的抗議活動導致美國各地必須下架這部電影。此外，有些美國人反對學校在課堂上提到《威尼斯商人》（*The Merchant of Venice*）這部莎士比亞的劇作，擔心如果沒有深入討論「夏洛克」的放債人角色，會讓猶太人在孩子心中留下負面刻板印象。兒童讀物《小黑桑波》（*Little Black Sambo*）也遭到抨擊，原因是書中主角——愚蠢的黑人男孩弄丟了自己的衣服，而且吃掉太多鬆餅。《木偶奇遇記》（*Pinocchio*）也被認為是不良讀物，因為把義大利人和「刺客」聯結在一起。然而，努力阻止刻板印象進入每個人的腦袋或許是最糟糕的做法，比較好的方式是提升大家的思辨能力，以批判的角度思考刻板印象。

學校使用的教科書更是受到嚴格的審查和批評。一項全面性的分析報告調查了三百多本教科書對少數群體的描述，結果顯示，許多教科書長期存在對少數群體的負面刻板印象。這樣的缺失並非出於惡意，而是因為教科書作者無意間採用了主流文化的傳統觀念。[19]

2　譯注：Cohen是常見的猶太姓氏，即祭司之意。

3　譯注：*Amos 'n' Andy*，美國一九三〇年代關於黑人角色的廣播情境喜劇。

刻板印象會隨著時代而演變

上一節提到，大眾媒體中的刻板印象正逐漸減少，與此同時，學校開始興起的跨文化教育也影響了今日學生對於族群成見的態度，這一切都使得年輕世代不像上一代擁有那麼多刻板印象。

這點可由下列研究證實：普林斯頓大學曾進行兩項間隔十八年的調查，雖然資料有限，但非常有啟發性。第11章提過第一項調查，在一九三二年，卡茨和布雷利讓該校的學生從八十四個特徵中，分別選出五個特徵來代表德國人、英國人、猶太人、黑人、土耳其人、日本人、義大利人、中國人、美國人和愛爾蘭人。

一九五〇年，心理學家吉爾伯特（Gustave Mark Gilbert）任職於普林斯頓大學時，也以同樣的程序重複了該調查。[20]吉爾伯特的受試者出生於第一項調查進行的年代，雖然其社經地位和第一代受試者差不多，卻成長於不同的社會氛圍。兩項調查的受試者大多是美國南方人。

這項比較研究最引人注目的結果，就是吉爾伯特所說的「消退效應」（fading effect），第二代受試者對十個國家和族群的刻板印象雖然和一九三二年類似，但明顯大幅減弱。舉例來說，表4呈現了兩代學生最常提到的義大利人特徵，以及選擇該特徵的學生比例。除了宗教虔誠，所有特徵出現的頻率都一致下降，這是由於第二代學生（一九五〇年）的選擇較分散在八十四個特徵中，而第一代學生（一九三二年）對義大

	一九三二年	一九五〇年	差異值
藝術氣息	53%	28%	-25%
衝動	44%	19%	-25%
熱情	37%	25%	-12%
急躁	35%	15%	-20%
喜愛音樂	32%	22%	-10%
富有想像力	30%	20%	-10%
宗教虔誠	21%	33%	+12%

表4　學生眼中的典型義大利人特徵，以及選擇該特徵的學生比例

利人的看法較一致（兩代學生都必須選出五個特徵）。吉爾伯特的評論如下：

充滿藝術氣息、個性急躁的義大利人——這個融合了情緒化的音樂大師和快樂的街頭樂手的印象仍停留在人們心中，只是相較於過去，這樣的形象已經褪色了。藝術類特徵（具有藝術氣息、熱愛音樂、富有想像力）被提到的頻率大幅下降，情緒化特徵（熱情、急躁、衝動）也是如此。

「宗教虔誠」被提到的頻率上升，可能是因為一九五〇年是聖年，所以大家特別關注羅馬的天主教朝聖者。這一事實本身表明了，短暫的事件會形塑人們對一個國家的印象。

再以土耳其為例，在一九三二年，四七％學生認為土耳其人是「殘酷的」；但是到了一九五〇年，只有一二％這麼認為，看來「土耳其人很糟糕」的刻板印象明顯減弱了。另外，這兩個年代的學生對黑人的刻板印象主要都是迷信和懶惰，但在一九五〇年，選擇這些特徵的學生不到之前的一半。

對美國人的正面肯定倒是減少許多，一九五〇年的學生對美國人的良好印象大幅下降，很少有人提到勤奮、聰明、有抱負、有效率……等特徵，認為美國人重視物質和享樂的學生反而略為增加。似乎隨著時間演進，人們對內團體的看法越來越有批判性。

該研究最重要的發現在於，一九五〇年的學生非常排斥這類調查，並表示不應該強迫他們把標籤貼在別人身上——尤其是未曾謀面的人。學生甚至認為這項研究侮辱了他們的智商，例如一名學生寫道：

我拒絕參加這種「幼稚遊戲」……我無法想出任何群體的典型特徵。

而一九三二年的「幼稚遊戲」則沒有遭到反彈。

吉爾伯特指出，有很多因素可能導致「消退效應」和抗議聲浪，其中之一也許是娛樂和通訊媒體越來越少出現刻板印象，以及戰後大學生對社會科學的了解漸增，而學校也更廣泛地實施跨文化教育。不論原因是什麼，跟以往相比，如今人們對族群和國家所產生的「腦海中的意象」已不再那麼單一而武斷。

就偏見理論的角度來說，刻板印象的可變性非常重要。刻板印象會隨著偏見的程度和趨勢而起起伏伏，且正如先前提過的，刻板印象也會順應、符合當下的敘述情境。美國和蘇聯在戰爭期間結為盟友，當時美國人認為俄羅斯人堅毅、勇敢且愛國；沒想到短短幾年後，隨著兩國關係改變，美國人對俄羅斯人的印象就變成兇狠、好鬥、激進，同時日本人（以及日裔美國人）的負面形象則隨之改變和淡化。

這些證據進一步支持了本章開頭的觀點：刻板印象不等於偏見。人們主要用刻板印象來合理化自己的態度和立場，也會隨著普遍存在的偏見或情境需要，而調整自己的刻板印象。我們可以透過學校教育，盡量改變人們的刻板印象，並減少大眾媒體對刻板印象的傳播，這麼做雖然有益，但仍不足以完全杜絕偏見。[21]

第13章 關於偏見的理論

本章將為偏見問題建立全面性的理論取向。

前面的章節針對刺激對象進行了許多討論（第6至第9章提到群體差異、可見性和自我防衛機制的發展），也花了相當長的篇幅探討人們對群體差異的感受和認知歷程（第1、2、5、10、11、12章提到類別化和預設立場的本質屬於正常的心智運作，而語言和刻板印象在此運作歷程中扮演了輔助的角色），後面這種聚焦在「對刺激對象的感受和認知」的討論，有時稱為「**現象學**研究」。人的偏見**行為**（第4章的主題），取決於此人對刺激對象的感知（即其現象學）。

從圖11可以看出，前幾章主要採取其中兩種研究偏見的取向：刺激對象取向和現象學取向，有時也從社會文化和歷史的角度探討偏見問題，尤其是第3、5、7章。這麼做有其必要性，因為團體規範、團體價值、團體成員身分以及它們彼此的交互作用，都持續對個人心智生活的發展產生重要影響。第14至16章將針對影響偏見的社會和歷史因素進行更深入的討論。

第17至28章將討論人格因素和社會學習的作用，花這麼多篇幅或許跟我個人的心理學偏好有關，但我希望各位能夠了解，本書同樣強調了歷史、社會文化和情境對於偏見的重要影響，並反映了當前的研究趨勢：專家學者們必須跨界合作，借助鄰近學科的研究方法和見解，才能更充分理解實際社會問題。然而就算是試圖進行廣泛討論的專家，也可能會過度強調自己的專業領域對某項議題的看法。

因此，圖11呈現了目前針對偏見問題的六種研究取向，本書不希望忽略任何面向，因為任何單一切入點都無法看到問題的完整樣貌，每一種取向都同樣重要。

當談到偏見「理論」，我們指的是什麼？是否暗示該理論為所有偏見問題提供了最完整、最權威性的解釋？這種理論幾乎不存在。雖然我們在讀到擁護馬克思主義觀點、代罪羔羊理論或其他理論的文章時，會產生「作者已經詳盡解釋了該問題」的印象，但原則上，大多數「理論」提出者都只是讓人聚焦在某個重要因素，而忽略了其他因素的作用。一般來說，理論提出者會從圖11的六種取向中，選擇其中一種作為切入點，並針對該面向中造成偏見的特定因素提出自己的見解。舉個例，第3章提過「團體規範理論」，其支持者特別強調團體的特定生活方式對偏見的影響，所以僅僅將個人偏見「解釋」為反映所屬群體的價值觀。雖然該理論的支持者一定認為那是造成偏見的首要因素，但他們或許也不否認同時存在著其他較不

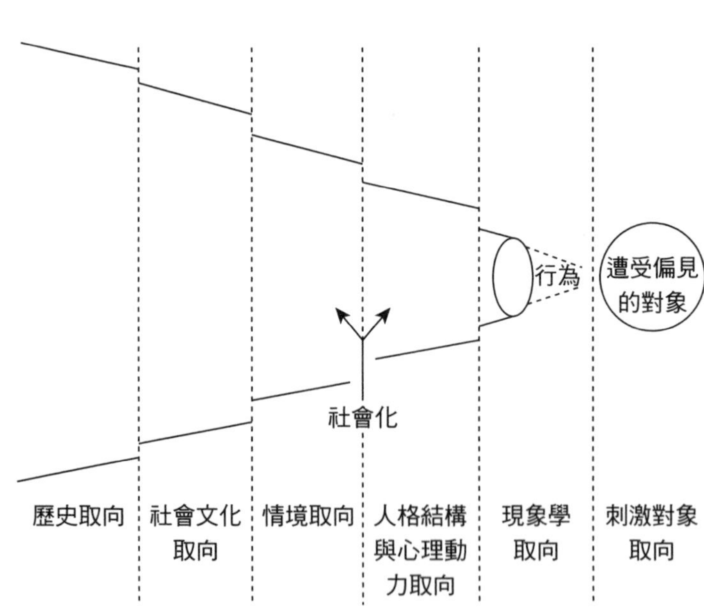

圖11　研究偏見成因的理論和取向（引用自：G. W. Allport, Prejudice: a problem in psychological and social causation. *Journal of Social Issues*, Supplement Series, No. 4, 1950）

關鍵的影響因素。

本書採取折衷取向，擷取六種研究取向的價值，以及各自衍生的可信理論，雖然目前還無法將其整合化約為人類行為的單一理論，但希望可以讓各位在接下來的討論中，循著清楚的架構來了解本書主要觀點。世界上不存在萬能鑰匙，但我們手中握有一串鑰匙，每一把都能打開一扇通往理解的大門。

值得注意的是，在圖11中，越右側的因素往往會對個人造成更立即、更具體的影響。人之所以帶著偏見行動，是因為用特定方式感知遭受偏見的對象；此人的感知方式則部分由其人格決定；而其人格主要是在社會化的過程中養成（例如家庭、學校、社區的教育或訓練）；感知方式和社會化過程又可能受到社會情境影響；前述所有推力背後還有其他同樣有影響力、但較間接的因素，包含此人所在的社會結構、長期的經濟形勢及文化傳統，以及國家和歷史的深遠影響——雖然這些看起來都是非常間接的遠因，似乎跟偏見行為的心理分析無關，但仍然是重要影響因素。

現在就讓我們進一步了解圖11的六種研究取向。[1]

歷史要素

歷史學家深感於當代的族群衝突背後都有著漫長歷史，因此堅信只有充分了解一個地方的歷史背景才能夠理解衝突。比方說，美國存在的反黑人偏見就有其歷史脈絡，必須追溯至奴隸制、從北方南下大肆掠奪的投機客（carpetbagging），以及南北戰爭後南方重建失敗。如果反黑人偏見背後還存在著心理因素，那些心理因素就算不是歷史的產物，至少也跟歷史環境的複雜作用有關。

針對有些學者試圖以純粹心理學的觀點探討偏見問題，一位歷史學家如此評論：

這類研究只能帶來有限的啟發，因為人格本身就受到社會力量的影響。歸根究底，要理解偏見問題，就必須探討形塑人格的廣泛社會背景。[2]

上述批評固然中肯，然而要注意的是，歷史雖然提供了「廣泛社會背景」，但無法解釋為何在同樣的社會背景下，有些人會產生偏見，有些人卻不會，而這正是心理學家最想探討的問題，因此沒有必要爭論哪種因素最重要。不同領域的專家都不可或缺，因為他們試圖回答的問題不盡相同，而且可以互補。

關於偏見的歷史研究非常多樣化，有些強調經濟因素的重要性，例如馬克思主義者以及其他人提出的**剝削理論**（exploitation theory）。社會學家考克斯（Oliver Cromwell Cox）對其摘述如下：

> 種族偏見是剝削階級對公眾散播的社會態度，目的是將某些群體污名化為劣等群體，從而合理化對該群體本身或其資源的掠奪。[3]

考克斯接著提到，種族偏見在十九世紀上升到前所未有的程度，當時歐洲帝國正迫切尋求擴張版圖的藉口，因此詩人（吉卜林）、種族理論家（張伯倫）和政治家便宣稱殖民地的人民是「低等的」、「需要保護」、「在演化上屬於低級生物」，而且是帝國必須無私扛起的「負擔」。這些虛偽的關切和優越感都掩蓋了剝削帶來的經濟利益，種族隔離制度則是防止人民產生同情心、阻擋平等思維擴散的手段，強加在殖民地人民身上的性和社會禁忌，更使他們無法對平等和自由選擇有所期待。

種族理論就是在這種合理化剝削的過程中發展出來的。在資本主義擴張以前，種族理論在世界歷史上還扮演著無關緊要的角色，而由於印度人、非洲人、馬來西亞人、印尼人都具有高度**可見性**，因此殖民者需要一種能掩蓋剝削的類別，以免人們發現受害者其實是非自願奴隸。於是殖民者利用「『種族』是上帝所賦予、而非人為的類別」這點，來證明其歧視行為的合理性。考克斯認為，**階級**差異（即剝削者和被剝削者的關係）是所有偏見的基礎，其他關於種族、族群和文化因素的論述，大多只是在玩文字遊戲，遮掩了帝國主義的惡行。

剝削理論在很多方面都很有說服力，解釋了許多掩蓋經濟剝削的合理說詞，例如：東方人每天只「需要」一把米就能維生；黑人不應該得到太高的工資，否則會忘了自己的身分地位而亂花錢；墨西哥人很落後，一有錢就拿去喝酒賭博，印第安人也是。

雖然剝削理論的觀點屬實，但在很多面向上仍有不足，例如無法解釋被剝削者為何遭受不同程度的偏見。許多移民到美國的群體都受到剝削，但遭到偏見的程度卻不及黑人和猶太人。猶太人也不見得是經濟剝削的受害者，而貴格會和摩門教（Mormon）雖然在美國一度受到嚴重迫害，但絕對不是出於經濟因素。

另外，就算美國黑人的情形最符合考克斯的論述，但美國黑人遭受的偏見也不完全跟經濟有關，雖然許多白人確實壓榨黑人勞工而獲得好處，並用黑人的「動物本能」來合理化不公平的待遇，但整件事遠遠複雜許多。白人勞工和佃農也受到經濟剝削，但是並沒有遭到歧視。舉例來說，南方某些社區的社會學研究顯示，以客觀的「階級」指標來看，比起白人，黑人的地位和收入並沒有比較低，他們的房屋和家中設施也沒有比較差，但是黑人的社會地位和心理地位都比較低。

因此我們可以說，雖然以馬克思主義為主軸的偏見理論確實指出偏見的一**項**起因，即上層階級對自身利益的合理化，但這類理論仍過於簡單。

歷史取向對於了解偏見所做的貢獻，絕不只有經濟層面的解釋。唯有回溯歷史上一系列預兆性事件，才能理解希特勒為何會在德國崛起，以及種族滅絕政策為何會被大家接受。在十九世紀，德國人先是經歷了自由主義時期（一八六九年廢除了所有對猶太人的法律限制），接著是俾斯麥執政時期，當時保守派和君主主義者宣稱猶太人要為俾斯麥的改革負責，一如猶太人後來也被指控是羅斯福新政的罪魁禍首。同時，要求種族和血統純正的論述興起，反映了哲學家黑格爾（Georg W. F. Hegel）呼籲的「德國應保持精神上的一致性」。前述所有因素又跟勞工力量崛起結合在一起，在人們心中留下負面印象，許多人不能接受軍事化的社會竟然出現勞工運動，於是又把矛頭指向猶太人。最後，一戰爆發，讓德國人得以把所有造成混亂的激進破壞力量都歸咎於猶太人。[4]

上述決定性進程是否能在沒有心理學的幫助下，由歷史要素來充分解釋，並不是我們要探討的問題。這裡要強調的是，對於世界各地的任何偏見模式所做的歷史探究，都能讓我們獲得相當清明的洞見。

社會文化要素

許多社會文化因素有助於解釋群體衝突和偏見，我們將在接下來的章節討論其中幾個因素。社會學家和人類學家相當重視這類理論，他們跟歷史學家一樣，對滋生偏見態度的整體社會背景特別感興趣，其中有些學者強調的是造成衝突的社會傳統，有些強調外團體和內團體的相對向上流動性，有些則關注人口密度，有些著重於群體間的接觸型態。

為了詳細介紹這類理論，讓我們引用其中一項論述：**城市化**現象與族群偏見的可能關聯性。其內容大致如下：

雖然大家都渴望跟他人建立和平友善的關係，但這樣的期待卻受到現代機械文化的阻礙，尤其是引發許多不安全感、不確定性的城市文化。在城市裡，人與人之間的距離越來越遠，無論在字面意義或抽象比喻上，我們的生活都被各種生產線給控制。中央政府取代了更貼近民眾的地方政府，廣告操控著生活標準和慾望，大型企業在廣闊土地上蓋滿一座座巨大工廠，並掌管大家的工作、收入和安全，勤儉、奮鬥和面對面的互動對我們來說已不再重要。對世界主宰者的恐懼讓人蒙上一層陰霾，大都會的生活更展示了何謂殘酷、冷漠和危險，而我們害怕且厭惡自己對這一切的順從。

城市引發的不安全感跟偏見有何關聯？一方面，我們常常受到傳播媒體影響，總是追逐時代的腳步，並深深被廣告營造出的虛榮氛圍給迷惑。我們想要擁有更多商品，享受更奢侈的生活，爬升到更高的地位。廣告業者強迫我們接受這樣的生活標準，鼓勵我們歧視窮人，因為窮人沒有達到應有的物質生活水準。所以我們瞧不起經濟地位較低的群體，像是黑人、移民和鄉巴佬（這點與馬克思主義觀點不謀而合）。

然而我們一面屈服於物質主義的城市價值觀，一面也憎恨著產生這些價值觀的城市。我們厭惡金融界的操控和政界的黑暗，鄙視在城市壓力下發展出來的特質，像是耍心機、背信忘義、自私自利、精明取巧、野心勃勃、粗鄙庸俗、囂張浮誇，以及遊走在傳統道德邊緣。而這些城市特徵都在猶太人身上體現，正如社會學家羅斯（Arnold Marshall Rose）寫道：「猶太人之所以被憎恨，主要是因為他們是城市生活的象徵。」[5] 猶太人是主宰一切的惡魔，是令人畏懼的紐約城的化身。既然這座城市宰制著我們，那我們必然痛恨這座城市的化身，即猶太人。

這個理論的優點在於，其邏輯不但能解釋反猶主義，也能解釋人們對「不合格」的少數群體的優越感；而缺點在於，它既無法解釋二戰期間人們對日裔美籍農民的強烈畏懼和憎恨，也忽略了農村居民跟城市居民一樣「仇恨城市」，畢竟族群偏見不只發生在城鎮，在農村也一樣嚴重。

結合歷史和社會文化的觀點，我們就有了偏見的「**社群**模式」（community pattern）理論，該理論強調的是每個群體的基本族群中心主義。如果波蘭貴族曾經壓迫、剝削烏克蘭農民（事實上的確發生過），對波蘭人的怨恨就會隨著口耳相傳，在一代代烏克蘭人心中扎根，形成烏克蘭人特有的怨恨模式。另外，眾所周知，許多愛爾蘭人對英國人的敵意也反映了一種模式，該模式起源於幾世紀前一些英國地主和政治家的惡行。社會學家托馬斯（William Isaac Thomas）和茲南尼基（Florian Witold Znaniecki）對形成社群模式的動力機制描述如下：

> 由於群體成員之間存在著直接關係，所以群體對每個成員來說都是最主要且基本的價值複合體。因此

每種文化問題都是透過群體的中介作用，而影響其中的個別成員……社會教育的發展趨勢，就是讓所有個體都從群體的立場和態度來看待任何對象。[6]

這一論述結合了歷史學和社會學觀點，它說明了個體會不由自主地接受祖先的判斷，並且總是隔著傳統的面紗來看待外團體。

歐洲各地因為歷史上的敵對行動而有複雜的關係。某個城市（尤其是歐洲東部的城市）可能在不同時期分別「隸屬於」俄羅斯、立陶宛、波蘭、瑞典或烏克蘭，而這些征服者的後代可能還住在該城市，不難理解他們會互相認為對方是覬覦者或入侵者，進而形成錯綜複雜的對立與偏見。就算那些後代離開有主權糾紛的城市、移居到其他國家（例如美國），從傳統繼承的敵意還是不會消失。除非在新國家有跟傳統同樣強大的社群模式，那些古老的仇恨才會從他們身上褪去。絕大多數移民都渴望展開新生活，因此選擇了自己理想中的社群模式，一個人人都享有自由、平等和尊嚴的新模式。

情境要素

如果撇開社會文化取向中的歷史背景，那就會剩下**情境要素**。比起強調傳統模式，情境取向更強調當下的影響，有些偏見理論就是採用情境取向，例如「**氛圍**理論」（atmosphere theory）。孩子在成長過程可能會直接受到周遭氛圍影響，並立刻表現出來。美國作家和社會評論家史蜜絲（Lillian Smith）在《夢想殺手》（*Killers of the Dream*）一書中也提出類似觀點[7]，她認為南方的孩子顯然不了解歷史事件，也不懂什麼是剝削和城市價值，只知道必須**遵從**外在給予的複雜而不一致的教導，因此孩子抱持的偏見只是對周遭事件的鏡射。下列案例說明了，環境氛圍是如何在不知不覺中形塑人的態度：

在英屬非洲殖民地，有位教育督察員想了解為何當地學校的英語教育成效不彰，於是在視察教學時要求當地老師示範平常教英語的方法。老師遵從督察員的指示，卻用自以為督察員聽不懂的方言對學生說：「來吧孩子們，把東西收起來，我們現在要跟敵人的語言奮戰一小時。」

其他情境理論可能會強調當下的**就業形勢**，並以經濟競爭角度解釋群體間的敵意，或將偏見視為**社會階層流動**所造成的現象。有些情境理論則強調群體之間的**接觸類型**，或群體人口的相對**密度**。情境理論非常重要，後續章節將一一檢視。

人格結構與心理動力要素

如果人類生性好鬥或充滿敵意，世界必然會衝突四起。探討心理層面的理論強調的正是人性因素，跟前面提到的歷史、經濟、社會或文化觀點形成對比。舉例來說，哲學家霍布斯（Thomas Hobbes）就將偏見根源歸因於人性的低劣：

> 我們在人的本性中發現了爭鬥的三個原因：一、競爭、二、猜疑、三、榮譽。「競爭」讓人為了利益而發動攻擊，而「猜疑」是為了安全，「榮譽」則是為了名聲。「競爭」讓人使用暴力來宰制他人，以及奪取對方的妻小和牲畜；「猜疑」讓人使用暴力來捍衛自己的財產；「榮譽」讓人因為受到輕視而使用暴力，像是一句話、一抹笑意或不同意見……等透露出貶意的跡象，無論是針對當事人或其親屬、朋友、國家、職業、姓名。[8]

霍布斯認為，衝突源自三者：一、經濟利益。二、恐懼和防禦。三、對地位（虛榮）的渴望。對他而言，這三種慾望只不過是人類追求權力的基本趨力。那些聳聳肩說「偏見是人的本性，無法改變」的街頭路人，也抱持同樣的本能論。

現代心理學家則指出這一論述的邏輯謬誤：如何確定原始自尊——即霍布斯所說的「永無止盡地追求權力」是人類的本能？這種論述只說明了衝突的普遍性，但普遍存在的衝突並不代表受到本能驅動。

同樣根據「普遍存在的衝突」這一事實，也可能得出下列結論（或許還更可靠）：嬰兒在生命之初所嚮往的並不是「各種權力」，而是與周遭環境及所有出現在生命中的人形成親密、友善的連結。人傾向建立愛與合作的關係，更甚於仇恨關係（見第3章）。事實上，只有經歷長期沮喪和失望，才會滋生仇恨。任何觀察過兒童的人都知道，幼兒很難學會互相競爭，更不用說形成偏見，第17至20章會進一步討論。因此，認為人的負面態度比親和態度更「基本」是錯的，這一觀點混淆了時間的先後順序，顛倒了需求的重要性排序。[9]

挫折理論的論述則較紮實，同樣是奠基於「人性」的心理學理論，卻沒有對人類本能做出不當假設。挫折理論承認親和需求是基本的，甚至比敵對和仇恨需求更基本，同時也認為當個體試圖與外界建立正面、親和的關係，卻在過程中遭受阻礙，就會造成可怕後果。

一名二戰退伍軍人的強烈偏見可以闡明上述論點。當被問到未來可能發生的失業和經濟蕭條問題，他回答道：

> 那種事最好不要發生，否則芝加哥會鬧得天翻地覆。南方公園裡的那群黑鬼太聰明了，要是發生種族暴動，底特律看起來就會像主日學校的野餐會。黑人在戰爭時的表現已經夠讓人不滿了，他們包辦所有輕鬆工作，像是舵手、工程師，別的也不會做。白人就被欺負得很慘，日子過得很痛苦。如果白人跟黑

鬼都失業，那就太糟了，我真的會發飆，我知道怎麼用槍。[10]

這個案例清楚表明了挫折在引發或強化偏見上的作用。匱乏或挫折會使人產生敵意衝動，如果不加以調控，就可能會發洩在少數族群身上。心理學家托爾曼（Edward Chace Tolman）指出，「過於強烈的動機或挫折感會窄化我們的認知地圖[1]」。[11]人在情緒被挑起時，對所處社會世界的看法就會變得狹隘而扭曲，由於強烈情緒阻礙了正常的導向性思考，因此當事人看到的是自己（投射到少數族群身上）的內在惡魔，卻無法對此理性分析，只能把所有罪惡都具象化為某個對象。

挫折理論有時也稱為**代罪羔羊**理論（見第15、21、22章），基本假設為：人一旦產生憤怒情緒，就可能將其轉嫁到（無關）的受害者身上。

然而，代罪羔羊理論的主要缺陷在於，沒有說明何種人會遭到波及而成為受害者，也沒有解釋為何許多人即使面對嚴重挫折，仍不會遷怒別人。這些問題會在後續章節討論。

第三種「人性」理論強調的是個體的**人格結構**。只有特定類型的個體才會讓偏見發展成生活重心，這類人似乎缺乏安全感且容易焦慮，因此採取獨斷、排他的生活方式，而不是抱持輕鬆信任的開放態度。人格結構理論強調早期經驗的重要性，並指出大多數具有高度偏見的人，都缺乏安全親密的依附關係，基於這個因素或其他原因，他們在所有人際關係中都渴望確定性、穩定性和掌控感，並因而害怕、排斥相對較陌生且不安全的外團體。

跟挫折理論一樣，人格結構理論也獲得許多證據支持（見第25至27章），但這兩種理論都無法完全解釋所有偏見現象，因此需要其他理論的補充。

1 譯注：cognitive map是托爾曼提出的概念，基於過去經驗而在腦海裡產生外在環境的心理表徵。

現象學要素

人的行為取決於他對當下情境的看法，其反應遵循著他對世界的定義。如果他覺得某個群體很令人反感或具有威脅性，就會攻擊該群體的成員；如果覺得另一個群體粗魯、骯髒又愚蠢，就會嘲笑他們。前面提過，可見性和語言標籤有助於人在感知過程中定義某個對象，使該對象更容易被識別；而此人形成的感知和假設可能會受到歷史、文化和自己的人格結構所影響。現象學理論認為，所有影響偏見的因素都會匯聚在一個焦點上，重要的是人最後的感知和信念。此外，刻板印象顯然會強化人的感知。

有些研究專門從現象學角度探討偏見，例如卡茨、布雷利和吉爾伯特對於族群刻板印象的調查（第12章），以及拉茲蘭針對族群姓名如何影響受試者評價照片人物所做的實驗（第11章）。有些研究則結合現象學及其他取向，例如第10章比較了兩種**人格結構**在認知僵化程度上的差異；結合情境要素的現象學研究也很常見，各位將在第16章看到，生活在「密切接觸黑人」以及「跟黑人保持隔絕」這兩種情境的居民，分別會對黑人形成不同看法。

本章開頭提過，現象學層面探討的是立即、直接的影響因素，因此最好結合其他研究取向，否則可能會忽略同樣重要的人格動力、生活情境、文化和歷史背景等重要因素。

刺激對象要素：罪有應得論

最後再回到**刺激對象**本身，正如第6章和第9章提過的，群體之間也許確實存在著真正差異，導致彼此產生對立與敵意，但證據已充分顯示，差異的程度遠小於人們想像。在大多數情況下，人們都是將莫須有的罪名強加在外團體身上。

如今沒有一位社會科學家會完全贊同「**罪有應得論**」，然而也有研究者警告，不要假設每個少數族群都清白無辜，有些族群或國家**確實**帶有威脅性，因而招致敵意。或許更可能的情形是，人們的敵意有部分源自對刺激對象的真實推估（即外團體的真實本質），部分則源自非真實的偏見。因此有學者提出「**互動理論**」（interaction theory）[12]，認為敵對態度**部分**取決於刺激對象的本質（即罪有應得），**部分**取決於跟刺激對象完全無關的因素（例如：尋找代罪羔羊、遵循傳統、刻板印象、內在罪惡的投射……等）。

由於互動理論給予所有因素適當權重，不偏重任一面向，因此完全站得住腳。它意味著：「讓我們同時考量所有透過科學而確立的敵意起因，並且不要忘了刺激對象本身的相關特質。」基於其廣泛涵意，互動理論基本上不會引起爭議。

小結

關於偏見研究的多樣性，最好的看法就是承認所有取向都同樣重要，因為每種取向都能帶來收穫與啟發，但也都無法單獨作為探討偏見的指引。結合多種取向的全面性研究或許是所有社會學研究的準則，因為所有社會現象——尤其是偏見，都具有複雜的多重成因。

第四部

社會文化如何影響認知

要產生明確而永久的仇恨，
就需要找到代罪羔羊，並貼上明確而永久的標籤。

第14章
社會結構和文化型態

正如第13章所述，有些學者基於訓練背景和偏好，因此特別強調**文化因素**，像是歷史學家、人類學家和社會學家，就著重於形塑個人態度的外在影響因素。而心理學家好奇的是，這些外在因素的交互作用會如何影響個人心智生活的發展。要了解偏見，就必須從外在因素和內在因素著手。本章主要針對外在文化因素進行討論。

就目前所知，無論任何時期或任何地方，在下列情況會有較多人抱持偏見：

- 異質性的社會結構
- 允許垂直性的社會流動
- 社會變遷快速
- 無知和溝通障礙
- 少數族群規模龐大或逐漸擴張
- 存在直接競爭和真實威脅
- 藉由剝削而維持重要利益
- 社會習俗對攻擊行為的調控助長了偏見

- 文化傳統為族群中心主義提供合理的藉口
- 既反對同化，也反對文化多元主義

接下來會依序討論這十項偏見的社會文化條件。雖然每項原則的證據仍不算完備，也並非毫無爭議，但已是目前所能做的「最有根據的推論」。

異質性

只有相當多樣化的社會才存在那麼多「值得警覺的刺激物」。在同質化的社會中，人們擁有相同膚色、宗教、語言、穿著風格和生活水準，任何群體的可見性都不高，因此不容易產生偏見（見第8章）。反之，多樣化的文明社會存在許多差異，比方說，勞動分工造成了階級差異，移民帶來了族群差異，各式各樣的宗教和哲學觀則產生了意識形態上的差異。由於任何人都無法為所有群體的利益代言，每個人都只能優先考慮自己和所屬群體的利益，因而造成了對立。

同質性高的社會文化只有兩種可能的對立情形：一、不信任外來者或陌生人（見第4章），像是中國人不信任「洋鬼子」。二、驅逐群體中的某類人，比如納瓦霍人對「女巫」的排斥。在同質化的文化中，「仇外情結」和「獵巫」是群體偏見的「功能等價物」。

美國也許是全世界最複雜、異質性最高的社會，因而具備了滋長群體衝突和偏見的成熟條件。美國社會中存在著許多顯而易見的差異，人們在習俗、喜好和意識形態上的衝突，必然會造成彼此的摩擦。

社會有時可能會呈現出凍結的異質性，因此實際上跟同質性社會沒兩樣，例如存在奴隸制的地方，通常很少出現強烈偏見。當群際關係受到傳統慣例凍結，就不太會發生明顯的摩擦。主人和僕人、雇主和雇員、牧師和教區居民和平共處的固定生活模式，都屬於這樣的例子。社會必須有流動性和變化，才會產生「活的」異質性以滋生偏見。

垂直流動

在同質性社會或凍結的階級制度中，人們不會把差異視為嚴重威脅。然而，就算一個社會擁有穩定運作的階級制度（例如奴隸制），仍有人擔心底層階級不會「安分地待在自己的位置」。日本等地為了鞏固上層階級的特權，以及合法限制底層階級的權利，便制定了禁奢法。因此，即使在凍結的階級制度中，也可觀察到偏見的跡象（見第1章）。

但是當一個社會認為人人平等，並由國家綱領保障了平等的權利與機會，人們就會發展出非常不同的心態。就算是最底層的人也會受到鼓舞而努力向上爬升、爭取自己的權利，於是社會便出現「菁英流動」現象，底層家庭可能靠著努力和運氣而進入上層階級，有時甚至會取代以前的特權階級，這種垂直流動為社會成員帶來了激勵和恐慌。社會學家威廉斯（Robin Murphy Williams）指出，在美國，有本錢為「美國信條」中的普世價值奮戰的，主要是社會上最安全的群體（如專業人士、富裕家族），其他人實際上都受到向上或向下垂直流動的威脅。[1]

一項實證研究為這一議題提供了相當好的見解。貝特罕和傑諾維茲發現，人的偏見跟當下的社會地位無關，而是受到地位向上或向下**變動**的影響。動態的社會流動比任何靜態的人口學變項都更重要，這一發現有助於解釋，為何大多數研究者都未能發現偏見跟年齡、性別、宗教，甚至收入等變項有任何重要關聯（見第5章），也有助於解釋為何高教育程度跟包容性無明顯的高相關，因為流動性似乎是更重要的因素。

該實證研究調查了退伍軍人分別在入伍前、戰爭後以及接受訪談時的職業狀況。[2] 跟入伍前相比，戰爭後有些人的社會地位下降，有些人維持差不多的社會地位，有些人則找到更好的工作。研究者根據這三種流動性，將受訪者分成三組，結果發現三組受訪者表現出的反猶主義程度有很大的差異，雖然案例數不多，但趨勢非常明顯（見表5）。相較於職業級別上升的受訪者，職業級別下降的受訪者有更強烈的反猶主義。這點也在社會心理學家坎貝爾（Angus A. Campbell）的研究中獲得支持，他指出，相較於對目前工作滿意的人，對工作不滿的人（很可能是向下流動的指標）更加反對猶太人。[3]

針對黑人的偏見也出現同樣趨勢。由於對黑人的敵意比對猶太人的敵意更普遍，因此在分類上跟表5略有不同（見表6）。

社會變遷快速

社會異質性和人們對向上流動的渴望將造成社會動盪不安，進而引發族群偏見，這一過程在危機時期似乎會加速，例如：隨著羅馬帝

	向下流動比例	無流動比例	向上流動比例
包容	11%	37%	50%
刻板印象	17%	38%	18%
坦承敵意和強烈敵意	72%	25%	32%
合計	100%	100%	100%

表5　反猶主義和社會流動性的關聯（資料來源：Bettelheim and Janowitz, *Dynamics of Prejudice*）

	向下流動比例	無流動比例	向上流動比例
包容和刻板印象	28%	26%	50%
坦承敵意	28%	59%	39%
強烈敵意	44%	15%	11%
合計	100%	100%	100%

表6　反黑人態度和社會流動性的關聯（資料來源：Bettelheim and Janowitz, *Dynamics of Prejudice*）

國衰亡，有更多基督徒被抓去餵獅子；美國在戰爭期間，種族暴動的頻率明顯增加（尤其是一九四三年）；每當美國南方的棉花生意不佳，私刑就更常發生。[4]一位研究者寫道：「綜觀美國歷史，本土主義的高峰和經濟衰退的低谷似乎呈現正相關。」[5]

在洪水、飢荒、大火等災害發生時，恐懼蔓延整個社會，各種謠言四起，其中不乏將災難歸咎於少數群體的傳言。一九四七年美國緬因州發生森林大火，許多民眾認為是共產黨害的；一九五〇年捷克斯洛伐克（Czechoslovakia）的馬鈴薯收成不佳，該國的共產主義者說是當地美國人放出「大量馬鈴薯甲蟲」所致。每當焦慮提升，加上可預期的生活損失，人們就會把惡劣的處境怪罪給代罪羔羊。

「**失序**」這一社會學概念是指社會結構及社會價值的加速崩解，如今許多國家正面臨這樣的過程。這個概念也提醒人們注意社會制度中的功能不良和道德敗壞。

社會學家斯羅爾（Leo Srole）曾試圖檢驗一項假設：認為社會已處在高度失序狀態的人，是否也對少數群體持有高度偏見。他發出大量問卷調查民眾對當今美國失序狀況的看法，同時評估受訪者對少數群體的偏見，結果顯示兩者有高度相關。[6]

斯羅爾還想知道偏見的社會文化假設和心理學假設何者比較正確，即造成偏見的原因究竟是「社會失序」還是「威權型人格」（見第25章）。他也以問卷調查了受訪者的威權主義程度，結果發現，**失序**對偏見的影響更為重要。

不過，上述結果後來受到一群心理學家的反駁，他們重複了斯羅爾的研究，雖然同樣發現主觀社會失序是偏見的重要相關因素，卻沒有發現其重要性高於威權型人格。[7]

斯羅爾的研究非常發人深思，因為他試圖找出兩個偏見成因的相對重要性，雖然仍未有定論，但至少證實了社會失序對偏見的重要影響。（各位也許注意到，該研究只涉及「主觀社會失序」——即主觀認為社會正處於混亂狀態，而不是真實發生的社會崩解，因此嚴格來說應該屬於現象學研究，而不是社會文化研究。）

在結束這個主題之前，還要提醒一點：某些類型的危機可能會減少國家內部不同群體之間的敵意。例如當國家陷入危難，敵對的兩個群體可能會忘記彼此的仇恨，並集中火力來對付共同敵人。承平時期互相角力的國家一旦在戰爭時結為盟友，也會對彼此表現出友好態度。不過，嚴重的國家危機並不等於社會失序，後者是內部的不穩定，而這個因素似乎會助長偏見形成（無論國家處於戰爭或和平時期）。

無知和溝通障礙

大多數消除偏見的方案都基於一項假設：越了解對方，就越不會產生敵意。這似乎是不證自明的道理，例如非猶太人如果深入了解猶太教，就不會相信關於猶太人「殺人祭神」的傳言；非教徒若是知道天主教教義中「聖餐變體論」（transubstantiation）的涵意，就不會害怕天主教徒有「食人習俗」；美國人一旦知道在義大利語中，名詞多以母音結尾，就不會嘲笑義大利移民說英文時的口音；另外，跨文化教育的主要目的就是為了改善無知，以減少偏見。

這項假設是否有科學證據支持？早年墨菲等人的研究雖然資料有限，但確實發現：越了解其他種族或群體的人，態度就越友善。[8]

後來的研究證實了墨菲等人的結論，但也指出一項重要限制：雖然人們往往會對最了解的國家抱有好感，但人們其實也相當了解自己所仇視的國家。換句話說，在極端敵對的情形下，「知識和敵意為負相關」的原則並不成立。我們對於自己最痛恨的敵人並非完全無知。[9]

那麼似乎可以合理認為，人要是無法跨越溝通的藩籬，就很容易成為謠言、猜疑和刻板印象的階下囚，如果把自己不了解的對象視為潛在威脅，就更可能發生這種情形。

不過上述推論有個小瑕疵——沒有考量到個別差異。在第5章引用的例子中，有美國大學生**因為**對「丹尼人」一無所知，而想將他們驅逐出境；但也有大學生**因為**對他們一無所知而毫無敵意，並且歡迎他們移民到美國。每個人面對自己的知識（或無知）的反應都不盡相同，但廣義來說，從實證證據大致可以歸納出：**透過自由交流而了解其他群體，通常有助於降低敵意和偏見**。

但「了解」有很多種形式，因此該結論還是不夠嚴謹，也不太有實質效用。具體來說，透過親身經驗獲得的體悟，遠比講座、教科書或宣導活動所提供的資訊更有效（見第30章）。而研究顯示，某些類型的群際接觸比其他類型更能有效打破溝通障礙（見第16章）。

少數族群的規模和密度

如果班級裡只有一名日本人或墨西哥人，那他可能會大受歡迎。但如果有二十名外國學生，那他們一定會被其他學生排擠，且十之八九會被視為威脅。

威廉斯如此說明這一社會文化原則：

> 具有可見差異的群體遷移到另一個地區時，就會增加衝突的可能性。當（一）新來的少數群體占當地人口的比例越大，且（二）遷入速度越快，發生衝突的機率就越高。[10]

在二十世紀中期，美國只有約一千名印度人，卻有將近一千三百萬名黑人，因此前者通常會被忽略（除非某個印度人被誤認為黑人）。但如果印度裔人口也上升到數萬或數十萬人，勢必也會出現明確的反印度人偏見。

如果這項原則正確無誤，那麼在黑人人口密度最高的地區，應該可以觀察到最強烈的反黑人情緒。

> 在南卡羅萊納州進行的一項巧妙調查，雖然數據有限，卻找到了支持上述推論的證據。一九四八年，第三黨候選人、南卡羅萊納州州長賽孟德（James Strom Thurmond）在競選美國總統時提出「地方州權」的政見，以對抗民主黨的民權政綱。社會學家希爾（David M. Heer）當時決定檢驗一項假設：在南卡羅萊納州，黑人最密集的縣應該會有更強烈的反黑人偏見，因此會把票投給賽孟德。[11]結果顯示，在控制了其他可能增加賽孟德票數的變項後，希爾提出的假設大致上是正確的，黑人人口密度越高的地區，賽孟德的得票率就越高。

在威廉斯提出的原則中，第一點強調靜態人口組成的重要性，而希爾的研究也支持了這個觀點。（有人也許會說，南方各州的反黑人偏見明顯比北方各州更嚴重，這個現象也為該原則提供了佐證。但我們必須謹慎地承認，除了人口相對密度之外，還有許多影響因素。）

不過，威廉斯提出的第二點似乎更重要，而且有充分證據支持其可靠性。

> 眾所周知，二戰之前的英國很少出現種族偏見。但是在二戰期間，大量來自美國、非洲和西印度群島的黑人，以及許多馬來人紛紛湧入英國利物浦。社會學家里奇蒙（Anthony H. Richmond）調查之後發現，英國人對外來者的反感大幅上升，但這種敵意以前幾乎不存在。[12]

在美國，最嚴重的暴動總是發生在有大量不受歡迎的移民群體遷入的地區。例如：一八三二年波士頓的布洛德街（Broad Street）暴動，就發生在愛爾蘭人口迅速增加期間；一九四三年洛杉磯的阻特裝暴動，則發生在墨西哥勞工大量遷入的時期，同年亦發生底特律暴動；芝加哥一連串種族問題似乎跟黑人人口密度增加有直接相關，在二十世紀中期的芝加哥，每平方英里住了大約九萬名黑人，有時每間屋子住了十七名黑人，而當時黑人人口正以每十年增加十萬人的速度成長。[13]

為了抵消人口密度和遷入速度所引發的偏見，有人認為，如果少數群體各自分散開來（而非聚集在一起），或許就不會遭受那麼多敵意。專門研究黑人住房問題的經濟學家韋弗（Robert Clifton Weaver）指出，根據經驗，當單一或少數幾個黑人家庭搬入中、高收入地區，當地居民反彈的力道就會逐漸下降。[14]社會學家帕森斯也指出，猶太人不僅傾向住在同一地區，工作方面也集中在幾個特定職業，對此帕森斯評論道：

> 如果猶太人平均分布在社會結構中，反猶主義可能會大幅下降。[15]

但是對少數群體而言，分散開來並不容易。基於經濟和社交因素，來自某個國家或地區的移民傾向聚集在一起，例如遷往北方城市的黑人只能住在黑人人口密集的地區。隨著少數群體越來越集中，當地會漸漸出現一個平行社會，新遷入的少數群體在既有社區中建立起自己的教堂、商店、俱樂部和警衛隊，慢慢形成自己的社區。這種脫離主流社會的「分離主義」造成了巨大分歧，往往會使情況變得更糟。導致問題加劇的或許還有職業專化現象，例如：義大利人只能做推車小販、鞋匠或工人，猶太人只能在願意向他們開放的產業裡工作，像是零售業、當鋪、成衣工廠。

這種表現在居住地、次社會（subsociety）和特定職業的聚集趨勢，讓主流群體和少數群體之間的溝通障礙變得更嚴重，也讓兩者對彼此都停留在無知狀態，正如前面提到的，無知本身就是促發偏見的重要因素。

就像本章提到的其他社會文化原則，群體之間的相對規模和密度也無法單獨解釋偏見問題。假設一群來自加拿大新斯科舍（Nova Scotians）的移民迅速湧入新英格蘭的一座城市，他們遭受的偏見一定比同等數量的黑人移民還要少。看來，有些族群似乎比其他族群更讓人感到威脅，這也許是因為他們跟主流群體的差異處更多，也可能是因為他們的可見性更高。因此，單憑人口密度成長並不能充分解釋偏見，其作用似乎是**加劇**既有偏見。

直接競爭和現實衝突

前面多次提到，少數群體的某些成員可能**確實**具有令人反感的特質，第6章也探討過「罪有應得論」是否能夠有效解釋敵對態度。現在要來檢視另一個密切相關的主張，即群體間的衝突可能存在著現實基礎。理想主義者也許會說：「衝突從來都不是絕對必要的，可以透過協調或和平的方法來解決利益上的分歧。」確實如此——理想上。這裡要表達的是，利益和價值衝突的確會發生，但這類衝突並不屬於偏見。

過去由於新英格蘭的磨坊城鎮需要廉價勞工，於是仲介便前往南歐安排大量移民到新英格蘭工作。但是義大利人和希臘人剛抵達時並不受當地美國佬歡迎，因為他們暫時貶低了勞動市場的價值，而且讓當地人的收入減少、失業率上升。尤其在工廠生產淡季或經濟不景氣的時候，人們的競爭意識就特別強烈。久而久之，各個族群才協調出彼此在勞動分工中的位置。社會學家柯林斯（Orvis Collins）指出，如今在許多新英格蘭的工廠裡，美國佬完全掌控了經營管理和行政事務，愛爾蘭裔美國人則負責監督或擔任領班，而新來的南歐移民只能當工人。這一非正式的社會結構受到不同族群的認同和默許[16]，雖然是武斷決定的，但在這種合作關係出現之前，族群間可能有段時期都存在嚴重猜疑和激烈競爭。

人們常說，黑人對下層白人構成了真實威脅，因為兩者都在爭奪下層的工作。然而嚴格來說，這種爭奪並不是群體之間的競爭，而是個人之間的競爭。阻礙白人工人獲得工作的從來都不是黑人**群體**，而是先得到工作的人（可能是白人，也可能是有色人種）。在這種情況下，認為白人和黑人之間存在著「現實」衝突，只不過意味著參賽者將這種競爭**視為**族群問題。當移民或黑人等「罷工破壞者」（strikebreaker）被引進工廠，白人對這群「工作搶匪」的敵意就演變成對「特定族群」的敵意，儘管被指控者的膚色和原國籍根本不是造成經濟衝突的主要因素。

如果說某個少數族群構成了真實威脅，其大部分成員必須符合下列特徵：不願意加入工會，並願意在危害安全及健康的惡劣條件下，從事低薪、高工時工作，而且在各方面都靠削價來跟當地人競爭，以及經常成為公共負擔、幾乎不用繳稅、帶有傳染病或犯罪頻率很高、生育率過高、生活水準較低、堅決抗拒同化。

不過必須承認，在群體糾紛中，確實相當難區分現實衝突和偏見。以國家之間的利益衝突為例，一九四一年十二月七日，日軍轟炸珍珠港，這對美國人的利益和安全無疑是真實威脅，因此美軍立刻展開反擊，並引爆第二次世界大戰，整起事件本身並未涉及偏見。但很快地，美國開始迫害日裔美國人，在沒有證據下指控他們暗中破壞社會，並殘酷地予以強制撤離和監禁。同時，美國人對日本人的看法也出現典型的刻板印象，認為他們都是「卑鄙小人」，最好通通被消滅。因此，現實衝突會迅速發展出不理性的偏見情結，卻無助於解決實際問題（例如，在戰爭期間最明智的做法，應該是讓日裔美籍農民繼續生產糧食，以省下強迫他們搬遷到拘留營所需的開銷和人力。）

雖然不容易，但本書仍舊認為，對於任何國家衝突或少數族群之間的經濟衝突，還是可以透過理性分析，區分出真正的核心問題（競爭）和伴隨而來的偏見。

在宗教領域則較難進行這樣的理性分析，因為對許多人來說，宗教信仰是非常真實的，例如：穆斯林可能認為用刀劍讓異教徒皈依伊斯蘭教是自己的道德責任，古代的十字軍也肯定認為消滅伊斯蘭教以拯救聖杯，是上帝賦予他們的任務。

基督教等世界主要宗教的內部都有許多分歧。持不同意見的少數群體為了自己的重要信念而各自獨立，於是出現了**自由派**衛理公會、**改革派**猶太教、**原始**浸信會、**舊**天主教會、**吠檀多**印度教。雖然有些宗教分立論者對其母體宗教抱持友善態度，但導致分裂的價值差異本身往往會造成彼此對立，更遑論如果兩個宗教（或同一個宗教的分支）都有**好戰**的傾向，且都宣稱自己才是唯一的真正宗教而執意改變或消滅敵對教派，就會引發現實衝突。

以美國社會的處境為例，根據美國信條，每個公民都有權利以自己的方式追尋真理，也有權利選擇是否要信奉上帝。為了讓「信仰自由」普遍受到尊重，每個公民都應該抱持著相對主義的基本理念（即我的真理跟你的真理一樣值得尊重）。矛盾的是，某些宗教可能會要求人們抱持絕對主義，即最終的真理只有一個，任何不相信該真理的人都錯了，必須幫助他們走回正途。

因此，任何公民若是既忠於民主信條、又堅信自己的宗教是唯一真理，其內在很可能會發生價值觀矛盾的現實衝突。不過許多人似乎沒有這種困擾，因為他們向來都同時依循兩種參考架構來生活：以美國信條作為公共行為和公民職責的準則，以宗教信仰來指導私人生活。

但也有許多人認為，美國國家和教會之間相互矛盾的理念必然會導致衝突，以羅馬天主教在美國的情形為例，雖然兩個世紀以來，教會一直與美國的民主信念相安無事，既享受自由、又允許自由，然而這難道不是一種內在矛盾嗎？如果羅馬天主教就像他們所宣稱的，是唯一的真正教會，且如果新教是異教，那麼假設天主教有足夠強大的政治影響力，是否應該、或能夠支持一個鼓勵異教的社會制度？

不管怎樣，許多信奉新教的美國人都非常懼怕羅馬天主教會，並認為這不是出於無知、恐慌或偏見，而完全是基於現實考量，即天主教將來可能握有政治大權，等到那一天，天主教是否會（依循自己堅定的信念）打壓非天主教徒的宗教自由？一名學生對此表達了自己的態度：

> 我不反對天主教徒，也不反對他們的信仰。但我不信任天主教的階層組織對民主、公立學校系統和國務院（在跟西班牙、墨西哥和梵蒂岡打交道時）所懷有的動機。我見過天主教對報社政策施壓，這讓我

很憤怒。

對這名學生來說，這完全是個現實問題。這樣的宗教衝突是否有實際依據，不是這裡可以充分討論的問題。只有深入研究天主教神學，客觀衡量教會在過去和現在對美國信條的實際尊重程度，才能給出適當答案。

就本節討論的目的而言，最重要的是：現實問題（如果存在的話）幾乎無法跟偏見區分。雖然上述那名學生提出的問題聽起來還算客觀，但另一名學生寫的內容反映了更典型的看法：

> 天主教很偏執、保守又迷信，是對美國自由的威脅，天主教徒只了解神父教他們的東西。我倒想知道，要是哪天他們占多數票，到底會給崇尚自由的美國什麼教訓。

這個議題很有趣，因為它提出了一個敏感問題：美國民主信念和羅馬天主教精神之間隱含的矛盾，在未來是否能像過去一樣成功解決？如果這個問題真的存在，那也完全是個現實問題，因為非天主教徒有權利對未來的自由保持警惕。但重點仍舊在於：人們幾乎無法放下無關偏見，並且客觀冷靜地思考這個問題。當然，專門探討這個問題的暢銷書也做不到。[17]

總結來說，許多經濟、國際和意識形態上的衝突都屬於真實的利益衝突，但由此引發的競爭卻大多帶著沉重包袱。偏見使問題變得模糊不清，讓人無法就事論事地解決核心衝突。大多數情況下，人們感受到的競爭其實是誇大的，例如在經濟領域，幾乎不可能發生「A族群直接威脅B族群」的情形，但人們還是經常這麼解讀；此外，國際間的爭端常常因為無關的刻板印象而越演越烈，宗教和意識形態上的紛爭也因為偏見而模糊了焦點。

現實衝突就好比風琴演奏出的音符，讓所有振動頻率相同的偏見都發出共鳴，而聽眾幾乎無法從周圍吵雜聲中區辨出純粹的音符。

剝削收益

第13章曾簡單描述了馬克思主義觀點，並提到資本家為了持續控制其剝削的無產階級，因而刻意散播偏見。如果該理論的論述範圍擴展到經濟以外的層面，就更有可信度，也就是說，除了經濟，還有許多面向都可能發生剝削，而任何形式的剝削都會帶來偏見。

美國作家麥克威廉斯（Carey McWilliams）曾以剝削理論來解釋反猶主義[18]，他表示，對猶太人的社會排斥始於一八七〇年代，當時有些人靠著工業和鐵路營造而獲得大量財富。該理論認為，那些企業大亨發現自己握有的新權力不太符合美國的民主理念，需要轉移人們的注意力，於是就控訴猶太人才是真正的惡棍，他們必須為經濟弊端、政治黑幕和道德淪喪負責。更何況，有人充當俱樂部和住宅區的排擠對象，以及勢利的暴發戶的受氣包，也是件方便的事。於是反猶主義就成了「特權的掩護」，為特權階級提供了現成的理由和藉口。那些暴發戶向勞工灌輸迷思，鼓吹他們相信猶太人才是造成民生痛苦的罪魁禍首。這麼一來，人們的注意力就從企業主身上轉移，業界也就不需要改善惡劣的勞動條件。在一些資本家的資助下，針對猶太人的流言不斷傳播開來，好讓人們只注意到猶太人的惡行。麥克威廉斯的剝削理論宣稱，偏見帶來了各種剝削收益：經濟優勢、社會權勢以及道德優越感。

同樣地，黑人也遭受了各種形式的剝削。他們被迫從事低賤工作、賺取微薄工資，因而造就了雇主的經濟優勢（**經濟收益**）；白人男性可以接近黑人女性，卻不准白人女性接近黑人男性，這種雙重標準讓白人男性獲得了**性收益**；黑人普遍被認為既愚蠢又粗鄙，這帶給所有持該觀點的白人安慰性的**地位收益**；黑人可能在威脅利誘之下，把票投給某個候選人，或放棄投票，這為某些人帶來了**政治收益**。因此從剝削理論的角度來看，確實有充分理由讓黑人繼續待在底層，因為幾乎每個白人都能從中受益。[19]

積極挑起族群仇恨的煽動者本質上也屬於剝削者，但不是直接對少數群體撈取好處，而是從追隨者身上獲益。他們可能會講些危言聳聽的話，把自己打造成保護人民免於威脅的救世主，最後順利地被追隨者送上政治舞台。政客也許會因為鼓吹「白人至上」而當選，他們總是會在競選過程中挑起群眾對黑人的仇恨。有時煽動者也會直接獲得經濟利益，像是三K黨領袖就透過收取入會費、販賣連帽衣和招募新成員來賺取大筆金錢。民眾的偏見對於「騙人的先知」來說，可是一筆大生意。[20]

總結來說，在任何多元化和階級化的社會系統核心，都存在著一種誘人的可能，即蓄意（甚或無意識地）剝削少數群體就可以帶來經濟、政治、地位和性方面的利益。為了獲得這些好處，最能從中受益的人就會散播對少數群體的偏見。

社會對於攻擊性的調控

憤怒和攻擊都是正常衝動，而文化會努力降低衝動的強度（如同對性的壓抑），或嚴格限制其表達方式。切斯特菲爾伯爵在古典優雅的英格蘭寫道，「紳士的特徵就是從不表露自己的憤怒」。峇里島社會要求孩子在受到挑釁時必須保持相對冷靜。不過，大多數文化還是可以認同某些公開表達敵意的方式，例如美國社會通常允許成人在被激怒時破口大罵。

然而整體上，美國人對於「攻擊衝動」的處理方式既複雜又矛盾。美國人鼓勵競技運動和商場上的激烈競爭，卻又期待這兩個領域的人具有良好的運動精神和寬宏的雅量；孩子們在主日學校被教導要以德報怨，但在家裡卻被教導要捍衛自己的權利；美國社會雖然不鼓勵誇大的個人榮譽感，但也沒有人應該容忍超過一定限度的羞辱；男孩子打架通常會被默許；傳統上，母親會培養孩子的耐心和自制力，父親則會激發孩子的「男子氣概」——尤其是競爭精神。[21]

有些社會對於「攻擊衝動」的規範，就沒有那麼複雜和令人困惑。克拉克洪指出，在納瓦霍部落，族人會理所當然地把貧窮和不幸歸咎於女巫。[22]這些習俗回答了每個社會都面臨到的問題：要如何滿足人們的仇恨需求，以穩固社會核心。克拉克洪認為，在某種意義上，為了讓本能的攻擊衝動有個合法的發洩管道，以減少對內團體的傷害，因此自石器時代以來的每個社會結構，都允許「女巫」（或其他功能等價物）存在。

十五世紀的歐洲社會在官方鼓勵下，百姓可以直接對女巫表達敵意，十七世紀的麻州和二十世紀的納瓦霍部落也是如此。納粹德國透過法令將猶太人和共產主義者列為攻擊目標，所有公民都可以合法迫害那兩個群體。還有證據顯示，在共產主義中國，美國人是官方許可的辱罵對象。

美國民主的特徵，就是在和平時期不存在**官方**認可的代罪羔羊。美國信條重視平等以及高尚的道德，因此官方不會容忍針對任何族群、宗教和政治團體的侮辱或歧視。但即使在美國，社會風俗還是允許某些形式的挑釁或攻擊，例如在許多俱樂部、街坊鄰里和辦公室，人們可以批評或歧視猶太人、黑人、天主教徒和自由主義者，也會放任不同族群的孩子打群架。在二十世紀中期，波士頓北區（義大利區）和南區（愛爾蘭區）的男孩會聚集在波士頓公園，展開一年一度的激戰，雙方肆無忌憚地叫囂、互扔石頭，雖然官方並沒有批准這樣的鬥毆，但是卻默許它發生。

因此無論合法或不合法，大多數社會似乎都鼓勵民眾公開表達對某類「女巫」的敵意。也許正如克拉克洪所說，最好把這一過程視為社會的安全閥設置，好讓人們的攻擊衝動對社會核心架構的傷害降到最低。

然而克拉克洪的理論有個缺點，即過於武斷地暗示每個人（乃至於每個社會）都有一定程度的攻擊性，而這樣的攻擊性無法化解，必須找個出口宣洩。如果前述觀點成立，就表示偏見和敵意是不可避免的，那麼社會政策就不應該著重在減少偏見，而應該設法將偏見從某些目標轉移到其他目標上。因此這一理論對社會行動有著極重大的影響，所以在接受該理論之前，我們必須更充分地分析攻擊的本質，以及從心理學的角度探討攻擊和偏見之間的關聯（見第22章）。

確保忠誠度的文化手段

內團體除了引導成員宣洩攻擊衝動之外，還會採取其他機制來確保成員的忠誠。第2章提過，我們對自己的國家和族群的偏愛來自「習慣」：我們用自己國家或族群的語言思考、國家或族群的成功就是我們的成功、國家或族群也保障了我們的安全。但內團體並不滿足於成員的「基本」認同，還會採取多種方式來激發更強的認同，且通常以犧牲外團體為代價。

其中一種方法是讓成員關注群體的輝煌歷史。每個國家都有一些傳聞軼事以表明「神與我們同在」，或其境內的居民是「神的子民」、「天選之人」或住在「神的國度」。關於黃金時代的傳說，強化了人們的族群中心主義。現代希臘人的自我價值是建立在古希臘的榮耀上，英國人因為莎士比亞而自豪，美國人以身為「美國革命之子」為榮。不論是波蘭人、捷克人、德國人還是奧地利人，只要住在布雷斯勞（Breslau），就可以聲稱這座城市在歷史上的主權屬於自己的族群。隨著領土界線一再變遷，越來越多族群主張自己擁有某個地區的主權，每個族群都強調屬於自己的黃金時代。尤其在歐洲，有那麼多地區被那麼多族群所占據，導致彼此產生激烈摩擦。

學校教育則加劇了族群之間的摩擦，比如說，任何國家的歷史教科書都不會提到自己國家曾犯的過錯，地理教育通常也帶有國族主義偏見，而蘇聯自稱擁有許多發明，更讓其他國家不禁莞爾。這些盲目的愛國宣傳手段，都為族群中心主義提供了養分。

第13章曾討論偏見的「社群模式」理論，有些學者似乎認為這一理論不證自明。內團體不斷灌輸屬於自己的傳說和信念，深深影響每一個成員。天主教學校的孩子學到了天主教版本的宗教改革運動，因此認為新教徒被邪惡的異端修士——路德（Martin Luther）給欺騙；信奉新教的孩子則學到另一種版本，而認為天主教持續籠罩在中世紀黑暗與腐敗的陰影下。

關於偏見在社會中的作用，還有一種馬基維利式觀點，即錯綜複雜的偏見讓社會處在平衡狀態。偏見維持了現狀，而對保守分子來說，現狀是好事。保守派的切斯特菲爾伯爵就如此坦率地表達其立場：

> 普羅大眾幾乎不會思考，多半直接採用別人的觀點。不過整體上，我認為這樣比較好，因為共同偏見會比他們各自的推論更有助於維持社會秩序和安定，畢竟他們沒什麼教養也沒什麼知識。這個國家有很多實用的偏見，我很不願意看到它們被消除。新教徒堅信教宗是反基督的「巴比倫大淫婦」，對這個國家來說，這種正確信念比齊林沃斯[1]提出的任何紮實、無可辯駁的論點都更能有效地對抗天主教。[23]

切斯特菲爾發現，普羅大眾的偏見有助於壓制天主教（而他既瞧不起普羅大眾，也鄙視天主教）。既然群眾的盲目偏見有其利用價值（支持他自己的立場），那他就贊同這樣的偏見。

指責某個群體持有偏見，往往會強化該群體的向心力和信念。例如：在美國，許多南方人（不論對黑人抱持何種態度）會團結一致地抵制北方人的批評；南非法律剝奪開普有色人種的公民權時，世界各地一片撻伐，結果反而讓馬蘭（Daniel F. Malan）與其支持者所在的國民黨（Nationalist Parry）獲得更龐大的勢力。人們會把外界批評解讀為侵犯所屬群體的自主權，因而形成更強大的凝聚力。因此，受到攻擊而產生的族群中心主義，可能是群體出現前所未有的團結和興盛的必要象徵。

個體的態度若跟文化強加的觀點不一致就會惹上麻煩。人如果貿然違抗社會輿論（既不仇視也不迴避遭受社會排擠的群體），可能會受到嘲笑或騷擾。在美國某些地區，跟黑人建立友好社交關係的人會被批評為「共產主義者」或「親黑人者」，並連帶受到排擠。這種社會壓力和個人信念的衝突，可由下面的訪談摘錄說明，受訪者是一名住在跨種族住宅區的白人家庭主婦。

> 我喜歡這裡……我覺得黑人很棒，他們應該得到跟白人同樣的機會。我從小就教導自己的孩子不要有偏見，所以我女兒現在並不覺得白人和黑人有任何差別。但我很擔心她，安現在只有十二歲，這個社區裡有那麼多優秀的黑人男孩，將來她可能會自然而然地跟其中一個談戀愛，但如果真的發生了，那會是一場災難，因為人們有那麼強烈的偏見，所以她不會幸福快樂的。我不知道該怎麼辦，要是大家不再對異族通婚有偏見就好了。我一直在想這件事，我們可能會趁安還小的時候搬出這個社區。[24]

文化多元 vs 文化同化

大部分的少數族群通常包含兩種心態的成員，有些人認為應該加強內團體的連結，並提倡保留所有族群和文化特徵、內婚制（只能跟同族群的人結婚）、用母語和傳統教育下一代；另一些人則傾向融入主流文化，他們希望跟多數人念同樣學校、上同樣教堂、去同樣醫院、使用同一套規範、閱讀同樣的報紙，甚至透過異族通婚而成為民族大熔爐的一分子。不僅黑人、猶太人和來自各地的移民在這個問題上意見分歧，主流群體也分成兩派，一派贊成同化，另一派則支持分離主義——即南非所說的**種族隔離制度**（apartheid）。

跟大多數現實問題一樣，最實際的解決方式並不是採用任一種極端做法。就算是支持種族隔離的人，也不會希望黑人發展出自己的語言或法律，而是希望他們在某些方面融入主流群體。而主張同化的人，同樣也

1 譯注：William Chillingworth，十七世紀英國學者和神學家，為新教徒。

希望保留各個文化的良好傳統，例如法國的美食、黑人的靈魂音樂、波蘭的民俗舞蹈，或愛爾蘭的聖派翠克節（St. Patrick's Day）。

同化的支持者打從心底相信，只有達到風俗習慣上的統一、甚至是血統上的統一，才能消除如此多可見差異、如此多真實或似是而非的衝突的理由。

文化多元的支持者則認為，多樣化是生活的調味品，每種文化都有其獨特貢獻，雖然不同的風俗和語言令人感到陌生，卻能激盪出新視野、拓展思考廣度，為社會帶來許多助益。他們表示，美國應該要有更多采多姿的文化底蘊，而不是像公路上看到的那種單調一致、商業氣息濃厚的文化。他們進一步宣稱，差異不見得會導致彼此對立，人們在面對多元化時，依然可以保持開放、友好態度。

也許最差的做法，是允許主流群體成員要求少數群體成員放棄他們所珍視的信念或習俗。這種脅迫並非出於善意，因此被攻擊的群體一定會強烈反抗。事實上，這樣做會造成反效果，因為正如先前提到的，群體遭受迫害時往往會提升凝聚力，並強化群體特質。當涉及宗教等深層價值觀，這樣的脅迫就格外無效，攻擊宗教信仰並不會讓天主教徒放棄天主教，也不會讓虔誠的猶太人不信猶太教。

社會學家阿弗列德．李（Alfred Lee）指出，美國各族群有被四個主要「族群類別」（ethnoid segment）同化的趨勢，即白人新教徒、羅馬天主教徒、有色人種和猶太人。[25] 其中三個類別屬於宗教性質，但隱含了遠比宗教更廣泛的融合基礎，例如「羅馬天主教徒」除了表明一個人的教會成員身分，還意味著此人可能是相對近期的移民，且居住在城市裡。

阿弗列德認為，這四個族群類別都努力向白人新教徒的特質靠攏，因此在許多情況下，猶太人捨棄了原本的成員身分特徵，並融入主流群體，一些中、上階層的羅馬天主教徒也是如此。有色人種要融入主流社會比較困難，但據說東方人比黑人更容易一點。

主流群體通常會抗拒同化，尤其是同化壓力最大的情況。中、上階層的白人新教徒有較強烈的反猶主義，因為來自猶太人的同化壓力就發生在這些階層。同理，底層的白人新教徒則有較明顯的反黑人傾向。在政治方面，二十世紀中期也曾出現對羅馬天主教的激烈反彈，因為人們感受到最龐大的政治壓力就是來自天主教。

阿弗列德更建議將阻礙同化的力量強度標定出來，比如說，在黑人群體中有股特殊的凝聚力，使他們自然產生內團體意識（in-group consciousness），而來自主流群體對有色人種的強烈偏見，又更提升了黑人的向心力。如果黑人反抗外在威脅的力量有「十分」，那猶太人在「凝聚士氣」方面應該有「八分」，而羅馬天主教徒則為「六分」。相較之下，所有特殊少數群體，像是阿爾斯特愛爾蘭長老教會（Ulster Irish Presbyterians），其凝聚力可能只有「一分」。雖然純粹是推測構想，但這種探討問題的方式仍有參考價值。

持有明顯偏見的主流群體既不贊成文化多元主義，也不支持同化。他們實際上是在說：「我們不希望你們跟我們一樣，但你們也不能與眾不同。」那麼少數群體到底該如何做？人們指責黑人愚蠢無知，卻又指責他們為了提升地位而尋求教育機會；第12章也提到，人們批評猶太人太過孤僻，卻又批評他們太具侵略性。南非白人想要徹底實行種族隔離，卻拒絕給班圖人（Bantu）「徹底實行種族隔離」所必要的領土和政治主權。美國移民發現，如果保留自己的文化就會遭到辱罵，如果努力融入社會也會遭到辱罵。無論少數群體是否尋求同化，都會惹人批評。

看來，我們不能將文化多元和文化同化視為兩種完全相反的政策，並期望只透過其中一種就能解決群際關係問題，畢竟「調適」是非常複雜、微妙的過程。我們需要的是自由、開放的氛圍，讓社會能夠依照少數群體的需求和意願來實現同化或多元主義。任何一種政策都不能貿然地強制實施，因為社會進化是個緩慢的過程，只有抱持著從容和包容態度，才能夠盡量減少摩擦。

摘要

最後，再複習一次可能導致偏見的十項社會文化條件：

1. 異質性的人口組成
2. 易於發生垂直性的社會流動
3. 社會變遷快速以及伴隨而來的失序
4. 無知和溝通障礙
5. 少數族群人口相對較密集
6. 存在現實的競爭和衝突
7. 藉由剝削而維持重要利益
8. 為了調節人們的攻擊衝動而允許將矛頭指向代罪羔羊
9. 族群中的傳說和傳統延續了敵意
10. 既不贊成同化，也不支持文化多元主義

第15章
如何選擇代罪羔羊

他們認為基督徒是造成國家災難和人民不幸的禍源，如果台伯河（Tiber）氾濫並淹沒至城牆，如果尼羅河（Nile）乾涸而無法灌溉田地，如果天象不再變化或大地開始震動，如果爆發飢荒或瘟疫，他們就會高聲疾呼：「把基督徒抓去餵獅子！」

——基督教神學家，特士良（Terullian）

嚴格來說，「少數群體」一詞只能用來指稱：跟其他群體相比，規模相對較小的群體。如果照這個定義，白種人就會是少數群體，美國的衛理公會教徒和佛蒙特州的民主黨人也是。但這個詞還帶有**心理層面**的意涵，意味著主流群體對於具有明顯族群特徵、規模相對較小的一群人懷有刻板印象，並予以某種程度的歧視，最後導致那群人心生怨恨，且更堅決地保有其獨特性。

本章主要探討的問題是：為何有些統計上的少數群體會成為心理意義上的少數群體？這個困難問題可用簡單表格來呈現（見表7）。

學生、護理師和長老教會成員在數量上雖然屬於少數群體，但並不是偏見對象。心理意義上的少數群體包含許多移民和地區性群體、特定職業、有色人種、特定宗教的信徒。

如表7所示，有些心理意義上的少數群體只有受到輕微蔑視，另一些則招致強烈敵意——即「代罪羔羊」。

本章所討論的內容適用於任何心理意義上的少數群體，無論其遭受的是輕微或嚴重迫害，但為了簡潔起見，本章一律用「代罪羔羊」來指稱這兩類偏見受害者。

各位接下來會發現，「代罪羔羊」一詞暗示了一種特定的偏見理論，即第13章簡單描述過的「**挫折理論**」，後續章節也會進行更詳盡的討論。挫折理論的意涵是：內團體成員因為自己受到挫折，而向外攻擊無辜的外團體。該理論雖然以許多事實為基礎，但仍無法解釋所有偏見現象。後續章節也會討論到，為何有些群體會成為替代攻擊的目標，有些卻不會。

代罪羔羊的象徵意涵

代罪羔羊一詞源自《利未記》（*Leviticus*）十六章，二十至二二節記載的希伯來人著名儀式。大家在贖罪日當天要抽籤選出一隻公山羊，然後穿著細麻衣的大祭司會把雙手按在山羊頭上，並承認以色列人的罪孽，就這樣象徵性地把人們的罪惡轉移到山羊身上，接下來這頭山羊會被帶到曠野放生，大家因而覺得自己的罪已經被赦免，暫時沒有罪惡感。

這裡涉及的思維模式並不罕見。從最早的時候開始，人們就堅信罪過和不幸可以從一個人身上轉移到另一個人身上。「萬物皆有靈」的觀念讓精神和物質之間的界線變得模糊，既然我們可以移動一堆木頭，那何不也轉移沉重的哀傷或罪惡？

如今，我們可能會將這樣的心理歷程稱為**投射**。我們在別人身上看到的恐懼、憤怒和慾望，其實主要源自我們內心，但我們卻認為別人應該為我們的不幸負責，而不是我們自己要負責。這樣的心理歷程也反映在許多日常用語上，例如「替死鬼」、「遷怒」、「找人

單純數量上的少數群體	心理意義上的少數群體	
基於特定目的而被劃分為少數群體，但從未成為偏見對象。	遭受輕微敵意和歧視	代罪羔羊

表7　統計上的少數群體所涵蓋的類型

背黑鍋」。

第21至24章將深入討論尋找代罪羔羊的複雜心理歷程，本章則著重於「選擇代罪羔羊」時涉及的社會文化因素，因為單從心理學理論並不能解釋為何某些群體比其他群體更容易成為代罪羔羊。

美國在一九〇五、一九〇六、一九〇七、一九一〇、一九一三、一九一四這六年裡，每年各有超過一百萬名移民，因此帶來許多關於少數族群的問題，不過大部分問題都在幾年內解決。絕大多數移民都極具適應力，並渴望成為美國人，於是漸漸融入美國這個大熔爐。到了移民二代，已經達到部分同化，僅管仍不完全。據估計，在二十世紀中期，美國移民二代約有兩千六百萬人。某種程度上，龐大的移民群體仍然遭遇到一定的困難與阻礙（雖然已漸漸減少）。許多在家裡說母語的移民二代，發現自己無法像當地人一樣熟練地使用英語，也很介意父母的言行舉止仍像個外國人，於是一直無法擺脫社會地位低下的自卑感。移民二代通常不會對上一代的族群傳統和文化感到自豪，因此無法從中獲得慰藉。社會學家發現移民二代有相對較高的犯罪率，以及其他適應不佳的證據。

不過大多數來自歐洲、心理意義上的少數群體，在美國的彈性社會結構中磨合得還算順利，雖然偶爾會成為代罪羔羊，但並非總是如此。住在緬因州的保守社區裡的義大利人或法裔加拿大人可能會被美國佬排斥，但這兩群移民受到的敵意相對溫和，幾乎沒有證據顯示他們遭到實際攻擊（即真正的代罪羔羊）。反之，其他少數群體（猶太人、黑人、東方人、墨西哥人）卻受到嚴重歧視，主流群體對他們的態度是：「我們永遠不會接納你們」。

正如我們無法確切知道一個群體何時會成為代罪羔羊、何時不會，我們也不可能明確找到一套公式來涵蓋代罪羔羊的選擇方式。基本上，不同群體似乎會因為不同理由而被選為代罪羔羊。先前比較過猶太人和黑人受到的指控有哪些差異（見第12章），也以理論說明了這兩種代罪羔羊各自「承擔」的罪行**類型**。

雖然有些群體比其他群體蒙受更多責難，但似乎不存在「全方位代罪羔羊」。目前看來，黑人和猶太人似乎承擔了最多罪行。這兩者都屬於「**廣泛型**」的社會群體，由父母及後代子孫組成，其社會價值觀和文化特質都在代間不斷傳遞，因此或多或少會成為永久、明確且穩定的代罪羔羊。相較之下，有許多「**為特定目的而暫時專設的**」代罪羔羊，則承擔了相當特定的罪行。例如，某些人可能特別痛恨美國醫學協會（American Medical Association）或煙煤礦工組織（Soft Coal Miners Union），並指責這兩個群體導致錯誤的健康政策、勞動政策、高物價和其他具體不便，而這兩個群體可能確實有部分責任，也可能沒有（代罪羔羊不見得完全無辜，但總是招來超出合理範圍的責備、仇恨和刻板印象）。

最接近全方位代罪羔羊的，當屬宗教、族群或種族群體，由於這類群體永久穩定存在，因此很容易被強加特定的社會地位或刻板印象。先前討論過分類的武斷性，即許多人會被強制納入某個類別、或被排除在某個類別之外。雖然某個黑人身上的白人血統可能大於黑人血統，但人們需要的是「社會假定」的種族，因此他就被任意地歸在「黑人」群體。不過人們有時會反向操作，譬如，納粹時期有位維也納市長想包庇一名傑出的猶太人，當面對其他人的反對意見，這位市長回答：「他是不是猶太人由我決定」。納粹為了保護某些猶太人而賦予其「榮譽雅利安人」身分，這一事實顯示了「維持受迫害群體固定不變」有多重要，因為這麼一來，人們就可以把自己的罪惡歸咎於一個價值觀不同、世世代代都構成威脅，而且沒有個別差異的人格化群體。正因如此，針對種族、宗教和族群的仇恨，往往會比針對職業、年齡或性別群體的偏見更普遍。要產生明確而永久的仇恨，就需要明確而永久的類別（代罪羔羊）。

歷史學方法

上述各種類化的例子仍未回答一個重要問題：為何在某段時期，特定的族群、種族、宗教或意識形態群體會遭受不合理的歧視和迫害，而無法以該群體的已知特徵或「罪有應得論」來解釋？

這部分就得借助歷史學方法來告訴我們，為何代罪羔羊會隨著時代變遷而反覆出現又消失，以及為何他們受到的敵意會週期性地減弱或加劇。現代的反黑人偏見已經不同於奴隸制時期，就連所有偏見中最穩固的反猶主義也在不同時期有不同表現形式，並隨著不同情境而消長（例如第14章提到的社會文化條件）。

今日美國依然存在反天主教情結，但已經沒有十九世紀那麼嚴重，當時一個激進的反天主教組織——美國保護協會（American Protective Association）正蓬勃發展。[1]不過大約在二十世紀初，該協會就漸漸消失了，反天主教的情緒似乎也隨之消退，但原因不明。就算是後來歐洲天主教徒最大規模的移民潮，也沒有使十九世紀的迫害重現。然而正如第14章提到的，到了二十世紀中期，人們心中的警報再次大聲作響，並開始擔憂羅馬天主教會的政治影響力正逐漸提升。偏見的浪潮可能會再次湧現，唯有深入分析歷史，才能徹底了解這些波動。

在美國保護協會的全盛時期，煽動性的社會運動並沒有引起社會科學家的重視，直到二十世紀中期才有學者深入研究這類現象。[2]不過，當時有個不知名的美國公民已對美國保護協會發出抗議之聲，並提出前瞻的分析和警告，最後更預測了反猶主義的走向。根據他的分析，在一八九五年時，猶太人受到的攻擊遠比天主教徒溫和許多。有趣的是，半世紀後，猶太人和天主教徒的境遇果真如他所預期的產生反轉。以下節錄自該公民的文章：

> 在未來的某個時候，其他愛好和平、奉公守法、勤勉認真又愛國的群體，可能也會變成心胸狹隘且偏執的狂熱主義者所仇視的對象。如果美國保護協會主義的興起和壯大，是受到一群為了權力地位和個人利益的人所支持，也許哪天該群體就把矛頭指向其領導者或管理者所討厭的階層或個體。他們已經把外國人和美國天主教徒處理掉了，誰知道下一步會不會是消滅猶太人。
>
> ——（署名）「一名美國人」[3]

由於「如何選擇代罪羔羊」主要是歷史層面的問題，因此我們應該採取歷史學家的角度，並聚焦於具體案例。接下來的分析只涉及三類受害者：猶太人、共產主義者和「暫時的」代罪羔羊。要注意的是，因為每則案例都非常複雜，所以每個分析並不是很完整，很可能出現解釋錯誤或偏頗的情形。

作為代罪羔羊的猶太人

反猶主義至少可以追溯到公元前五八六年，猶大王國的滅亡。猶太人四處流亡時仍嚴格遵守著相對死板、僵化的習俗。飲食規定導致他們不能與別人共食，異族通婚也是禁止的。甚至連猶太人的先知耶利米（Jeremiah）都認為他們很「頑硬」。無論猶太人去到哪裡，其正統信仰都是個問題。

在希臘和羅馬（猶太人的兩個新家園），當地人由於受到大都市文化薰陶，對於新觀念抱持開放態度，因此把猶太人當成有趣的陌生人而樂於接納。但希臘人和羅馬人無法理解的是，為何猶太人不能禮尚往來地分享他們的飲食、慶典和娛樂活動？既然耶和華可以輕易成為大家膜拜的眾神之一，為何猶太人不能接受萬神殿？猶太人在宗教信仰、族群習俗和儀式上未免太絕對了。

割禮也許是猶太人的所有儀式中最讓人驚愕的。人們不但無法理解其中的象徵意義（心靈的割禮），反而認為那是野蠻殘忍的行為，是對男子氣概的威脅。幾世紀以來，割禮在非猶太人潛意識中引發多少恐懼和性方面的衝突，實在不得而知，也許這種近似於「閹割威脅」的焦慮在很大程度上導致人們憎恨猶太人，即使人們沒有意識到。

不過可以確定的是，基督徒在古羅馬受到的迫害比猶太人更嚴重。本章開頭所引用的特士良的一段話，就簡要陳述了基督徒成為代罪羔羊的情形。直到公元四世紀基督教在羅馬皇帝君士坦丁（Constantine）治理下成為官方宗教之前，猶太人的遭遇可能都比基督徒好一點。但是在那之後，由於猶太人守的安息日和基督徒不同，於是猶太人就成了跟基督徒有所區隔、且具有高度可見性的群體。[4]

早期的基督徒本身就是猶太人，這一事實到基督教時代開始後的兩、三個世紀才被遺忘，同時也出現「猶太人（整個群體）要為耶穌被釘死在十字架負責」的指控。在接下來的幾個世紀，許多人都以猶太人是「殺害耶穌的兇手」為由，在各種情境下把猶太人當成代罪羔羊。到了四世紀，教父金口聖若望（St. John Chrysostom）宣揚了更詳盡的反猶教義，除了譴責猶太人是殺害耶穌的兇手，還強加其他任何想像得到的罪名在猶太人身上。

反猶主義的部分依據是直接來自對基督教神學的推論——既然《聖經》明確指出猶太人是上帝的選民，那他們必然會遭到追捕，直到承認耶穌是他們的彌賽亞，否則上帝會一直懲罰他們，因此基督徒對猶太人的迫害是奉行上帝的旨意。當然，任何現代神學家都不會用這種方式合理化基督徒對猶太人的不當對待或殘忍行為。但事實依舊是，上帝以神秘的方式行事，而且顯然想讓祂的選民——頑固不化的猶太人承認《新約》，如同他們承認《舊約》一般。雖然現代的反猶主義者肯定沒意識到自己是基於這個特殊原因而懲罰猶太人，但是從神學角度來看，反猶分子的行為是可以理解的，因為這是上帝的長遠計畫。

上述神學解釋帶來了更微妙的心理分析。由於希伯來人（即猶太人）不相信彌賽亞，因此也不受《新約》中特別嚴格的道德教義約束（雖然他們自己也有一套嚴格的道德規範，但兩者並不同）。心理分析的論點是，基督徒本身也想逃離福音書和使徒書信立下的嚴格道德標準。根據精神分析學派的推論，這種邪惡慾望可能會引發嚴重的內在衝突和自我憎恨。因此在象徵意義上，有罪的基督徒也是「殺害耶穌的兇手」，但這樣的念頭帶給基督徒莫大痛苦，必須設法壓抑，他們的心理歷程如下：瞧，猶太人竟然公開反對《新約》教義，所以我厭惡猶太人（因為我厭惡自己有同樣傾向），我讓猶太人承擔我的罪惡，正如古希伯來人讓山羊承擔其罪惡一樣。

佛洛伊德進一步延伸上述邏輯，指出大多數人所壓抑的慾望，即「弒父／弒母情結」，是由於難以忍受父母權威所施加的壓力所致，其中可能更涉及性方面的競爭。總之，佛洛伊德認為弒父／弒母的強烈傾向一直存在，進而導致殺死上帝——即眾人之父的慾望。而如果猶太人是殺害耶穌的兇手，那麼從基督徒角度來看，猶太人也是殺害上帝的兇手，這麼一來，人們難以面對的內在衝動就可以轉嫁到猶太人身上，並因此而憎恨猶太人。[5]

在討論反猶主義時，有必要強調其中的宗教因素，因為猶太人最初屬於宗教群體。也許有人反對這點，因為現在許多（甚或大多數）猶太人並沒有虔誠的宗教信仰。[6]然而，雖然正統猶太教已經衰落，但是對猶太人的迫害並沒有隨著減少。此外，也有人反駁說，當今的反猶主義大多指責猶太人在道德、經濟和社會層面的罪行，很少提到宗教層面的偏差。這些都是事實，但宗教問題的殘跡依舊存在，例如猶太人的宗教節日以及宏偉的猶太會堂，都增加了猶太人的可見性。

不過，如今很多人並不在意猶太教和基督教之間的紛爭，而且更多人能夠超越那些紛爭，理解猶太教和基督教傳統在本質上的一致性。但是廣義來看，我們每個人仍然受到猶太文化造成的大規模精神擾動影響。天主教學者馬瑞坦（Jacques Maritain）如此描述這個問題：

> 以色列位於世界結構中心，不斷刺激、挑釁、撼動著這個世界。它就像一個外來之物，一種被注入群眾的活酵素，造成世界不平靜……它教導這個世界，如果沒有上帝，人們就會變得貪婪而不安份，它刺激著歷史的轉動。[7]

一位猶太學者對此也表示：猶太群體並不比非洲一些不知名的部落龐大，然而卻不斷刺激著世界的脈動。猶太人堅持一神論、堅守道德規範，且重視道德責任，也高度推崇學術知識和緊密的家庭生活，並追求遠大理想，總是勤奮不休、遵從良知行事。從古至今，他們讓人類意識到上帝、倫理道德以及崇高成就。儘管猶太人本身並不完美，但始終都引導著世界的良知。[8]

人們一方面敬佩這些行為標準，另一方面又加以反抗和抱怨。反猶主義之所以興起，是因為人們被自己的良知給激怒。猶太人象徵「超我」，而沒有人喜歡受到「超我」的嚴格逼迫。猶太教要求時時刻刻堅守道德準則，不得鬆懈，而人們要是厭惡這種堅持和自律、排斥慈悲理念，可能就會為了合理化自己的抗拒而抹黑整個猶太族群，因為正是猶太人樹立了如此崇高的道德理想。

如今，雖然所有宗教和道德方面的考量已不像過去那麼重要，但依然是決定性因素，奠定了幾世紀以來猶太人所遭受的差別待遇的基礎。猶太人在宗教信仰上的差異，導致他們很長一段時間在許多國家都受到排斥，而且只找得到臨時或邊緣性質的工作。十字軍需要錢的時候不能跟基督徒借（基督教的教義禁止放高利貸），猶太人只好成為放債者——雖然招來了客戶，但也招來人們的鄙視。由於猶太人不能擁有土地，也被禁止加入手工業行會，所以才被迫經商，並且只能從事放債、貿易等被污名化的職業。

上述模式或多或少延續了下來。隨著猶太人移民，他們在歐洲的職業傳統便轉移到新國家。某種程度上，同樣的歧視讓猶太人再次放棄保守穩定的職業，而被迫從事需要冒險、精打細算、積極奮鬥的邊緣工作。第7章提過，這一因素導致許多猶太人（尤其是住在紐約的猶太人）進入零售業、影劇娛樂產業，或成為專業人士。這種國家經濟棋盤上的分布不均，使得猶太群體格外引人注目，也加深了人們的刻板印象，認為猶太人是熱愛賺錢的工作狂，而且靠著不正當的手段在高風險行業中牟利。

這讓人想起第13章提到的「仇恨城市」理論。如果國家不斷推動城市化，導致某些價值觀不復存在，大家也因為缺乏安全感而越來越焦慮；又如果在大家心目中猶太人就是城市的象徵，那麼城市化帶來的生活惡化就會被怪罪到猶太人身上。

再次回顧整個事件的歷史進程，可以發現另一項重要因素：由於猶太人沒有自己的家園，因而被某些國家的人民視為寄生蟲。猶太人具備國家／民族的特徵（即族群凝聚力和國家／民族傳統），卻是世界上唯一沒有國土的國家／民族。不相信「雙重忠誠」的人就會質疑猶太人不夠愛國、品格低劣。許多猶太人因為親屬分散在其他國家，所以深切關心著世界各地猶太人的命運，卻因此被嘲諷為「國際主義者」——即缺乏應有的愛國情操與忠誠。然而，沒有證據顯示猶太人有「忠誠分裂」問題，而無庸置疑的是猶太人「無家可歸」的歷史事實。直到二十世紀中期，猶太人在以色列建立新國家後，情況才有所改變，但反猶主義最終會造成什麼影響，還難以定論。以色列周圍的阿拉伯地區反猶情緒日益高漲，似乎是個不祥之兆。[1]

另一項值得注意的因素是，猶太文化長期以來對學術和智識成就的堅持與高度重視。衡量這項類別差異（見第6章）特徵的一種方法，就是比較猶太學生和非猶太學生在高等教育機構所占的比例。如果學校沒有設置歧視性的入學限制，通常猶太學生的比例會比較高。為什麼猶太人對學習與知識的尊崇也讓他們成為代罪羔羊？這必須從「深層」心理動力來解釋。猶太人的唯智主義[2]讓人意識到自己的無知、懶散等缺點，在這個層面上，猶太人再次象徵了人們的良知，並刺痛著人們，因此遭到反抗。面對浩瀚無邊的知識，每個人都會感嘆自己在智識上的不足。當普通（或優秀）的猶太人讓人感到自卑，必然也會引發嫉妒，只有羅列出猶太人的缺點和罪行，才能恢復心態上的平衡。因此反猶主義在某種程度上，可能是為了合理化自卑感而出現的「酸葡萄」心理。

探討過如此繁雜的歷史心理因素之後，自然會好奇是否有一個主題能涵蓋所有因素。「保守價值的邊緣」（見第7章）似乎是最具統整性的概念，但各位必須了解，這個概念所表達的不僅是宗教、職業、國家狀態上的偏離正軌，同時也包含背離保守的平庸狀態，即猶太人引發的良知譴責、智識抱負和精神擾動。有些人可能認為：猶太人過於**偏離常態**，在許多面向都干擾到非猶太人。看來，「邊緣」在保守派眼裡是種威脅。事實上，猶太人跟非猶太人的差異並不大，但正是如此相對細微的差異，才更加讓人不安。這裡又可以用「微小差異的自戀」來解釋。

本章對反猶主義的歷史分析還稱不上完整，目的只是要說明，如果不採取歷史角度，就無法理解為何是

A群體而不是B群體遭受偏見。自古以來，猶太人一直都被當成代罪羔羊，只有釐清歷史脈絡，加上心理學洞見，才能重建整個故事。

許多人試圖分析反猶主義的成因，卻只關注幾個特徵，也沒有仔細考量證據是否充分，例如英國人類學家丁沃爾（Eric John Dingwall）就提出了相當典型的「解釋」，以下是他的說法：

> 我們發現在某些重要層面上，人們對猶太人的敵意並非毫無道理，因為猶太人本身的信仰和舉動就讓人反感。流離失所的人們不論在哪裡都是少數族群，然而猶太人卻憑著宗教和傳統習俗而緊密連結，宣告著他們的排他性，表明了拒絕同化的態度……他們對自己遭受的種族偏見痛恨欲絕，卻豪不猶豫地認為別人比自己低等。因此，他們對自己所滲入的每個社會，都有一種持久而溫和的刺激作用。雖然基督教源自猶太教，但兩者是獨立的，這一事實不斷提醒人們，殺害上帝的兇手至今依舊不肯悔改。當毫無野心的窮人還陷在生活泥沼，急躁的猶太人已經在充滿競爭的商業環境裡積極地往上爬，既不顧別人死活，也不在意倫理道德……逆境和周遭敵意讓猶太人淬煉出堅強心智，也讓他們變得大膽且具有侵略性。猶太人追求女性的方式相當熱情豪放，所以多半會成功，這特別令那些敏感、膽小的追求者感到嫉妒和憤怒。[9]

上述分析有幾個特點值得注意。整體上，這項分析採取的是「刺激對象」取向，著重於猶太人讓人惱火的特質和舉動。雖然其中有些說法正確無誤，但其他部分則流於臆測，而且含糊不清。「他們」一詞被隨意地

1 譯注：猶太人於一九四八年在以色列正式建國，本書原文出版於一九五四年，二〇二三年十月爆發多年來最嚴重的以阿衝突。
2 譯注：intellectualism，強調大力發展和培養心智能力的觀點。

用來表示整個猶太群體（而不是少數個別成員）都認為別人比較低等，或變得「大膽且具有侵略性」。另外，也沒有證據可以證明猶太人「追求女性的方式」比其他族群的男性更「熱情豪放」。這項針對反猶主義的分析由於夾雜了含糊、影射和臆測的說法，因而缺乏可信度，許多其他分析也是如此。

「猶太人為何會成為代罪羔羊」是相當複雜的問題，要回答這一問題，必須同時考量猶太群體的特徵，以及反猶主義者的心理動力歷程，並且在每個部分都謹慎地求證事實、考量證據是否充分。

作為代罪羔羊的共產主義者

本節要分析的主題剛好跟上一節形成對比。跟反猶主義的情形不同，共產主義者／赤色分子被當成代罪羔羊是相對近期的事。相較於猶太人，共產主義者的「可見性低」，也較難被辨識或定義，卻造成了更明顯的現實衝突（見第14章）。

猶太人經常被稱為共產主義者，而共產主義又被稱為「猶太人的陰謀」，但兩者不應該混為一談。這種將偏見對象類併的情形在其他章節有所解釋（第2、10、26章），它反映出偏見的概化性，以及厭惡對象的情感等同性。

直到俄國革命之後，美國才開始把共產主義者／赤色分子當成代罪羔羊，因為之前一直缺乏明確的象徵標誌和可識別的威脅。當然，以往所有類型的激進分子都會被當成代罪羔羊，不過到了一九二〇年左右，美國開始注意到一個新目標，並投注全部心力對付它。

必須留意的是，對共產主義者的迫害曾出現三個高峰，分別發生在：一戰後的幾年、一九三〇年代中期、二戰後的幾年。

這三段迫害最嚴重的時期有幾個共同特徵：一、勞工都處在足以跟資方抗衡的地位——兩次發生在戰時經濟繁榮及充分就業的情況下，另一次雖然是在經濟蕭條時期，但在小羅斯福推動的新政下，許多法案保障了勞工權利，這讓勞工處在異常強勢的地位。二、當時社會都發生劇烈變遷，加上經濟和政治局勢不明朗，使得人心惶惶。資產階級特別焦慮，而他們的焦慮又蔓延到整個社會結構。其中兩段時期都有大批心懷不滿的退伍軍人，另一段時期則有大量失業者飽受不確定性所苦。三、自由主義運動都非常活躍，包括：工會主義（unionism）日漸興盛、小型政黨蓬勃發展、左翼組織更加直言不諱。

「紅色」這一符號屬於主要效力標籤（見第11章），又是蘇聯國旗的顏色，因此很容易聯想到「蘇聯人」。由此延伸，「紅色」就涵蓋了所有在意識形態上認同蘇維埃政權的人，後來又擴展到任何激進、甚至是持自由主義觀點的美國公民。矛盾的是，它甚至包含完全反對共產主義立場的自由主義者。

這點可由一則政府當局調查「顛覆」活動的故事來說明，審訊者質問一名有嫌疑的自由主義者：

「你是共產黨員嗎？」

嫌疑犯回答：「不，我是反共產黨的。」

審訊者一臉得意地說：「這就夠了，我們才不管你是哪個**派系**的共產黨。」

雖然無法明確辨識出共產主義者／赤色分子，也無法形成清楚定義，但這種敵意的核心確實存在著現實衝突。一戰後，現實衝突的基礎還很薄弱，因為蘇聯尚未對美國構成軍事上的威脅，而美國國內對「共產主義者」的概念也很模糊。第11章列出了一大堆互相重疊且混雜的稱謂，就是當時美國用來指稱代罪羔羊的標籤（例如：「歸化入美國籍的移民」、「布爾什維克」、「無政府主義者」）。然而局勢越來越清晰，也越來越險峻。隨著蘇聯變得強大，美國和共產主義意識形態之間的現實衝突日益加劇，並成為關注焦點。二戰後，人們幾乎只用「赤匪」和「共產主義者」兩個標籤來指稱任何可能的代罪羔羊。美國共產黨（雖然規模不大）和蘇聯

「政黨路線」在意識形態上的一致，變成一件具體而明確的事，對共產主義者的敵意存在著基本而明顯的現實衝突核心，僅管圍繞著該核心仍有許多混亂的說法（像是「掩護機構」、國務院對共產黨的軟弱、自由派、進步黨、產聯－政治行動委員會……等等）。

美國共產黨被指控以下罪行，書面證據似乎也證實這些指控：一、主張用武力推翻美國政府；二、要求將生產和分配國有化；三、試圖以無產階級專政取代代議制政府，並破壞公民自由；四、提議透過「徵收」和蘇聯式「清洗」來消滅富人和大部分中產階級。另外還有一些虛假不實的指控，如下：五、激進的無神論；六、不道德的性行為。（有趣的是，一九二〇年代盛傳「蘇聯女性國有化」，但該傳言在二戰後就逐漸消失，可能因為現實衝突越來越多，於是影射和編造事實的需求就降低了。）

如果針對共產主義者的敵意完全是基於現實衝突，就不能稱為偏見或尋找代罪羔羊。但事實上，許多衝突是想像出來的，並受到情緒的助長、主觀判斷的扭曲以及刻板印象的強化。雖然在二戰後，美國跟共產黨的現實衝突越來越明顯，但人們混淆現實與幻想的程度卻跟一九二〇年代差不多，當時紐約通過一系列壓迫性的「盧斯克法案」（Lusk Laws），該法案的發起人——美國律師與政治家盧斯克（Clayton Riley Lusk）如此陳述：

> 激進運動並不是為了更好的經濟、社會條件所做的和平努力……由這裡展開的運動是受到德國貴族階級的贊助，作為其工業和軍事征服計畫的一部分……幾乎威脅到我們所珍視的一切傳統。該運動反對富人，這是共產黨人特別痛恨的階級。它也反對教會和家庭，並破壞婚姻制度以及所有的美國制度。[10]

上述指控除了提到德國的貴族階級，其餘部分聽起來跟二十世紀中期的社會輿論並無差異。各位應該注意到，盧斯克不理性地將共產主義和德國貴族階級（當時也被痛恨的群體）混為一談，並使用「激進運動」這個廣義標籤，因此被他指控犯下大量罪行的不只是**共產主義者**，而是所有**激進分子**。同樣值得注意的是，盧斯克並不反對「更好的經濟、社會條件」。

事實上，並非所有共產主義價值觀都受到美國人反對。反之，「更好的經濟、社會條件」是大多數人的期盼。尤其在一九二〇年代，許多美國知識分子看到蘇聯的部分改革既成功也值得效法，便熱切支持蘇聯。但他們很快就冷靜下來，因為在蘇聯貌似民主的人民運動中，並不存在公民自由。然而，知識分子和勞工領袖的一時熱絡卻害自己「受牽連之罪」。甚至連大學教授寫了客觀的評論文章，也會被貼上「親蘇聯」的標籤（因為沒有在文章中明確**反對**蘇聯）。任何人若是提到共產主義的優點，就很有可能被說是「赤匪」。

因此，把共產主義者當成代罪羔羊的顯著特點就是「油污效應」（grease spot effect）：幾乎任何被厭惡、或在任何議題上被懷疑持有相反立場的人，都會被當成共產主義者——尤其是支持自由主義、為勞工發聲、鼓吹包容，甚至是客觀分析共產主義及其政策的人。大學教授之所以也在受懷疑的行列，是因為當民眾的情緒受到操弄，反智主義就會盛行。在十五世紀的獵巫行動中，教宗伊諾增爵八世（Pope Innocent VIII）譴責自由主義者和理性主義者是「最厚顏無恥的人」，因為他們堅稱巫術並不存在。[11] 在二十世紀中期的美國，任何人只要呼籲大家謹慎、客觀理性地辨識共產主義和共產主義恐懼症，同樣會遭到高層（如參議院委員會、州立法機構、大學董事會）指責。

因此，「選擇共產主義者作為代罪羔羊」必須被理解為一種雙重現象，它首先涉及了價值觀的現實衝突——這種衝突不應被歸類為偏見；但另一方面，該衝突本身又不斷滋生出自我中心思維和刻板印象，並導致負面情緒（主要是恐懼）蔓延。生活在技術革命、債台高築的失序亂世，社會動盪以及戰爭、核彈威脅讓每個人都惶恐度日，首當其衝的就是有經濟保障的人，包括中產階級以及教會或贊助機構中的既得利益者。在一九三〇年代中期，有個評論者針對當時的社會現象做了總結，那段話在二十年後依然適用，他的敘述如下：

一九三〇年代的「獵紅行動」就跟一九二〇年代一樣都是場危機，大家在盲目而情緒化的國族主義作祟下，變得不容異議且害怕改變。獵紅行動懷疑任何具有獨立思考能力及試圖改變現狀的人，並為喜歡謾罵勝於理性討論的個人或團體提供了現成的武器。在這個國家，「共產主義恐慌」得到反動媒體和反動資本家的充分支持，這群人只想污名化他們所排斥的一切社會、政治和經濟改革……因此絕對有必要轉移大家的注意力，拿共產主義者來當「煙霧彈」總是會奏效。[12]

雖然「反動分子」可能會帶頭把自由派和改革者當成代罪羔羊，但所有經濟階層的人都會加入這個行列，部分是由於他們接觸到反共宣傳，部分是由於他們了解共產主義的本質，還有部分是出於對「確定性」和「安全感」的需求。偏見在各個社會階層都有其功能價值，那些害怕自己的宗教價值觀會受到威脅和擔心戰爭爆發的人，如今都能夠辨識威脅的來源；而那些對生活不滿的人，如今可以把矛頭指向國、內外的共產黨，譴責他們造成了這一切。

最後，共產主義者之所以會成為代罪羔羊，是因為這樣的安排可以讓某些人獲得特定的剝削收益。煽動者故意激起民眾對於共產黨的憤怒和恐懼，好讓民眾為了獲得安全與保障，而團結起來支持煽動者（見第26章）。希特勒就是利用這樣的代罪羔羊效應，藉由反猶演說來鞏固追隨者的支持，還有密西西比州州長比爾博（Theodore Gilmore Bilbo）的反黑人呼籲，以及威斯康辛州參議員麥卡錫歇斯底里的反共行動，都具有類似目的。

特殊情境下的代罪羔羊

有的群體被當成代罪羔羊可能已經有好幾百年的時間，像是猶太人；有的可能相對近期才成為代罪羔羊，像是共產黨；也有些人只是暫時被當成代罪羔羊，因此幾乎沒有受到關注。

我們可以在日常新聞中發現這種「臨時」代罪羔羊。令人嘩然的新聞事件，像是監獄暴動、殺人狂趁就醫時逃跑、政府貪污醜聞……等等都會引起公憤，民眾紛紛將不滿情緒化為措辭嚴厲的社論和憤怒的投訴。這些批評者有時會指出其心目中的代罪羔羊，有時則是在尋找代罪羔羊。民眾的憤怒迫切需要找個人來發洩。最後某些官員就丟了工作——並不是因為真的有罪責，而是犧牲他們才能平息眾怒。

有項案例研究就是在探討一九四二年十一月二十八日，波士頓椰林夜總會（Coconut Grove）發生大火後的臨時代罪羔羊現象。[13]

這場災難造成近五百人死亡，事故發生後，立刻湧現許多要求究責的社論和抗議信件。第一個代罪羔羊是服務生，他在修電燈泡時因為太暗便劃了根火柴照明，卻不慎引燃一堆易燃的裝飾品，於是新聞頭條醒目地寫著：「服務生釀成大禍」。嚴重的指控卻引起人們反彈，因此公眾輿論又拼命為服務生開脫（部分是嘉獎他勇於承認）。有讀者寫信到報社，表示願意向西點軍校（West Point）推薦那名服務生，也有支持者寄鼓勵信或送現金給他。第二個代罪羔羊是擅自拿掉電燈泡的「不知名的冒失鬼」，但大家很快就把他拋在腦後，開始指責政府官員，包括消防局長、警察局長、消防員等公職人員。雖然有位官員正確地指出，「波士頓悲劇有部分是現場群眾心理崩潰所致」，但是幾乎沒有一家媒體提到，群眾過度恐慌才是造成大量人員傷亡的主因。人們要的是更具體的罪魁禍首。

漸漸地，大家的目光又轉移到夜總會老闆、經理和其他股東身上。雖然新聞只有稍微暗示夜總會老闆的猶太人身分，但他還是受到許多抨擊，輿論甚至出現「骯髒、貪婪的猶太人」等尖銳指責。夜總會老闆和政府官員經常被牽扯在一起，成為該起事故的聯合代罪羔羊，並且被冠上「貪污賄賂」、「官商勾結」等罪名。

事故發生後，各種代罪羔羊都集中於第一週被指認出來，後來大家很快就遺忘這件事。直到兩個月後，總檢察長遞交了十份起訴書，將夜總會老闆、經理、消防局長、建築檢查員等公職人員列為被告，大家才重新關注這件事，報紙上也再次短暫地出現指責之聲。所有被告都表示自己「無罪」，最後只有夜總會老闆被判處有期徒刑。

從上述案例可以發現，人在情緒激動的狀態下，會把注意力放在某些（幾乎是任何）「人為因素」上。憤怒和恐懼讓人想要找個對象來為這樣的感受負責，所以人們會譴責一個又一個代罪羔羊。而隨著情緒平復，找人宣洩的需求就會下降，因此最後的懲罰往往會比最初的群眾呼聲還要溫和、節制許多。在這類事件尾聲，大家通常覺得一個代罪羔羊就夠了，只要那個代罪羔羊受到懲罰，就能為短暫的痛苦劃上句號。

摘要

心理學原理有助於我們理解偏見的形成過程，但心理學本身並不能完全解釋人們之所以仇視某個群體（而不是另一個群體）的原因。

第14章檢視了一些社會文化規律，這些規律能夠預測特定少數群體在何時會成為被攻擊的目標。本章則進行了更具體的討論，結論是，只有了解每則案例的歷史背景，才能夠盡可能地理解這個問題。本章詳細分析了兩則案例：由來已久且根深蒂固的反猶主義，以及相對近期才升溫的反共情緒。分析實際案例也有助於理解短暫出現的代罪羔羊現象，例如在嚴重大火發生後，公職人員成為代罪羔羊的過程。

「特定的情境模式決定了偏見的對象」，如果這一觀點正確，那就必須再花很長的篇幅來解釋美國黑人、南非印度人、西南部的墨西哥人以及今日世界上無數代罪羔羊的困境。這項任務超出本書作者目前的能力範圍，因此本書只說明必須採用的研究方法就足矣。

第16章 接觸效應

有些人認為，只要大家不分種族、膚色、宗教、國籍，通通聚集在一起，就可以消除彼此的刻板印象，培養友善的態度。雖然事情沒那麼簡單，不過一定有個公式可以涵蓋李和亨弗瑞發現的事實，他們分析了一九四三年底特律暴動後指出：

> 鄰居之間不會互相攻擊，韋恩大學（Wayne University）的學生（有白人也有黑人）在血腥星期一當天仍平靜地到校上課，而軍工廠裡的白人工人和黑人工人也沒有發生衝突……。[1]

一些社會學家認為，不同群體的成員在相遇後，其關係通常會經歷四個階段：首先是**單純接觸**，然後很快就會彼此**競爭**，接著會互相**調適**，最後則是**同化**。這樣的和平進程確實經常發生，例如許多移民群體最後都會融入新國家。

但這一進程不是普世皆同的定律。雖然不少猶太人已經完全被同化，並脫離原本的所屬群體，而且整個猶太群體也不斷接觸其他群體，但在有記載的歷史中，猶太群體還是持續存在了三千年。另外根據估計，照目前美國黑人的「消逝」速度，要花六千年才會完全被同化。[2]

這一進程也並非不可逆轉，許多群體就算已經處在調適階段，還是會退回競爭階段並發生衝突。種族暴動正是這樣的退行，猶太人週期性遭受的迫害也是如此。第13章提過，德國在一八六九年廢除了所有反猶法律，此後六十年似乎進入一段和平的調適過程，然而在希特勒領導下，形勢發生逆轉，《紐倫堡法》和大屠殺的殘暴程度超越了德國以往發生過的任何反猶運動。

這樣的和平進程是否能持續，似乎取決於群體之間的**接觸性質**。

> 一項未發表的生命歷程研究（主題是「我跟美國少數群體的相處經驗，以及我對他們的態度」）指出，「接觸」是經常被提到的因素。分析受訪者的自述報告後發現，在三十七種情況下，「接觸」**減少**了偏見；但是在另外三十四種情況下，「接觸」反而**增加**了偏見。由此可知，接觸引發的效應取決於接觸類型以及當事人的人格特質。

接觸的種類

為了預測「接觸」對態度的影響，理想上應該探討下列各個變項的單獨效應，以及不同變項結合在一起時的共同效應。這是非常艱鉅的任務，目前研究還在起步階段，不過已經獲得相當大的啟發。[3]

接觸的量化因素

a. 頻率
b. 持續時間
c. 涉及人數
d. 種類

接觸的地位因素

a. 少數群體成員處於劣勢地位

b. 少數群體成員處於平等地位

c. 少數群體成員處於優勢地位

d. 除了個別成員的地位，整個群體可能處在相對高的地位（如猶太人），或相對低的地位（如黑人）

接觸的關係因素

a. 兩者在接觸時屬於競爭關係還是合作關係？

b. 是否涉及上、下階級關係，例如：主僕、雇傭、師生？

接觸的社會氛圍因素

a. 支持種族隔離或平等主義？

b. 自願或非自願接觸？

c. 「真誠的」或「虛偽的」接觸？

d. 是否被感知為群際接觸？

e. 接觸被視為「常態」或「例外」？

f. 接觸被視為重要且親密的，或無關緊要而表淺的？

接觸者的人格因素

a. 最初的偏見為高、低或中等程度？

b. 偏見屬於表面、從眾型，或是根深蒂固於人格結構中？
c. 在生活中是否有基本的安全感，或時常擔心、多疑？
d. 先前跟該群體的相處經驗如何？目前對該群體的刻板印象有多強烈？
e. 年齡和教育程度為何？
f. 其他可能影響接觸效應的人格因素

接觸的場合因素

a. 偶然接觸
b. 住處
c. 工作場合
d. 娛樂場合
e. 宗教場合
f. 公民和互助組織
g. 政治場合
h. 群體間的友好活動

上述列表仍未窮盡所有關於「接觸」的變項，但確實凸顯了這個問題的複雜程度。並非每個變項都已獲得深入研究，但接下來將呈現目前已有的可信結論。

偶然的表淺接觸

在美國南方各州和北方某些城市經常會遇到黑人，而在紐約則經常會遇到猶太人，因此這些地方的居民或許自認為了解黑人或猶太人，然而其接觸可能只停留在表面。在種族隔離已成社會慣例的地方，主流群體和少數群體的接觸只會偶然發生，或牢牢凍結在上、下階級關係中。

證據顯示，偶然接觸並**不能**消除偏見，甚至很可能增加偏見。[4]這點也得到第14章提出的事實所支持，即偏見會隨著少數群體的人口密度而變化。接觸越多，麻煩也越多。

要理解其中原因，就需要檢視一下人們在偶然接觸時的感知歷程。假設某個人在街上或商店裡遇到具有可見差異的外團體成員，他很可能會聯想到關於那個外團體的傳聞、謠言、傳統或刻板印象。理論上，根據「頻率法則」（law of frequency），人跟外團體成員的每一次表淺接觸，都可能強化自己既有的負面聯想。更重要的是，人會敏感地覺察到符合自己刻板印象的事跡。舉例來說，當我們面對地鐵裡的一大群黑人，可能只會選擇性地注意到其中一名行為不當的黑人，並對此反感，而忽略了其他更多行為端正的黑人，這是因為我們對事實的感知和詮釋受到偏見的蒙蔽（見第10章）。因此，偶然接觸使我們對外團體的想法停留在自我中心思考的層次[5]，對雙方而言都沒有達到有效溝通的效果。

舉例來說，假設一名愛爾蘭人和一名猶太人在日常買賣過程中偶然接觸，起初雙方都沒有任何敵意，但愛爾蘭人心想：「啊，是猶太人，他搞不好會占我便宜，我得小心點。」而猶太人則想著：「看來是愛爾蘭佬，他們痛恨猶太人，難怪他一副要羞辱我的樣子。」有了不祥的念頭之後，兩人都可能因為不信任對方而保持迴避、冷淡的態度。在某種程度上，這兩人都是受恐懼驅使，儘管事實上並沒有足以懷疑對方的現實依據，然而最後兩人表現出的不友善都應驗了對方的懷疑。因此，偶然接觸反而會讓彼此關係變得更糟。

能進一步理解對方的接觸

大多數研究顯示，相較於偶然接觸，真正能帶來了解的接觸才能夠減少偏見。心理學家格雷（John Stanley Gray）和湯普森（Anthony H. Thompson）的研究直接證實了這點。[6]

> 研究人員以鮑格達斯發展的〈社會距離量表〉來評估喬治亞州的白人和黑人學生對少數群體的態度，並詢問受訪學生是否認識至少五名該少數群體的成員。結果呈現一致趨勢：如果認識五名以上成員，對該群體的接納度就越高，而如果沒有任何熟識的人，對該群體的評價就越低。

近年來，跨文化教育蓬勃發展，背後的理念是：對外團體的認識與了解越多，敵意就越少。

> 下列對話呈現出跨文化教育的存在意義：
>
> 「看到那個人了嗎？」
>
> 「看到了。」
>
> 「我討厭他。」
>
> 「但你明明不認識他。」
>
> 「這就是我討厭他的原因。」

有很多方法能夠提升大眾對於「人」的知識，其一就是透過學校教育直接傳授，內容可以是關於「種族」的人類學事實、群體差異的真相（如第6章），或是不同族群發展出不同習俗來滿足人類基本需求的心理因素。

一項針對四百多名大學生的研究證明了教學的成效。雖然其中只有三十一人記得曾在學校學習「關於種族的科學知識」，但這三十一人中，有七一%的偏見程度低於全部樣本的平均偏見程度，只有二九%的偏見程度高於平均。[7]

現代教育的支持者認為，與其傳授知識，不如讓學生有機會跟其他群體實際相處。因此，跨文化教育工作者發展出許多創新的學習方式，其一就是「社交旅行」（social travel）。

哥倫布市（Columbus）一所高中就採用了上述方式，「目的在於探討特定地區的情況，作為實現務實教育的方式」。[8] 在一次活動中，共有二十七名學生參訪芝加哥一週，那段時間他們都住在一起。研究者關心的不是這群年輕人對外團體的態度，而是對**彼此**的態度。在出發前以及旅程結束後，每個學生都要根據一份七點量表來為小組成員評分（在出發前，他們對彼此的認識僅止於課堂上的互動）。這項研究採用的七點量表如下：

1. 跟我最親近：是我最要好的朋友
2. 跟我很親近：願意邀請對方到家裡玩
3. 跟我親近：樂意跟對方聊天
4. 跟我不親近也不疏遠：可以接受跟對方在同一組
5. 跟我有點疏遠：只想跟對方當點頭之交
6. 跟我很疏遠：不想跟對方坐在一起
7. 跟我最疏遠：想跟對方離得遠遠的

結果顯示，整體上，共同生活和旅遊的經歷顯著縮短了社交距離。具體而言，在二十七名學生中，有二十人受歡迎的程度提升了，只有幾個人在旅程結束後變得較不受歡迎。地位提升的學生之中也有少數群體的成員，像是莉莉安在同學眼中就不再只是個猶太教徒，而是個有趣、體貼的人。另外，「有七名學生人氣下滑」的事實很重要，表示多數人受歡迎的程度上升不只是因為大家「玩得很開心」。如果深入接觸會讓一個人暴露其性格中的真實缺陷，那此人的地位也會隨著下降。

社會學家史密斯（Fred Tredwell Smith）針對「社交旅行」所做的研究也提供了額外見解。[9]一群教育學系研究生受邀到紐約哈林區（Harlem）拜訪，其中有四十六名研究生應邀前往（實驗組）。他們在黑人家中度過愉快的週末，認識了傑出的黑人編輯、醫生、作家和藝術工作者，透過這次體驗更深入地了解哈林區的生活和居民。另外，有二十三名研究生沒有參與這次活動，剛好成為對照組。研究者在週末假期前、後都以各種量表評估了兩組學生對黑人的態度，結果顯示，實驗組在態度上有明顯改善，對照組則沒有變化。即使是一年後，相較於參加體驗活動前，實驗組仍然只有八名研究生沒有表現得更友善。可見，深入接觸具有正面效果，而且顯然會持續很久。不過這項研究有個嚴重的限制：研究生所接觸的黑人都有相對**較高的社會地位**，也就是說，那些黑人的社會地位相當於、甚至高於研究生。

另外，這項研究的結果並不表示人們每次去唐人街、哈林區或小義大利[1]都會減少偏見，許多人抱持著先入為主的刻板印象，並非透過遊客式接觸就足以改變。

我們還可以採用更生動的方式來進行跨文化教育，例如透過心理劇（角色扮演）演出一段模擬場景，像是讓孩子扮演年齡相仿的移民兒童如何度過在美國學校的第一天；或是讓持有反黑人偏見的成人扮演黑人音樂家，在訂房時遭到飯店櫃檯服務人員拒絕，而他倆都明知有空房。主動扮演另一人的角色有助於深刻理解對方感受。

跨文化教育還有項優點，即重視教學成效評估。改善方案是否確實減少了偏見？所有方案都有成效嗎，還是只有特定類型的方案達到預期效果？第30章將進一步檢視關於成效評估的研究，並歸納出結論。

除了跨文化教育，其他證據也顯示持續深入接觸有助於減少偏見。表8即為一項典型研究的結果，數據來自美國駐德占領軍。不過，這類研究無法明確告訴我們其中的**因果關係**，那些接觸德國平民的美國士兵很有可能**原本**就比較沒偏見，但也可能是接觸之後變得熟識才導致後來的友好態度。

總而言之，證據一致支持：對少數群體成員的認識與了解，有助於形成包容和友好態度。雖然兩者不是完全相關，且到底是熟識造成了友好態度，還是友好態度促使人想了解對方，其中的因果順序也難以釐清，但兩者之間顯然存在著正相關。

不過這裡必須加上一項重要前提。第1章提過，偏見會反映在**信念**和**態度**上。也許當人們更了解少數群體之後，最直接的影響就是形成一套更貼近事實的**信念**，然而**態度**不見得也會成比例改變。舉例來說，某個人或許知道黑人跟白人的血液成分並無差異，但不會因此而喜歡黑人。擁有大量可靠知識的人可以找到許多合理化偏見的藉口。

因此比較謹慎的結論應該是：能夠增進對少數群體的認識與了解的接觸形式，可能會讓人對該群體形成更合理的信念，因此有助於減少偏見。

1 譯注：紐約曼哈頓下城的街區，曾有許多義大利裔美國人居住於此。

三天內跟德國平民接觸的情形	對德國人抱持友好態度的比例
五個小時以上	76%
兩個小時以上	72%
不到兩個小時	57%
沒有接觸	49%
從未去過德國	36%

表8　美國士兵跟德國平民接觸的頻率以及對德國人的看法 [10]

在居住地點的接觸

多年來，美國許多城市都進行著一種「社會跳棋」遊戲，波士頓北區就是如此，愛爾蘭移民一搬進去，美國佬就搬走，而猶太人一搬進去，就換愛爾蘭人搬走，等到義大利人搬進去，又換猶太人搬走。在其他地區，「社會跳棋」的順序則是盎格魯—撒克遜人、德國人、俄羅斯猶太人、黑人。一個地方只要邊疆夠遼闊、郊區不擁擠、水平移動容易，這種遊戲就會默默進行下去。

然而基於各種原因，居住接觸的問題越來越嚴重。由於住房普遍短缺，加上大量黑人從南方各州遷出，因此許多地區都出現相當程度的現實競爭。公共住宅計畫（部分由聯邦政府支持）的擴展也衍伸出另一項議題：運用公共基金來實施種族隔離是否**合法**。一九四八年，美國最高法院裁定不得依法強制執行「限制性合約」，即土地所有者不得禁止東方人、黑人、猶太人等少數群體使用或擁有其不動產，這導致前述議題變得更加尖銳。

所有情形都指向一個問題：相較於住宅隔離（少數群體的居住區域被區隔開來），住宅混合（少數群體跟主流群體混居在相同區域）實際上是增加或減少偏見？無論出於強制或自願，住宅隔離都意味著其他諸多方面的隔離，例如：孩子就讀的學校大部分、甚至全部學生都是所屬群體成員；商店、醫療機構、教堂也會自然形成區隔；社區計畫不論在範圍或目的上，都是以族群為中心，而缺乏真正的公民性。這麼一來就很難形成跨族群友誼，甚至根本不可能發生。如果某群體（通常是黑人）被迫住進擁擠的貧民窟，罹患疾病和犯罪的機率就會提升，這在很大程度上導致人們對黑人產生刻板印象，認為黑人天生就是罪犯、傳染病帶原者，而且會讓房產貶值。這些問題都是**住宅**隔離造成的結果，卻被錯誤地歸因為**種族**特質。

住宅隔離顯著提高了少數群體的可見性，導致該群體看起來比實際上更龐大、更有威脅。哈林區是世界上規模最大、最密集的黑人聚集區，但那裡的黑人不及紐約總人口一〇%。如果那些黑人分散在城市各處，就不會被視為危險且不斷擴張的「黑人帶」。

隔離區的邊界可能會出現嚴重衝突，這個交界處也最容易發生族群暴動（見第4章），尤其當少數群體占據的區域隨著不斷增加的人口壓力而擴大。社會心理學家克萊默曾深入研究芝加哥南區的黑人帶問題，並發現白人的態度跟黑人「入侵」的迫切程度有關。[11]

> 克萊默將芝加哥南區劃分為五個區域，區域一就在黑人擴張活動範圍的邊界，區域五則是距離黑人帶較遠的地方（二、三英里處）。從表9可以看出，距離黑人擴張活動範圍越近，就有越多人主動表達對黑人的敵意。
>
> 表10則呈現出「社會知覺」的有趣趨勢。區域一的居民會遇到較多黑人，卻較少抱怨黑人骯髒或有傳染病，而區域五的居民跟黑人之間幾乎沒有能夠增進了解的接觸，卻更常出現對黑人的刻板印象。另一方面，區域一的居民要面對更現實的問題：如果孩子們一起玩耍會發生什麼事？異族相戀和通婚的機率絕對會增加，考慮到社會輿論和現實殘酷，這樣的結合很有可能帶給孩子們痛苦（參考第14章注釋24的案例）。區域五的

	區域一	區域二	區域三	區域四	區域五
居民主動表達反黑人情緒的百分比	64%	43%	27%	14%	4%
總人數	118	115	121	123	142

表9　五個區域的居民主動表達反黑人情緒的比例（引自克萊默）

	區域一	區域二	區域三	區域四	區域五
黑人很骯髒、有傳染病、體味重，讓人不想跟他們接近或來往	5%	15%	16%	24%	25%
不希望孩子跟黑人來往，害怕社會混合及異族通婚	22%	14%	14%	13%	10%

表10　居民自述不願與黑人為鄰的理由比例

居民則很少擔心異族相戀和通婚問題，因為在該區域，黑人和白人兒童沒有機會接觸。

克萊默的研究顯示，主流群體把「**趨近性**」的居住接觸視為威脅，而其對少數群體的抱怨和感知會隨著威脅的迫切程度（或距離）而不同。

除了住宅隔離模式，有些地區也施行住宅混合模式。拜公共住宅快速發展所賜，我們偶爾會發現兩種不同的模式在類似環境中實行，這讓社會科學家非常振奮，因為如此就可以找到社會文化、經濟和人口學因素幾乎相同，但只有住宅模式不同的兩個地方，並進行比較研究。接下來會呈現其中三項重要研究的綜合結果。[12]

研究者們首先發現，當黑人和白人來自同一個經濟階級、通過同樣的標準被選為房客，並且享有相同的住房品質，那麼兩者對待房產的態度是一樣的，在支付房租的習慣上也沒有差異，都一樣可靠。

其中一項研究顯示，住宅隔離區和住宅混合區的白人居民原本都對黑人抱持相同態度，但被問及對於「跟黑人住在同一棟建築物」的看法，兩者就有明顯差異：住在全白人公寓的白人中，七五%表示「不能接受」，而實際住在混合公寓的白人中，只有二五%不能接受。

特別有趣的是「社會知覺」上的差異。一項研究分別詢問住在全白人公寓（該住宅區的黑人被區隔在全黑人公寓）和混合公寓的白人：「住宅區裡的黑人和白人是否差不多？還是有所不同？」表11呈現了不同住宅模式的白人居民對此問題的

	住宅混合區	住宅隔離區
沒有差異	80%	57%
有差異	14%	22%
不知道	6%	20%

表11　不同住宅模式的白人對於「住宅區裡的黑人和白人是否有所差異？」的回答[13]

反應。

比起跟黑人住得較遠、接觸較少的白人，跟黑人有密切接觸的白人所知覺到的差異較小。

上述研究也揭示了現象學上的差異。當被問到黑人的主要缺點是什麼，住在住宅隔離區的白人往往會提到較具攻擊性的特質，像是經常鬧事、暴力又危險。而生活跟黑人有密切關聯的白人則提到截然不同的特質，例如自卑感、對偏見過度敏感。在實際接觸之前，白人對黑人的看法受到恐懼心態影響，但在實際接觸之後，白人就轉變成以友善、關心黑人「心理健康」的角度來看待黑人。[14]

這些研究證據都清楚顯示，相較於住宅隔離區的白人居民，跟經濟階級相當的黑人比鄰而居的白人整體上較友善、對黑人較沒有恐懼感、偏見也較少。

不過就跟所有廣泛結論一樣，上述說法要在特定前提下才會成立。光是住在一起還不夠，關鍵因素在於群體之間的**互動**形式。最重要的是，白人和黑人是否能共同積極參與社區事務？是否有共同加入家長教師聯合會或社區組織，一起改善各種在地問題？社區中是否有經驗豐富的領導人物，能夠有效帶領大家打破沉默、消除彼此疑慮？住宅混合模式不會讓偏見問題自動消失，最多只是創造機會讓不同群體彼此友善接觸，並形成正確的社會知覺。

另外還必須考量住宅混合區的黑人人口密度。白人家庭和黑人家庭要達到何種比例才能創造出最佳互動情境？如果黑人家庭只占其中五％或一〇％，就很有可能被忽視，因而在心理上感到孤立。

上面引用的三項研究都認為，不能機械式地看待住宅模式，重要的是住宅模式所提供的鄰里接觸機會。也許在一個住宅單位或街區裡，透過「團體合作」來刺激不同群體間的友善接觸，會達到最好的成效。但在缺乏相關證據的情形下，目前只能說，在黑人比例不小的住宅混合區，也許最有可能達到理想的鄰里關係。

有些人認為黑人寧願跟自己人聚集在一起，所以排斥住宅混合模式——這樣的想法完全錯了，亞隆森（S. Aronson）一項未發表的研究也反駁這種觀點：

在一個只有黑人居住的住宅隔離區，亞隆森詢問該區域的黑人居民：「如果你家隔壁的公寓空出來，你希望什麼樣的人成為你鄰居？如果搬進去的是白人家庭，你會介意嗎？」全部的黑人都表示不介意。但是當住宅隔離區的白人居民被問到類似問題，卻有七八%白人表示不願意跟黑人當鄰居。

我們可以肯定地說，並不是黑人，而是白人想要（或以為自己想要）在住房等面向上實行種族隔離。如同前述研究所發現的，一般來說，約四分之三白人不希望自己家隔壁住的是黑人。因此，政府若提出住宅混合計畫的政策，可以預期會遭到白人抗議。

不過研究也顯示，如果基於某種原因（也許是住房短缺或低租金的誘惑），白人必須跟黑人住在同一個區域，一段時間後白人的態度就會變得較和善。下面例子就是很典型的情形：

> 美國東部一所女子學校的校長室在開學典禮上午，走進兩名怒氣沖沖的訪客，她們是來自南方的學生，因為發現宿舍寢室被分配到一名黑人室友，於是要求校方讓那名黑人學生搬出去。校長想了一下，然後回答：「我們學校的規定是，一旦每年宿舍床位分配好之後，就不能再更改。不過這次可以破例，如果妳們願意的話，可以搬出去，另外找地方住。」兩名女學生吃了一驚，在她們的認知裡，該搬走的是黑人才對。後來她們沒有搬出去，一開始氣氛雖然有點僵，但很快地，她們對黑人室友的敵意降低了，在學期結束時還變成了好朋友。

看來，住房管理局在推動住宅混合政策時，不需過度在意抗議聲浪，因為根據經驗，不滿情緒通常會隨時間而平息，群體之間最後也會發展出友好關係。

總而言之，不同群體若各自居住於不同區域，這種情形下的接觸就會加劇雙方之間的緊張對立；反之，住宅混合政策透過增進彼此的熟識和了解，進而打破群體間的障礙，促進雙方有效溝通。當群體間不再有隔閡，錯誤的刻板印象就會減少，原本因恐懼和自我中心思維所產生的敵意也會消失，人們會用更貼近現實、更理性的角度看待對方，最後通常會形成一段美好的友誼。然而與此同時，親密關係中存在的任何現實阻礙也會浮上檯面。一項研究顯示，住宅混合區的居民更能覺察到黑人過於敏感的防備心理。此外，生活在住宅混合區的青少年和青少女更有可能發生異族通婚的情形，這也讓家長和當事人陷入艱難的處境。

儘管如此，理解種族關係的真正問題已經是很大的收穫。雖然問題還是很棘手，但消除了無關的刻板印象和自我中心思維造成的敵意之後，就更有可能解決那些難題。在這層意義上，廢除居住隔離制度對於改善種族問題有很大的助益。

在工作場合的接觸

多數黑人以及其他有些少數群體的成員往往從事較卑微的工作，領著微薄薪水，位居社會底層。黑人通常擔任僕人、警衛、工人，而不是主人、經理或領班。[15]

越來越多證據顯示，職業地位上的差異是產生及維持偏見的主動因素。

> 心理學家麥肯琪（Barbara Kruger Mackenzie）針對退伍軍人所做的研究發現，他們之中有些只接觸過缺乏特殊專長、從事勞動工作的黑人，這樣的退伍軍人中只有五%對黑人持友善態度；另外，有些在軍外接觸過有一技之長或從事專業工作的黑人，還有一些在軍中曾跟專業技能和自己相當的黑人共事，這樣的退伍軍人中則有六四%對黑人態度友好。[16]

同一項研究也發現，曾在軍工廠工作的大學生在態度上也有類似的顯著差異。有些大學生雖然見過專業、白領階級的黑人，但只有跟職位較低的黑人共事過，這些大學生之中僅一三%對黑人態度友好；而曾跟職位相當或較高的黑人共事的大學生中，有五五%對黑人友好。同樣值得注意的是，該研究更發現，人們若是見過從事**專業**工作（如醫生、律師、老師）的黑人，相較於沒有這種經歷的人，前者較不會對黑人產生偏見。

在二十世紀中期，美國政府成立了公平就業委員會（Fair Employment Practices Commissions），以消除工商業界的種族歧視。該組織是依據小羅斯福的行政命令設置，原本只是戰時的臨時措施，而二戰後，立法重設該委員會一直是國會中備受爭議的民權措施。同時，幾個州別與城市也依法設立了自己的公平就業委員會。

然而，頒布《公平就業法》並不會讓歧視自動停止。反之，需要對雇主進行大量「心理建設」，讓雇主確信自己的企業或組織不會受到更自由的就業環境所影響或破壞。根據經驗，公司不能只安排少數群體從事低階工作，最好也要讓少數群體擔任高階職位，以免員工抱怨：管理階層自己不能忍受跟少數群體共事，卻逼迫工廠或辦公室職員接受。兩名經驗豐富的仲裁員表示：「聰明的人事主管為了讓公司的反歧視計畫能夠順利進行，總是會率先聘用一名黑人在自己的部門或管理部門上班。」[17]

上一節提過，人們對於即將發生、或可能發生的居住接觸通常會相當反感，但實際接觸後，反對情緒就會下降。在工作上的接觸也是如此，當管理階層表示將聘用少數群體成員（尤其是黑人），就會引發員工的口頭抗議、威脅罷工或其他抵制行動。如果以民主的方式，讓大家投票決定是否要雇用黑人作為速記員、店員，或允許他們加入工會或專業組織，結果通常是否定的，而負責招聘的行政人員通常會覺得「必須服從多數」。

有趣的是，如果沒有事先討論就直接雇用少數群體，通常只會引發短暫騷動，很快地，大家就會順其自然地接受新的聘雇措施，且一旦發現新人的優點，就會予以包容和尊重。[18]

一項針對船員的研究顯示，白人船員起初強烈抵制黑人參與航運，也反對讓黑人加入全國海事工會（National Maritime Union）。在這個特殊案例中，果斷的領導者大力推動反歧視政策，並透過教育運動、呼籲團結而讓大家接納黑人。不久後，大家就接受了這項**既成事實**，而且隨著跟黑人平等共事的時間越久，白人船員對黑人的態度就越友善。[19]

姑且不論「民主討論」和「強迫接受既成事實」的做法孰優孰劣，但有必要討論其中涉及的心理因素。正如第20章將提到的，大多數人對於自己的偏見都有著雙重心態，通常第一個反應就是順應偏見，何苦要跟黑人、猶太人等不受歡迎的少數群體共事，徒增不必要的煩惱。但這種態度往往會引發些微羞恥感，尤其大部分美國人認為公平競爭和機會平等才是正確的傳統價值。正因如此，在最初的不滿之後，大家通常都會接受「高層」（如公平就業委員會、最高管理階層、董事會等）強硬而直接的指令。「**既成事實**」若是符合人們的良知，通常都會被接受，第29章會進一步討論這項重要原則。

總結來說，在工作上接觸職位**相當**、或**較高階**的黑人將有助於減少偏見。管理階層應該帶頭打破歧視，才能在雇用黑人時將摩擦減到最低。同樣，堅定的政策也能夠消弭最初的抗議聲浪。不過由於相關研究不多，目前還不太確定同樣原則是否適用於黑人以外的少數群體，但在缺乏反證的情形下，可以假定邏輯是一樣的。

追求共同目標

雖然在工作上的接觸似乎能有效減少偏見，但就跟其他類型的接觸一樣，都存在著既有限制。人們可能會認為特定情境下的接觸是理所當然的，但不會類推到其他情境。比方說，人們遇到黑人店員時也許能平等以待，但心中還是懷著反黑人偏見。[20] 簡而言之，地位平等的接觸可能會導致一種抽離、或高度特異性的態度，而不會改變個人固有的感知和習慣。

因此關鍵在於，要有效改變偏見，就不能只停留在表面接觸。接觸的形式必須能夠讓大家共同**做**一件事，才可能改變態度。就好比運動隊伍中可能有各種族群的成員，但對這支隊伍來說目標才是最重要的，團隊是由哪些族群組成一點也不重要。正是為了達成目標而合作奮鬥，隊友之間才會培養出團結一致的向心力。同樣，在工廠、社區、住宅區和學校裡，群體之間的共同參與和共同利益會比地位平等的接觸更能有效打破藩籬。

美軍資訊及教育研究局（Research Branch of the Information and Education Division）在戰時的一個案例，為上述原則提供了鮮明的例證。[21]

> 雖然根據美軍政策，不可能出現白人和黑人士兵混合編隊的情形，但隨著戰爭越來越激烈，有時必須派一隊黑人士兵代替一隊白人士兵，因此黑人士兵就被安排到白人連隊中。雖然這樣的混編仍有一定程度的種族區隔，卻促使黑人和白人為了攸關生死的共同目標而**平等地並肩作戰**、**密切接觸**。在新的混編體制實施之後，研究局依照「跟黑人士兵接觸的程度」將白人士兵分成四組，並分別詢問了兩個問題：
>
> 問題一：有些陸軍連隊包含白人和黑人士兵，如果你所在的連隊正好是這樣的混合編隊，你會怎麼想？
>
> 問題二：整體而言，你認為白人士兵和黑人士兵混合編隊是好還是壞？

表12顯示，比起從未跟黑人並肩作戰者，在戰爭中跟黑人同袍關係較緊密的白人士兵，對黑人的態度也較友善。

然而研究人員也提出兩點限制：第一，這樣的結果可能只會出現在戰爭等極端情況下，因為這時人們是生死與共的命運共同體，必須共同努力才能夠存活。這一警告是合理的，雖然在其他領域也證實了共同參與的確能夠降低偏見。第二，這項研究涉及的黑人士兵全都是「自願」加入混合編隊，他們可能急於建立功勳或展現自己的作戰能力，這種選擇性樣本無法代表全部黑人士兵，因此，該研究無法確認其他黑人士兵是否也能夠獲得白人同袍的尊重。

另一位學者針對白人和黑人在戰爭時期的團結一致如此評論：

> 如果白人和黑人躲在同一個彈坑裡，他們會互相分享食物和水，一起戰鬥到最後一刻。如果其中一人受傷，另一人就會冒著生命危險把對方抬出去。但前提是彈坑要夠大，足以容納他們倆。[22]

上述評論提醒了我們，雖然有明顯的共同利益，然而群體間的團結合作還是有一定限度。這點無疑正確，但在極端情況下，族群**內部**的團結程度也是有限的。

善意的接觸

美國在經歷過一九四三年幾場嚴重的種族暴動之後，許多州和城市紛紛成立對抗偏見的官方機構。這些機構大多是由社區裡具有聲望的市民組成，包括該地區的少數群體代表。雖然有些機構的努力相當具有成效，但也有些機構被諷刺為「市長的無所事事委員會」，其中的成員往往太忙、受過的訓練太少，因

戰時跟黑人士兵接觸的程度	問題一回答「非常不願意」的比例	問題二回答「好主意」的比例
只待過全白人士兵的野戰部隊	62%	18%
跟黑人士兵同一師，但不同團	24%	50%
跟黑人士兵同一團，但不同連隊	20%	66%
跟黑人士兵同一連隊	7%	64%

表12　白人士兵在戰時跟黑人士兵的接觸經驗以及對黑人的態度

此除了譴責偏見之外，毫無任何實質作為。

除了官方機構之外，還有數百個由民間發起的非官方團體，但大部分民間團體並不知道該如何推動反歧視計畫，於是在白忙一場之後就解散了。當一個組織不知道該採取什麼行動，所引發的失望情緒會導致社區成員爆發內鬨，最後的情況可能會比之前更糟。

從心理學的角度來看，機構或團體的失誤在於缺乏明確目標和清楚的工作重點，畢竟沒有人能夠在抽象層次「改善群體間的關係」。沒有具體目標的善意接觸是徒勞無功的，人為誘導的尊重並不會改善少數群體的地位。有則故事是關於一名好心的女士策劃了一場跨種族茶會，當客人到來時，她堅持要不同種族的客人穿插入座，白人女士身旁一定要坐黑人女士。當然，這是一場失敗的茶會。

不過，我們不應該太苛責人們為了展現友好所付出的努力。不同群體的人一起付諸行動來改善社區裡的偏見、修復群體間的關係，這是很好的開端。本書的觀點是，這樣的努力必須在健全的領導下進行。美國跨文化教育先驅杜波依絲（Rachel Davis DuBois）提出的「社區嘉年華」（neighborhood festival）方案，已成功運用於各地。[23]這個方法會喚起所有參與者的兒時回憶，亞美尼亞人、墨西哥人、猶太人、黑人、白人……等各個群體的成員都被邀請分享對於秋天或新鮮麵包的回憶，以及童年的快樂和期待，甚至是受懲罰的經驗。幾乎任何一個話題都會引發所有族群的共同（或相似）價值觀，如此便奠定了熟悉的基礎。接下來，大家就可以逐步訂定改善社區關係的計畫，並且為了共同目標而通力合作，這樣才能夠強化與落實彼此釋出的善意，而不至於讓善意淪為虛幻的美夢。

性格差異

從本章引用的研究可以看出，「接觸」無法讓**所有**個體都減少偏見，就算是為了共同目標的平等接觸，也無法達到百分之百的成效。原因在於，某些人格特質會抵消接觸效應。發展心理學家穆森（Paul Henry Mussen）的研究闡明了這一事實。[24]

該研究的受試者是八至十四歲的白人男孩，約一百人，他們在混合營隊中跟一群黑人男孩共同生活了二十八天，一起吃飯也一起玩耍。研究人員在營隊開始的前一天和最後一天，都以間接的方法評估受試者的偏見程度，例如：讓每個人觀看十二張男孩臉孔的照片——其中八張是黑人、四張是白人，並判斷是否願意跟照片中的人一起去看電影；或是用其他方法衡量受試者對白人男孩和黑人男孩的態度（喜歡或排斥）。任何評估都沒有直接涉及白人和黑人的關係，也沒有討論個人感受。

二十八天的密切接觸結束之後，研究人員除了再次評估受試者的態度，還評估了他們的人格特質，尤其是整體攻擊性，以及看待父母和所處環境的方式。

大約四分之一的白人男孩在營隊結束後，偏見明顯降低，但也有約四分之一的白人男孩其偏見明顯增加。

整體而言，偏見**降低**的男孩具有下列特質：

- 攻擊需求較少
- 對父母的看法大致正面
- 不認為家庭環境充滿敵意或威脅
- 不擔心表現出攻擊性之後會遭到懲罰
- 對營隊和同伴大致滿意

另一方面，偏見**增加**的男孩其特質如下：

- 有較高的攻擊和支配需求

- 對父母較具敵意
- 認為家庭環境充滿敵意和威脅
- 渴望反抗權威，卻又害怕因此遭受懲罰
- 對營隊和同伴較不滿意

由此看來，焦慮且攻擊性高的白人男孩無法在平等接觸黑人男孩之後形成包容態度。對他們來說，生活似乎充滿威脅，家庭關係也殘破不堪。或許是他們性格上的缺陷，使其無法從「平等接觸與了解黑人」的過程中獲益，仍**需要**代罪羔羊來發洩自己的攻擊衝動。

小結

因此結論似乎是：「接觸」屬於情境因素，無法完全克服偏見中的個人因素，尤其當個體長期承受過大的內在壓力，便無法從外在環境結構中獲益，其態度就更難改變。

然而，針對一般人的正常程度偏見，我們可以綜合本章的主要發現，合理做出下列推論：

在主流群體和少數群體追求共同目標的過程中，雙方的平等接觸有助於降低偏見（除非個體的偏見已深植於人格結構中）。制度層面的支持（即受到法律、習俗或當地社會氛圍認可），以及促使不同群體的成員意識到共同利益與共同人性，都會顯著提升「接觸」效應。

第五部

人如何習得偏見

沒有人帶著偏見來到這世界上。
我們之所以習得偏見，多是為了滿足自己的需求。

第17章 從眾

有些人如此定義「文化」：它為生活問題提供了現成答案。只要「生活問題」涉及到群體關係，文化提供的答案就很有可能帶著族群中心色彩，這是很自然的現象，每個族群都傾向強化內部連結，讓自己在黃金時代的輝煌傳說永世流傳，並宣稱（或暗示）其他族群都比不上自己，這樣的現成答案有助於維持族群的自尊和存續。以族群為中心的思考習慣就像是祖母的家具，有時受人尊崇與珍視，而更多時候只是被視為理所當然的存在。它偶爾會與時俱進，但大多時候是一成不變地傳承下去。它的存在具有特定功能，就像家一樣讓人安心自在，因此是美好的。

從眾及其功能意義

現在我們面臨的重要問題是，「從眾」究竟只是表面現象，或對從眾者而言具有深層功能意義？這只是表淺的行為，或反映了更深刻的東西？

答案是：人對文化傳統的順從有著不同的深淺程度。我們有時幾乎是無意識地依循習俗，或只有淺層認同（例如靠右行走）；有時認為某種文化型態對自己來說格外重要（例如擁有財產的權利）；有時則特別珍視文化所傳遞的生活方式（例如隸屬於某個教會）。從心理學的角度來看，人在習慣性的從眾行為中，有著不同程度的自我涉入（ego-involvement）。

下列引用自《美國士兵》（*The American Soldier*）的研究，清楚呈現出人在順從族群中心傳統時，兩種不同程度的自我涉入：[1]

在戰爭期間，大批自願入伍的空軍士兵被問到兩個問題：一、「你認為空軍地勤部隊應該由白人和黑人混合編組，還是分開編組？」大約**五分之四**的士兵贊成分開編組，即支持種族隔離制度。二、「你個人是否願意跟黑人士兵在同一支地勤部隊？」約**三分之一**的北方白人和**三分之二**的南方白人表示「不願意」。考量到樣本中北方士兵和南方士兵的比例，我們可以合理地說：「顯然在支持種族隔離制度的士兵中，約**半數**的人本身並不排斥跟黑人士兵共事。」如果這一數據反映了族群中心主義的整體現象，那我們就可以推論，**約半數持有偏見態度的人僅僅是為了順應傳統、維持現狀，以及保持既有的文化模式**。

不過，另外半數持有偏見態度的人就不只是順應傳統了，而是明顯有著更深層的動機——該動機對個人而言具有功能意義。這些人「本身不願意」跟黑人共事，對他們來說，「現狀」不只是武斷的習俗或慣例。事實上，純粹從眾的人會說：「我幹嘛要當反對現狀的那個人？」而抱持功能性偏見的人則會說：「種族隔離的習俗對於維持我的生活秩序來說太重要了！」

當然，這並不表示任何偏見都可用二分法歸類、不是「純粹從眾」就是有「功能意義」。如圖12所示，所有偏見都可能在一定程度上混合了前述兩種心理因素，因此應該視之為連續光譜，兩端分別是「純粹從眾」和「功能意義」，而每個偏見都可能落在這個連續光譜的任何位置上。[2]

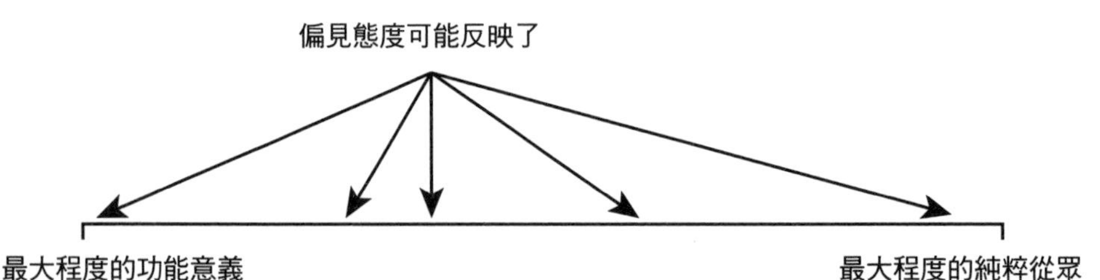

圖12　偏見態度中自我涉入程度的連續光譜[3]

社交門票

許多從眾者不過是為了避免場面難堪，並沒有更深層的動機。他們發現身旁的人都有偏見，只好表面上跟著附和。何必強出頭？何必挑戰既有的社群模式？只有死腦筋的理想主義者才會沒事惹一身腥，人云亦云總好過引來眾怒。

一名崇尚和平（與利益）的雇主拒絕聘用黑人店員，並表示：「畢竟這樣做會有風險，我幹嘛要當第一個，我得考慮客人的心情。」

前面提到支持種族隔離制度的空軍士兵中，很多人也只是出於同樣的表層動機。

許多從眾型偏見是「不失禮貌、無害的」偏見。非猶太人在閒聊時經常會穿插一、兩句指責猶太人的話，而大家會同意地點點頭，然後繼續下一個話題。共和黨人在交談時也會批評民主黨政府，藉此引發共感，反之亦然。同樣地，在美國許多城市，當人們不知道要聊什麼，挖苦愛爾蘭政客通常是既安全又能帶來共鳴的話題。在談話中批評特定群體就跟咒罵天氣一樣，隨意而沒有實質意義。

這樣的閒聊——如果確實沒有隱含更深層的意義，可說是**客套**交談，只是為了避免沉默和象徵社會團結。

當然，有些從眾行為則牽涉到更重要的利害關係：

一名家境貧困的女孩考上一所私立學校，同學幾乎都來自有錢人家。她為了融入那些「貴族學生」，只好開始附和她們對學校裡一、兩個猶太女孩的偏見。在此案例中，她主要是基於個人的安全需求，才表現出從眾行為。

任何人都不願意被主流群體排擠，尤其是青少年，甚至還會受別人的語氣影響而向多數靠攏。一名大學生如此回憶在預備學校的第一天：

有個年紀略大的男生提到另一個同學時說：「你難道不知道哈利是猶太人？」我以前從來沒接觸過猶太男孩，也不在乎哈利是不是猶太人，他看起來蠻親切的。但那個男生的語氣讓我覺得最好不要跟哈利當朋友，之後我就刻意避開哈利。雖然我不明白大家為什麼要討厭猶太人，但還是慢慢接受了這種偏見。奇怪的是，我竟然開始對哈利有點反感，但我並沒有跟哈利或其他猶太人有過不愉快的經驗。

有趣的是，那名大學生接下來又指出，對學校裡的任何男孩來說，這種偏見幾乎跟個人經驗無關，也就是說，幾乎不存在功能意義。

這些男孩在經濟上都安全無虞，年紀都在十七歲以下，因此不太需要在意社會名望，而且成績都跟哈利一樣出色，也沒有遭受重大挫折，所以不用尋找代罪羔羊。他們只是有著不理性的既定偏見，連自己都解釋不了、也擺脫不掉。這樣的態度無非是受到家庭影響，但他們為什麼要這麼做？對他們來說到底有什麼好處？

接下來會討論到，為何孩子會帶著既定偏見，即使該偏見對他個人而言沒有具體的功能意義。不過，我們先來看一個服從文化規範的極端例子，其中涉及的偏見對當事人來說具有高度功能意義。

精神官能型的極端服從

發生在奧斯威辛集中營的事，至今依舊讓人難以置信。這起事件堪稱殘酷的極致，自一九四一年夏天至二戰結束，約兩百五十萬名男女老幼在那裡慘遭殺害。每天有高達一萬名受害者被送進二十四小時運轉的毒氣室和焚化爐，其中大多是猶太人。這場精心策劃的種族滅絕行動，就是希特勒所謂的猶太人問題的「最終解決方案」。受害者的金牙和金戒指被融掉、重新鑄成黃金，然後運送到德意志帝國銀行（Reichsbank），女性的頭髮則被剪下來回收利用並販賣。

集中營的指揮官──四十六歲的霍斯上校在紐倫堡審判中坦承了各種罪行。[4] 霍斯表示他在一九四一年夏天，受到黨衛隊最高指揮官希姆萊（Heinrich Himmler）召見，並被告知：「元首已經下達猶太人問題的最終解決方案，我們必須執行他的指令。考量到運輸和隔離之便，我選擇在奧斯威辛進行這件事。接下來，這項艱鉅的任務就交給你了。」

當被問及接到如此殘忍的命令時的心情，霍斯表示沒什麼感覺，當時只有回覆希姆萊一聲「遵命」，然後就順從地展開了無止盡的屠殺，完全只是因為兩位長官──希特勒和希姆萊命令他這麼做。當被追問慘遭殺害的猶太人是否罪有應得，霍斯忿忿不平地表示這個問題毫無意義，「你不明白嗎？這不是我們黨衛軍應該考慮的，我們根本沒想過這個問題。」另外，這在當時是那麼理所當然，他說：「我們從來沒有聽到不同聲音……無論《衝鋒報》或其他訊息來源，都是這樣告訴我們。就連我們接受的軍事訓練和意識形態，都讓我們認為必須保衛德國、阻止猶太人的威脅。只有在一切都崩毀之後，我聽到來自四面八方的說法，才開始意識到這樣做好像不太對。」

霍斯把「服從上級命令」置於一切之上，認為其重要性高於《聖經》十誡，高於對人的悲憫，高於理性邏輯。他提到：「不用說，成天看著堆積如山的屍體、聞著燒焦的味道，並不是很愉快的事。但希姆萊已經下令了，甚至解釋這麼做的必要性，我真的從來沒有多想這件事是否正確，它似乎勢在必行。」

霍斯的行為屬於極端服從的案例，甚至已經達到精神官能症的程度，他的忠誠和服從勝過了所有理性和仁慈的力量。霍斯性格中有個重要特質，就是狂熱地遵從納粹信仰和元首的命令，即強迫性服從（compulsive obedience）。但霍斯並不是瘋子，許多黨衛軍都會毫不猶豫地做同樣的事。這個案例只說明了，狂熱的意識形態可能會導致偏執的服從，其程度令人感到荒謬不已。

文化中的族群中心主義核心

較不極端、且較普遍的從眾形式，則是刻意維持特定的族群中心主義信念，以作為文化的重要部分。任何人只要接觸到這樣的信念，或多或少都會受其影響，世界各地的「白人至上」主義就是一種族群中心主義的核心主軸。

早在一個多世紀以前，托克維爾就探討過美國南方文化的這項特點，並指出廉價的優越感似乎是主流群體的特徵：

> 在美國南方，再窮困的白人家庭裡都有奴隸。某種程度上，南方各州的白人公民一出生就是家裡的統治者，他們在生活中獲得的第一個觀念就是自己天生有權力命令別人，養成的第一個習慣就是別人不得違抗自己的指令。他們接受的教育讓他們養成傲慢、輕率的性格，且暴躁易怒、急於滿足自己的慾望，因此無法忍受挫折，一旦失敗就會垂頭喪氣。[5]

一個多世紀後，史蜜絲針對同樣主題也寫了一篇文章，描述許多南方家庭仍然依循「白人至上」原則來教育孩子：

我不記得自己如何、以及何時學會上帝是愛的源頭，祂的兒子——耶穌是來賜給世人更豐盛的生命，而所有人都是兄弟姐妹，有著共同的天父。但同時，我也學到自己比黑人優越，所有黑人都該認清自己的身分地位，並且安分守己，就像男女兩性都有既定的地位，不容改變。在南方，如果我平等地對待黑人，那將會引發可怕的災難……[6]

兒童教養並非族群中心主義的唯一施力點，下列事件表明了，即使在法庭上，刻意訴諸族群中心主義也能提升群體凝聚力：

一九四七年，南卡羅萊納州有二十八名白人被控以私刑處決一名黑人。幾名嫌犯坦承了罪行，而辯護律師必須設法讓陪審團忽視這件事實。這並不困難，儘管在法官嚴厲的目光下，律師無法直接引入種族問題，但他還是千方百計地呼籲南方白人團結起來，共同捍衛白人至上的地位。律師朝著陪審席低聲說道：「我知道各位都是南卡羅萊納州的好公民，因此我們都能夠相互體諒。」他繼續勸誘：「如果各位放過這些男孩，南卡羅萊納州的公民都不會責怪你們。各位不應該給這些男孩定罪。」最後陪審團宣布被告無罪，又一名黑人被處以私刑卻沒有獲得正義。

並非只有美國人才會刻意維持內團體的優越感，我們可以從下列中國學生的敘述中，看到中國的老師和父母是如何共同培養出孩子的內團體主義：

為何中國經歷了無數次國家危機，卻仍然屹立不搖？中國人堅信，是祖先傳承下來的偉大哲學拯救了這個國家。無論過去、現在或未來，中國文化及文明永遠都是東方之光。孫中山（中華民國的創立者）少年時曾拒絕在祖先牌位前跪下，於是受到老師嚴厲指責。儘管孫中山的父親是村子裡的長老之一，那位老師還是聯合村子裡的居民將孫中山趕出家鄉。

該學生還表示，她成長的環境氛圍使她對美國傳教士產生嚴重偏見，不理解傳教士為何要強迫一個更古老、更優越的文明接受他們的生活方式：

我一直對美國傳教士懷恨在心，甚至也開始仇視美國。每當美國朋友興奮地告訴我，他們的親戚或熟人在中國傳教，我總是非常冷淡地回答「喔」。

這名學生進一步提到，人們之所以會形成隔閡，不僅是為了排斥其他種族或國家，也為了排斥其他地區和階級的人：

在中國，人們普遍認為北方人的教育程度比南方人高，所以我們上海人瞧不起廣州人。古代智者說過：「讀書人有著穩固的威望和優越性，才會成為僕役階級的主人。」在中國，由於都市人大多受過教育，因此我們從農村雇用僕人，且因為他們在農村長大而鄙視他們。

由此看來，中國人被刻意灌輸的觀念不僅導致他們對西方國家和其他東方國家產生偏見，也讓他們對自己國家裡的南方人、鄉下人和低教育程度者產生偏見。當然，共產黨政府讓情形變得更複雜，甚至可能修正了這一切。但上述案例還是提供了有用的訊息，因為有人曾說中國是相對沒有偏見的國家！

從眾的基本心理

第3章提過，在地球上的所有社會，孩子皆被認為隸屬於父母所在的族群和宗教團體。孩子由於親屬關係而被期待要繼承父母的偏見，也被期待要跟父母一樣成為偏見的受害者。

上述事實讓「偏見」**看起來**好像會遺傳，似乎跟生理血統有關。既然子女跟父母隸屬於同樣群體，可以想見父母會將其族群態度傳遞給子女，這一過程是如此普遍和自動化，某種程度上好像跟遺傳有關。

然而，態度的傳遞其實是教養和學習的過程，並非遺傳所致。正如先前所討論的，父母雖然有時會刻意將族群中心主義灌輸給下一代，但更多時候是在無意間傳遞了這樣的態度。下面節錄的文字呈現出，在孩子眼中這一過程是怎麼發生的：

> 我記得自己很小的時候，就會憎恨任何反對我父母看法和感受的人。我父母經常在晚餐時提到那些人，我認為是父母表達自己的信念、譴責對立者時的自信神情影響了我，讓我深信他們無所不知、無所不能。

年幼的孩子很可能認為父母是全能的（因為父母似乎能做到任何孩子還在摸索或做不到的事），既然如此，孩子難道不會效法父母做出同樣判斷？

有時家族裡還有其他無所不知、無所不能的親戚：

> 在我六歲左右，曾祖父跟我們住在一起，他特別仇視南方人和愛爾蘭天主教徒。我不斷聽到曾祖父咒

罵那兩個群體之後，就確信他們一定很惹人厭。

父母的態度有時會夾雜著包容與偏頗的觀念，而孩子會照單全收：

我父親是牧師，從他身上我學到一個觀念，我們所討厭的從來都不是「人」本身，而是對方的缺點，例如自負。父親也告訴我，天主教徒經常有某些缺點，像是迷信。

下面案例則顯示孩子直接繼承了父母的偏見態度：

我對猶太人的偏見源自我父母對猶太人的態度，我父親在生意上跟一些猶太人有過很不愉快的經驗，讓他一直懷恨在心。我也會離天主教女孩遠遠的，因為我聽父母說過，如果每個人都皈依天主教，世界就會變得亂七八糟。

孩子也會從家庭和鄰里氛圍中學到包容態度：

每個孩子都必須服從所屬群體才能獲得接納。在我成長的社區和家庭中，服從所屬群體並不代表仇視其他群體，所以我沒有學到偏見。

如果從達爾文式的角度來看，或許這類從眾行為都具有「生存價值」。幼兒必須追隨父母的基本價值觀，否則將陷入惶恐無助，其賴以生存的唯一模式就是父母的模式。如果父母抱持著包容的生活原則，孩子也會具有包容的心；如果父母仇視特定群體，孩子對該群體也會懷有敵意。

這不表示孩子是有意識地模仿父母態度，孩子當然不會告訴自己：「為了生存，我得遵從家裡的模式。」家庭態度的習得是更隱微的心理過程。

其中最常被提到的就是「**認同**」（identification），這個詞雖然籠統，也缺乏明確定義，但可以用來表達「自我與他人在情感上融合」的感覺。有一種形式的認同很難跟「愛和親情」區分。愛父母的孩子很容易喪失自我，並透過父母「重新建構自我」。時時留意父母舉動的孩子，會急切地觀察父母釋出的情緒訊號，再從自己身上映照出父母的模樣。無論在遊戲中或嚴肅的場合，孩子都會複製父母的模式。跟父親形成緊密連結的孩子，無時不刻都在模仿父親。不僅是外顯行為，孩子也會仿效父母所表達的想法——包括對某些人的敵意和排斥。

我們幾乎無法描述這一過程的隱微之處。基本上，「認同學習」似乎涉及肌肉張力或姿勢模仿。假設孩子對父母透露出的訊息高度敏感，當聽到父母談論隔壁新搬來的義大利家庭，就會感受到父母的緊繃、嚴肅，於是自己也變得緊繃而嚴肅（孩子的感知傾向採取動作形式，也就是將其感知到的狀態表現出來）。這樣的緊繃狀態會被父母的言談內容制約而形成聯結，之後孩子只要一聽到（或想到）義大利人，就會有點緊張（初期的焦慮）。這一過程極其隱微而難以言喻。

孩子並不單是因為愛父母而產生認同，就算是在專制威權大過於愛的家庭，孩子也只能把父母當成堅強與成功的榜樣，並藉由模仿父母行為和態度而獲得稱讚及獎勵，就算沒有得到獎勵，也會因為模仿大人而獲得自信。跟父親一樣自負或咒罵、仇視他人，孩子就會覺得自己像個大人。

孩子最容易認同父母的社會價值觀和態度，因為一開始還沒有能力形成自己的觀點，對於超出理解範圍的話題，就只能吸收他人的看法。當孩子初次面對某個社會問題，而不知道該抱持何種態度，就會詢問父母，例如：「爸爸，我們是什麼人？是猶太人還是外邦人？是新教徒還是天主教徒？是共和黨人還是民主黨人？」孩子一旦知道「我們」的意涵，就會欣然接受自己的成員身分，以及該身分應有的態度。

衝突與反抗

「順應家庭氛圍」無疑是偏見最重要的單一來源，但孩子長大後不見得會是父母態度的翻版，而父母的態度也不總是跟其社群中普遍存在的偏見一致。

父母傳遞給下一代的是自己個人版本的文化傳統，他們可能對社群中盛行的刻板印象抱持懷疑，並將這樣的懷疑態度傳遞給孩子；他們也可能擁有一些特定偏見，是所在社群並不具備的。因此，除非孩子在家庭之外學到了社群的典型態度，否則孩子的偏見模式將反映父母加諸在身上的習性。

孩子也會有自己的想法和選擇，雖然在童年早期缺乏反抗的經驗和力量，但仍有可能質疑父母的價值觀和態度。下列案例顯示，即使是六歲孩子，在接受了曾祖父對南方人和愛爾蘭人的偏見之後，也可能會因為刻板印象與現實衝突而產生複雜心情。

> 有一天我跟比爾叔叔正在玩耍，我不小心脫口說出：「不管怎樣，我們都不歡迎你跟你的愛爾蘭朋友住在這條街上。」後來我才難過地得知，我那親切善良的叔叔原來是愛爾蘭人，當時我就認定曾祖父一定是搞錯了，如果比爾叔叔這麼好的人是愛爾蘭人，那他們一定是非常棒的民族。

另一名六歲小女孩也經歷過類似的衝突感受：

> 我母親叫我不要跟隔壁街的女孩當朋友，因為她們的社會地位比較低。我母親還說希望我長大後成為「淑女」，我清楚記得當時聽了非常內疚，因為我之前都表現得不像淑女。但我還是喜歡那群玩伴，也覺得刻意避開她們是很差勁的行為。

從前述兩個案例可以得知，即使是年幼的孩子也可能質疑父母等長輩所抱持的偏見。就算孩子遵從長輩的價值觀，還是可能心存疑慮，且在長大後完全不認同他們的偏見模式。

青春期的孩子有時會以公然反抗的方式拒絕上一代的模式：

> 我在十五歲時開始反抗父母和整個鎮上的社會氛圍，那樣的社會氛圍導致我在孩提時期非常痛苦。如果鎮上的風俗習慣是歧視黑人，我就會去跟黑人交朋友。我還會帶清潔工的兒子到家裡打牌、聽音樂，讓我父母大為震驚。

到了大學階段，孩子通常會開始擺脫從父母身上繼承的偏見：

> 我父母對羅馬天主教徒有很強烈的偏見，他們說教會裡的人都很奸詐，掌握過多政治權力，甚至持有槍火，還在修道院裡做些不道德的勾當。但是我在大學期間重新思考了自己的宗教立場，開始接觸羅馬天主教的神職人員，並且去了解他們的觀點，才發現我先前的恐懼根本毫無根據，現在覺得我父母的成見很可笑。

另一名大學生寫道：

> 我的內心是反抗的，終於掙脫了禁錮我多年的枷鎖——從父親身上學到的階級偏見。有段時期我表現得很極端，會強迫自己接觸各種宗教、種族、階級或抱持不同信念的人。

究竟有多少比例的孩子直到步入成年，都沒有改變繼承自父母的族群中心主義？我們不得而知。或許每有一個徹底改變態度和價值觀的反抗者，就會有幾個從眾者，後者只是稍微修正父母傳授的觀念，以滿足生活的功能需求。可以肯定的是，儘管族群中心主義偶爾會受到反抗，卻還是會一代代延續下去。它也許會被微調，但通常不會被丟棄。

既然家庭是偏見態度最早及最主要的來源，我們就不該對學校的跨文化教育期望太高。一來，學校幾乎不敢跟家長看法作對，以免招惹麻煩。二來，並非所有老師本身都沒有偏見。儘管教會和國家的官方信條都崇尚平等，也無法輕易消除家庭的深遠影響。

當然，家庭的首要地位並不表示學校、教會和國家應該停止實踐或教導民主生活的原則，後者的綜合影響至少可以為孩子樹立次要榜樣。比起不假思索地繼承父母偏見，如果孩子能夠因為家庭以外的教育而質疑既有價值觀，長大後就更有可能成熟地處理衝突。學校、教會和國家可能會產生一些影響，累積起來的效果又可能繼續影響下一代父母。回想一下第12章提過的「消退效應」，相較於一九三〇年代，一九五〇年代的大學生更不願意對其他國家形成刻板印象或貼標籤（第12章吉爾伯特的調查），這無非是家庭以外的教育逐漸影響了孩子或父母。

第18章 幼兒

偏見是如何習得的？第17章已討論了這個重要問題，並指出「家庭影響」是首要因素，且孩子有充分理由接受父母提供的現成族群態度。同時，第17章也提醒了「認同」在早期學習過程中扮演的重要角色。接下來，本章將討論其他影響學齡前兒童的因素。儘管生命前六年是發展所有社會態度的關鍵時期，但不應該認為幼兒期的經歷就是唯一決定因素。雖然孩子可能在六歲時已經形成偏執人格，但並不會完全定型。

為了讓分析和討論更清楚聚焦，應該先區分「**採納**偏見」及「**發展**偏見」。「採納偏見」是指孩子吸收了家庭或文化環境中既有的態度和刻板印象，第17章引用的案例大多屬於這類。父母的言語和姿勢神情，以及透露出的信念和敵意都會傳遞給孩子，於是孩子就採納了父母的觀點。本章和下一章要討論的學習原則將進一步解釋這種傳遞過程是如何發生的。

不過還有另一種教養方式並不會直接將想法和態度傳遞給孩子，而是營造一種氛圍，孩子就會自然**發展**出帶有偏見的生活風格。在這種情況中，父母可能會、也可能不會表達出自己的偏見（但多半都會表達），但關鍵是，父母對待孩子的方式（管教、愛、威脅）會使孩子不由自主地產生懷疑、恐懼和仇恨，而這樣的態度和情緒遲早會轉嫁到少數群體身上。

當然，這兩種不同的學習過程並非完全獨立，父母在**傳遞**特定偏見的同時，也可能**訓練**孩子發展出具有偏見的人格特質。但還是要謹記兩者的差異，唯有透過這樣的分析，才能夠了解偏見學習的複雜心理歷程。

教養方式

目前要討論的，就是已知會助長孩子**發展**偏見的教養方式（暫時不考慮如何習得對特定族群的態度）。心理學家哈里斯（Dale B. Harris）等人的研究，證實了孩子的偏見跟父母的教養方式有關。[1] 研究者首先評估了四至六年級的學生（共兩百四十名）對少數群體的偏見程度，接著將問卷發放給這些學生的母親，調查她們對特定教養方式的看法，之後回收的問卷大多屬於有效問卷。結果相當具有啟發性，相較於沒有偏見的學生的母親，有偏見的學生的母親**更傾向**贊同下列敘述：

- 對孩子而言，學會「服從」是最重要的事。
- 孩子不准違抗父母的意願。
- 孩子不應該向父母隱瞞秘密。
- 比起吵鬧的孩子，安靜的孩子更討喜。
- 孩子發脾氣時，你也要吼回去，讓孩子知道不是只有他會發火。

另外，有偏見的學生的母親發現孩子在玩性遊戲（手淫）時更傾向予以懲罰，沒有偏見的學生的母親則傾向忽略。

總之，研究結果表明，家庭氛圍的確會讓孩子發展出具有偏見的人格特質。更明確地說，在壓抑、嚴厲且苛刻的家庭中，父母的話就是法律，成長於這種家庭環境的孩子日後很有可能對特定群體形成偏見。

我們似乎可以假設，母親在問卷中所表達的教養理念，恰好反映出其實際教養方式。若前述假設成立，就有強烈的證據表明，如果母親採取嚴格管教方式，堅持孩子必須服從，並且壓抑孩子的衝動，那麼孩子就更有可能產生偏見。

上述教養方式會造成何種影響？孩子會保持警戒，也必須小心翼翼地控制自己的衝動。當孩子造成父母不便，或違反父母的規則（就像孩子經常做的那樣），不但會受到懲罰，還會察覺到父母把愛收回，進而感到孤單、脆弱、無依無靠，於是開始時時留意父母的喜好，因為父母有權給予或收回有條件的愛。父母的權力和意願對孩子的生活造成了關鍵影響。

最後的結果是什麼？首先，孩子學會用權力和權威來主導人際關係，而不是信任與包容。接著，孩子形成了社會階級觀念，無法由衷相信人人平等。此外，孩子甚至會質疑自己的衝動，告訴自己不能發脾氣、不能反抗、不能玩自己的性器官，並且必須抵抗內心的邪惡。然後透過簡單的投射（見第24章），孩子開始害怕別人內心的邪惡衝動，擔心自己被暗中算計，進而認為別人的衝動構成了自己的威脅，因此不信任外人。

如果說前面提到的教養方式為偏見奠定了基礎，那麼，相反的教養方式則會讓孩子發展出包容特質。孩子如果無論做什麼都感受到安全與被愛、不會受到父母威權打壓和言語羞辱，就會形成平等和信任的基本概念；由於不需要壓抑，就不太會將自己的衝動投射到別人身上，在人際關係中也比較不會產生懷疑、恐懼或階級觀念。[2]

雖然父母在對待孩子時不會永遠採取同一種管教或關愛模式，但我們還是可以將家庭氛圍分成下列幾種：

- 包容
- 拒絕
- 壓制且冷酷（嚴厲、令人恐懼）
- 專橫且苛刻（期望過高的父母時常挑剔、不滿孩子的表現）

- 忽視
- 溺愛
- 不一致（有時包容，有時拒絕，有時溺愛）

儘管還無法下定論，但拒絕、忽視和不一致的教養風格似乎更有可能導致孩子產生偏見。[3] 研究者指出，持有偏見者在童年經歷家庭爭執或家庭破碎的頻率和比例之高，令人震驚。

> 精神科醫師阿克曼（Nathan W. Ackerman）和社會心理學家賈荷達（Marie Jahoda）曾針對正在接受精神分析、且仇視猶太人的患者進行研究。這些患者大多在童年時期有著不健全的家庭，像是經常爭吵、充滿暴力或父母離異。此外，這些患者的父母對彼此幾乎沒有感情，也很少互相理解、支持，而父母中的一方或雙方更是經常拒絕孩子。[4]

上述研究更發現，父母灌輸的反猶態度並非導致孩子形成偏見的必要因素。雖然患者的父母確實也是反猶主義者，然而研究者對其中的關聯解釋如下：

> 對於父母和孩子皆為反猶主義者的案例，更合理的假設是，父母的情緒特質營造了一種心理氛圍，讓孩子容易發展出類似的情緒特質，而非只是單純模仿父母態度。[5]

換句話說，父母並沒有**教導**孩子偏見，而是孩子從「帶有偏見的氛圍」中**感染**了這種態度。

另一位研究者分析了一百二十五名患有特定妄想的住院病人，結果發現他們大多成長於壓抑、殘酷的家庭環境：將近七五%的病人父母若不是以壓制且冷酷的方式對待孩子，就是專橫且苛刻；只有七%的病人父母營造出包容的家庭氛圍。[6]因此，成年時期的妄想似乎可以追溯到生命早期的不良成長經驗。當然，我們不能任意將妄想和偏見劃上等號，但偏見者的敵意、非理性思考、執著於僵化的分類模式……等特徵，都非常近似於妄想症的病徵。

在不過度推論的前提下，我們至少可以假設：曾遭受嚴苛管教和懲罰，或飽受批評的孩子，更容易發展出偏見人格。反之，成長於氛圍較輕鬆、安全的家庭，且受到包容與關愛的孩子，則更可能發展出包容態度。

對「陌生環境」的本能恐懼

再回到「偏見是否存在先天因素」的問題上。第8章提過，當嬰兒能夠區辨熟悉的對象（約六個月大時），一旦有陌生人接近，就會表現得非常焦慮，尤其是陌生人突然靠近或伸手去抱嬰兒的時候。如果陌生人戴眼鏡或有著不同的膚色，甚至神情舉止不是嬰兒所習慣的模樣，都可能引發嬰兒的強烈恐懼。對陌生人的膽怯通常會持續到學齡前，甚至更長的時間。只要到有幼兒的家庭中拜訪就會知道，孩子需要幾分鐘、甚至幾小時，才會慢慢「適應」訪客的存在，但一開始的恐懼通常會逐漸消失。

第8章也提到一個實驗，嬰兒如果獨自待在有玩具的陌生房間裡，一開始都會緊張地放聲大哭，但重複幾次之後就完全習慣了新房間，並且像在家中一樣自在玩耍。最初的恐懼反應顯然具有生物功能，因為任何陌生事物都具有潛在危險，必須小心防範，直到經驗讓我們確信該陌生事物不構成威脅，我們才會放鬆下來。

雖然孩子在陌生人面前普遍會焦慮、害怕，但讓人驚訝的是，孩子通常都能快速適應陌生人的存在。

> 某戶家庭雇用了一名黑人女傭——安娜，但家中的三歲和五歲孩子卻很害怕，好幾天都不願意接納她。

後來安娜在那個家裡工作了五、六年，也受到大家喜愛。幾年後，孩子們已長大成人，某天全家人聊到之前跟安娜相處的美好時光，雖然已經十年沒見過面，但大家還是非常想念她。聊著聊著，突然有人提到安娜的黑人身分，兩個孩子都驚訝不已，堅稱自己完全不知道安娜是黑人，或是即使知道，也徹底忘記這件事實了。

類似的情形並不少見，不禁讓人懷疑，對陌生環境的本能恐懼是否必然會影響永久態度的形成。

種族意識的萌生

關於偏見，「家庭氛圍」論當然比「天性本能」論更有說服力，但兩者都未說明孩子究竟是何時、以及如何形成種族概念。即使孩子確實天生具有相關情緒特質，而家庭也提供了拒絕或接納、焦慮或安全的氛圍作為助長特定態度的基土，我們還是需要了解孩子最初的群體差異概念是如何發展出來的。這類研究非常適合在混合種族的幼兒園進行。

在這樣的情境所做的研究顯示，孩子大約在兩歲半開始意識到「種族」，如下列案例：

一個兩歲半的白人幼童第一次坐在黑人幼童身旁時說：「臉髒髒」。這是一句中性的話，白人幼童單純是因為生平第一次看到黑皮膚的人，才會這麼說。

有些人是白皮膚，有些人是深色皮膚——在許多情況下，這些純粹的感官觀察似乎是種族意識萌生的跡象。除非這種觀察伴隨著對陌生事物的恐懼，否則孩子最初意識到種族差異時，只是感到好奇和興趣而已。

孩子的世界充滿各種有趣差異，膚色只是其一。不過值得注意的是，即使是初次意識到種族差異，也會引發「乾淨」和「骯髒」的聯想。

這種情形在三歲半或四歲的孩子身上更加明顯，他們一直被骯髒的感覺所困擾：明明在家裡已經把臉跟身體洗得乾乾淨淨、沒有污垢，為什麼有些孩子看起來還是黑黑的？一個對自己的種族身分感到困惑的黑人男孩對母親說：「幫我把臉洗乾淨，有些小孩都沒洗乾淨，尤其是黑皮膚的小孩。」

一名一年級的老師也表示，孩子在玩遊戲時，約十分之一的白人孩子不願意跟落單的黑人孩子牽手，原因顯然不在於任何根深蒂固的「偏見」，白人孩子只是嫌黑人孩子的手跟臉很髒。

心理學家古德曼博士在幼兒園進行的研究，發現了特別引人深思的結果：整體上，黑人孩子比白人孩子更早形成「種族意識」。[7] 黑人孩子常常對「種族」感到困惑與不安，有時還會因此而生氣。他們似乎不太明白自己是黑人。（甚至到了七歲，有些黑人小女孩還會對白人同伴說：「我才不想當黑人，你呢？」）

黑人孩子對「種族」的興趣和煩惱會以各種形式表現出來，像是問許多關於種族差異的問題，也可能摸摸白人孩子的金髮。此外，他們通常不喜歡黑人玩偶，如果面前擺著白人玩偶和黑人玩偶，幾乎都會選白人玩偶，很多孩子甚至會打黑人玩偶，說它髒或醜。一般來說，黑人孩子比白人孩子更討厭黑人玩偶。在接受種族意識測試時，黑人孩子往往更加扭捏、不自在。例如：黑人男孩鮑比的面前放了兩個娃娃，它們除了膚色，其餘部分都一模一樣，當鮑比被問到：「你小時候最像哪個娃娃？」結果如下：

鮑比望著棕色娃娃，接著視線轉移到白色娃娃上，猶豫了一下，扭捏地瞥了我們一眼，最後指著白色娃娃。鮑比對種族的認知雖然薄弱而零碎，卻隱約帶有個人意義，即自我參照的意味。

古德曼博士更觀察到一個有趣現象：在幼兒園階段，黑人孩子和白人孩子一樣活躍。整體上，黑人孩子更善於交朋友，尤其是被研究者評為「種族意識」較高的孩子。黑人孩子被選為團體「領袖」的比率也較高。雖然無法確定該現象代表的意義，但背後的事實可能是：黑人孩子因為較早萌生種族意識，而受到較多衝擊。黑人孩子面臨著自己不太理解的挑戰，因此感到緊張，為了消除自己隱約感受到的威脅，就參與各種社交活動好讓自己安心。這種威脅並非來自安全的幼兒園，而是來自他們與外在世界的第一次接觸，以及父母在家裡的對話——畢竟黑人父母不可能不聊到相關話題。

「幼兒園時期的孩子不分種族一樣活躍」，這一現象的有趣之處在於跟許多成年後的黑人舉止形成了鮮明對比，成年後的黑人經常給人沉默、被動、冷漠、懶散的感覺，總之就是比較退縮。第9章提到，黑人在面對內、外衝突之際，有時會發展出被動、淡然的因應方式。很多人以為「懶散」是黑人與生俱有的天性，但在幼兒園裡卻觀察到完全相反的證據。顯然，黑人的「被動」是後天習得的適應方式。雖然四歲的黑人孩子能夠果敢地尋求安全感和接納，但通常注定失敗，經過一段時間的掙扎和痛苦，就會調整為被動適應模式。

為何即使是種族意識剛萌生的四歲幼童，也隱約覺得膚色深的人較低等？主要是因為黑色素沉澱跟骯髒之間的相似性。在古德曼博士的研究中，有三分之一的孩子（不論白人或黑人）都提到這一點，其他孩子無疑也有同樣想法，只是沒有跟研究者提起。另一個原因可能是孩子在不知不覺中學習到特定的價值判斷（這類隱微的學習模式仍有待進一步研究），比如有些白人父母的言行舉止可能會隱約透露出對黑人的排斥。如果真是這樣，那四歲孩子的排斥態度可能尚在萌芽，因為研究者沒有在他們身上發現任何足以被稱為「偏見」的表現。有些黑人父母甚至在孩子對自己的膚色還沒有概念之前，就向他們傳達黑皮膚帶來的種種劣勢。

在我們的文化中，似乎很難避免相關聯想對初始印象的破壞。就算是四歲幼童也認為深色皮膚意味著骯髒，另一些人甚至會聯想到糞便。棕色並不符合主流文化的審美觀（即使巧克力很受歡迎）。但不好的第一印象並非無法克服，鮮紅色玫瑰不會因為顏色像血而受到排斥，黃色鬱金香也不會因為顏色跟尿液一樣而被討厭，人類輕易就能學會區分顏色背後的不同意涵。

總結來說，四歲幼童通常會對種族之間的差異感到有趣、好奇，甚至欣賞。但這個年紀似乎開始萌生出輕微的白人至上主義，主要是因為白色容易讓人聯想到「乾淨」，而乾淨是幼兒在相當早期就學到的正向價值。不過相反的聯結有時也很容易建立起來，如下：

> 在一列由波士頓開往舊金山的火車上，有個四歲男孩深深被友善的黑人搬運工給吸引。接下來整整兩年的時間，他都幻想自己是一名搬運工，並難過地抱怨自己不是黑人，所以將來沒有資格做這份工作。

語言標籤：權力和拒絕的象徵

第11章提過，「語言」在形成心智類別和情緒反應的過程中，扮演著極其重要的角色。現在我們要再回頭討論這一關鍵因素，因為它對兒童的學習也有著深遠影響。

在古德曼的研究中，整整一半的幼兒園孩子都知道「黑鬼」一詞，雖然大部分的孩子並不明白這個稱呼代表的文化意涵，但知道它具有某種影響力、是不能說的禁忌，而且總是會引發老師的強烈反應，所以是個「權力詞」（power word）。孩子鬧脾氣時經常會叫老師（無論白人或有色人種）「黑鬼」或「骯髒的黑鬼」，但只是在表達情緒。有時孩子用這樣的詞不是在表達憤怒，而是興奮，例如在嬉鬧時可能會一邊瘋狂地互相追逐，一邊高聲尖叫著「黑鬼！黑鬼！」。這個語氣強烈的詞似乎適合用來宣洩激烈的能量。

一名觀察者描述了戰爭期間，兒童在遊戲時以言語表現攻擊的有趣例子：

最近我在候診室看到三個小朋友圍在桌子旁看雜誌，年紀較小的男孩突然說：「這裡有個士兵跟一架飛機，他是日本鬼子。」另一個女孩說：「不對，他是美國人。」小男孩說：「抓住他，士兵，抓住那個日本鬼子。」較年長的男孩補充：「還要抓住希特勒。」女孩則說：「還有墨索里尼。」大男孩又說：「還有猶太人。」接著小男孩開始反覆大喊：「日本鬼子，希特勒，墨索里尼，猶太人！」另外兩個小朋友也跟著大喊：「日本鬼子，希特勒，墨索里尼，猶太人！」[8]那些孩子肯定不曉得他們高呼的挑釁口號代表什麼，他們口中的敵人名字只有發洩情緒的功能，而不具有指稱意義。

有個小男孩的母親警告他不准跟黑鬼一起玩，小男孩認同地說：「媽媽，我本來就不跟黑鬼玩，我只跟白人和黑人小朋友玩。」這個小男孩已經對「黑鬼」一詞產生厭惡，卻完全不知道其意涵。換句話說，孩子在了解這個詞所指稱的對象之前，就已經形成了厭惡感。

異教徒（goy）、猶太佬、拉丁佬（dago）……等稱呼對孩子來說也充滿強烈情緒，他們直到長大後才會把這些詞的情緒跟特定的一群人聯結在一起。

這個過程稱為「學習的語言優先性」，即孩子在認識情緒性詞語所指稱的對象之前，就已經受到該詞語的影響，之後才把情緒效應跟指稱對象聯結起來。

孩子在確切了解情緒性詞語的指稱對象之前，也許會經歷一段困惑或概念混淆的階段，因為人在激動或痛苦的經驗中最容易學到情緒性稱謂。這點可以參考拉斯克提出的例子：

> 一名移民安置社工經過操場時，看到一個義大利小男孩正難過地哭泣，社工問小男孩發生了什麼事？小男孩一直說：「波蘭小孩打我。」但其他人卻告訴社工，打人的孩子並不是波蘭人。於是社工又問小男孩：「你的意思是被一個調皮的大男孩打嗎？」但小男孩堅持打他的是波蘭男孩。社工在好奇心驅使下就

去拜訪小男孩的家人，才發現他們跟一戶波蘭人家住在同一棟房子裡，且小男孩的母親經常跟波蘭鄰居起口角，因此孩子們就認為「波蘭人」是「壞」的同義詞。[9]等到義大利小男孩終於明白「波蘭人」是指哪些人，他已經對波蘭人產生了強烈偏見。這個例子清楚呈現了學習過程的語言優先性。

孩子有時會承認自己對情緒性標籤的困惑，他們似乎在尋找合適的指稱對象。兒童心理學家翠格（Helen G. Trager）和瑞姬（Marian Radke）針對幼兒園以及一、二年級的孩子所進行的研究中，就有幾個這樣的例子：[10]

安娜：「我從更衣室出來的時候，彼得說我是骯髒的猶太人。」

老師：「彼得，你為什麼要這麼說？」

彼得（真誠地）：「我不是故意的，我只是在玩。」

強尼（正在幫路易斯脫掉長襪）：「有人說我爸爸是異教徒。」

路易斯：「什麼是異教徒？」

強尼：「我覺得這裡的人都是異教徒，但我不是，我是猶太人。」

一名女老師被班上的黑人男孩叫「白鄉巴佬」，於是她對學生說：「我不太知道這個綽號是什麼意思，你們知道嗎？」孩子們給了一些模糊的答案，其中一個是「生氣時會說的話」。

即使孩子並不理解語言標籤的真正意義，但還是深受影響。對孩子來說，這些語言標籤通常具有魔法，只要貼上標籤就會變成那樣東西（見第11章語言現實主義）。如下列案例：

在美國南方，有個小男孩正在跟洗衣工的孩子玩耍，起初氣氛很融洽，直到鄰居家的白人孩子隔著籬笆對小男孩喊道：「小心，你會被傳染！」

小男孩問：「被傳染什麼？」

鄰居的孩子回答：「黑皮膚，你也要變成黑人了。」

小男孩被鄰居孩子的話給嚇壞了（這無疑讓小男孩聯想到「被傳染麻疹」之類的事），於是丟下黑人玩伴，之後再也沒跟對方一起玩過。

孩子在被嘲笑或辱罵時通常會哭，自尊心會因為被亂取綽號而受傷，例如搗蛋鬼、髒小孩、冒失鬼、黑鬼、拉丁佬、日本鬼子……等。長大後為了克服童年早期的語言現實主義，就會用勵志短語來安慰自己，像是「棍棒和石頭也許會打斷我的骨頭，但言語永遠傷害不了我。」只不過，有些人總是需要好幾年的時間才能明白，「名稱」並不代表人、事、物本身。正如第11章提到的，有些人可能永遠無法完全擺脫語言現實主義，因此在成年後還是會以僵化的語言標籤來思考事情。對於一些成年人來說，「共產黨」或「猶太人」是個骯髒的詞，代表著骯髒的東西，兩者是不可分割的整體，就跟孩子對這類詞的看法一樣。

習得偏見的第一階段

六歲的珍妮特正努力整合她對母親的順從以及她的日常社交接觸，有一天她跑回家問道：「媽媽，我應該討厭哪些小朋友？」

珍妮特的疑問將我們引導到本章的理論總結。

珍妮特正小心翼翼地形成一些抽象概念，她希望建立正確的類別，並討好般地順從母親意願，找出自己應該討厭的人。

考量到前述情形，我們可以假設珍妮特的發展歷程如下：

1. 她認同母親，或至少強烈渴望得到母親的愛與肯定。可以想像，她的家庭氛圍並不是充滿包容，而是有點嚴厲、挑惕。她可能已經意識到自己必須謹慎地迎合父母，否則會遭受拒絕或懲罰。無論如何，她已經養成了服從的習慣。
2. 雖然她目前並不會特別畏懼陌生人，但已經學會對陌生人保持警戒。跟家庭圈之外的人相處時的不安全感，或許是她現在努力界定自己的忠誠圈的原因之一。
3. 毫無疑問，她已經經歷了對種族和族群差異感到好奇且有趣的最初階段。她現在知道人類分成好幾個不同群體，並認為只要能夠區辨出這些群體，就代表群體之間有重要差異。例如，她可以透過白人跟黑人在膚色上的可見差異來區分兩者。漸漸地，她發現較細微的差異也很重要，像是猶太人就不同於非猶太人，義大利佬不同於美國人，醫生不同於推銷員。雖然她尚未了解所有相關線索，但已經意識到群體間的差異。
4. 她目前正處在學習的語言優先性階段，知道自己應該要討厭X群體（即使不知道X的名稱，也不知道其身分），也已經了解X群體代表的情緒意義，但並不知道它所指稱的對象是誰，所以現在試圖找出可以聯結到這種情緒的對象。她想要建立正確的類別，好讓自己的行為可以符合母親的期望。一旦她掌握了語言標籤，就會像前面提到的義大利小男孩，把「波蘭人」跟「壞」畫上等號。

到目前為止，珍妮特的發展歷程正是習得族群中心主義的第一階段，姑且稱之為「**前類化**」學習期，這樣的命名雖不完美，但能夠涵蓋前述各項要素。此外，這個名稱也提醒了一件事實：孩子尚未形成跟成人一樣的類別。也就是說，這個階段的孩子還不太明白何謂「猶太人」、「黑人」，也不太清楚應該用什麼態度對待他們。這時孩子甚至尚未形成一致、統整的**自我**概念，例如可能只有在玩士兵模型玩具時才認為自己是美國人（這種分類方式在戰時並不罕見）。以成人的角度來看，孩子的思考方式還在「前邏輯」階段。這種前邏輯思維不只局限於種族方面，也會出現在其他面向，比方說，小女孩可能覺得在辦公室裡工作的媽媽並不是媽媽，而在家做家務事的媽媽就不是上班族。[11]

孩子的心智活動似乎只停留在當下的特定情境裡，對他們來說，此時此刻的事物才是唯一現實，所以他們害怕敲門的陌生人，即使對方是送貨員；他們覺得學校裡的黑人男孩很骯髒，但不會想到膚色跟種族有關。

孩子的腦袋瓜裡出現的，似乎是一個接著一個、具體的獨立經驗，這種前類化的思考模式（以成人的角度來看）有時被稱為「整體化思維」、「概念混合」或「前邏輯思維」。[12]

因此，語言標籤在心智發展的過程中至關重要。這些語言標籤代表了大人的抽象思考，以及成熟的大人所認同的邏輯類化。然而，孩子在尚未準備好之前就學會了這些標籤，導致孩子很有可能產生偏見。不過偏見的形成需要時間，孩子要經過大量摸索（就像珍妮特和本章描述的其他孩子所做的），才知道如何運用這些語言標籤，並形成相應類別。

習得偏見的第二階段

再回到珍妮特的案例，如果她母親給了明確的答覆，珍妮特就很有可能進入習得偏見的第二階段——亦可稱為「**完全排斥**」階段。假設她母親回答：「我說過不要跟黑人孩子一起玩，他們很髒，有傳染病，還會對妳造成危險。別讓我逮到妳跟黑人孩子鬼混。」而如果珍妮特現在已經學會分辨黑人，甚至能夠區分黑人跟深色皮膚的墨西哥人或義大利人——亦即她已經形成了成人的族群類別，那麼她必然在各種場合都會強烈排斥黑人。

布雷克和丹尼斯的研究清楚呈現出這一點。[13] 他們針對美國南方四年級和五年級的白人孩子（分別為十歲和十一歲）詢問了一系列問題，像是：「黑人和白人，誰比較有音樂天賦？誰較乾淨？」結果顯示，十歲的孩子已經學會完全排斥黑人群體，他們對黑人的評價並不高，事實上，他們認為黑人擁有全部的負面特質，而白人擁有全部的正面特質。

雖然孩子應該更早就發展出完全排斥（通常在七、八歲的孩子身上就可以觀察到），然而族群中心主義的觀念是在青春期早期達到巔峰。一、二年級的孩子通常會跟不同種族或族群的孩子玩耍或坐在一起；但是到了五年級，這種友好態度往往就消失了，這個年紀的孩子幾乎只跟同族群的人來往，例如黑人孩子會找黑人孩子玩，義大利孩子會找義大利孩子作伴……等等。[14]

隨著年齡增長，這種完全排斥和過度類化的傾向就會逐漸消失。布雷克和丹尼斯發現，十二年級的白人青少年認為黑人也具有幾項正面特質，例如更有音樂天賦、更隨和、更有舞感。

因此，孩子經歷了一段時期的**完全排斥**之後，就會進入「**差異化**」階段，他們的偏見不再那麼全面，而是允許例外情形，這讓他們的態度看起來更理性、也更容易被接受。例如有些人可能會說：「我最好的朋友就是猶太人」或是「我對黑人沒有偏見，畢竟我一直深愛著我的黑人保母」。不過，孩子在剛開始效法成人排斥特定群體時，還無法做出冠冕堂皇的例外，通常要花六到八年的時間才學會完全排斥，然後再花六年左右調整這種態度。事實上，成人世界的信條非常複雜，文化允許（並在各個方面鼓勵）族群中心主義，同時人們又必須在口頭上支持民主與平等，或至少要把一些優點歸給少數群體，再以貌似合理的說辭來為自己表達的其餘不滿開脫。孩子要到進入青春期之後，才學會如何在民主國家以避重就輕的方式表達偏見。

八歲左右的孩子經常會以帶有高度偏見的方式**說話**，他們這時已經習得了群體類別，並學會完全排斥，但主要是口頭上的排斥。雖然他們可能會咒罵猶太人、義大利佬或天主教徒，但實際**行為**則相對民主，例如還是會跟自己咒罵的對象玩耍。孩子的「完全排斥」主要表現在言語上。

孩子長大一點之後，在學校教育的影響下又學到了新的言語規範：言談中必須表現出民主意識。孩子發現自己必須宣稱所有的種族和信仰都是平等的，因此十二歲的孩子可能會表現出口頭上的接納，但在行為上卻排斥對方。到了這個年紀，孩子的行為終於受到偏見的滲透，而同時其口語表達開始受到民主規範的約束。

這實在很矛盾，幼童可能說話帶有偏見，但行為卻是民主的，而青春期的孩子可能在言談中具有民主意識，但行為卻反映出真正的偏見。十五歲的孩子已經能夠精湛地模仿成人的偏見模式，知道什麼場合可以表達偏見，什麼場合又該用民主的口吻說話，並準備好一套合理說辭，任何場合都派得上用場；甚至行為也會因情境而異，譬如對家裡的黑人廚工態度友善，卻對站在門口的黑人充滿敵意。這種兩面派作風跟避重就輕的偏見言論一樣不易習得，需要花上整個童年和大部分青春期，才能掌握族群中心主義的訣竅。

第19章 後續學習

社會學習是極為複雜的過程，我們到目前為止只討論了其中一部分。針對生命早期的基本影響因素，本書已提醒各位注意「認同」這一重要歷程，孩子正是透過「認同」而建立起自己的身分意識，並複製了父母的族群態度。本書也強調了教養的氛圍，特別是懲罰和關愛的影響；還討論了孩子初次意識到族群差異時的困惑，以及他們如何努力仿效成人的族群類別。第18章提到語言標籤在形成類別的過程所扮演的重要角色，它讓孩子在建立概念體系之前就先產生了情緒態度。此外，偏見態度的形成大致可分為三階段：前類化、完全排斥、差異化。孩子直到青春期才學會以文化認可的方式來處理族群類別，也只有在這個年紀才真正形成了成人形式的偏見。

我們尚未討論孩子在學習偏見之初，就持續進行的整合及組織活動，而人類心智的首要功能就是「組織」一切。孩子的族群態度會逐漸在人格中形成連貫的單位，並融入整個人格特質中。

雖然人終其一生都在進行整合及組織，但這樣的心智活動似乎在青春期特別重要。原因在於，孩子在青春期之前抱持的偏見大多是二手資料，他們只是模仿父母觀點，或單純鏡射出所處文化的族群中心主義。隨著孩子步入苦澀的青春期，他們發現自己必須形成符合其人格特質的偏見態度，就像必須形成自己的宗教或政治觀點。為了成為擁有地位和特權的成人，青春期的孩子必須塑造出更成熟、更符合自我的社會態度。

本章將討論青春期和青年期的孩子如何整合及組織其偏見態度。

制約

最簡單的整合及組織發生在創傷或驚嚇的情形下，如同一名年輕女孩寫道：

我一直很怕黑人，因為在我很小的時候，有次一個全身沾滿煤塵的礦工突然從屋子轉角走出來，嚇了我一大跳，我立刻把他的烏黑臉龐跟黑人聯結在一起。

上述案例背後的機制就是簡單的制約歷程：

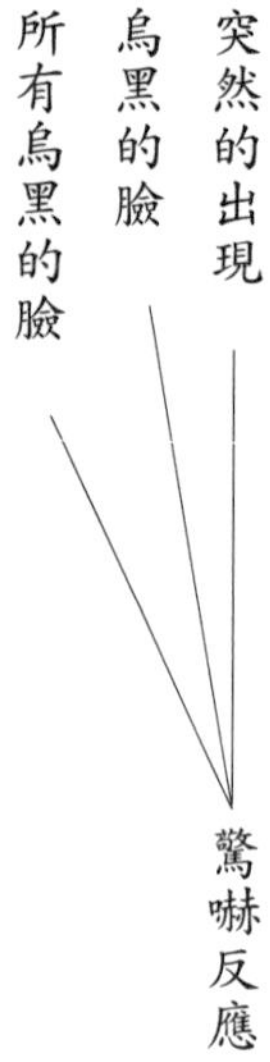

突然的出現
烏黑的臉
所有烏黑的臉
→ 驚嚇反應

突然出現的陌生人「在生理上足以」引起強烈驚嚇和恐懼，而烏黑的臉也同時出現在這個可怕的刺激情境中，在這之後，所有烏黑的臉都足以激發恐懼反應。

簡單的制約學習不一定帶有情緒色彩，而如果過程中不帶有情緒，則需要重複多次才能夠「建立起」配對聯結。但是在創傷制約中，由於情緒非常強烈，因此只要「在生理上足以引起反應的刺激」和「制約刺激」同時出現一次，就會形成配對聯結。下面例子說明了該原理：

當我還是小女孩時，有個菲律賓男傭企圖跟我發生性關係，我極力反抗並阻止他侵犯我。現在我只要看到東方人，就會不由自主地發抖。

雖然創傷制約大多發生在童年早期，但也有不少案例是發生在年紀更大之後，且通常涉及種族以外的經歷，例如：

在我十三歲那年，父親的公司發生勞工糾紛，於是我們被迫賣掉心愛的房子並離開家鄉。我這輩子都不會原諒勞工團體。

上述所有案例都可以觀察到當事人在經歷創傷後的過度類化（完全排斥），即其偏見並非針對特定個體（礦工、男傭或特定勞工），而是**整個**類別。

有時就算不是個人直接經歷也會造成創傷（雖然大部分創傷都是基於個人經歷），一部緊張刺激的電影、一則駭人聽聞的故事，或一段栩栩如生的描述，都足以讓人形成某種態度並延續多年。一名女孩寫道：

我對土耳其人的偏見可以追溯到我兒時玩伴的生動描述，她說土耳其人都是為了掩蓋刀疤才留鬍子，而且他們都是兇狠的酒鬼。

因此，創傷學習屬於鮮明的一次性制約，導致當事人在當下就形成某種過度類化的態度，這種態度是針對所有和原始刺激相關的一整類對象。這一原則早在許多年前就被哲學家斯賓諾莎闡述過：

如果一個人受到陌生人的影響而感到快樂或痛苦，如果這種快樂或痛苦會伴隨著跟那個陌生人有關的念頭而來，那麼此人不但會深愛或憎恨那個陌生人，還會深愛或憎恨那個陌生人所屬的整個群體或國家。[1]

當然，我們不需要回到斯賓諾莎的年代，就能討論「習得族群態度時的制約和類化」。一項研究表明，心理實驗室設置的情境似乎就可以製造或減輕族群敵意。[2]

一名大學生則提供了正向制約的案例：

> 我以前會跟一幫死黨追趕黑人小孩，並且罵他們「骯髒的黑鬼」。但自從我們的教會舉辦了一場黑臉走唱秀之後（我第一次看到這種表演），我就非常喜歡黑人，而且至今依舊如此。

下面例子則呈現出創傷經驗也可能扭轉偏見：

> 在我大二時，一名猶太女孩搬進我們那層樓的一間寢室，有段時間她都無法融入大家。有天我在她面前跟其他人提到，我和一個猶太女孩一起去搭火車，但是突然看到我的白人朋友，於是我就丟下那個猶太女孩，跑去坐別的位置。當我說到：「雖然這樣不太好，但畢竟……」，這時她就默默起身離開，我立刻發現自己說了非常糟糕的話。那是我生平第一次反省自己對猶太人的態度，並試著理性地看待他們。

雖然在某些情況下，創傷學習可能是形成和組織偏見態度的重要因素之一（偶爾也有消除偏見的作用），但還是必須考量幾項前提：

1. 在許多情況下，創傷只是加劇或加速原本已在進行的過程。例如在最後一個案例中，當事人對自己的反猶態度一定隱約有所察覺和悔恨，才會因為無意間傷害了猶太室友而受到極大衝擊。創傷經歷只是強化了已經存在的羞愧感。

2. 人傾向尋找簡單的童年創傷經驗來解釋自己的態度，且通常會努力回想（或編造）相關經歷，以符合自己的偏見。例如一項研究發現，相較於包容者，反猶主義者報告了非常多跟猶太人接觸時的不愉快經驗，但這一結果最好解釋為：反猶主義者會選擇或創造記憶，以合理化自己當下的敵意。[3]

3. 一項研究要求一百名大學生以「我跟美國少數群體的相處經驗，以及我對他們的態度」為主題，寫下自己的生命史。研究者在分析之後發現，只有約一〇％學生提到的創傷事件足以被視為偏見的部分成因。

4. 「經由創傷習得的偏見」和「對連續經歷的正常整合」兩者不能混為一談，如果一個人跟特定群體的成員接觸時，總是反覆發生類似經驗，那或許就不涉及偏見，因為證據充分的類化並不屬於偏見（見第1章）。

選擇性感知及邏輯封閉

先前討論過的所有原則都可以視為學習的鷹架。家庭教養風格、認同和模仿從眾的過程、語言優先現象（即孩子已準備將情緒性標籤貼在後來習得的類別上）、制約（尤其是創傷制約）、刻板印象的早期形成和後期差異化——這些都是形成偏見態度的條件。接下來要探討的是，這些條件如何促使任何個體在其心智中形成偏見的**結構**？

為了回答這個問題，得先假設：孩子必須從紛雜的經驗中不斷提取明確意義，因此需要努力整合並組織這些經驗。

以專制的家庭氛圍為例，受到嚴格管教、絕不能違抗父母意願的孩子很難不把生存視為威脅，並且被迫假定生活是建立在權力關係之上，而不是包容與接納。這樣的日常生活經驗導致他們在人際關係中逐漸形成階級觀念，因此很可能把所有相識的人都按照階級地位排序，並且知道自己的地位比一些人高，但比另一些人低。這就是他們唯一知道的生存模式。

偏見的種子若是創傷事件，個體在這種情況下也會促使其感知和推論符合既有經驗。下面的摘述引用自一名在近東[1]工作的年輕美國教師，顯示出即使是童年時期也存在著選擇性感知及合理化過程。

> 我最早接觸希臘同學時曾發生幾次不愉快的作弊事件，因此無形中對希臘人產生了偏見。加上當時希臘跟土耳其的局勢有點緊張，而我比較同情土耳其人，導致我對希臘人的偏見越來越強烈。但我卻非常崇拜古希臘文化，這種內心的衝突很難化解，不過我還是想到了辦法，就是盡可能找出所有證據，證明現代希臘人並不是古希臘人的直系後代，所以現代希臘人跟古希臘的光榮傳統毫無瓜葛。然而我的行為完全是偏頗的，因為沒有檢視那些證據是否可靠，也沒有尋找相反的證據。[4]

在這個案例以及其他類似案例中，似乎都有一些前置因素（家庭氛圍、制約或語言標籤），替心智設置了某個偏頗的方向或態度，這些設置又反過來啟動了選擇性感知及邏輯封閉的過程，進而形成具體的概念系統（第2章提過，類別會納進所有可能支持它的證據）。人不得不在態度的骨架上增添血肉和衣服，因為最後形成的概念系統必須具體可行、合情合理——至少在自己看來是如此。

習得偏見：為了滿足其他需求

前一節描述的封閉原則多少帶點唯智主義的意味。該原則認為，尚不完整的心智結構會設法讓自身趨於完整——即變得更有意義、更自我一致。但人並非只生活在智性層面。

因此該原則需要進一步擴大，不是只有具體的意義需要達到完整和合理化，整個複雜的價值觀和利益體系也是如此。看看下面的案例：

> 我十一歲時很想加入公理會，因為所有朋友都加入了，而且看起來很開心，只有我沒加入，因為家人以一種微妙、我一直沒能搞懂的方式讓我清楚知道加入聖公會（Episcopal Church）是種特別的榮耀，而且祖父和曾祖父都是聖公會的一員，並坐在同樣的長椅上。

各位可以看到，在上述案例中，女孩的家庭為她建立了價值觀的參考架構。對她來說，擁有尊嚴、地位和榮耀是很好的生活方式，於是她便朝著這個設置好的方向漸漸形成自己的獨特態度，即親聖公會、反公理會。她開始對自己產生某種看法——隱約的優越感，就算形成偏見，也只是為了維持這種自我形象而偶然出現的結果。她的主要價值觀（賴以生存的架構）將形塑她對外團體的看法，在這種情況下，她可能永遠不會有仇恨或惡意歧視的表現，只會在面對不太「有尊嚴」的群體時有一絲優越感。

這種「附屬輔助」[2]原則可以描述為：**個體傾向發展出符合主流價值框架的族群態度**。由於價值觀是個人的事，處於自我結構的中心，因此該原則也可以描述為：**個體傾向發展符合自我形象的族群態度**。

「附屬輔助」原則主張，習得偏見的過程不完全（也並非主要）受到外界影響。偏見不僅來自意識形態的宣傳、也不僅是繼承自上一代的既有態度，更不僅是電影、漫畫、廣播影響下的產物。它不只是特定教養方

1 譯注：早期是指鄰近歐洲的地中海沿岸國家和地區。

2 譯注：subsidiation。人格心理學家卡特爾（Raymond B. Cattel）表示人格特質是層層從屬的，彼此之間有著附屬輔助的關係和作用。

式的問題，也不只是透過「邏輯封閉」來合理化一切，更不完全是盲目模仿或遵從文化。上述所有因素都在孩子發展人生哲學的過程中**提供**了「輔助」影響，如果某項因素符合孩子的自我形象、能夠賦予其地位，或有「功能意義」，孩子就更有可能從中吸取觀點。

最後舉一個沒有發展出偏見的例子：

> 威廉是個很有同情心的孩子，天生有顆柔軟的心，這樣的特質也影響其人生觀的養成。家庭給他很大的安全感和自由度，也很肯定他富有同情心的行為。他特別喜歡照顧生病的人或受傷的動物，其理想的自我形象是仁慈的家庭醫師，並認為自己適合當個治癒者。他對苦難的關切後來轉移到弱勢族群身上，並且將自己的心力奉獻給殘疾人士、社會邊緣人和少數群體。
>
> 不過威廉的成長環境並非毫無偏見，雖然父母提供了相當充足的安全感與關愛，卻也經常批評猶太人和天主教徒。威廉居住的社區更是充滿偏見，所以威廉難免會學其他人用帶有貶義的綽號來稱呼少數群體，但他沒有惡意。雖然威廉的周遭環境充滿偏見，但偏見的種子從未在心裡扎根，因為他一心維持「治癒者」和「親切友善」的自我形象。威廉步入成年後客觀審視了自己的處境，發現自己非常關心種族歧視問題，同時也認為種族歧視違背了自己的核心價值觀。他經過反思，再次確認了自己的價值觀，並決定將職涯投注於改善群體關係。

威廉依據自己的價值觀，選擇性感知周遭環境，他的態度是從屬於自己的價值框架。對於這個案例，我們很難確認最初影響其發展方向的因素是什麼，或許是他與生俱有的特質，也可能是包容的家庭氛圍。不過一旦設置好方向，那麼影響整個發展過程的主要因素，似乎是他的自我概念。

對於個人地位的需求

威廉的案例有兩點值得注意：第一，威廉是透過理解他人的苦難來建立自我價值，而非「貶低」他人（許多人——甚至大多數人都無法做到這點，他們的個人價值是靠**鄙視**他人而維持）。第二，威廉在成長過程中，似乎相對不受美國崇尚競爭的文化所影響。對他來說「成為佼佼者」意義不大，所以就算其家庭和社區成員普遍以鄙視猶太人及天主教徒來獲得個人地位，他還是不為所動。

然而更常見的情形是，孩子似乎有充分理由相信自己比其他人更優越，尤其是西方的孩子更是如此（霍布斯等哲學家認為這是人性的根本特質，他們會說威廉是偽善者，因為威廉也是藉由同情別人而獲得自我滿足，就像其他人是從趾高氣昂的態度獲得自我滿足。）

在這個世界上，每個個體都是必須自給自足的生物有機體，終其一生都得致力於保持身心完整。因此在某種意義上，我們的所作所為都必須以自我為中心，一旦放棄為生存努力，就會委靡凋零——除非其他人扛起照顧我們的責任。在這個過程中，我們不得不發展出強烈的自我意識，並拼命向外證明自己的價值，這就是生存的關鍵。如果我們在發展自我價值和概念的過程受到阻礙，就應該為此憤怒，同樣地，我們也應該具備攻擊、憎恨、仇視、嫉妒……等任何讓自我感覺良好的能力，而這些自我修復機制可能會在自尊受威脅時啟動，並發揮作用。

人若是擁有憤怒和仇恨的能力，自然也會容易受到讚美和恭維的影響。一旦品格受到認可，自我價值得到證明，就會體驗到所謂的**個人地位**。這種愉悅感具有生存上的意義，它讓當事人明白：「至少目前我是安全和成功的」——不僅在物質世界如此，在更競爭、大家都尋求認可的社會世界裡也是如此。因此，人性中的本位主義（egoism）是生存的必要條件，在社會關係中表現為「**對地位的需求**」。

不過，上述說法忽略了人性的另一面，即人有能力降低或大幅改變自我對地位的需求。生命始於母親和孩子之間充滿愛的共生關係，孩子因為對母親的無條件信任，進而發展出跟周遭人、事、物的親和關係。正是基於這種「愛的能力」，人類合作的建設性價值才得以實現。也正因如此，並非所有人格都會發展出偏見（儘管從人性的本位主義角度來看，產生偏見是很自然的事）。

但就目前的討論而言，我們有足夠理由承認，大多數人都非常渴望獲得個人地位。後續章節（尤其是第27章）將提到這種需求的社會化歷程，以及它在真正的包容人格的發展過程中會如何被消除。

世襲階級和社會階級

如果文化為生活問題提供了現成答案，那應該也能提供現成手段以「滿足地位需求」。確實如此，而且相當充足。

對於渴望地位的人，文化提供了「世襲階級」方案，而如果基於任何原因證明這一方案不適用，文化還提供了「社會階級」的替代方案。由於國家的總人口過於龐大，異質性又高，因此通常會再細分為各個層級，而這樣的階層就形成了明確的地位差異。

一位學者將世襲階級定義為「一種內婚制的地位群體，對其成員的流動性和互動，以及身為人的本性，都施加了文化限制」。[5] 不同世襲階級的人是不能互相結婚的，印度的種姓制度就是如此，直到二十世紀，美國南方所有州別以及北方某些州的法律，也禁止白人和黑人通婚[3]。

從社會意義來說，美國黑人應該屬於一種世襲階級而非種族。由於許多黑人在血統上更接近高加索人而不是非洲人，因此把他們歸為黑人種族一點道理也沒有。黑人（甚至是只有一點點「黑人血統」的個體）所遭受的阻礙，正是社會強加於低等階級的典型阻礙，而不是種族基因造成的自然阻礙。就業歧視、住房隔離……等各種恥辱，都是世襲階級制度的特徵。黑人被期待要「安分守己」也屬於世襲階級制度的要求——一種強制賦予他人低等地位的社會風俗。[6]在二十世紀的美國南方各州，法律仍強制執行世襲階級制度，然而非正式的制裁手段甚至更有力。

二十世紀中期的美國雖然早已廢除奴隸制並解放黑人，但這一正式轉變仍只有部分改善黑人的整體處境。正如哲學家和民權運動者戈萊利（Cornelius Lacy Golightly）所言：

> 每個人生來不是黑人就是白人，這是永遠無法改變的事實。南方是透過法律在所有主要面向實行種族隔離，而將世襲階級強加在人們身上。在北方，法律雖然沒有強制劃分階級地位，但個人偏見仍然令世襲階級制度執行得相當徹底。[7]

戈萊利更以白人視角展示了世襲階級制度的實質效用，它在本質上是一種提升自尊的文化手段。從「地位渴求」的角度來看，世襲階級制度就很有功能意義了。

問題在於，階級地位較低的人是透過何種文化手段來提升**他們的**自尊？答案當然是：他們在底層創造出自己的階級制度。膚色就是一種劃分階級的標準，膚色淺的人其地位高於膚色深的人。還有一些無謂的劃分依據，像是頭髮是否筆直、是否擁有洗衣機、是否結識白人鄰居……等。任何人都能夠設法找到合理的理由，證明自己比別人更優越。例如，舞台下的底層黑人觀眾會被舞台上英國貴族角色的誇張舉動給逗樂，並嘲笑其「蠢驢」般的說話方式，進而覺得自己比**他們**高等。

無法以世襲階級制度來表示的地位差異，都可以歸類為**社會階級**。大致來說，社會階級是指一群以同等條件參與社會活動的人，或願意這麼做的人。這群人往往具有類似的言行舉止、道德觀和教育程度，以及數

3 譯注：直到一九六七年，美國最高法院才廢除異族通婚禁令。

量相當的資產。不同於世襲階級，社會階級之間不存在無法跨越的障礙。像美國這種具有流動性的社會，人們經常從一個階級轉移到另一個階級。

社會學家指出，社會地位有兩種：**自致**地位和**先賦**地位。自致地位是指個體憑藉自身努力（或父母的努力），而在社會階層中取得特定地位。反之，先賦地位則是繼承而得的地位，例如英國統治階級的後代永遠都是王室一員，這是無法改變的事實。因此世襲階級屬於先賦地位，而社會階級在很大程度上屬於自致地位，至少在美國是如此。

我們無法明確得知美國社會到底有多少階級，雖然每個人似乎都隱約知道**上層**、**中層**、**下層**階級的存在，並且輕易就能把自己歸為其中一種階級，但這樣的劃分方式過於籠統，無法滿足個體對地位優越感的需求。人們想要的是鄙視一些具體界定的群體，儘管也可以將所有有色人種（尤其是黑人）視為較低等的世襲階級，進而獲得絕對優越感，但還是渴望一個更階層分明的體系。

族群就具有相當明確的階層性。第3章提過，美國人在判斷德國人、義大利人、亞美尼亞人……等不同族群血統的相對可接受度時，態度相當一致。每個群體都可以依序鄙視層級更低的群體。人們對於職業階層也抱持著相當一致的看法：醫生地位較高，技師和郵差地位次之，臨時工地位最低。

居住地也是高度穩定的社會階級指標。每個地方都有所謂的「高級住宅區」和「底層階級聚集區」，再加上每個人多少都知道這些區域的大致邊界，因此從地址就可以看出一個人的社會地位。居住地是如此引人注目的地位標記，幾乎每座城市都有人不斷努力擺脫這種污名。每當一個家庭成功地搬到較高級的地段，空出來的位置就會立刻有一個階層較低的家庭搬進去。

這並非表示人只要意識到社會階級差異或世襲階級差異就會自然萌生偏見，不過可以肯定的是，階級差異在某種意義上確實是引發偏見的文化**誘因**。任何人只要願意都可以利用自己的階級優勢，任意瞧不起地位較低的群體，這種優越感可能會讓人形成負面、過於類化的態度，就是所謂的偏見。

然而，人也有可能知道社會階層存在卻不受影響，因此不會對其他群體產生負面情緒或歧視行為，或是也許會有一絲優越感，但不會發展成偏見態度。

習得偏見：世襲階級和社會階級態度

然而，世襲階級和社會階級確實為基於個人因素而形成的偏見提供了文化機會。此外，習得偏見的因素之一——「從眾」（見第17章）也會促使個體利用自己在文化階層上的優勢。

孩子很早就知道世襲階級和社會階級存在的事實。在一項實驗中，研究者要求幼兒園和一、二年級的白人及黑人孩子將不同類型的娃娃衣服和房屋分配給白人和黑人玩偶（男女都有）。結果大多數孩子（不論種族）都將比較好的衣服和房子分配給白人玩偶，比較差的則分配給黑人玩偶。[8]

孩子似乎在三歲時就發展出強烈的自我意識，且幾乎同時發展出消極主義（對任何要求都說「不」），而五歲前就能把社會地位的概念跟自尊聯結在一起。有個五歲小女孩看到隔壁的黑人家庭搬走後就哭了起來，難過地說：「現在沒有人過得比我們差了」。

年紀略大的孩子通常會把所有優點都歸於上層階級成員，而把所有缺點都歸於下層階級成員。例如心理學家紐家敦（Bernice L. Neugarten）在一項研究中，要求五、六年級的孩子說出符合各項特質的班上同學名字，像是「乾淨」、「骯髒」、「好看」、「不好看」、「總是讓人很開心」。結果顯示，社會階級較高的同學獲得了所有正向評價，而社會階級較低的同學則被賦予較負向的評價。這個年紀的孩子似乎無法把同學當成獨立個體，而只能視之為不同階級的表徵，在他們眼裡，來自上層階級的同學是十全十美的，來自下層階級的同學則樣樣不如人。由於這些五、六年級的孩子「沒有足夠根據就認為別人不好」，因此可以說他們表現出階級偏見。

紐家敦敏銳地觀察到下層階級孩子所承受的嚴重壓力，他們經常在意識到自己的困境之後就對上學失去興趣，因此一有機會就輟學。而在學校裡，來自下層階級的孩子只能互相結伴，並且跟來自特權階級的孩子完全區隔開來。[9]

上述關於偏見的後續學習的事實有著深遠意涵，表明許多孩子會將世襲階級和社會階級造成的社會區隔當成生活**主要**指導原則，並據此形塑自己的社會態度。這意味著青春期的孩子已經接受了文化所強化的地位差異。

根據前面提到的「附屬輔助」原則，可以推論這些孩子已經將社會模式作為自己的主要生活模式。文化傳統替他們決定了要跟哪些人互助往來、發展情誼，如果漠視這項指引只會陷入迷惘。當然，民主文化也告訴他們要重視個人獨特性而不是身分地位，但這項信條跟現實互相牴觸，因此較難遵循，接受現有的社會分歧反而比較容易。[10]

小結

人並非只有受到文化支配，才會為了滿足其他需求而習得偏見，許多個人因素也會導致當事人發展出符合其生活模式的偏見。個人的不安、恐懼、內疚，或是最初的創傷、家庭氛圍，乃至於挫折忍受度、甚或與生俱有的特質，都可能決定此人所需的自我形象。在前述所有情況下，當事人形成的特定族群態度都是為了幫助發展中的人格結構趨於穩定和完整。

然而，本章之所以強調「附屬於社會階層態度而習得偏見」，是為了重申偏見的團體規範理論（第3章）以及從眾（第7章）的重要性，目的在於提醒社會文化規範對於形成偏見的強大影響力，以及說明這一過程跟人格發展的關聯。

沒有孩子一生下來就帶有偏見，偏見是後天習得的。人們主要是為了滿足自己的需求而形成偏見，不過，習得偏見的過程正是發生在養成其人格的社會結構中。

第20章 內在衝突

人在形成偏見的過程並非毫無阻礙，因為偏見態度幾乎總是跟某些根深蒂固的價值觀互相衝突，而這些價值觀對人格發展來說往往跟偏見態度同樣重要，甚至更重要。學校教育可能會跟家庭教養風格互相矛盾，宗教教義也可能挑戰著社會階層結構，要將這些對立的力量統整成單一生活模式，並不容易。

帶有愧疚的偏見vs不帶愧疚的偏見

當然在不少情形下，偏見顯然毫無疑問地占據上風。偏執者的立場相當堅定，絕不會讓內心的懷疑或罪惡感動搖其偏見，這種不帶愧疚的偏見，可由一九二〇年密西西比州州長比爾博派給芝加哥市長的電報來說明。一戰期間，許多黑人湧入芝加哥尋找工作，然而戰爭結束後，芝加哥面臨著黑人移民過剩的問題，於是芝加哥市長有意將一些黑人移民遣返回他們的故鄉，比爾博則如此回覆：

> 已收到您詢問密西西比州能接納多少黑人的電報，我的答覆是，我們有足夠的空間接受我們所知的黑鬼，但沒有任何空間可以容納「黑人女士和先生們」。如果這些黑人沾染了北方平等的社會和政治夢想，對我們來說就毫無用處，也不符合我們的需求。這個國家的黑人只要識相地明白自己跟白人的關係，都

會受到密西西比州人民熱烈歡迎，因為我們非常需要勞動力。[1]

比爾博的心態並不是本章要探討的主題，這部分會在第25、26章討論。帶有愧疚的偏見似乎更普遍。人通常會在敵對和友好態度之間擺盪，這種搖擺不定和糾結的心情總是會造成痛苦，如下列案例所述：

> 我跟猶太人除了在學校就沒有任何接觸，但就算在學校我也會盡可能地避開他們。當基督徒被選為班長，我就會表現得很開心。我父親非常排斥猶太人，而我最討厭猶太人的一點，就是他們總是形成小團體，而且很排外，只要有一戶猶太家庭搬到某個社區，其他猶太家庭也會紛紛搬進去。我倒是不討厭個別的猶太人，我認識幾個最好的人就是猶太人，我也喜歡跟猶太女孩相處，但有時看到一群猶太人聚在一起嚼舌根，我就會忍不住燃起怒火。我討厭看到任何群體因為宗教信仰而受到打壓，所以我批評的並不是猶太人的信仰，而是他們的行為。我當然知道人人生而平等，沒有人比別人更優越。

這種不一致的心態讀起來實在讓人困惑，更不用說生活中帶著這種矛盾態度會有多難受。

在一百篇由大學生撰寫、主題是「我跟美國少數群體的相處經驗，以及我對他們的態度」的短文中（上述摘錄也是其一），只有約一〇%的人在表達偏見時沒有流露出內疚和矛盾情緒，也就是說，只有十分之一的人抱持著不帶愧疚的偏見。下列則是典型而常見的描述：

- 我內心的所有理性聲音都告訴我，黑人跟白人一樣優秀而體面，也一樣真誠且具有男子氣概。但我卻無法忽略我的理性跟偏見之間的分歧。

- 我試著只注意猶太人的優點，但即使努力克服自己的偏見，它還是存在，也許是父母對我的早期影響所致。
- 雖然偏見是不道德的，但我永遠無法消除自己的偏見。我認為人們應該要對黑人友善一點，但我永遠不會邀請黑人到家裡吃晚餐。對，我就是個偽君子。
- 理智上，我深信義大利人不應該遭受偏見，我在對待義大利朋友時也努力克制偏見，但偏見對我的影響還是非常強烈。
- 這些偏見讓我覺得自己心胸狹隘，於是我盡量表現得和藹可親。我很氣自己經常出現敵意，但不知為何就是無法消除自己的偏見。
- 我越想把猶太人當成獨立個體，就越容易意識到他們是一個群體。我的強迫性偏見不斷在跟消除偏見的想法打仗。

人雖然在理智上克服了偏見，但情感上還是受到偏見影響。

前面提到的那一百名大學生中，有二分之一的人明確表示已經檢視過自己的偏見，並發現那些偏見都是錯誤且毫無根據的；三分之一的人表示希望擺脫自己的族群和階級偏見；此外如前所述，十分之一的人毫無愧疚地堅持並捍衛其偏見。

這些自述報告也許無法反映一般人的情形，撰寫者都是心理系學生，應該相當熟悉偏見問題，有些人甚至可能是想「取悅老師」（不過，若是了解大學生在寫自述報告時的批判性與坦率，任誰都會懷疑這種解釋）。結果似乎意味著，大學生（通常來自上層階級家庭，且長期受到學校教育和其他公民制度薰陶）對於美國信條和猶太基督教的道德觀念有著深刻體悟，因此其內心確實為了無法符合自己推崇的美德而感到衝突。

但並非只有「上層階級」的大學生才會對自己的偏見感到內疚。一項研究調查了住在郊區的女性（有些是大學畢業生，有些不是）的反猶態度，結果發現：

關於自己對猶太人的敵意，四分之一的人認為「完全是自身偏見所致」；二分之一的人認為部分出於自身偏見，部分出於猶太人的惡行；另外有四分之一的人認為完全是猶太人的錯（不帶愧疚的偏見）。[2]

該研究並沒有提到有多少比例的女性因為「自身偏見」而感到羞愧，但這種愧疚感也許並不罕見，因為至少有四分之三的女性表現出某種程度的自我覺察，也就是說，她們知道自己的態度至少有部分不是建立在客觀事實之上。

然而，自我覺察並不會自動消除偏見，頂多讓人開始反思。人只有受到質疑才可能改變自己的信念。如果一個人開始懷疑自己的信念跟事實不符，就可能陷入一段衝突期，而當對自己的不滿達到一定程度，就會被迫重組信念和態度。自我覺察通常是消除偏見的第一步，但光有覺察還不夠。前面引用的大學生自述中，可以觀察到他們在態度上的猶豫和軟化，以及較高的自我約束力，但並沒有完全放下自己的敵視態度。

至於那些矢口否認自己有偏見的人呢？當然某些人說的可能是事實（表現出良好的自我覺察）。根據第5章的估計，約二〇％的人能夠準確否認自己有偏見。而如剛才各位看到的，相當多人（大多數學生）承認自己有偏見，這些人也具有良好的自我覺察。但仍有一大群人完全缺乏自覺，否認自己充滿偏見的事實，這些人就是真正的偏執者。

然而就算是真正的偏執者，偶爾也會感到一絲罪惡或內疚，即使是殘酷的比爾博州長也可能會良心不安。沒有一個被逮捕並接受審判的納粹高官能夠饒恕自己對猶太人犯下的暴行，沒有人願意承擔自己的罪責。希特勒的副手戈林（Hermann Goering）曾試圖否認這些暴行存在，並宣稱所有影像資料都是偽造的，即便如此，他還是補充說：「就算這些影像只有五％是真的，那也夠驚悚了。」[3] 看來，就算是充滿敵意、泯滅人性、道德最淪喪的惡棍，在良心上也會過意不去，無法寬恕自己的信念所鑄成的惡果。

總之結論是：生活中的偏見很可能引發愧疚感，至少在某些時候是如此。我們幾乎不可能將「偏見」跟「親和需求及人性價值」整合成一致的信念或態度。

「美國的困境」理論

在繆達爾針對美國黑人—白人關係的重要研究裡，他歸納出「美國的困境」假設，並認為整個問題的癥結在於，美國白人意識到自己的行為不符合美國信條，因而產生了「道德不安感」。繆達爾提出的困境如下：

> ……兩股力量不斷激烈拉扯，一邊是所謂「美國信條」的普世價值觀，即國家和基督教的崇高訓誡影響著美國人的觀念和言行舉止。另一邊是個人和群體生活的特定價值觀，即個體的想法還會受到許多面向的調控，包括：個人和地方利益、經濟社會和性方面的嫉妒、對於社群地位和從眾的考量、對特定個體或群體的偏見，以及各式各樣的需求、衝動和習慣。[4]

簡單來說，美國人無法脫離民主和基督教教義所賦予的價值觀，並在這個價值體系的輔助下習得許多習慣和信念。然而與此同時，另一股力量讓美國人產生矛盾的心態和立場，由於嬰兒期的本位主義、對地位和安全感的需求、物質和性方面的優勢、單純的從眾……等因素的輔助，美國人也習得了完全相反的習慣和信念。因此，美國大眾普遍承受著道德上的不安以及「個人和集體罪惡感」，並帶著內在衝突過生活。

在二十世紀中期，這種罪惡感隨著國際形勢而加劇。美國逐漸意識到，國內對待黑人的方式嚴重阻礙了美國跟有色人種國家和殖民地人民的互動。美國在這方面的窘迫，似乎令其他國家的人民和媒體津津樂道。

然而，其他國家對美國的指責卻非常極端而片面，甚至可能是在掩飾自己國內的問題。

一名美國人造訪莫斯科時，俄羅斯導遊自豪地向他介紹莫斯科的鐵路系統，參觀完車站和鐵軌之後，美國人問：「可是火車呢？怎麼沒看到火車在運行？」導遊回嘴說：「那你們南方各州的私刑又是怎麼一回事？」

雖然美國受到許多無關和不實指控，但美國人民普遍承認，唯有國內黑人的地位儘早得到明顯改善，美國才能贏得道德領導地位。[5] 如果外人眼中的美國人總是言行不一，那麼美國宣揚的價值觀就只是空洞的口號。除非美國能夠實踐對文明精神的承諾，否則文明就會消亡，徒有機械智慧並無法拯救文明。

然而，無論美國是否積極解決「黑人問題」，其崇高的**官方**道德依然讓美國特立於世界各國之中。沒有任何國家如美國一般，在官方歷史文件中如此明確地表達出平等信念，且法律、行政命令和最高法院的判決也很少背離這一信念，而任何成長於美國的孩子都知道這項國家訂定的行為準則，並在某種程度上予以崇敬。相較之下，在許多其他國家，政府本身主導了對少數群體的官方歧視。但是在美國，歧視是**非官方**的、違法的，而且在深層意義上是「很不美國」（un-American）的行為。美國開國元勛對於平等議題抱持著堅定立場，而普通百姓自共和國成立之初就明白這一立場。

一七八八年七月四日為了慶祝美國《憲法》通過，米克維以色列猶太會堂（Mickve Israel）的猶太拉比柯恩（Raphael Jacob Cohen）也加入遊行的行列。一名當代作家寫道：「整個遊行隊伍最讓人歡欣鼓舞的部分就是神職人員的加入，他們的參與體現了宗教和良好政府之間的友好關係。一共有十七位神職人員，他們四、五個人挽著手臂並肩前行，以象徵美國聯邦政府。將宗教信仰差異極大的神職人員集結在一起並非易事，這顯示**自由**政府在發揚基督宗教的寬厚美德上的影響力。猶太拉比跟兩名福音牧師攜手同行，構成了最美好、最讓人欣慰的畫面，沒有什麼比這更能代表新憲法的精神，它將所有權力和職責開放給**每一個**宗教裡的賢人，而不僅限於基督宗教的所有派別。」[6]

美國信條從未失去形塑與改變人們態度的影響力。希特隆（Abraham F. Citron）等人曾進行一項實驗，並試圖回答下列問題：如果在麵包店、候車室、擁擠的公車上……等公共場合聽到歧視少數族群的言論，何種回應最能遏止偏見？研究者安排幾名資深演員營造出實驗需要的場景，誘使幾名參與者（偏執者）說出「義大利佬」或「猶太佬」等歧視言論，接著另一名演員會出面回應幾句話，試圖讓偏執者收斂一點（但實驗目的是要影響旁觀者的態度，而非改變偏執者）。這項實驗嘗試了幾種不同類型的回應方式，包括激動憤怒地指責，以及冷靜理智地反駁，並讓旁觀者判斷何者最能有效制止歧視言論。結果顯示，在本質上訴諸美國信條的回應最有效。回應者如果用平靜的語氣指出歧視言論並不符合美國傳統精神，偏執者通常就會默默閉嘴。[7]

美國歷史也證明了這一點。每當煽動者的言詞行徑過分偏頗，必定會有人指責其不符合美國信條並加以撻伐。種族主義者或許可以用很多手段蠱惑、拉攏人心，但遲早會自食惡果。人們或許會為了言論自由而犧牲少數族群權益（例如「我們不接受『種族毀謗法』，因為它威脅到言論自由」），但公眾的憤慨最終還是會壓制過於極端的煽動，至少到目前為止是如此。正如繆達爾所言，美國信條依然具有強大的影響力。

然而，繆達爾的「美國的困境」理論卻由於誇大事實而受到批評。批評者指出，社會傳統才是造成階級制度和歧視的主因，所以生活在其中的渺小個體不必然會感到內疚。這個制度並非由任何個體所創造，因此責任也不在任何個體身上，大家只是無從選擇地服從制度，所以不會產生「道德不安感」。[8]

經濟決定論者也對「美國的困境」理論提出批評，但其立論基礎較薄弱。他們主張，白人的物質利益是導致黑人「淪為底層」的唯一因素。白人並不會陷入道德困境，因為對他們來說道德只是合理化經濟收益的「意識形態」。[9]正如第14章所討論的，這種馬克思主義式論點並非錯誤，只是較為片面。事實上，即使白人透過歧視獲得了剝削收益，還是有可能因為享受這樣的利益而產生內在衝突。

這些批評提醒了很重要的一點：並不是**每一個**美國人都會經歷繆達爾所定義的道德困境，但許多人確實是如此。因此基於繆達爾的理論，我們可以合理地說，偏見經常（但並非總是）伴隨內在衝突。

內在抑制

當人的內心出現衝突，就會抑制自己的偏見而不表現出來，或只會適度流露。在這個情形下，人因為某種原因中斷了偏見思維的開展。正如美國作家懷特（Elwyn Brooks White）指出的，紐約潛伏著各種族群問題，但顯然是因為大家努力自我控制才沒有爆發出來。

當然，人自我抑制的程度會隨場合而不同，例如跟家人、朋友或街坊鄰居聊天時，或許可以毫無顧忌地咒罵少數群體，但如果少數群體的成員在場，通常就會抑制口出惡言的衝動。或者，人可能會當面批評少數群體，但不會做出其他任何歧視行為；也可能會阻止少數群體的成員在自己社區教書，或反對自己的工作領域開放就業機會給少數群體，但不會參與街頭鬥毆和種族暴動。人在任何情境都可能對自己的偏見踩煞車，並隨著內、外抑制力的強度而有不同表現。只有在少數情形下，偏見才會演變成暴力或具有破壞性和殺傷力的行為。儘管如此，理論上還是存在著這種可能性，因為外在控制力會瓦解，群眾也會因為某些導火線而燃起仇恨，因此無法抑制偏見。

社會心理學家費斯汀格（Leon Festinger）的一項有趣實驗，就呈現出人們會巧妙地隨著情境而抑制偏見。[10]研究者將一群年輕女性分成若干小組，每組各有半數猶太教徒，半數天主教徒，且都必須選出一名組長。每個候選人的宗教信仰都是公開的，但有些組別採取不記名投票（情境A），即投票者的宗教信仰不會被公開，而有些組別採取記名投票（情境B），且投票者的宗教信仰會被公開。結果發現，在情境A（投票者匿名），不論猶太教徒或天主教徒，大多數人都把票投給相同宗教信仰的候選人。而在情境B（投票者身分公開），猶太教徒比較不會投給同樣信奉猶太教的候選人，反之，天主教徒還是會投給自己人。

我們並不清楚是什麼原因造成了這個特殊結果，也許是天主教徒擁有較高的社會地位，因此較有安全感，所以相對敢於公開表達自己的內團體意識；而猶太教徒則對偏見較敏感，因此會習慣猜測別人可能有的刻板印象，然後刻意改變自己的行為。不過本節的重點是，該實驗證明了，人確實會抑制自己表達出對內團體的偏好或對外團體的偏見。

本書第一部討論過，人因為會抑制自己的偏見，所以不至於公然歧視他人。例如第4章引用的實驗顯示，雖然餐廳老闆和旅宿業者在信件中（不需直面衝突）表達不願意接待華裔和非裔客人，但是當華裔和非裔客人實際造訪，店家卻沒有真正歧視或排斥。看來，第1章的「葛林柏格先生」案例也是如此，如果葛林柏格不是事先寫信給加拿大旅宿業者，而是直接到櫃台詢問，或許就不會被那麼多酒店或度假村拒絕。

我們似乎可以歸納出：人會因為族群標籤而產生刻板印象，接著做出歧視舉動。這一路徑在「非面對面的假設情境中」更容易發生；但在直接跟人打交道時，當面拒絕對方肯定會讓場面難堪，所以多數人會依循「良善本性」，並抑制偏見衝動。但只有在偏見者感受到**內在衝突**的情形下，才會隨**情境**調整行為。

因應內在衝突的方式

人通常會如何處理內心兩股對立的推力？從心理學的角度，大致可以歸納出四種模式：一、**壓抑**，即否認。二、**防衛**，即合理化。三、**妥協**，部分解決內在衝突。四、**整合**，真正解決內在衝突。本節將逐一解釋這四種模式。

一、**壓抑**。在任何地方，每當提到偏見或歧視，大家的第一反應幾乎都是：「我們這裡沒有那種問題。」[11]不論美國南方或北方，不論鄉村或都市，上至公家單位、下至路人都表示，沒有那種問題！也許在大家眼中，只有暴力行為才算「問題」，他們實際上是在說：「我們這裡沒有發生種族暴動。」或者他們對於階級差異已經習以為常，才沒有感到任何不妥。

人在遇到不想碰觸的議題時，也會用堅決否認的態度來壓抑它。機構、團體或個人只要否認問題存在，就不需要面對可能的紛擾。

對個人來說，承認自己有偏見就是責怪自己不理智、不道德。沒有人願意違背良心，否則將無法接納自己，因此大家都不想承認自己不一致。也難怪人們就算氣到臉紅脖子粗，還是會說「我沒有偏見」。

習慣壓抑問題的人多半不承認自己有偏見，也不認為自己在心態上是反民主的（因為這跟他們的價值觀相悖）。比方說，大多數反民主的社會運動都披著民主的外衣：高舉十字架或國旗，打著「社會正義」、「愛人如己」、「解放」等象徵民主的口號。只要口頭支持美國信條，就能輕易掩蓋自身不一致的行為。

人在發表偏見言論時，開場白通常會先試圖博得好感，像是「我沒有偏見，可是……」、「猶太人跟任何人一樣享有同等權利，不過……」。彷彿先說一句民主的漂亮話，接下來就可以任意表達自己的偏見。這種心理機制主要是先表明對道德的認同，藉以掩蓋後面的過錯。

壓抑是一種自我保護機制，讓人不會陷入內在衝突的困擾中——至少當事人是這麼想的。不過實際上，人並非只用壓抑來因應內在衝突，通常還會使用合理化的防衛機制。

二、**合理化的防衛機制**。人為了捍衛並證明自己的偏見並沒有違背道德價值，最常用的方法就是收集符合自己觀點的「證據」，譬如選擇性地留意黑人的不老實行為、猶太人的粗鄙舉止，或列舉出一堆義大利黑手黨的名字，或引用一大串羅馬天主教神父的反民主言論，並說服自己那些都是充分可靠的證據（如第1章所示，根據科學和邏輯的標準，如果有充分可靠的證據，那就不存在偏見問題。而合理化是指，個體選擇有利的證據來支持其過度類化的結論）。為了證實既有假設而選擇性感知，是最常用來合理化偏見的方式。

如今誰想要聽俄羅斯或共產黨的好話？最省力（也最安全）的做法，就是拒絕接收所有偏見對象的惱人優點，所以我們會收集任何不利於偏見對象的證據——多虧新聞媒體的選擇性報導和偏頗的社論。透過選擇性感知，就能合理化自己的仇恨，並獲得支持偏見的證據。然而就算有實際依據，還是無法改變一件事實，即我們是利用選擇性感知及選擇性遺忘來強調這些依據的可靠性。

「普遍印象」也經常被用來為偏見開脫。一名學生寫道：「不只在美國，全世界都有反猶情緒。」這名學生在態度測驗上的表現，顯示出她對猶太人的敵意在一百名學生之中是最強烈的。她**需要**感受到自己的看法獲得大家認同——當然，她的看法並非屬實。在白人對黑人犯下的私刑案件中，南方的律師告訴陪審團：「如果各位放過這些人，大家都不會責怪你們」，這就是利用「普遍印象」來左右陪審團的決定。無論想像或真實的社會支持，都會讓當事人對自己的看法更加深信不疑，並讓當事人免受自我懷疑和內在衝突之苦。

另一種防衛策略則是反過來痛批指控者。當美國北方揭露南方各州的私刑醜聞，南方紛紛展開反擊，在報紙上刊登聲明，控訴北方更常見的幫派殺戮也是私刑的一種。二戰後，納粹高級官員被指控犯下「危害人類罪」，他們卻反駁說，同盟國也向德國的婦女和兒童投擲炸彈。這種訴諸偽善（即「你還不是一樣」）的控訴是消除罪惡感的簡單防衛機制：你也犯了同樣的錯，憑什麼指責我！我沒必要忍受你的指控。

分歧法（bifurcation）也是常見的防衛策略，譬如「我對黑人沒有偏見，還是有很好的黑人，我只討厭壞黑鬼」，或是「我並不討厭猶太人，我只是不喜歡某些糟糕的猶太佬」。表面上，這樣的區分似乎反映了對某個類別的細分，也就是只針對個人、而非整個群體予以歧視，因此看起來好像不構成偏見。但事實並非如此，仔細觀察就能發現，說話者是用主觀感受來區分「好跟壞」或「猶太人跟糟糕的猶太佬」，而不是用客觀證據來判斷。舉例來說，奉承諂媚的黑人讓白人感受到自我價值，所以這樣的黑人是好人，其他黑人都是「壞黑鬼」——這是根據對方是否對自己構成威脅來區分好、壞，而不是根據對方是否具有良好品格。習慣使用分歧法的人堅信，有些黑人、猶太人或天主教徒在「本質上」是邪惡的。

有種防衛策略跟分歧法很接近，即藉由「例外」來合理化偏見，像是常聽到的「我有幾個好朋友就是猶太人，但是……」，或「雖然我認識一些思想開明且學識豐富的天主教徒，可是……」。看來如果提出例外，就不需要修正對該群體的類別化判斷。「提出例外」是為了表示自己很理性、公正，也認同美國信條，其背後的邏輯是：如果我有好朋友是A群體的成員，那麼我對A群體其他成員的負面看法就不算偏見。聽起來好像是經過深思熟慮、也考量到個別差異之後才評斷某個群體，所以這種策略通常可以說服聽者和說話者本人。但事實上，「我有幾個好朋友就是……」的說法，幾乎都是在掩飾自己的偏見。

還有一種防衛陳述也是類似的邏輯，例如「我對個別猶太人沒有任何意見，我只是對那整個種族感到不滿。」這是煽動者最喜歡用的話術，聽起來好像冠冕堂皇，卻是最容易混淆視聽的說法，因為這是最嚴重的「群體謬誤」（以偏概全）。假設每一個猶太人都沒有讓人詬病的地方（因此才會說「對個別猶太人沒有任何意見」），那猶太群體還會惡劣嗎？群體不就是由個人組成，沒有別的。在偏見研究中，這種含糊其辭的防衛陳述是很有趣的現象，說話者的意思是大家不可以針對個人，但是可以討厭整個群體，也應該這麼做——這就是「毫無根據的類化」的精髓。

三、**妥協，部分解決內在衝突**。人在生活中往往要扮演各種社會角色，因此難免會做出不一致的行為。事實上，人不僅被允許自相矛盾，還被期待要這麼做——隨情況不同而有不同的態度和行為。政治家必須在競選演說中宣揚人人有平等的權利，在選上執政後則被期待要偏袒特定利益團體。美國南方的白人銀行家不應該雇用黑人員工，但應該慷慨地捐錢興建黑人醫院。

在美國社會中，行為上的不一致很正常，反而是瘋狂堅持自己的信念（無論是偏見或平權）才會被視為病態。人應該要見機行事，時而遵從美國信條，時而順應世俗偏見。

這種處理衝突的方式可以視為一種「交替轉換」能力。當人採用A參考架構，就會表現出附屬於A參考架構的態度和習慣；而在採用相反的B參考架構時，就會表現出完全相反的態度和習慣。如果一貫用厭惡、充滿敵意的不友善態度去對待少數群體成員，那大多數人都會遭受內心衝突，因為無法一直壓抑相反的價值體系（美國信條和基督宗教教義）。而如果不時釋放自己的道德衝動，把它化為實際行動（例如宣示效忠國家、善待黑人員工、捐錢救助弱勢團體），就比較能夠原諒自己在其他情境中表現出的偏見。

這樣的「交替轉換」讓某些藉口聽起來合情合理，例如人們會說：「情況一直在好轉，要有耐心」、「人性不會一夜之間改變」、「即使立法也無法解決偏見問題，這是漫長而艱辛的教育之路」。雖然這些「漸進主義式」的論述似乎有點道理，但關鍵在於，漸進主義本身可能是處理內在衝突的「妥協」方式，它表達的是：我有意願改善歧視問題，但不會馬上改變。

人在族群態度和行為上的不一致，引起了心理學家的好奇與猜測。[12] 要理解這種不一致的現象，首先要記住兩件基本事實：

- 「交替轉換」是處理內在衝突的常見方式之一。人們在節慶時盡情狂歡，在齋戒日節制飲食，以此交替滿足了肉體和精神上的慾望。人們在白天滑雪、打獵或做其他活動來尋求刺激，到了晚上則回到自己的小屋裡休息，如此就依序滿足了動態和靜態休閒需求，因此不會造成嚴重衝突。同樣地，大多數人同時抱持著偏見態度和道德信條，為了避免內在衝突帶來的紛擾，就會在不同情況下表現出不同的態度和行為。
- 最重要的是，人扮演著多重角色。教堂裡的詩歌和學校教育會引發並強化一套價值觀，俱樂部聚會或吸菸室裡的閒談又會引發並強化另一套相反的價值觀。環境結構越是複雜多元，我們就越需要用不一致的方式去因應環境，所以在不同情境下會習慣性地表現出不同的價值觀。而為了順應不同情境的要求，我們有時必須妥協，並做出違背個人良知的事。

四、整合，真正解決內在衝突。有些人無法接受自己在扮演不同社會角色時採取不一致的做法，並認為交替轉換不同的價值觀有損其道德誠信。這樣的人認為在任何情況下都要忠於自己，不應該讓必要的角色適應危害到自己的基本價值體系，導致基本價值體系分裂。為了擁有這種健全成熟的人格，就必須相當努力地維持一致。

順利發展出這種特質的人，可能曾痛苦於偏見引起的深刻衝突。本章開頭舉了幾個案例，那些人因為自己的偏見而感到痛苦與羞愧，因此檢視了自己的防衛心態，並發現不足之處。他們既不願意壓抑、合理化，也無法安然妥協，於是要求自己直面問題並努力克服，其日常行為才能依循完全一致的人際關係哲學。

這樣的人成功地拋開所有基於刻板印象而產生的敵意，並學會區分想像出來的邪惡（即偏見）和真實的邪惡。人們也許有充分的理由認為特定對象是敵人，或鄙視他人身上的某些惡習和不討喜的特質，也會無法忍受反社會團體或外國政府等組織機構。在追求自我價值的過程中確實會遇到敵對者，但一個人如果具有統整的人格，其生活中就不存在「可怕的種族」或「代罪羔羊」等跟人類苦難毫無真實關聯的東西。

也許幾乎沒有人能夠達到完全整合，但已經有很多人努力朝此目標前進。這些人會逐漸以人道角度看待事情，了解大多數人都不是自己的敵人，也明白大多數被社會定義的壞蛋其實既不危險、也沒有惡意，因而只會仇視真正威脅到基本價值體系的人。唯有透過這種方式組織人格，才能夠達到完全整合。

第六部

偏見的動力機制

人類終其一生，
都可能跟嬰兒一樣把怒氣發洩在現成的對象，
而非合理的對象。

第21章 挫折

「富人沉溺於鴉片和大麻，而負擔不起那兩樣東西的人就成了反猶主義者。反猶主義是小人物的嗎啡……既然無法獲得愛的狂喜，就轉而尋求恨的狂喜。他們恨誰並不重要，猶太人只是現成的對象。就算沒有猶太人，反猶分子也會把他們創造出來。」

本章開頭引文出自德國社會民主黨黨員巴爾（Herman Bahr）之筆，他早在希特勒掌權的四十餘年前就寫下這樣的文字[1]，提醒大家留意「攻擊」的逃避功能，它就像毒品般讓人忘卻生活中的失望和挫折。

不可否認，人在面對挫折時的本能反應就是採取某種形式的攻擊。嬰兒在需求沒被滿足時會又踢又叫，在憤怒的當下當然不可能表現出愛或親和的跡象，而會出現任性、抓狂的反應，但嬰兒攻擊的對象並不是引發挫折的真正來源，而是任何出現在面前的人或物。

人終其一生都可能跟嬰兒一樣把怒氣發洩在身邊現成的對象上，而非發洩在合理的對象上。這種**替代作用**（displacement）也反映在許多日常用語中，像是「拿狗出氣」、「不要遷怒於我」、「替死鬼」、「代罪羔羊」。當代心理學將「挫折—攻擊—替代」的心理歷程簡化為「挫折—攻擊假說」[2]，而偏見的代罪羔羊理論（可能是最普遍的偏見理論）就是建立在該假說之上。

挫折的來源

某些挫折來源可能跟偏見更有關，另一些則否。為了進一步了解偏見問題，我們可以將生活中可能產生挫敗感和不安感的來源大致分為幾類：

一、**體質或個人方面的挫折**。身材矮小是種缺陷（尤其對西方文化中的男性來說），而且通常會造成一輩子的困擾。健康不佳、記憶缺損或反應遲鈍也是如此。但是就目前所知，這類挫折來源似乎不會特別助長族群偏見。整體上，矮個子並不會比高個子更仇視猶太人，疾病纏身的人也不會比健康的人更容易有偏見。這類阻礙似乎只會讓人產生個人層面的補償機制和自我防衛，但不涉及對外團體的投射。那如果本能驅力受到阻礙又會如何？當一個人被困在礦坑裡且氧氣不足，就會採取立即有效的行動來應對這一緊急狀態，而不會把當下的嚴重挫敗感歸咎於外團體。同樣，劇烈飢餓、口渴等生理上的迫切需求也不會引發替代作用。不過，如果人的本能需求長期受到阻礙，例如在性方面持續受挫，這種挫敗感就可能影響此人對外團體的態度（見第23章）。如果把自尊（對地位的需求）也歸為本能驅力，這方面的挫折也會引發明顯的替代作用（見第19、23章）。然而整體來說，體質上的缺陷、急迫的生理需求和疾病似乎跟偏見沒有顯著相關，除非這類挫折來源跟個人社會生活交織在一起。偏見是一種社會事實，因此應該發生在社會情境中，假如某種挫折感會引發偏見，那它必然帶有社會性。

二、**家庭中的挫折**。人的原生家庭包含父母、兄弟姐妹，有時還包括祖父母、叔叔和姑姑等親屬。再生家庭則由妻子、先生和子女組成。這兩種緊密關係都可能產生許多挫折感和怨恨。

證據顯示，偏見往往跟家庭問題有關。第18章探討了家庭中的排斥氛圍和嚴厲的管教方式（強調服從和權力關係）會如何導致孩子發展出偏見。

報告指出二戰期間，美國有一些在家庭環境中缺乏安全感而適應不良的孩子會同情敵國（德國和日本），卻仇視美國和美國的少數群體（尤其是猶太人）。[3]

心理學家比克斯勒（Ray H. Bixler）曾描述發生在一名白人身上的情形，這名白人有段時間跟黑人同事關係不錯，然而當他跟妻子的關係變得緊張，並面臨離婚危機，卻突然產生明顯的種族偏見。[4] 類似的證據還有很多，但這不代表家庭衝突必然會讓人仇視外團體。多數人都不會發展出族群偏見來因應家庭紛爭，不過在某些情況下，兩者有明顯的關聯。

三、**較內層的社群引發的挫折**。許多人待在學校、工廠、辦公室或軍隊裡的時間比待在家的時間還長，而教育、工作或軍隊等環境中的生活往往比家庭生活更讓人挫敗。

下面敘述引用自一名大學生所寫的內容，說明了家庭和學校生活中的挫折是如何共同導致偏見發生：

> 我在學校的表現向來很優異，還跳級一年，但沒拿過全A，這讓我很不開心。我父親自豪地表示他的大學成績不是A就是A+，還能兼顧一份全職工作。父親不斷提起自己的成就，並責備我比不上他。我非常沮喪，不管怎麼做都無法討他開心。最後我找到安慰自己的方法，就是告訴自己和別人，是猶太學生作弊才把我擠下去（但仔細想想，我並不知道贏過我的男孩是不是猶太人，也不確定他們是否作弊）。

這個例子有趣的地方在於，它呈現出「**主觀挫折感受**」的重要性，以及**客觀**事實的相對微不足道。事實上，那名大學生的成績非常出色，卻因為父親的批評而**覺得**自己很失敗，並引發了挫折感，而不是對自己的表現感到滿意。

在先前引用過的退伍軍人研究中，貝特罕和傑諾維茲發現，聲稱自己在軍隊中「過得很糟」的人，其中約六分之五缺乏包容心；而聲稱自己「過得很好」的人，大多具有包容態度。[5] 雖然客觀事實已無從考證，但偏見顯然跟主觀挫折**感受**的關聯性較高，而跟實際軍旅生活的關聯性較低。但無論如何，挫折跟偏見之間確實存在著正相關。

此外，第14章引用的幾項研究指出，經濟挫折也會滋長出偏見。各位可以回想一下坎貝爾的研究，他證明了工作滿意度較低的人有較強烈的反猶主義；貝特罕和傑諾維茲的研究也顯示，社會地位向下流動和反黑人偏見有顯著相關。

實驗證實，人在受到阻礙時會依序經歷「挫折－攻擊－替代」的心理歷程。在研究者的操弄下，一群參加夏令營的男孩（年齡介於十八至二十歲）必須留在營地接受一系列艱難的考試，而不能參加當地劇院舉辦的抽獎活動。研究者在男孩遭受該嚴重挫折的前、後，都評估了他們對日本人和墨西哥人的態度。結果顯示，那群男孩在經歷挫折之後不再認為日本人和墨西哥人具有許多正面特質，而把較多負面特質歸於那兩個民族。[6]雖然這項實驗只有誘發一種**情緒**，並測量該情緒的短期效果，但仍證明了人的負面情緒會波及到少數群體，導致當事人傾向對少數群體做出負面評價。

四、較外層的社群引發的挫折。許多挫折是跟較廣泛的生活情境有關。以美國激烈的競爭文化為例，個體如果在學業表現、職業成就、社會地位及名聲等方面無法達到社會設置的高標準，就會有很強烈的挫折感，並因而憤恨不平。

這種競爭文化或許會讓大家認為，每個外來者都會跟自己爭奪成功的機會，正因如此，許多美國人不歡迎難民湧入自己的國家。

美國約自二十世紀開始執行移民限制。然而在美國早期發展階段，每個人的成功顯然有賴於人口增長，因此對奴隸的需求大增，一個人擁有越多奴隸，其地位就越高。早期對移民的需求也大增，他們被引進工廠和農場以提升勞動力。當時東方人在加州很受歡迎，因為到處都需要人手來開發資源，所以雇主不在意員工是黃種人還是白種人。但接下來情況就漸漸改變了，一度被熱烈接納的移民卻開始引起當地人不滿。移民獲得自由、擁有土地，而且往往爬升到顯赫、富有的地位，導致美國人擔心資源不夠分配、自己的權利被剝奪，於是社會上出現了不同的輿論。民間抗議移民的聲浪首先促成了一九〇八年的《排斥東方人法案》（Oriental Exclusion Act），到了一九二四年，在移民限額制度（quota system）下，只有極少數移民可以遷入美國。在一九五〇年代，美國緊急立法收容歐洲數百萬難民的其中一小部分，但即使只是小幅開放難民入境，還是造成了美國人的恐慌與反彈。經濟學家告訴我們，放寬移民限制、讓人口自由流動對國家來說是好事。但經濟層面的考量無法左右移民政策的走向，決定移民政策的是百姓的**挫折感**，無論正確與否，大家都堅信阻隔移民就可以確保自己有機會爬升到更高的地位。[7]

眾所周知，劇烈社會變革會引發民眾的挫折與不安，進而導致反猶情緒高漲。具體來說，在戰後重建時期（尤其是戰敗地區），或是政局不穩、經濟蕭條時期，反猶主義會更加興盛。[8]

在戰爭時期，國內的敵對情緒也會隨著高漲。這是很諷刺的事，大家也許認為在國家面臨危機的緊要關頭，所有黨派團體都會團結起來共同抵禦外敵。在某種意義上確實如此，共同敵人有助於鞏固國家凝聚力，然而戰爭也給人民帶來各種挫敗：物資配給、稅收負擔、焦慮惶恐、生命威脅都導致國內摩擦不斷增加。在一九四三年，正值美國前線戰事最艱困的時候，美國六大城市中有四座城市發生了災難性的種族暴動，效法納粹模式的反猶事件也時有所聞。研究者收集並分析了大量戰時謠言，結果顯示其中三分之二是針對美國國內群體，包括：猶太人、黑人、勞工、政府當局、紅十字會、武裝部隊等。[9]

挫折容忍力

前述研究已充分證明挫折跟偏見有著某種關聯，然而，並非每個遭受挫折的人都會產生偏見，因為每個人處理挫折的方式都不同，有些人的挫折容忍力較高。

心理學家林齊（Gardner Lindzey）曾進行一項關於挫折的實驗，並發現偏見跟挫折之間的有趣關聯性。林齊先讓一群學生進行態度測驗，然後從中挑選出十名具有高度族群偏見的學生，以及十名幾乎沒有偏見的學生。接著，這二十名受試者分別被邀請參加一個小組實驗，實驗情境如下：每名受試者都必須跟另外四名陌生學生（由研究助理假扮）合作完成一項卡片分類任務，但是在研究者的操弄下，受試者會搞砸任務，導致整個小組無法達成目標並失去獎金。那四名學生會故意對受試者的失誤表達惋惜和不滿，然而受試者無論再怎麼努力仍無法彌補自己的過失。沒有受試者「識破」這場騙局，且他們看起來都很不安。但重要的是，綜合隱藏觀察者的評估以及實驗結束後對受試者的訪談，最後統計結果顯示：具有高度偏見的受試者，其挫折感顯著高於幾乎沒有偏見的受試者。[10]

我們可以從很多角度來解釋上述結果，譬如，高偏見者可能在任何情境下都容易感到挫折，甚至可能天生比較敏感。或者，高偏見者也許特別需要獲得他人尊重和認同，所以當這種親和需求被阻撓（如該實驗情境）就會非常沮喪，正是由於強烈渴望被認同才容易產生挫折感，最後演變成強烈的偏見。也可能是基於某種自我控制上的差異，導致高偏見者缺乏低偏見者的隨遇而安或「豁達」態度。不過，這裡的目的不在於找出最正確的解釋，重點是，現有證據足以證明：高偏見者比低偏見者**更容易感到挫折**（即挫折容忍力較低）。

對挫折的反應

本節要討論的是整個偏見問題的核心。大量證據顯示，人在受到挫折時可能會出現替代攻擊，因而仇視外團體。不過，這一心理歷程雖然很重要，但我們不應該過於強調其絕對性。有些支持該假說的狂熱分子會說：「挫折總是會導致某種攻擊行為」，但這並不正確，否則每個人都應該有很強的攻擊性（因為都會受挫），並且動不動就產生偏見。

人在面對挫折時，最常見的反應並不是攻擊，而是直接想辦法克服阻礙。[11]嬰兒對挫折的反應通常是憤怒沒錯，但是從兒童階段直到成年期的發展過程中，人會漸漸獲得一定程度的挫折容忍力，並學會用毅力、計畫和尋找有效的解決方法來取代最初的憤怒反應。

林齊的實驗結果可以推導出一項假設：偏見者的挫折容忍力較低，因此缺乏處理挫折的技巧，只能像嬰兒般發怒和進行替代攻擊。

除了挫折容忍力和因應挫折的方式（是「攻擊／憤怒」還是「計畫／克服」），還有一項差異性特徵跟偏見有關。每個人的確都有氣憤或出現攻擊衝動的時候，那人們是如何調適的呢？從第9章和第20章的討論可以歸納出，有些人受到挫折後傾向責怪自己，這些人屬於**內懲型**；有些人用超然、豁達的態度面對生活挫折，而不責怪任何人，這些人屬於**不懲型**；還有些人傾向做外歸因，這些人屬於**外懲型**，其反應可能合乎現實（如果針對真正的挫折來源），但如果把矛頭指向無辜的替代者，那就不合理了。[12]

顯然，只有在外懲型反應中才會出現代罪羔羊現象。下面就是清楚的例子：

> 有個煉鋼工人很不滿意自己的工作，不但危險，還要忍受高溫和噪音。他曾夢想成為工程師，但未能如願。他在憤恨不平地抱怨工作時總是會痛罵「掌管這裡的死猶太人」，但事實上，他待的煉鋼工廠並不是由猶太人經營，而且無論工廠的所有者或管理階層都跟猶太人無關。

總結來說，有些人遇到挫折時會出現攻擊反應，其中一部人傾向做外歸因，不檢討自己，而是把責任歸咎於外在環境；也有一部分人指責的並不是挫折的真正來源，而是找個替代對象當箭靶，尤其是身邊現成的外團體。雖然前述情形很普遍，但並非每個人都用這種方式來因應挫折，取決於個人的先天氣質、處理挫折的習慣，以及所處的文化氛圍（例如：納瓦霍文化鼓勵大家指責女巫、德國人民在希特勒煽動下指責猶太人）。

進一步討論代罪羔羊理論

代罪羔羊理論受歡迎的原因之一就是易於理解——這一事實或許也證明了該理論的有效性，因為某種程度上，易於理解的東西必定跟共同經驗有關。一本給七歲兒童看的故事書裡，就描述了代罪羔羊的例子：

一頭熱愛冒險的豬和幾隻鴨子夥伴共同乘著熱氣球飛上天空，可是不懷好意的農夫企圖抓住那顆熱氣球，幸好小豬警覺到，朝農夫丟了幾罐番茄湯。農夫被湯灑了一身，氣得不得了，正好有個滿臉髒兮兮的男孩從穀倉中走出來，幫農夫擦掉身上的湯汁，但農夫卻一巴掌打向那個好心的男孩。農夫這麼做有三個原因：第一，熱氣球飄走了。第二，他現在必須去洗個澡，才清得掉身上黏糊糊的湯汁。第三，反正這麼做就是個好主意。作者補充道：「我不是說這些就是合理的理由，但事實就是如此。」

這就是非常典型的代罪羔羊的例子，連孩子都能理解其中的涵義。

事實上，代罪羔羊理論有兩種版本，第15章總結了聖經版本的代罪羔羊理論，其歷程如下：

個人的不當行為↓罪惡感↓替代

第24章將再次討論聖經版本的代罪羔羊理論。本章提到的版本則略有不同，其歷程如下：

挫折↓攻擊↓替代

本章所舉的例子只涉及第二種版本的代罪羔羊理論。

該理論假設人的偏見包含三個階段：一、挫折引發攻擊。二、將攻擊轉向較無防禦能力的「羔羊」（替代對象）。三、透過指責、投射和刻板印象，來合理化替代攻擊的正當性。

在接受上述假設之前，必須謹記幾項重要前提：[13]

1. **挫折不必然會引發攻擊**。該理論沒有提到社會情境、氣質類型或受挫時傾向以「攻擊」宣洩情緒的人格類型。此外，也沒有說明何種挫折來源會促使人尋找代罪羔羊，而本章先前提過，某些類型的挫折比其他挫折更容易引發替代作用。
2. **攻擊不一定會轉移到替代對象身上**。人可能向內攻擊自己，即內懲，這種情況就不會出現代罪羔羊，然而該理論並沒有提到任何影響「內懲」或「外懲」反應的個人或社會因素，也沒有說明個體在什麼情況下會攻擊**真正**的挫折來源，在什麼情況下又會轉而攻擊**替代**對象。要釐清這些問題，就必須探討個體的人格特質。
3. **該理論暗示了替代作用會減輕挫折感，但事實並非如此**。由於替代對象實際上跟挫折無關，所以當事人的挫折感並不會消失。德國在屠殺猶太人之後，經濟並沒有起飛，人民的家庭生活也沒有變得更幸福，任何全國性的問題都沒有獲得改善。美國南方的貧窮白人並不會因為歧視黑人而提高自己的生活水準。替代作用永遠無法消除挫折感，所以並不是調節攻擊衝動的有效方法，因為持續的挫折感會不斷引發新的攻擊。替代作用是大自然所創造的最不具適應力的機制。
4. **該理論沒有提到人是如何選擇代罪羔羊的**。該理論完全沒有解釋為何有些少數群體受到喜愛或不會引起注意、有些卻被憎恨，此外也沒有探討憎恨的程度和類型。正如第15章所述，代罪羔羊的**選擇**跟替代作用本身毫無關聯。

5. **並非只有較無防禦能力的少數群體才會成為替代對象**。個人和主流群體都可能成為代罪羔羊。猶太人可能對外邦人產生偏見，黑人也可能憎恨整個白人種族，這些情形確實涉及替代作用（或至少屬於過度類化），但代罪羔羊並非如該理論所暗示的一定是「安全」的對象。

6. **目前證據不支持高偏見者比低偏見者更常出現替代傾向**。不能因為偏見者會將攻擊轉向替代對象，就認為只有偏見者才有尋找代罪羔羊的傾向。前面所引用的林齊的實驗中，「具有高度偏見的受試者」在受挫後，並不比「幾乎沒有偏見的受試者」更常出現替代攻擊的傾向。我們之所以能夠區辨出高偏見者（在現實生活中明顯把少數群體當成代罪羔羊的人），並非由於他們的替代傾向，而是基於其他特徵。整體來說，高偏見者更具攻擊性、更容易「受挫」，且似乎更遵從社會習俗，但「挫折－攻擊－替代」理論並沒有涵蓋所有高偏見者的特質。換句話說，該理論本身無法完全解釋為何有些人容易產生偏見，有些人卻不會產生偏見。

7. **最後，該理論本身忽略了現實社會衝突的可能**。在某些情況下，人攻擊的確實是挫折的真正來源，而不是替代對象。比方說，X群體的許多成員在現實生活中處處打壓Y群體的成員，因此Y群體感受到的敵意有部分是真實的，所以Y群體對X群體的仇視在某種程度上是因為X群體「罪有應得」。代罪羔羊理論就跟所有偏見理論一樣，不應該誤用於現實社會衝突的案例。

偏見的心理動力學意涵

前面雖然提出代罪羔羊理論的限制，但用意並非否定其有效性，而是要提醒下列兩點：一、任何單一的偏見理論都不夠充分，以代罪羔羊理論來說，它遺漏了一些偏見的基本現象。二、代罪羔羊理論過於籠統，而沒有針對許多重要差異提供解釋，包括：為何有些人在面對挫折時會有攻擊性？為何某些類型的挫折更容易引發對外團體的替代攻擊？既然替代攻擊完全不具適應力，為何有些人還是以這種反應模式因應挫折？另一方面，為何有些人能夠克服替代攻擊的衝動，而不會把少數群體當成代罪羔羊？

代罪羔羊理論還有一個重要特徵，它假設個體在這一過程中進行了大量無意識的心理運作。痛罵「掌管這裡的死猶太人」的煉鋼工人沒有意識到自己是在編造一個壞蛋來解釋困境，被湯潑了一身的農夫說不出為何摑那個髒兮兮的男孩一巴掌「是個好主意」，大多數德國人也不明白德國在一戰戰敗的恥辱跟後來的反猶主義有何關聯。

幾乎沒有人知道自己痛恨少數群體的真正原因，大家只是編造出合理的理由。這就是所有偏見的**心理動力學**理論的核心論點。代罪羔羊理論只是心理動力學理論之一，還有其他心理動力因素也跟偏見有關。當我們談到偏見掩蓋了強烈的自卑感、偏見帶來了安全感，或提到偏見跟壓抑的性慾有關、偏見有助於減輕個人罪惡感——這些都屬於心理動力學領域的討論，在所有情況中，當事人都沒有意識到偏見在其生活中發揮的心理作用。

接下來的章節將繼續探討偏見的心理動力學，其中的主要見解都來自精神分析理論和研究。然而就像前面列舉了「挫折—攻擊—替代」理論的限制，本書也必須適時針對精神分析這一蓬勃發展的學派提出批判，然而這絲毫不減本書對佛洛伊德和精神分析的崇敬。

第22章 攻擊與仇恨

第21章討論了「攻擊」跟「挫折和替代作用」的關聯性，但還有許多部分需要進一步探討，因為「攻擊」被認為是造成許多社會問題的關鍵因素。經歷了二十世紀的血腥殺戮之後，社會科學家紛紛將研究焦點放在「攻擊」上，並以此解釋許多現象。雖然「攻擊」的概念是因為佛洛伊德而普及化，但也出現在所有心理學派的理論中。

攻擊的本質

佛洛伊德（以及許多其他心理動力學家）傾向認為，「攻擊」是一種普遍的本能、如同壓力鍋般的力量，是生存的原動力之一，幾乎無所不在，並且迫切地尋找出口，而人類基本上無法擺脫攻擊衝動。佛洛伊德寫道：

> 人無法不去滿足本能的攻擊傾向……只要一些人成為被攻擊的對象，其餘的人就有望團結合作、互相友愛。[1]

佛洛伊德認為「攻擊本能」等同於殺死或摧毀對方的慾望，歸根究柢，這種本能將導致自我毀滅的結果。「**死之本能**」（Thanatos）和「**生之本能**」（Eros）都是人類與生俱有的盲目衝動，兩者形成強烈對比。但是在我們的生命歷程中，「攻擊」和「愛」經常相互交織，因此即使是親和需求也混雜了毀滅衝動。

一些精神分析學家循著上述思路，觀察到嬰兒的行為大多具有攻擊性，並認為嬰兒的進食行為屬於破壞性吞噬，而吸吮是某種形式的攻擊。德國社會學家齊美爾（Georg Simmel）表示人類的祖先是食人族，他寫道：

> 我們都帶著一種本能衝動來到這世間，不僅要吞噬食物，還要吞噬一切讓人沮喪的東西。在嬰兒獲得愛的能力之前，會先受到他跟周遭環境的原始仇恨關係所支配。[2]

然而，這種攻擊理論讓人以為戰爭、破壞、犯罪、人際衝突和群際衝突完全是理所當然、甚至是無可避免的，人類頂多只能用可接受或較不具破壞性的方式來昇華、發洩或轉移無所不在的攻擊衝動，所以每個人都**需要**代罪羔羊，為了滿足自己的攻擊需求，就必須尋找或是編造出受害者。

這種單一化的攻擊概念並不可信。「攻擊」這個詞不僅意味著吞噬，也涵蓋了各種不同動機的行為，以其中幾種為例：[3]

1. 當動物吃掉植物或其他動物，或是孩子想辦法拿到玩具，在這兩種情況下，生物體只是要滿足自己的慾望。旁觀者也許認為這樣的行為具有**攻擊性**，但行為者本身並沒有攻擊意圖。兩歲的孩子也許看起來「很愛搞破壞」，但其掠奪行為完全是出於強烈的好奇心和興趣，他個人並不認為是攻擊，即使從別的孩子手中搶走玩具也不算攻擊。
2. 「攻擊」有時可以當作「**自信**」的同義詞。很多人說美國人幹勁十足，意思是他們（亦即一些美國人）

會正面迎擊生活的各種難題，這種行為帶有的攻擊性並不是針對個人，也不會直接傷害到別人。發展心理學家露易絲・墨菲（Lois Barclay Murphy）曾針對幼兒園孩子進行研究，結果發現最有同情心的孩子通常也較「強勢」（相關係數為「.44」）。[4] 這個有趣的發現似乎意味著，活潑外向、喜歡跟他人互動的孩子，通常也更願意接觸各種類型的群體，因此與其說那些孩子具「攻擊性」，不如說他們較「**主動**」。

3. 「攻擊」一詞有時不只代表自信，還有「熱愛戰鬥」的意思。有些人很享受戰鬥的樂趣，會為了戰鬥而戰鬥。大家都說愛爾蘭人很有攻擊性（無論真實與否），就是這個意思。這點可由一則族群笑話說明：兩位愛爾蘭女士正聊到自己的祖先——

其中一位女士問道：「麥卡錫家族是誰的後代（spring from）？」

麥卡錫女士回答：「妳要知道，他們不是誰的後代，他們會撲向（spring at）任何人。」[1]

4. 人們有時是為了競爭活動的附帶價值才傷害對手。這種情況跟前面提到的第1點一樣，達成目標才是最重要的，而由於行為者的慾望太強烈，所以必要時會毫不猶豫地使用暴力或欺騙的手段，這時「攻擊者」會不顧他人抵抗，並且拼命打壓對方，以滿足自己的慾望。帝國主義和擴張主義造成的大量侵略行為就屬於這一類。

5. 有些人以傷害他人為樂，他們的行為是真正的施虐。在這種情況，行為者的目的就是「攻擊」，而不是把攻擊當作達成目標的工具或手段。許多納粹突擊隊員對德國猶太人的攻擊可能屬於這一類。

6. 最後則是第21章提過的憤怒與攻擊模式，又稱為**反應式**攻擊（reactive aggression）。有些人遭遇挫折時，不會以實際的計畫或毅力克服它，也不會默默退縮或自責，而是憤怒並攻擊眼前的阻礙物，或是如先前提到的，把敵意轉移到替代對象（代罪羔羊）身上。我們在探討偏見問題時，應該著眼於這類反應式攻擊。

儘管前面只有簡短列出幾種攻擊行為，但已清楚顯示，關於攻擊的本能理論或壓力鍋理論是站不住腳的。有太多不同動機和後果的行為都涉及到「攻擊」，因此不能貿然把嬰兒無惡意的吸吮行為、美國企業家的冒險精神、施虐者的殘酷和失業者的憤怒都歸為同一種本能行為，那太荒謬了。這些行為在觀察者眼中或許很類似，但實際上分別屬於不同的心理動力歷程。

雖然這裡否定了佛洛伊德式攻擊理論的其中一個面向，但本書認同另一個面向。「攻擊」並不是一種需要發洩的強烈本能，事實上，反應式攻擊是大多數人都具備的能力，然而這樣的能力有時會導致替代攻擊。「挫折—攻擊—替代」理論就是整個佛洛伊德式理論的一部分，而正如第21章所述，在幾個重要前提下，該理論確實具有可信度。

我們必須區分「本能」和「能力」，本能需要發洩的出口，能力只是潛在的力量，而且也許永遠不會表現出來。這樣的區分對於我們看待偏見的方式至關重要，假如攻擊是一種迫切需要被滿足的本能，人類就永遠不可能克制或消除偏見；但如果攻擊只涉及反應式的能力，就可以設法創造出適當的內、外在條件，以避免激發這樣的能力。至少在理論上，我們可以盡量減少家庭和社群造成的挫折，也可以培養孩子克服挫折的能力、避免向外攻擊他人，或是訓練孩子面對挫折的真正來源，而不是轉而攻擊代罪羔羊。

1 譯注：此為不同詞性的雙關語，spring from是「發源自……」，spring at是「撲向……」。

攻擊衝動可以透過宣洩而排解？

各位也許會讀到「自由流動的攻擊」(free-floating aggression)一說。人類學家克拉克洪寫道：「在所有已知的人類社會中，或多或少都存在著自由流動的攻擊」。[5] 克拉克洪接著以反應式攻擊來解釋，多數文化裡的兒童在社會化過程都會受到許多限制，而所有社會裡的人們在整個成人階段都會遭受嚴重剝削和挫折，因此攻擊衝動一定會不斷累積、越來越強烈，有時長期憤怒會累積成大量模糊、莫名的抱怨，而在生活較平順時，自由流動的攻擊也相對較少。

這個概念到目前為止還算合理，無論套用在整個社會或單一個體都解釋得通。一個人如果不斷抱怨、充滿憤恨，而且對外團體有很多偏見，其心中很可能有許多未疏解的反應式攻擊，也肯定不知道該如何處理一連串挫折，才會導致攻擊衝動日積月累。

但令人難以認同的是，克拉克洪用壓力鍋和安全閥的比喻來解釋為何會出現攻擊行為：

> 在許多社會裡，人們主要是透過週期性(或持續)的戰爭來排解「自由流動的攻擊」。在社會進步繁榮時，人們似乎能夠將大部分的攻擊衝動轉化為社會的創造能量(例如文學和藝術作品、公共建設、各種發明、地理探索……等)。因此，在大多數社會的大多數時間裡，大部分的攻擊能量都能藉由各種抒發管道而宣洩，像是在日常生活中發發脾氣，從事建設性活動，或引爆戰爭。但歷史表明，大多數國家在各個年代，或多或少都將大部分攻擊能量集中在整個少數群體、或個別的少數群體成員身上。[6]

克拉克洪說攻擊衝動會透過文學、藝術和公共建設等創造性活動而排解，實在過於牽強，因為一般來說，人在繪畫或設計藍圖時並不帶有攻擊性。克拉克洪的描述似乎完全回到佛洛伊德式的觀點，認為人類必然有一定程度的攻擊性，而這種攻擊性可以「流動」到任何地方，甚至昇華為非攻擊性的能量（即從事和平的活動）。換句話說，這樣的理論認為就算根本不帶有攻擊意圖的行為，還是可能存在著攻擊性。

同樣令人質疑的是，戰爭是否確實「排解了」攻擊衝動。本書先前引用的證據已指出相反的事實。如果排解理論正確無誤，那麼在戰爭期間，國家內部的紛爭與衝突就應該會**減少**。比方說二戰期間，既然美國社會的攻擊衝動全都被導向德國、日本、義大利等敵國，那麼美國國內就應該一片祥和。但情形正好相反，如同先前章節所述，當時美國內部盛傳各種互相攻擊的謠言、頻繁發生嚴重的種族暴動，甚至比承平時期更激烈。美國對蘇共的敵意也沒有排解掉國內對自由派、知識分子、勞工、猶太人、黑人或政府的抨擊，反而讓情況更加嚴重。

斯塔格納研究了大學生的攻擊行為後指出，在一個面向上具有攻擊性的人，並不會減少在其他面向的攻擊性。反之，已經採取某種方式「宣洩」攻擊衝動的人，還是會透過其他方式「宣洩」。不同宣洩方式之間的相關性為「.40」。[7]

文化比較研究也呈現出相同趨勢。一個社會如果是好戰的，其成員之間就更常互相攻擊，這樣的攻擊性也出現在該社會所流傳的神話中；然而在不好戰的社會裡則沒有觀察到前述跡象。摩洛哥北部的里夫部落（Rif）和美國原住民中的阿帕奇族（Apache）就反映出好戰社會的傾向，而美國原住民中的霍皮族（Hopi）和新幾內亞的阿拉佩什族（Arapesh）則是不好戰社會的代表。人類學家博格斯（Stephen Taylor Boggs）針對不同社會調查了個人、群體和意識形態中的攻擊性，結果發現三者的相關介於「.20」至「.54」。[8] 博格斯的結論是，社會若不是普遍具有攻擊性，就是普遍缺乏攻擊性，且這樣的特徵會表現在相當廣泛的面向上。

上述所有證據都不支持攻擊衝動會透過宣洩而「排解」。某種程度上，這些證據也不太支持「挫折會引發攻擊」的假設，因為攻擊性較強的社會（或個人）不一定有較多挫折。霍皮人和阿拉佩什人的生活不見得比里夫人或阿帕奇人輕鬆，但我們可以合理推論，霍皮人和阿拉佩什人已經學會用非攻擊性的方式處理挫折，而里夫人和阿帕奇人的文化則鼓勵向外攻擊。然而無論何種情況，排解理論都不成立，因為該理論錯誤地假設攻擊衝動是定量的，會透過各種宣洩管道而消耗殆盡。

否定「排解」一說並不等於否定「替代作用」，因為這兩個概念在兩方面完全不同：一、「替代」只是反應式攻擊的其中一種行為模式，這種行為模式已獲得實驗證明，而且只有外懲型攻擊衝動才會引發替代作用。然而，排解「自由流動的攻擊」則含糊地暗示了所有攻擊衝動都可以透過各種管道而宣洩，甚至昇華為非攻擊的行為。二、「替代」並不表示個體在一個管道「釋放」攻擊衝動之後就會緩和下來，研究發現，越多攻擊行為會引發越強烈的攻擊性。而排解理論的假設恰好相反，且與事實不符。

「攻擊」作為一種人格特質

雖然本書反對佛洛伊德對於攻擊的某些觀點，但本書認同他所說的，個體處理攻擊衝動的模式是其人格結構的重要特徵之一。

然而跟佛洛伊德不同的是，本書認為攻擊是一種能力，而非本能。攻擊基本上是反應式的行為，有些人只有在面對特定客觀刺激時才出現攻擊行為，這些人並沒有發展出根深蒂固的攻擊型人格特質。正常的「反應式攻擊」具有某些適應特徵，心理學家柏格勒（Edmund Bergler）歸納如下：[9]

1. 只用於自我防衛或保護他人。
2. 指向真正的敵人，亦即挫折的真正來源。
3. 不會產生罪惡感，因為完全合情合理。
4. 適度，而不過度反應。

5. 在敵人脆弱時才適時出現這種反應。
6. 行為者不會採取無效、沒有建設性的做法。
7. 不容易被激發，除非受到嚴重侵犯。
8. 不會跟從前（也許是童年早期）的無關挫折相混淆。

表現出理性、適應性攻擊的人，並不會發展出精神官能疾患，也不會形成偏見。只有當人的攻擊行為不符合上述正常標準，其人格中才存在著不健康的攻擊性。有些人沒有意識到挫折的真正來源（違反標準2），所以必須把敵意轉移到虛構的敵人身上；有些人雖然知道造成其困境的原因，但做法卻無濟於事（違反標準6）；也有些人因為童年創傷的影響，因此在面對生活中的惱人小事時就會出現劇烈反應（違反標準7和8）。

循著這一思路可以歸納出：有些人基於某種原因，而無法按照正常反應歷程去因應外在刺激，這類人在處理攻擊衝動時才會出現嚴重問題。他們的攻擊已經不只是能力，而是人格特質的一部分，因此不再理性，也不具有適應力，而是習慣、強迫反應。如果一個人的行為違反了上述所有標準，就屬於真正的病態型攻擊行為。

精神分析學家強調的許多家庭、個人因素以及文化壓力，都可能導致一個人以病態型攻擊取代正常的反應式攻擊，並發展出難以根治的人格障礙。

攻擊的社會模式

在美國，由於生活充滿競爭，因此整個社會特別強調積極、好勝的精神——這也屬於一種攻擊；大家都認為男孩應該要適時為自己挺身而出，必要時不惜使用暴力；某些地區的風俗習慣鼓勵人們以言語或肢體攻擊特定少數群體。然而「文化」不但規範了攻擊行為的發展方向，同時也是許多個人挫折的來源。

以西方文化為例，社會學家帕森斯指出，社會結構的某些特徵會顯著影響一個人如何發展攻擊特質，進而產生偏見。[10]西方家庭（也許尤其是美國）裡的父親大部分時間都不在家，孩子總是被丟給母親照顧，而母親就成了孩子唯一的榜樣和導師，因此孩子在很小的時候就開始認同母親。由於小女孩知道自己將來也會成為家庭主婦和母親，所以很少、甚至不會因為認同女性角色而困擾——至少有幾年是如此。小男孩卻在童年早期就陷入衝突，因為女性化的作風不適合他，儘管他已經習慣這樣的風格，但也覺察到社會對自己有一套不同的期望。小男孩漸漸知道男性擁有權力、行動自由和力量，女性則較柔弱。但小男孩跟母親的關係卻很緊密，母親的愛滿足了他最深層的需求，然而這種愛可能是有條件的，取決於他是否夠勇敢、夠像個小男子漢，這又導致他必須否定自己認同的女性特質。許多成人男性的精神官能障礙，是源自其童年時期試圖擺脫的「戀母情結」和「陰柔情結」。

男孩稍大一點之後可能會出現過度補償的心態，因而強烈認同父親，尤其是父親的男性化作風。青少年普遍的粗野、惡劣行為，至少有部分可以解釋為「對於被母親支配」的過度反應。雖然大多數男性能夠順利完成過渡期，最終在「對母親的愛」和「必要的成年男子氣概」之間找到平衡，但有些男性仍然會繼續過度依賴母親，並且過度攻擊外在環境——證據顯示，這些男性大多是反猶主義者，且自認為是陽剛、勇猛的硬漢，但實際上他們還沒有克服自己的被動、依賴心態，結果產生補償敵意，並且把這種敵意轉移到社會認可的代罪羔羊身上。[11]

父親往往也會誘導男孩形成強迫性男子氣概，將競爭文化的拓荒精神傳遞給下一代，鼓勵男孩表現出超齡的勇氣，並且為男孩設立難以達到的高標準。父親的做法經常導致男孩將攻擊和男子氣概混為一談，而男孩最起碼會學到措辭強硬、大聲批評或痛罵外團體，假以時日，這種虛假的兇猛態度可能會演變成真正的敵意。美國文化中的幫派和「壞男孩」模式，基本上都反映了強迫性男子氣概，而族群偏見在某種程度上也是如此。德國文化在很多方面都跟美國文化不同，但納粹盛行的強迫性男子氣概，以及他們對猶太人的殘酷迫害，似乎也跟普遍的家庭模式有關。

美國女孩雖然不用經歷跟男孩一樣的衝突，但文化也給她們帶來不少挫折：許多美國女孩憎恨文化賦予女性的劣勢地位；女性幾乎把一切都押在浪漫、成功的婚姻上，但是如果婚姻失敗，並不像男性有許多逃離的出口，因此在婚姻中的挫敗感可能往往比男性強烈得多；女孩同樣無法逃脫文化強調的理想的男子氣概，因此也想適度地「強硬」，但這種傾向會因為她們在社會秩序中的女性角色而受到嚴格壓抑。

研究指出，女性若受到壓抑可能會影響她們對少數族群的態度，具體來說，仇視猶太人的女大學生在傳統女性外表下有大量被壓抑的攻擊性，而對猶太人持包容態度的女性則否。[12]

美國的職業環境同樣容易引發反應式攻擊和替代作用。成就標準被訂得太高（每個兒子都被期待要超越父親擁有的財富和聲望），導致人們屢屢遭受失敗和挫折。然而，這種職場文化雖然鼓吹大家表現出兇猛好鬥的精神，卻完全沒有提供任何正當的發洩出口。

或許有人認為，由於西方社會不允許「被挑起敵意」的人直接向外攻擊，而嚴格壓抑的結果，就是導致大量憤怒轉移到替代對象身上。然而，考量到家庭和職場普遍存在的挫折，考量到有多少不適切的敵意被壓抑著沒有表達出來，不禁讓人好奇，為何還是有許多人沒有發展出對外團體的偏見。

因此，這裡的社會學分析雖然有助於解釋偏見模式的一致性，卻無法解釋其中極大的個別差異。要解決這個問題，就必須回頭探討人格發展這一中介變項。

仇恨的本質

憤怒是我們在進行某些活動卻被阻撓時所引發的短暫情緒狀態，因為是在具體的時間、被可識別的刺激對象給激怒，所以通常會衝動地想要直接攻擊挫折來源，或傷害對方。

亞里斯多德在很久以前就指出，憤怒跟仇恨的不同在於，憤怒通常只針對個人，而仇恨可能針對一整群人。他還注意到，人在發怒之後通常會為自己的失控感到抱歉，並且同情被自己攻擊的對象。但是人在表達仇恨之後幾乎不會有悔意。相較於憤怒，仇恨更加根深蒂固，而且人總是「渴望自己的仇恨對象被滅絕」。[13]

換句話說，憤怒是一種「情緒」；而仇恨必須被歸類為「情懷」——一種持續、有組織的攻擊衝動，可能針對個人也可能針對群體。由於仇恨是由習慣性憤怒和指責性想法所組成，因此在個體的心智情緒生活中構成了頑固的結構。另外，仇恨會造成社會混亂，並受到宗教譴責，所以帶有強烈的道德色彩，不過仇恨者通常會設法避免道德衝突。仇恨的本質是外懲的，亦即仇恨者確信一切都是對方的錯，因此不會對自己的苛刻無情感到內疚。

我們所仇視和攻擊的對象通常是外團體，而不是個人，畢竟人跟人之間很相似，他人總是讓我們聯想到自己。我們會忍不住同情受害者，因此傷害別人也讓我們自己很痛苦。我們自己的「身體意象」也會牽扯進來，因為對方的身體就像我們自己的身體。反之，群體就沒有身體意象，而較抽象、較不具備人的特性，尤其是具有可見差異特徵（見第8章）的群體。我們或多或少會把不同膚色的人視為外人，並且很容易認為對方只不過是外團體的成員，而不會視其為獨立的個體。但即使如此，對方依然至少有部分跟我們相像。

人的同情傾向似乎能解釋一個常見現象：在抽象心態上仇視某個群體的人，在實際行動中卻經常公平地對待該群體的個別成員，甚至相當友善。

我們之所以更容易仇視群體而不容易仇視個人，還有另一個原因：我們不需要驗證自己對某個群體的刻板印象是否符合事實，只要把自己認識的個別成員當成「例外」，就不用辛苦改變既有的刻板印象。

社會心理學家和哲學家佛洛姆（Erich Fromm）認為有必要區分兩種仇恨，其一可稱為「理性的仇恨」，另一則是「性格使然的仇恨」。[14]理性的仇恨具有重要生物功能，且發生在個體的基本自然權利受到侵害時。大家都痛恨任何威脅到自己的自由、生命和價值觀的東西，而社會化程度較高的人，也會痛恨任何威脅到他人的自由、生命和價值觀的東西。二戰期間，荷蘭、挪威等國家被德國占領，因此當地居民大多對納粹入侵者深惡痛絕，那是一種「冰冷」的仇恨，只有在少數情況才會導致主動攻擊。那不是一時憤怒，而是持續蔑視，盡可能地無視納粹入侵者。在荷蘭，有名納粹士兵走進一節擁擠的車廂，所有人都對他視若無睹。那名士兵感受到大家的敵意，但仍然示好地說：「請讓點位置給我好嗎？」大家依舊無動於衷。

相較於理性的仇恨，性格使然的仇恨更需要留意，正如佛洛姆所言，它是持續的憎恨心態。雖然當事人可能長期對生活極度失望，但由此衍生的仇恨情懷卻幾乎總是脫離現實，其挫折積累成「自由流動的仇恨」——即「自由流動的攻擊」的主觀對應物，於是產生一種模糊、情緒性的不公平感，並想要將這種感覺極端化，所以必須憎恨**某些東西**。當事人或許不清楚仇恨的真正根源是什麼，但會設法找到現成的受害者以及不錯的藉口，例如：猶太人正密謀對付自己、政客們想盡辦法讓情況變得更糟。生活越是挫敗，就越容易發展出根深蒂固的仇恨情懷。

這兩種仇恨都只會發生在個人價值觀被冒犯的情況下（見第2章）。仇恨的先決條件是愛，一定是先有段和諧、友好的關係被破壞，個體才會憎恨某個罪魁禍首。前述事實正好跟本章開頭所引用的齊美爾的論述矛盾，齊美爾認為，個體在獲得愛的能力之前，會先受到自身跟周遭環境的原始仇恨關係所支配，這個觀點基本上錯得離譜。

人在生命之初是受到自己跟母親之間的依戀關係所支配，幾乎沒有證據指向破壞本能。嬰兒在出生後，不論吸奶、休息或玩耍，對環境的親和依戀皆占主導地位，其早期的社交微笑就象徵對別人感到滿意。嬰兒對整個環境是正面、積極的，會接近各式各樣的刺激和人物，也會迫不急待地向外探索，並且通常擁有正向的社會關係。

當人受到威脅或挫折，最初的親和傾向就會被警覺和防衛給取代，精神科醫師薩蒂（Ian Suttie）生動地描述了這一現象，「人世間沒有仇恨，只有由愛轉恨；地獄裡沒有怒火，只有被蔑視的孩子」。[15] 因此，仇恨的發生是次要的、附帶的，而且在發展過程中相對較晚出現。人向來都是在親和慾望受挫、以及連帶的自尊或自我價值受損之後，才會產生仇恨。

也許在整個人類關係領域，最讓人困惑的問題是：為何在我們跟他人的接觸中，只有相對極小部分符合且滿足我們最重要的親和需求？為何這麼多人陷入仇恨和敵意的深淵？為何人內心深處都渴望愛與被愛，可是現實生活中的忠誠和愛意卻如此稀缺和有限？

這些問題似乎可從三個面向來回答。第一個要考慮的是人所承受的挫折與艱辛。人在嚴重挫折之下，很容易將反覆爆發的怒火集結成合理的仇恨，為了不再受傷，寧願排斥外界而不願接納外界，這樣至少可以躲在一座安全的孤島。

第二個解釋跟習得偏見的過程有關。如前幾章所述，孩子若是在排斥的家庭氛圍中成長，或是暴露在既有偏見中，就很難形成信任或友好的社會態度。這樣的人因為缺乏關愛，所以也沒有關愛別人的能力。

第三，在社會關係中採取「排他主義」是一種省力的做法（第10章討論過「最小努力原則」）。只要對大部分群體抱持負面態度，多少可以讓生活變得更簡單。比方說，如果我一律排斥所有外國人，就不用再為他們煩惱——除了要設法將他們驅逐出我的國家；如果還可以把黑人當成次等、令人反感的種族，就能夠輕鬆處理這十分之一的同胞；如果再把天主教徒都貼上同樣標籤並加以排斥，那生活就更簡化了；接下來再用同樣的方法把猶太人剔除掉……以此類推。

因此，偏見模式包含了不同程度、不同種類的仇恨和攻擊，是個人世界觀的重要部分。無可否認，偏見確實簡化了生活，然而卻遠遠無法實現人們的夢想。實際上，人們依舊渴望親近生命，渴望跟他人建立和平友好的關係。

第23章 焦慮、性、罪惡感

「我們現在能夠理解反猶主義者了，他們內心充滿恐懼。顯然，他們害怕的並不是猶太人，而是自己，他們害怕自己的良知、自由、本能和責任，害怕孤獨和改變，害怕社會以及這個世界，害怕猶太人以外的一切。」

——法國哲學家，沙特（Jean-Paul Sartre）

恐懼／焦慮、性、罪惡感跟偏見之間的關聯，在很多方面都類似本書對攻擊的心理動力分析。

恐懼和焦慮

理性和適應性的恐懼意味著準確感知危險源。疾病、強盜、即將爆發的火災或洪水都會引發真實恐懼，當人們準確地覺察到威脅來源，通常會予以反擊或撤退到安全的地方。

有時人們雖然正確覺察到恐懼的原因，卻無法控制。擔心失業的工人、生活在核戰威脅下的公民都為恐懼所苦，卻無能為力。這種恐懼會變成長期的心理狀態，即所謂的**焦慮**。

陷入慢性焦慮的人會持續處於警戒中，把各種刺激都當成威脅。一直擔心失業的人會覺得自己被危險包圍，因此可能會過度敏感，認為黑人或外國人會搶走自己的工作，這就是把現實恐懼轉移到替代對象身上。

有時人們找不到恐懼的源頭，或是已經將它遺忘或壓抑。這可能是面對外在危險後內心殘留的軟弱感，慢慢累積成莫名的恐懼。當事人可能在生活中屢屢失敗，因而產生全面的無力感，於是開始害怕面對生活，也害怕自己的無能，並懷疑其他能力更強的人，把他們當成威脅。

因此，焦慮是擴散、非理性的恐懼，沒有指向任何具體目標，也不受自我覺察控制，就像油漬般遍布當事人的整個生活，也影響其社會關係。由於當事人無法滿足自己的親和需求，因此可能會不由自主地對某些人（例如自己的孩子）產生過度占有慾，並且過度排斥其他人。但這些強迫性的社會關係又會讓當事人產生新的焦慮，不斷惡性循環。

存在主義者認為，焦慮是每個人生活中的基本元素，比「攻擊」更為顯著，因為人類的生存環境本身就是神秘而充滿危險的，但並非總是會造成挫折。正因如此，焦慮比攻擊更容易擴散到各個面向，並且成為人格結構的一部分。

不過，焦慮有一點跟攻擊一樣，就是大家往往為此感到羞愧。我們的道德準則強調勇氣和自立，而且驕傲和自尊會讓人企圖掩蓋焦慮。我們一方面壓抑焦慮，一方面尋找替代的出口，把焦慮發洩在社會認可的恐懼來源上。有些人近乎歇斯底里地害怕同胞當中的「共產主義者」，這屬於社會允許的恐懼症，因為一旦承認真正的焦慮源是個人的不足和對生活的恐懼，就不會得到同樣的尊重。

當然，替代恐懼可能會跟現實恐懼交織在一起。我們當中的共產主義者確實構成了威脅，只是不像許多煽動者和恐共症患者所宣稱的那樣嚴重。美國輿論在日本戰敗後就有了顯著改變，原本美國人非常仇視日本人，不但認為日本這個國家很狡詐、毫無人性，甚至還把忠誠的日裔美國人趕到「再安置營」（relocation camp）。在一九四三年，美國人親俄而仇日，但五年後，情況多少逆轉了，這種轉變顯示，即使是如此嚴重的替代作用，仍然有著現實的核心。因此，人具有足夠的理性，會盡可能**選擇**貌似合理的目標來排遣自己的恐懼和不安。

就目前所知，「性格使然的焦慮」主要源自糟糕的童年經歷。前面章節已多次提到，有些教養方式可能會引發孩子持續不安。對男孩來說尤其如此，他們必須努力形成男子氣概，並且為了成功與否而長期處在焦慮狀態。拒絕型父母會讓孩子產生深層憂懼，這可能是精神障礙、犯罪行為和敵意的根源。下面案例絕不是最極端的情形，但仍有助於說明這個隱微的過程：

喬治四歲時，母親又生了小嬰兒。喬治害怕弟弟奪走母親的愛，為此煩惱不已，甚至開始討厭弟弟。小嬰兒不舒服時，母親自然會把更多心力放在小嬰兒身上，而忽略了喬治。這個四歲的孩子越來越憤恨不安，有幾次試圖傷害弟弟，結果當然被父母制止和懲罰。不幸的是，母親在能夠彌補喬治之前就去世了。喬治在愛的層面受到雙重剝奪，再也沒能復原。

喬治到了入學的年紀時，個性變得相當多疑，特別討厭生活周遭的陌生人，跟每個新來的孩子都要打上一架。這種測試陌生人的方法在男孩圈裡相當常見，新人必須證明自己不是怪胎，才會被大家接納。通常不出幾個星期，男孩們對新人的不信任感就會消失，大家也會玩成一片。

然而就算經過打架儀式之後，喬治還是無法接納某些類型的陌生人，而且覺得那些男孩完全跟自己的社群格格不入，他們實在太不一樣了，住在奇怪的房子裡，吃著奇怪的食物，有著奇怪的膚色，還會慶祝奇怪的節日，就像是不可能被同化的入侵者（跟自己的弟弟一樣）。這種陌生感遲遲沒有消失，那些新來者是如此顯眼，到處都可以感受到他們的存在（就像弟弟小時候也有很強的存在感）。喬治心中的懷疑和敵意始終沒有消解，他會接納跟自己一樣的男孩（自我珍視），但排斥跟其自我意象不同的男孩（弟弟的象徵）。對喬治來說，族群身分的差異就像他和弟弟的差異，都代表了競爭與對立。

社會上有許多跟喬治一樣的孩子，他們也許不需要克服手足間的競爭情結，但都因為各種早期剝奪經驗，而承受著無以名狀的憂慮。這些人跟喬治一樣，將人與人之間的差異視為威脅，終日惶惶卻不知原因，因此想要找到焦慮的源頭，最後發現可以把自己的恐懼合理地歸咎於某種差異。當所有跟喬治一樣焦慮的人聚集在一起，並一致認同某個虛構的焦慮源（黑人、猶太人或共產黨），就可能因恐懼而產生大量敵意。[1]

經濟不穩定

雖然很多焦慮起源自童年，但成年之後也有不少巨大焦慮源，特別是在經濟匱乏的情況下。本書已引用大量證據（尤其第14章）說明了向下流動、失業、經濟蕭條以及民眾對經濟的不滿，都跟偏見呈正相關。

誠如先前所述，有時可能確實存在現實衝突，例如黑人地位提升後可能會跟其他人競爭某些工作，同樣，特定群體的成員也可能密謀壟斷某個企業、市場或行業。但人們感受到的「威脅」通常不符合現實。無論是否存在真實危險，只要任何外團體成員展現出野心或進步跡象，都會令憂心忡忡的邊緣人陷入無謂的恐懼。

大多數國家的人民都對自己的財物有著強烈占有慾，這是保守主義的堡壘。無論真實或想像的威脅都會引發焦慮和憤怒（這兩種情緒的結合最容易滋長出仇恨），這點可由一個殘酷的例子來說明：在納粹統治時期，許多猶太人被送往中歐的集中營之前，通常會將自己的財產託給非猶太朋友保管。後來大多數猶太人被殺害，其財產就自動歸到朋友名下。但也有少數猶太人生還，卻在向朋友索回自己的財產時，感受到對方冷冷的敵意，受託的朋友可能已經花光猶太人的錢，或許是拿去買食物。一名猶太人料想到這種結果，就不肯讓非猶太朋友幫忙保管財物，他說：「敵人要我死還不夠嗎？我不希望朋友也想置我於死地。」

貪得無厭絕對也是偏見成因之一。縱觀歷史，人們對殖民地人民、猶太人和原住民（包含美國原住民）的歧視主要源自「對貪婪的合理化」，其中的公式很簡單：貪婪↓掠奪↓合理化。

經濟憂慮在反猶主義中扮演的角色經常被提及。在美國，富有的人似乎更傾向抱持反猶主義。[2]這可能是因為猶太人被視為象徵性的競爭對手，打壓猶太人就是象徵性地除掉所有潛在威脅，因此猶太人不僅在工作上遭受排擠，在學校、俱樂部和社區也遭受排擠。這麼一來，富有的人就獲得了表面上的安全感和優越感。這整個過程被麥克威廉斯稱為「特權的掩護」。[3]

自尊

人對經濟的擔憂出於飢餓和生存需求，但在滿足理性需求之後，憂慮還是長期存在，並衍生出對地位、名聲和自尊的需求。食物不再是問題，錢也不再是問題——除了買不到生活中總是短缺的「**地位差異**」。不是每個人都能「位於金字塔頂端」，也並非每個人都渴望如此，但大多數人還是想要提升自己的地位。加德納．墨菲寫道：「對地位的渴求就跟缺乏維生素一樣」，他認為這是族群偏見的主要根源。[4]跟「渴求地位」相呼應的，是隨時擔心自己的地位不保。人在努力維持岌岌可危的地位時，可能會近乎反射地貶低他人。社會心理學家阿希（Solomon E. Asch）舉了一個例子：

> 我們從南方人的種族優越感，以及執著於保留顏面和自我辯護的行為中觀察到這點，他們可能深深懷疑自身地位，這種懷疑大多是無意識的，但依然難以忍受。他們在北方人面前表現出地區優越感，在新興工業秩序面前表現出衰落土地集團的優越感，在沒落貴族面前表現出新生代企業家的優越感。在地位低下、仰人鼻息的黑人面前表現出可憐的貧窮白人的優越感——這些都是一個民族在不確定是否要為自己的失敗負責時的反應。[5]

哲學家休謨（David Hume）指出，人似乎只有跟「更幸運的人」差距夠小、因此可以理所當然地跟對方比較時，才會嫉妒對方，也就是「微小差異的自戀」。小學生不會嫉妒亞里斯多德，但可能會嫉妒學業成績拿A的鄰居，因為自己的分數相較之下低得很難看。奴隸可能不會嫉妒富有的主人，畢竟天差地遠，但可能會嫉妒其他處境較好的奴隸。每當僵化的階級差異被打破，或社會流動增加，人們就越可能嫉妒他人。美國人彼此在教育程度、機會和自由度上差異很小，所以容易互相嫉妒。雖然很矛盾，但這就是仇恨會隨著階級差異縮小而更強烈的原因。

推銷一個人最簡單的方法，就是說他比別人更好，三K黨和種族主義煽動者就是利用這種話術來吸引民眾。人們經常靠媚上欺下來鞏固自己的地位，底層的人同樣會這麼做，甚至更普遍，只要把注意力轉向不受歡迎的外團體並與之比較，就能獲得微薄的自尊。外團體特別適合幫助人們建立地位，原因在於：近在眼前、具有可見性（或至少叫得出名稱）、是公認的劣等階級，因而能為人們提供社會支持，讓人們自覺地位提升了。

本位主義（地位需求）的議題貫穿了本書許多章節，或許加德納・墨菲將其視為偏見的「主要根源」是正確的判斷。本節的目的是適當地將這個議題跟恐懼和焦慮因素聯結起來。人們認為只要占據高社會地位就能消除基本憂懼，因而努力地為自己爭取一個安全的位置，卻經常以犧牲同胞為代價。

性

「性」就像憤怒或恐懼，會遍及生活各個層面，並且間接影響社會態度，同樣，如果予以理性和適應性引導，就不會擴散開來。但是在性失調、性挫折和性衝突的情況下，緊張感就會從情慾領域蔓延到生活其他面向。有些人認為要理解美國的群體偏見，尤其是白人對黑人的偏見，不可能不提到性失調。英國人類學家丁沃爾寫道：

在美國，性以世界獨一無二的方式主宰著人們的生活，如果沒有充分了解其影響和結果，就不可能闡明黑人問題。[6]

我們或許可以忽略「美國性氾濫情形比其他國家嚴重」的評斷，但不得不承認上述評論指出了一個重要問題。

有人問美國北方城市一名家庭主婦，是否排斥跟黑人住在同一條街上，她回答：

我才不想跟黑人一起生活，他們體味太重了，又是不同的種族，這就是造成種族仇恨的原因。如果我跟黑人同床共枕，我就會跟他們一起生活，但這是不可能的事。

在這個案例中，婦人硬是把簡單的住宅問題扯到性方面的阻礙，兩者在邏輯上完全無關。人們不僅在反黑人偏見上透露出性方面的興趣和指控。在一本反天主教的小冊子上，有則廣告寫道：

想知道修道院的圍牆後發生了什麼嗎？修女因為拒絕服從神父而被捆住手腳、堵住嘴巴，然後被丟在地牢裡……全身赤裸的修女和三個醉醺醺的教士一同待在上鎖的房間……下毒、謀殺、掠奪、拷打、悶死嬰兒……欲知詳情，請看《死亡之屋和地獄之門》(*House of Death and Gate of Hell*) 或《修道院暴行》(*Convent Brutality*)。

仇視天主教者的慣用伎倆，就是把「淫亂」跟羅馬天主教會（又被稱為「大淫婦」[1]）扯在一起。關於性放蕩的黑暗故事在十九世紀時就很常見，這也是當時盛行的「一無所知黨」[2]散佈的謠言主題之一。

十九世紀時，摩門教徒因其教義以及少數人採行的一夫多妻制，而遭受無情迫害。儘管多重婚姻是不健全的社會制度，並且在一八九六年被法律明定禁止，但在當時反摩門教的宣傳手冊中，卻透露出人們的淫穢念頭和放蕩幻想。很多人反對摩門教是出於自己在性生活面臨的衝突：憑什麼別人可以擁有那麼多性伴侶，我卻不行？另外，一九二〇年代對蘇共最常見的指控就是它將女性「國有化」。

在歐洲，人們經常譴責猶太人在性方面不檢點，說猶太人沉溺於淫樂、強姦和變態的性行為。希特勒自己的性生活很不正常，卻不斷誣蔑猶太人性變態、帶有梅毒以及希特勒自己害怕染上的其他疾病。納粹黨中的頭號反猶煽動家——施特萊徹至少在私下交談中，提到割禮的次數跟提到猶太人的次數一樣多[7]，他似乎為某種情結所苦（會是閹割焦慮嗎？），並設法投射到猶太人身上。

美國民眾則很少在性方面指控猶太人，是因為美國的反猶主義比較不強烈？還是美國猶太人的行為比歐洲猶太人端正？兩種解釋都不對。正如第15章提到的，比較可能的原因是，美國人偏好把自己在性方面的情結投射到黑人身上。

為何黑人的特徵讓人容易聯想到性？其中有著微妙的心理因素。黑人看起來深沉、神秘、有距離感，但同時又給人溫暖、有人性、容易親近的感覺。這些神秘和禁忌的元素在清教徒的社會裡，都是性吸引力的象徵。性是禁忌，有色人種也是禁忌，兩種概念漸漸融合在一起。無怪乎偏見者稱包容者為「愛黑鬼的人」，這個用詞暗示了偏見者正在抵抗黑人的性吸引力。

美國至少有數百萬名混血兒，證明了種族之間存在著性吸引力。膚色及社會地位差異似乎更容易引發性興奮、而非性排斥，例如經常有人指出，上層階級似乎特別喜歡跟下層階級私通，文學作品中也常見千金小姐跟馬車伕私奔，或風流浪子跟底層女性過著揮霍無度的放蕩生活，兩者都反映了同樣道理。

不論男性或女性都喜歡做日光浴，目的是曬黑皮膚，讓自己看起來更有吸引力。膚色上的明顯差異會讓人著迷，心理學家莫雷諾（Jacob Levy Moreno）就指出，在感化院裡，青春期的白人和黑人女孩經常發展出同性戀情，因為在許多情況下，膚色差異似乎可以成為性別差異的功能替代品。[8]

黑人有著開放、無所顧忌的生活態度，這一事實（或傳聞）更加提升了黑人的吸引力。許多性生活壓抑的人也嚮往同樣的自由，因而嫉妒別人在性方面的開放和直接，並為此憤恨不平。他們指責男性的性慾太旺盛，批評女性不守婦道。就連生殖器的大小也會引發嫉妒心、被拿來大做文章。這樣的人經常會將幻想和現實混為一談。

在生活枯燥乏味的地方，人們可能會執著於這種禁忌的迷戀。莉莉安．史密斯（Lillian Smith）在她的小說《奇怪的果實》（*Strange Fruit*）中，描述了美國南方一個情感枯竭的小鎮，那裡的人在宗教狂歡或種族衝突中尋求解脫，或是在黑人身上看到自己缺乏的慾望，因此時而嘲笑、迫害黑人，時而又對黑人有所慾求。禁果會引發正、反兩種情緒。精神分析學家麥克琳恩（Helen V. McLean）寫道：

> 白人說黑人純真可愛、沒有心機，而且隨心所欲，其實是在建立一種象徵，用來隱密地滿足那些本能衝動受到抑制或束縛的人。事實上，白人並不打算放棄這一象徵。[9]

在二十世紀，人們很少可以理所當然地表達出跨種族迷戀，青少年、青少女幾乎不敢跟不同種族的人公開約會。就算法律允許異族通婚，實際上還是很罕見，而即使是感情穩固的跨種族夫妻，也因為種種複雜的

1 譯注：「the mother of harlots」出自〈啟示錄〉，指一切宗教弊端。有些新教徒用它來指稱天主教。
2 譯注：Know-Nothing political party，一八四〇年代，由本土美國人組成的反移民組織。

社會因素而產生嚴重問題，痛苦不堪。由於社會不允許跨種族的性接觸，因此人們只能暗中進行，並伴隨著罪惡感。然而這種迷戀太過強烈，就算它是最嚴格的禁忌也經常被打破，但打破禁忌的往往是白人男性，而非白人女性。

這樣的性處境跟偏見之間的心理動力關係，在白人女性和白人男性是不同的，必須分開討論。（當然，並非每個人都受到相同影響，但這樣的心理動力歷程相當普遍，因此是形成和維持偏見的重要因素。）

假設一名白人女性嚮往跟黑人男性發生禁忌之戀，她不太可能承認自己著迷於黑人的膚色和低社會地位（即使對自己也無法坦承），而可能會「投射」自己的情感，認為是**對方**有慾望，即黑人男性意圖性侵犯她。原本是內在誘惑，卻被感知為外在威脅。她進而過度類化自己的內在衝突，形成對整個黑人種族的畏懼和敵意。

白人男性內在的心理動力歷程可能更複雜。一項針對成年囚犯的研究發現，男性對自己的性能力和性吸引力越是充滿焦慮，偏見就越強烈。整體來說，較仇視少數群體的男性，也較抗拒自己的性被動、性無能或同性戀傾向，這種對自我的抗拒會表現為極度誇大的強硬態度和敵意。比起在性方面較有安全感的男性，在性方面較焦慮的男性會犯下較多性罪行，後者偽裝出來的男子氣概也讓他們對少數群體更有敵意。[10]

不滿意自己婚姻的白人男性，在聽到關於黑人性能力和性放縱的傳言時可能會嫉妒不已，也可能對黑人親近白人女性的方式充滿憤恨，且擔心黑人搶走自己的潛在對象，因此對黑人產生敵意。這種競爭心態就好比在就業機會有限時，如果黑人得到工作，白人的機會就被剝奪了。

假設白人男性跟黑人女性有了性接觸，卻因為這種不正當的關係而內疚，就會產生扭曲的公平感，迫使自己承認黑人男性原則上也可以接近白人女性。白人男性因為嫉妒和罪惡感而陷入內在衝突，於是同樣透過「投射」找到出口，認為好色、意圖玷污白人女性的黑人男性才是真正的威脅，而在義憤填膺中就輕易忘了自己破壞了黑人女性的貞節。憤怒讓人不用面對罪惡感，還能重拾自尊。

因此，如果黑人男性（跟白人女性）在性方面逾越社會風俗，就會受到非常嚴厲的懲罰（雖然實際上，踰矩的大多是白人男性）。在一九三八至一九四八年期間，美國南方十三個州裡，共有十五名白人和一百八十七名黑人因強暴罪被處決，但是在那些州別之中，黑人只占總人口的二三．八％。按照人口比例，除非黑人犯案的頻率是白人的五十三倍，否則我們必須做出下列結論：在很大程度上，種族偏見導致黑人在這類案件中遭受不公平的處決。[11]

毫無疑問，解除性方面的禁令將連帶減少誘惑和衝突，但性禁令包含了幾個難以撼動的要素。首先，它是建立在清教徒對任何性行為的態度之上。此外，性本身就是禁忌。而既然黑人跟白人之間幾乎不可能發生正常的社交互動和婚姻，因此任何親密關係似乎都帶有私通的意味。[12]

有人認為核心問題在於異族通婚，由於這聽起來像法律層面的議題，因而顯得很體面，所以成為幾乎所有討論的焦點。兩個健康的人通婚並不會對後代產生負面影響，這一事實卻被忽略了。從生物學的角度，是無法合理反對異族通婚的，但是如果以社會狀況來看，異族通婚可能會給父母及子女帶來麻煩和衝突，因此可以合理地加以反對。然而人們很少用這個溫和的理由來反對異族通婚，因為這意味著必須改善社會現狀，好讓不同種族的人能夠順利結婚。

人們在討論異族通婚時大多是不理性的，並深深受到性吸引、性壓抑、罪惡感、地位優勢、職業優勢和焦慮的影響。正因為「異族通婚」象徵著消除偏見，所以人們才如此強烈反對。

也許在整個通婚議題中，最有趣的現象是它被用來主導話題的方式。當一個黑人得到一雙好鞋，或學會寫一封文情並茂的信，有些白人就認為那個黑人想要跟自己的妹妹結婚。另外，大多數關於歧視的討論，最後都結束在一個關鍵問題上，「難不成你願意讓你妹妹嫁給黑人？」背後的邏輯似乎是：除非維持一切歧視性現狀，否則就會發生異族通婚的情形。同樣的邏輯也被用來捍衛奴隸制，例如一百多年前，美國總統林肯就不得不反對這樣的偽邏輯——「如果我不希望黑人女性成為奴隸，我就一定是希望她成為我的妻子」。[13]

為何有偏見的人老愛拿婚姻話題當擋箭牌？因為這是最能讓對方陷入遲疑的合理化藉口。就算是最包容的人，也可能無法接受異族通婚，因為在充滿偏見的社會裡，這樣做非常不明智，所以他可能會回答：「不，我不願意。」於是偏見者就立刻占上風，並且說：「你看，不同種族之間還是有道無法跨越的鴻溝，所以我是對的，我們必須把黑人當成完全不同、而且不受歡迎的群體。我對黑人的所有批評都有憑有據，我們最好不要打破種族之間的藩籬，不然他們會對異族通婚抱有期望。」就這樣，異族通婚的問題硬是被拿來捍衛及合理化偏見（實際上卻跟大多數的黑人問題無關）。[14]

罪惡感

一名非天主教男孩跟天主教女孩分手了，在此之前，他曾短暫迷戀另一名天主教女孩。他寫道：

> 兩個女孩都求我回心轉意、跟她們結婚，只要我答應，她們什麼都願意做。她們低聲下氣的態度讓我覺得噁心，不過這也讓我明白了，天主教會都教她們一些愚蠢、偏執的東西。

於是該為不愉快的局面負責的，反而是天主教會，而不是他自己。一名非猶太商人用了不道德的手段，害得猶太競爭對手破產，他也安慰自己說：

> 好吧，那些猶太人總是想讓基督徒沒生意做，我只好先下手為強。

那名非天主教男孩是無賴，而非猶太商人則是騙子。但主觀上，他們都是藉由投射來逃避自己的罪惡感，把過失推給別人，自己就不用負責。

臨床研究提供了更隱微的證據。第18章提過，在壓抑的氛圍中長大的孩子會害怕自己的內在衝動，因此也害怕別人的衝動。先前引用過的加州大學研究也顯示，偏見者傾向指責別人（而不是自己）。印度研究也證實了這一點，心理學家米特拉（Mitra）發現，對穆斯林最有偏見的印度男孩，在羅夏克墨漬測驗（Rorschach test）上的表現反映出其潛意識中有強烈的罪惡感。[15]

每個人或多或少都有罪惡感，但並非所有人都會把這種情緒狀態跟自己的族群態度混雜在一起。罪惡感就跟憤怒、仇恨、恐懼和性慾一樣，也可以用理性、具適應性的方式處理。只有某些人格才會受這些情緒狀態影響，形成性格使然的偏見。

有些處理罪惡感的方式是良性而有益的，有些則必然會導致對外團體的偏見。下面列舉出因應罪惡感的幾種主要模式，其中一些跟第20章提到的「因應內在衝突的方式」很接近。

1. **懊悔和補償**。這是最受道德認可、完全內懲型的反應，並且會避免將責任推卸給別人。一個經常悔過自新的人不太可能批評別人，尤其是外團體。

   有時（但不常發生），曾經迫害過外團體的人在悔悟之後，會轉而支持自己最初的憎恨對象。聖保羅（St. Paul）的皈依就屬於這類轉變。而更多時候，較敏感的人會感受到一種「**集體罪惡感**」，即對所屬群體的行為感到內疚，一些白人勞工致力於改善黑人的生活條件，可能就是出於這樣的動機，他們有很高的內懲傾向，並努力彌補所屬群體的過錯。

2. **部分和零星補償**。有些人雖然堅信白人至上主義，但還是會在一定程度上謀求黑人福祉。這樣的人認為，只要不時表現得好像自己沒有偏見，就不需要改變原本的偏頗態度。法國思想家拉羅什福柯（Francois de La Rochefoucauld）寫道：「我們經常做好事，這樣做壞事就不會受到懲罰。」在某個社區，最積極把黑人趕走、要他們「安分守己」的婦人，同時也是最熱心投入黑人慈善事業的人，這就是第20章討論過的「交替轉換」和「妥協」。

3. **否認自己有過失**。逃避罪惡感的常見方式，就是堅稱自己沒必要內疚。大家經常用下列理由來為歧視黑人開脫：「他們跟自己人在一起比較快樂」。南方人普遍自負地認為，黑人更喜歡南方雇主、而非北方雇主，因為南方人更「懂」黑人。在二戰期間，人們也認為出於同樣原因，所以黑人偏好在南方白人軍官手下服役，而非北方白人軍官。此外，人們還堅稱黑人比較喜歡白人軍官、而非黑人軍官。事實正好相反，當被問到偏好在白人軍官或黑人軍官手下服役，只有四%北方黑人和六%南方黑人選擇白人軍官。另外，只有一%北方黑人和四%南方黑人偏好南方白人軍官。[16]

4. **抹黑指控者**。沒有人喜歡別人指責自己的不當行為，面對正義的指控，常見的防衛方式就是辯稱指控者說的不是事實。當哈姆雷特質問母親為何背叛父親、改嫁給殺害父親的兇手，他的母親並沒有直面自己的罪行，反而指責哈姆雷特「捏造事實」，說他發瘋了才會如此指控。於是哈姆雷特試圖讓母親明白，她只是在合理化以逃避良心譴責：

……母親，為了上帝的慈悲，
不要在您的靈魂塗上安慰的膏藥，
誤以為不是您的罪，而是我的瘋癲，
那只能令潰瘍的表面結一層薄膜，
而惡臭的膿水腐蝕著內心，
暗地裡擴散。向上帝坦承罪行吧！
悔改前非，避免重蹈覆轍；
不要給莠草施肥，

助長它們蔓延。[17]

在族群關係領域，那些喚起良知的人則被抹黑為「煽動者」、「麻煩製造者」、「共產黨員」。

5. **合理化**。最簡單的逃避方式，就是聲稱都是被仇視者的錯。第20章提到，不少偏見者會採取這種方法。這屬於不帶愧疚的偏見，例如「誰受得了他們？又懶又髒，還很淫亂。」事實上，這些也許正是當事人必須努力克服的特質，才會更容易在別人身上看到。總之，偏見者藉著「罪有應得論」而完全外歸因，從而逃避內心的愧疚。

6. **投射**。罪惡感的定義是：人為了某些過失而責怪自己。但嚴格來說，這裡列出的因應方式只有第1項符合該定義，也只有第1項屬於理性、適應性的因應模式，其他都是**逃避罪惡感**的手段。不管用什麼方式，逃避罪惡感的過程都有個共通點：當事人跟自我有關的感知被壓抑了，而偏向感知某些外在訊息（外懲）。這種心態就是「有人犯了錯，但不是**我**」。

因此，所有逃避罪惡感的行為都牽涉到某種投射機制。上面已經舉了幾個例子，但並沒有涵蓋所有已知的類型，比方說，還有一種逃避方式是指出別人更大的罪行，以減輕自己的罪惡感，例如本節開頭引用的商人認為，既然整個猶太群體更不老實，所以自己欺詐猶太人的行為是可以被原諒的。

無論何時，無論透過什麼方式，只要沒有正確評估自己的情緒狀態，因而錯誤地評斷他人，這樣的心理動力過程就稱為**投射**。這個主題對於理解偏見至關重要，因此接下來要花一整章的篇幅來深入討論。

第24章 投射

投射可以定義為：錯誤地將自己的動機、特質，或是某種解釋或合理化自身動機或特質的方式歸於別人。至少有三種類型：

1. 完全投射（direct projection）
2. 刺與樑木式投射（mote-beam projection）
3. 互補式投射（complementary projection）

由於投射是隱藏在潛意識中的過程，不容易理解，所以接下來先介紹一些基本概念，再逐一討論三種投射類型。

嫉妒

首先來談談最簡單的情況。人可以覺察到自己在嫉妒別人，這種情緒狀態絕大部分沒有被排除在意識之外。但簡單的嫉妒會立刻啟動一些奇怪的心理活動。

以二戰期間前線部隊的態度為例，他們會嫉妒不用負責危險任務的部隊，像是被分配到軍需部隊、司令部以及其他後勤任務的人。前線部隊由於沒有這類特權，經常會形成兩種可以稱之為「早期偏見」的觀點。[1]一、他們開始怨恨不用上戰場的兵力，並批評所有後勤梯隊。大約一半的前線士兵坦承對此憤恨不平，即使任何後勤人員顯然都不需為前線士兵面臨的危險和不適負責。這一現象告訴我們，人可能會對完全無辜的人懷恨在心，並且不合邏輯地把自己的被剝奪感歸咎於對方，只因對方碰巧比自己享有更多特權。那些無辜的人被當成造成別人不適的**原因**，儘管事實並非如此。這種傾向會在後面談到「**互補式投射**」時進一步討論。二、同時，前線部隊還產生了優越感。雖然前線部隊希望跟負責較安全任務的部隊交換崗位，但還是認為自己比對方優秀許多。強烈的內團體自尊變成彌補缺憾的方式。這裡呈現出「忠於內團體」和「輕蔑外團體」的相互關係，它們是一體兩面。

當然，嫉妒不見得會導致偏見。但是在上述案例中可以清楚看到，如果一直沒有輪調機會，前線部隊的早期偏見必然會變成穩固的偏見。這裡要說明的是，人在嫉妒狀態下很容易形成最基本的投射。嫉妒讓人把別人想得很壞，比實際情況還壞。

外懲型人格特質

第21章已經指出，有些人可能具有外懲型人格特質，總是在尋找推卸責任的理由。希特勒就是這樣的人，把自己早年的諸多失敗歸咎於糟糕的世界、糟糕的學校和命運，怪罪疾病害自己大學落榜，指責他人讓自己在政治上失意，責怪其將軍導致他們在史達林格勒（Stalingrad）戰役失敗，譴責邱吉爾、小羅斯福和猶太人發動了戰爭。他似乎不曾為任何過失或失敗而自責。

外懲型憤怒有令人振奮的功用。認為自己是好人，並且對其他人、甚或命運生氣，是一種近似狂歡的快感。這種快樂是雙重的，一方面發洩了心中壓抑的緊張與挫折感，另一方面保全了個人自尊。都是別人的錯，我是清白、正直的，只有別人負我，我沒有愧對任何人。

研究顯示，人在童年早期就傾向找藉口推卸責任。幼兒園裡到處可以聽到各種託辭，像是「我不能用紙杯喝柳橙汁，會想吐」、「我不能側躺著睡午覺，因為我媽不准」。漸漸地，孩子會把責任推給其他小孩。有趣的是，孩子在六、七歲之前很少把自己的過錯推給別人，儘管早就學會找藉口逃避責任。

一位心理學家針對「骯髒交易情結」（dirty-deal complex）的人格特質進行了特別研究。有這種情結的人從小就堅信自己的生活充滿不幸，而且總是因他人的過失而飽受折磨。心理學家寫道：

> 怪罪別人會讓這類人覺得自己像天使一樣純潔。具有這種情結的人最讓人反感的特質之一，就是把自己的錯誤投射到別人身上。[2]

「怪罪別人」的傾向也有程度之分，從最嚴重的偏執（見第26章）到最溫和的吹毛求疵都有。不論何種情況，都反映了當事人從客觀、理性思維退回到投射思維。以下說明了「溫和指責」的傾向如何讓人偏離客觀分析：

> 一位大學校長受邀發表關於偏見的演說，聽眾是一群猶太人。他接受了邀請，但整場演講都在告誡猶太人應該要表現得更好，這樣非猶太人才會對他們產生好感。有些人聽了這件事之後表示：「那位校長太不得體了。」但也有人認為：「他這樣做很有勇氣，畢竟猶太人不是十全十美，很多猶太人**的確**讓人很反感。」

那位大學校長對猶太人的吹毛求疵，就是典型的「怪罪別人的傾向」。要求猶太人讓自己不要那麼惹人厭，要求天主教徒證明自己不是法西斯主義者，要求黑人自己要有上進心——這些處理方式雖然貌似合理，但實際上是基於錯誤的假設。以猶太人來說，校長的態度意味著他們比非猶太人具有更多令人反感的特質（而這點從未被證明），並進一步預設：光是身為某個群體的成員就夠惹人厭了。此外，這種態度還假定了猶太人與生俱有令人反感的特質，而忽略了那些討厭（防衛性）的特質可能是遭受排斥的**結果**（事實上通常如此）。校長把改變的責任都推給猶太人一方。

我們的確可以客觀討論群體差異及成因，那是很合理的話題，但即使是以自己的公正性為榮的人，也很容易在無意間把大部分責任歸於別人。

壓抑

只有在當事人對情境的覺察被蒙蔽時，才會發生投射。前面提過的例子已說明了這一點。具有「骯髒交易情結」的人沒有洞悉所處情境的全貌，才會不知道自己該負多大責任。這類人拒絕面對其內在缺陷，於是尋找外在的惡意來為自己卸責。希特勒顯然缺乏自我覺察，否則不會一直把自己的痛苦怪罪給「抱持富豪民主主義的猶太好戰者」。

壓抑是指當事人將全部或部分個人衝突，排除在意識和適應性反應之外。人會壓抑任何不受意識歡迎的事，特別是衝突中的某些元素，一旦坦然面對就會毀損個人自尊。被壓抑的東西通常跟下列幾個面向有關：焦慮和恐懼；仇恨，尤其是對父母的仇恨；不被認可的性慾；過去的不當行為，一旦直面就會引發罪惡感；早期的愧疚和羞恥感；貪婪；殘暴與攻擊衝動；渴望回到嬰兒期的依賴；受傷的自尊；所有赤裸裸的本位主義的表現。這份列表可以擴展到所有反社會或不被接受的衝動、情緒和情結，當事人無法將其整合進意識生活中並妥善處理。（必須注意的是，並非所有壓抑都是有害的。有些壓抑是為了更大利益而犧牲不必要的衝動。

因此，人可以徹底而有效地將貪婪、欺詐或放蕩的傾向排除在自己的人生哲學之外，而這種壓抑是必要的，也是良性的。但本節僅討論**無效**壓抑，這會造成麻煩的後遺症，持續擾亂個體的人格並損害其社會關係。）

無效壓抑讓生活痛苦，惱人的內在衝動仍不時會冒出來，當事人卻無法適當地將不安轉化為適應性行為，也許就會採取投射機制來調解內在衝動和行為的不一致。這樣的人傾向外化（externalize）整個情境，由於缺乏自我覺察，因而完全只想到外在世界。如果他為自己的破壞衝動所苦，就會在**別人**身上看到該衝動。

活生生的墨漬測驗

人很容易把內在狀態投射到缺乏固定結構的外在對象上。我們在光天化日下，不太可能把路邊的樹叢看成強盜，雖然內心可能很焦慮，但如果壞人不在那裡，還是不會在大白天看到他們。但是到了夜晚，一切籠罩在黑暗、模糊之中，我們就很容易把內心的恐懼投射出去。

臨床心理學中的「投射測驗」就是利用曖昧、模糊的刺激，讓受試者任意投射其內在狀態。例如，受試者看到一幅年長女性和年輕男性的圖片時，可能會說那是母親跟她的兒子，而受試者根據那幅圖片所描述的故事，**很可能**會透露出其內在的壓抑（像是過度依賴、敵意，甚至是不倫慾望）。

最著名的投射媒介就是墨漬（例如羅夏克墨漬測驗），有些人會在沒有明確形狀的墨漬中看到異乎尋常的東西。此外，重要的不只是人所看到的內容，其處理和組織墨漬細節及構圖的方式也很有意義。

阿克曼和賈荷達寫道：「對反猶分子來說，猶太人就是活生生的羅夏克墨漬測驗。」[3] 這句話的意涵很清楚，猶太人神秘而陌生，他們沒有固定型態，可以是任何樣子，且傳統認為猶太人是邪惡的，因此人們可以把猶太人當成內在衝突的外在表徵，投射自己壓抑的罪惡感、焦慮和仇恨。

還有一個原因也讓猶太人成為合適的投射對象。受苦於嚴重壓抑的人（也許已達精神官能症程度）往往感到自我不一致（ego-alien），他們隨著潛意識的混亂而擺盪，因而覺得自己很陌生或喪失自我感（depersonalized）。這種自我疏離的感覺促使他們尋找同樣陌生而疏離的投射目標，如同自己的潛意識般陌生的東西。他們需要的是陌生、但仍具人格性的對象，猶太人就是這樣的群體，黑人也是。社會規範（刻板印象）告訴他們應該把哪些特質投射到哪個群體。先前提過，歐洲猶太人比美國猶太人更常被指責性放蕩；而在美國，則是黑人被指控性放蕩，以及骯髒和懶惰；猶太人在歷史上跟基督教的建立及一神論有關，因此也是基督教徒投射其道德缺陷的合適對象。

並非只有猶太人和黑人才會被當成「投射屏幕」，在很多情況下，波蘭人、墨西哥人、大型企業、政府部門……等也會成為大家的投射對象。逃漏稅的美國市民就經常把華府視為巨大的官僚污點，充斥著腐敗和貪污！（再提醒一次，就算某項指控確實存在著「現實核心」，也不表示沒有偏見。大多數人都足夠理性，知道要挑選貌似合理的投射對象。然而從一個人提出的指控類型、指控時的熱切激動，以及他所關注和誇大的特定缺陷，都透露出其內在的愧疚與衝突。）

現在來看一個相互指控的例子，也就是互為對方的墨漬測驗。心理學家貝特罕曾是納粹集中營受害者，他提到集中營的猶太囚犯和蓋世太保對彼此有相同看法。貝特罕寫道：

> 這兩群人都認為對方很殘暴，是既骯髒又愚蠢的劣等種族，並且沉迷於變態的性行為。雙方都指責對方只在意金錢物質而背棄理念，不尊重道德及知識的價值。[4]

世界上很難找到比納粹和猶太人更不相像的兩群人，如此對立的雙方怎麼會做出同樣的指控？無論怎麼估算（見第6章），納粹和猶太人的群體特徵都不可能完全相同，因此這兩群人的看法不可能同時正確且合乎事實。（顯然不論哪個群體，都不可能發生「所有成員都具有被指控的特質」，這裡明顯存在過度類化。）

這種針鋒相對的指控似乎是在說：「我恨你們的群體，我要宣稱你們的群體違背了德國傳統價值，證明我的憎恨是合理的。」由於納粹和猶太人有共同的文化背景，因此也擁有相同的參照團體（見第3章），所以雙方描繪出的惡棍形象都背離文化理想的特質。

完全投射

納粹指控猶太人「殘酷成性」，這是把自己的罪行撇得最一乾二淨的投射。猶太文化傳統中不但完全沒有施虐的概念，而且在遭受極端迫害的情況下，就算哪個猶太人有施暴衝動，其處境也不允許他這麼做。另一方面，許多納粹明顯以折磨猶太人為樂，表示他們其實認同虐待猶太人的政策。

納粹的例子清楚呈現出何謂**完全投射**，即A將自己身上的特質完全強加在B身上，但B根本不具有該特質。這種心理機制的保護意味很濃厚，是安慰良心的謊言。人可以批判某種邪惡特質，但唯有認為「別人才有那種特質，我沒有」，才會心安理得地批評。**完全投射是將自己的情緒、動機和行為強加在另一人（或群體）身上，以化解自己的內在衝突，但對方完全不具有投射者所指控的特質**。

我們有必要了解完全投射和偏見之間的關係。假設某個人具有令人反感的特質，例如貪婪、好色、懶惰或邋遢，就會渴望把該特質轉移到外在的誇張表徵上，也就是完完全全的邪惡化身。他需要非常極端的投射對象，這樣就絲毫不用懷疑自己有罪，於是在他眼中，猶太人都是十足的貪婪小人，黑人都懶惰無比，墨西哥人都骯髒到了極點。抱持這種極端刻板印象的人，甚至不懷疑自己有同樣令人厭惡的習性。

人投射出去的可能是自己的某個特質，也可能是對自己的整體看法，這種傾向也在心理學家希爾斯（Robert Richardson Sears）的實驗中證實，他發現兄弟會裡某些高度固執且吝嗇的成員反而認為其他成員才是這樣的人。[5]研究者觀察正在接受心理治療的個案，同樣發現整體性的投射傾向：給自己低評價的人，也傾向給予別人低評價。這項臨床上的發現顯示，與其試圖讓個體更尊重他人，不如幫助個體提升自尊。人必須擁有恰如其分的自尊，才懂得尊重別人。憎恨他人可能是憎恨自己的鏡像反射。[6]

希特勒對猶太人的仇恨就是最經典的完全投射。下面是從他早年生活紀錄中拼湊出來的重要事實：

> 希特勒的父親是史克爾格魯柏（Schicklgruber）女士的私生子，他在海關工作，退休後經常酗酒，動不動就對年幼的希特勒拳打腳踢。希特勒的母親非常刻苦耐勞，跟希特勒關係緊密，卻在他還是青少年時就死於癌症。希特勒非常依戀母親，甚至可能有強烈的伊底帕斯情結（Oedipus complex）。希特勒的父母是叔姪女關係，因此兩人的婚姻需要主教許可。希特勒在母親死後就非常依戀同父異母的姊姊安喬拉（Angela），後來又熱烈愛上安喬拉的女兒，也就是自己的外甥女潔莉（Geli），這種關係在本質上是亂倫。就在潔莉要跟希特勒分手時，她被槍殺了（沒有人知道是自殺還是謀殺）。這些不愉快的事實都表明了，希特勒有足夠理由對亂倫感到愧疚（無論在意識或潛意識層面）。
>
> 再來談到希特勒的投射。根據他自己的說法，他十四或十五歲時獨自在維也納過著窮困潦倒的生活，當時才開始注意到「猶太人問題」。他在許多著作中特別指責猶太人的性罪行（包括亂倫），例如在《我的奮鬥》（*Mein Kampf*）中寫道：「那個黑頭髮的猶太男孩埋伏了好幾個小時，臉上掛著惡魔般的笑容，等待著毫無防備的女孩，並用自己的血統玷污她。」希特勒就是黑頭髮，朋友曾開玩笑地叫他猶太人。他在寫到自己離開維也納前往慕尼黑時，解釋說自己已經開始討厭維也納了，「我討厭各種種族混雜在一起……到處都是猶太人，讓我覺得這座城市是亂倫的化身。」除了亂倫，希特勒還指責猶太人具有各種性方面的不當行為，像是賣淫和性病（從希特勒的著作可以看出，這些都是他特別在意且非常厭惡的事）。雖然這裡不需要深入探討希特勒的性癖好，但證據已充分顯示他有嚴重的性變態，如果不痛恨其他有同樣傾向的人，就會深深為此困擾，並且必須痛恨自己。

這些證據清楚顯示，希特勒認為猶太人有著跟他一樣的卑劣本性，並藉由討伐猶太人，從而避開了良心譴責。心理學家珂爾特（Gertrud Kurth）曾指出這種完全投射的歷史後果，她寫道：「希特勒無力消滅自己心中邪惡的海德先生[1]——那個亂倫的黑髮小怪物，於是釋放出恐怖的末日洪流，吞噬了六百萬名猶太人。」[7]

這種類型（或任何類型）的投射無法真正解決問題，只能安慰性地暫時自我修復。大自然為何創造了如此不具適應功能的機制，科學家還沒有明確答案。它在本質上屬於病態的處理方式，無法根除罪惡感，也無法建立穩定自尊。當事人對代罪羔羊的仇恨只不過是掩蓋了長期、未覺察到的自我憎恨，這會形成惡性循環，當事人越自我憎恨，對代罪羔羊的仇恨就越強烈，反過來又讓他更加不確認自己的邏輯和清白，因而把更多罪惡感投射出去。[8]

刺與樑木式投射

社會心理學家伊赫海澤已充分闡明，「將別人根本不具備的特質強加於他身上」是種病態。然而，當自己具有某種缺點（或優點），卻放大別人身上相當輕微的同樣缺點（或優點），則是相對正常的人性弱點。[9]

刺與樑木式投射[2]的定義為：誇大別人身上的特質，卻沒意識到自己也有同樣特質。

許多學者並沒有將上述過程跟「完全投射」區分開來，雖然兩者確實很相似，但還是有必要了解其中的差異。「投射屏幕」很少完全不具有人們所指控的缺點，任何人都說得出幾個不誠實的猶太人或懶惰的黑人。被指控的群體之中難免存在著「刺」，然而看到「墨漬」的人卻緊抓著那些枝微末節不放（因為反映了自己的內在衝突），並誇大其重要性，這麼一來就不用去看自己眼中的樑木了。

前面提到納粹和猶太人對彼此做出相同指控，其中有些指控內容就屬於「刺與樑木式投射」。舉例來說，雙方的大多數人無疑都有一些受壓抑的性衝突，因此雙方都特別樂於誇大對方性變態的部分。同樣，雙方都有一些人意識到自己不符合德國知識分子的理想形象，因此都抓住對方的同樣缺失，認為對方嚴重缺乏文化素養和愛國精神。

刺與樑木式投射就是第10章提到的「強調某部分感知經驗」，我們看到的比實際上存在的更多，而我們之所以會強調別人的某些特質，是因為那反映了我們自己潛意識的心理狀態。

這類投射跟完全投射之間的差異，或許可以藉由英國詩人波普（Alexander Pope）的格言來總結，他說：「在黃疸病人眼裡，一切都是黃色的」，這句話所描述的正是完全投射。而如果改成「在黃疸病人眼裡，所有黃色的東西看起來都更黃了」，就屬於刺與樑木式投射。

互補式投射

現在要討論另一種截然不同的投射形式，它並不屬於鏡像感知，而較接近合理化的感知，亦即當事人為自身不安情緒尋找解釋的過程。互補式投射可以簡單定義為：**以想像中他人的意圖和行為作為參照標準，來解釋並合理化自己的心理狀態**。在真正的互補式投射中，當事人對於他人意圖和行為的描述必然是錯誤的，因為如果正確，那當事人所感知到的就是事實，而完全不涉及投射。[10]

下面這項實驗說明了互補式投射的運作：研究者讓一群參加派對的孩子看一系列陌生男子的照片，並要

1 譯注：出自史蒂文森（Robert Louis Stevenson）的小說《化身博士》（*Dr Jekyll & Mr. Hyde*），描述一名紳士喝了自己配製的藥劑後，分裂出邪惡的海德先生人格。

2 譯注：該典故出自《聖經》：「為什麼看見你弟兄眼中有刺，卻不想自己眼中有梁木呢？」

求他們說說對每個照片人物的看法，像是友善度、好感度……等等。接著，那群孩子在陰暗的屋子裡參與了一場恐怖的「謀殺」遊戲，結束這段毛骨悚然的過程後，必須再次評論照片人物。這一次，孩子們認為每個陌生男子看起來都很有威脅性。實際上，孩子們的心理歷程是：因為**我們**害怕，所以**他們**很危險。[11]

許多偏見問題都涉及互補式投射，尤其是出於焦慮或低自尊的偏見。怯懦的家庭主婦害怕流浪漢（但不知自己為何如此焦慮），因此將每扇門都上兩道鎖，懷疑所有路過的人都不安好心，還很容易相信可怕的謠言，例如黑人囤積了很多冰錐準備攻擊白人，或是某個天主教堂的地下室堆滿槍枝。在她看來，周圍都是危險的群體，這合理化了她無來由的焦慮。

前面提過，貝特罕指出納粹和猶太人都互指是「劣等種族」，這種合理化也可視為互補式投射，因為雙方都想提升自尊，但需要低地位者才能凸顯自己的高地位，而現成的「劣等種族」正好滿足了這項需求。

小結

第21至24章從各個層面探討偏見的心理動力機制，這幾章所描述的歷程正是人類本質中的非理性脈動，代表了壓抑、防衛、攻擊、投射、嬰兒式的期望……等潛意識的心智活動。個體的人格結構中若是明顯存在其中幾項心理機制，就很難成為真正穩定的成年人，因而無法在其社會關係中做出成熟的調整。

雖然在解釋偏見時不能不提到這些心理歷程，但不應該把所有焦點都放在它們身上。影響偏見的因素非常多，除了心理動力因素，還包括文化傳統、社會規範、孩子學習到的內容以及接受教育的方式、父母的教養模式、語意上的混淆、對群體差異的錯誤認知、形成類別的原則……等。最重要的是，人如何將所有影響因素（包含潛意識衝突和心理動力反應）編織成自己的整體生活方式。接下來的任務，就是要仔細檢視偏見問題的**結構**面向。

第七部

人格結構

偏見與包容不只是種態度，
而是個人在自己獨特的心理運作歷程中，
所演化出的生活模式。

第25章 偏見人格

正如各位所見，偏見可能成為個人生活紋理的一部分，擴散到整個人格結構，因為它對個人生活系統至關重要。當然有些人的偏見只是從眾性的輕微族群中心主義，本質上跟整個人格無關（見第17章）。但是對許多人而言，偏見是其生命不可分割的組成部分，現在就讓我們來仔細檢視這種情況。

研究方法

在探討「性格使然的偏見」上，有兩種方法已帶來豐碩成果，即「**縱向研究**」和「**橫向研究**」。

在縱向研究中，研究者會循著特定生命史，追溯可能解釋當前偏見模式的因素。收集資料的方式包括問卷訪談或精神分析技術，前者像是加州大學的研究，後者如阿克曼和賈荷達的研究。另外，哈里斯等人也以巧妙的研究設計，探討了孩子的偏見程度跟母親的教養觀念之間的關聯。前述研究都在第18章描述過。

橫向研究則試圖描繪特定時代的偏見模式，尤其是探究族群態度如何跟其他社會態度和個人人生觀產生關聯。研究者透過橫向研究發現了許多有趣的關聯性，例如心理學家法蘭珂布倫絲薇克（Else Frenkel-Brunswik）指出，具有高度族群偏見的兒童，也傾向贊同下列信念（皆與族群問題無直接相關）：[1]

- 任何事都只有一種正確做法。
- 人如果不小心謹慎，就會被當成傻瓜。
- 老師越嚴格越好。
- 只有像我這樣的人，才擁有幸福快樂的權利。
- 女孩子只需要學習如何做家務事。
- 世界上總是會有戰爭，那是人性的一部分。
- 你的星座決定了你的人格和特質。

研究者對成人進行了相同評估，也得到類似結果。比起包容者，具高度偏見者更傾向支持某些主張：[2]

- 世界很危險，人心基本上是險惡的。
- 我們美國人的生活方式缺乏紀律。
- 整體上，比起歹徒，我更怕遇到騙子。

乍看之下，這些主張似乎跟偏見無關，但事實證明其中都隱含著偏見。這一發現只說明了：偏見經常跟個人生活模式交織在一起。

功能性偏見

所有性格使然的強烈偏見都有一項要素，社會心理學家紐科姆（Theodore M. Newcomb）稱之為「威脅導向」

（threat orientation）。[3] 當事人的人格深處似乎有種根深蒂固的不安全感，因而無法毫不畏縮地直面世界。這樣的人害怕自己的一切，包括本能和意識，也害怕改變，並對所處社會環境感到不安。他無法跟別人和睦共處，也無法自在地跟自己相處，於是只好按照其人格缺陷來調整生活方式和社會態度。他並不是一開始就擁有扭曲的社會態度，而是自我先變得殘破不全。

他需要的精神支柱必須具備多種功能：證明既往失敗不是自己的錯、為當下行為提供安全指引、確保自己有信心面對未來。雖然偏見本身無法滿足所有需求，但仍在整個保護性調適的過程中扮演重要角色。

當然，並非每個具有偏見人格的個體都以偏見來達成同樣目的，因為「威脅導向」的本質因人而異，例如在某些人身上可能涉及嬰兒時期跟父母或手足之間未解決的衝突，而在另一些人身上可能跟年長後持續受挫有關。不過，在所有偏見人格中都可以觀察到「自我疏離」（ego-alienation），渴望確定和安全，以及推崇威權的情形。無論基於何種原因而感受到威脅的個體，都可能發展出類似的生活調適模式。

這種模式的基本特徵之一就是**壓抑**。由於當事人在意識生活中無法面對、也無法掌控自身衝突，只好全部或部分壓抑，於是這些衝突變得支離破碎，不被記起也不被正視。當事人的自我無法整合內在產生的無數衝動、以及外在環境的大量壓力，因此形成不安全感，這種不安全感又反過來造成壓抑。

偏見人格研究的卓越成果之一，就是發現了個體在意識和潛意識層面的明顯分裂。一項研究發現，雖然抱持反猶主義的女大學生看起來都很活潑開朗、適應良好，完全是正常的女孩，不但有禮貌、品行端正，對待父母和朋友似乎也很真誠，但這些都是一般人看到的那一面。研究者借助投射測驗、訪談、個案史等方式深入探究，卻發現她們非常不同的一面：在如常的外表下潛藏了強烈不安，深埋著對父母的怨恨，且壓抑了破壞和殘暴衝動。相較之下，抱持包容態度的女大學生則不存在這樣的分裂，其態度較一致，也較少壓抑自己或只有輕微壓抑，呈現出來的**形象**不是面具，而是真實人格[4]，由於幾乎沒什麼壓抑，因此沒有自我疏離的情形，再加上坦然面對困境，因此不需要把內在衝突投射到別人身上。

類似研究也證實了壓抑可能會導致下列後果：

- 對父母的矛盾情結
- 道德主義
- 二分法
- 對「確定」的需求
- 外化
- 制度主義
- 威權主義

這些特徵都可以看成當事人為其「脆弱的自我」撐腰的手段，他們始終無法勇敢地正視內在衝突。因此，偏見對於某種人格類型的人來說具有重要的功能意義，而上述特徵就是該人格類型的標記。

對父母的矛盾情結

在上一節引用的研究中，研究者發現「反猶的女大學生都毫無例外地宣稱自己喜歡父母」，然而在進行主題統覺測驗[1]時，卻大多指責圖片中的父母既苛刻又殘酷，流露出身為女兒的嫉妒、懷疑和敵意。相較之下，沒有偏見的女大學生雖然會向主試者批評父母，但在投射測驗上卻很少透露出敵意。[5]這顯示沒有偏見的女大學生對父母的看法更為**差異化**，也就是能夠看到父母的缺點並公開批評，但同時也看得到優點，而且整體上跟父母相處愉快。而持有偏見的女孩則處在分裂狀態：在面對外界眼光時總是表現得溫和而理智，但是在內心深處經常有著強烈不滿，且對父母充滿了矛盾情結，甚至幻想父母的死亡。

然而，有偏見的年輕人雖然對父母潛藏著敵意，卻較少在意識形態上跟父母作對，他們自兒童時期就接受父母的觀點，尤其是父母的族群態度，因為必須模仿父母的意識形態，而且這樣做可以獲得獎勵。第18章檢視了偏見家庭中常見的教養方式，絕大多數都跟服從、懲罰、實際或威脅拒絕有關，這樣的家庭氛圍是由權力關係主導，而不是愛，導致孩子的情感需求沒有得到滿足，因此無法充分認同父母，而是在獎賞、懲罰和責備的脅迫下模仿學習父母態度。他們無法完全接納自己和自己的缺點，必須時時提防失去父母的關愛。在這種家庭環境中長大的孩子永遠不知道自己的處境是什麼，時時籠罩在恐懼威脅之下。

道德主義

偏見者大多抱持嚴格的道德觀，這反映了上一節描述的焦慮。相較於包容者，偏見者在維持清潔、禮儀和傳統習俗方面有更嚴格的堅持。當被問到「你最尷尬的經驗是什麼？」反猶女孩的回答是在公共場合做出違反道德習俗的舉動，而沒有偏見的女孩較常提到人際關係上的不足，例如讓朋友失望。此外，反猶女孩往往會對他人做出更苛刻的道德評判，像是「我會判處任一個罷工者五十年監禁」。而沒有偏見的女孩則對違反社會風俗的行為較寬容，也較少譴責輕微的不當行為（包括違反性方面的社會規範），她們包容人性弱點，正如包容少數群體。

兒童研究也顯示出相同趨勢。當被問到完美男孩／女孩的標準是什麼？有偏見的孩子通常會提到純潔、乾淨、有禮貌，而心態較開放的孩子只會提到「可以當大家的開心果或好朋友」。[6]

1　譯注：Thematic Apperception Test，投射測驗之一，刺激材料為一系列人物圖片，受試者必須根據圖片內容講述故事。

眾所周知，納粹特別強調傳統美德。希特勒不僅宣揚禁慾主義，也在許多面向徹底執行禁慾主義。在當時的德國，明目張膽的性偏差行為會受到強烈譴責，有時甚至會判處死刑，而軍隊和社會生活的各個層面也受到嚴格的禮節約束。猶太人經常被指責違反傳統道德準則，像是骯髒、吝嗇、不誠實、傷風敗俗。不過，雖然納粹裝模作樣地高舉道德主義大旗，但其個人行為卻跟道德沾不上邊。從納粹急著「合法化」所有剝削、折磨猶太人的行為就可以看出那是虛偽的道德約束。

偏見者的道德顧忌跟童年早期未處理好的生理衝動有關。假設孩子每次把自己弄得髒兮兮、被發現玩弄自己的生殖器（第18章提到偏見者的母親更可能為此懲罰孩子），或是發脾氣、打父母時就受到懲罰並被迫感到內疚，他就會認為自己的所有衝動都很邪惡，並感到一旦屈服於衝動就不再被愛了，且長大後很可能會因為自己的許多過失而憎恨自己。他背負著沉重的嬰兒期內疚，一旦看到別人違背傳統道德就會焦慮萬分，因而想要懲罰違規者，就像自己小時候被懲罰一樣。他對令自己困擾不已的衝動產生了恐懼。當一個人過度關注別人的過失，這種傾向可以視為「反向作用」。由於必須抵抗自己內在的邪惡衝動，因此也無法縱容或包容別人的不當行為。

相較之下，包容者在人生早期已學會如何接納被社會視為禁忌的衝動。這樣的人不害怕自己的本能，也不過分拘謹，而是以自然的方式看待生理現象，並知道任何人都可能犯錯。父母在他成長過程中會技巧性地教導適當的行為準則，而即使違背，父母也不會收回對他的愛。包容者已經學會接納自己的邪惡面，所以在看到（或想像）別人的邪惡面時，並不會因此而恐懼或焦慮。他是以人性、充滿理解和同情的態度來對待別人。

道德主義只是表面上遵從教條，無法真正解決內在衝突，其本質是緊張、強迫性的，而且充滿投射。真正的道德應該更放鬆、更統整，且融入生活模式中。

二分法

前面提過，相較於沒有偏見的孩子，有偏見的孩子更傾向贊同「世界上只有兩種人，不是強者就是弱者」、「任何事都只有一種正確做法」。有偏見的成人也有同樣的二分思維，例如抱持族群偏見的男性更認同「世界上只有兩種女人，不是純潔就是下流」。

傾向以二分法思考事情的人（見第10章）會特別強調內、外團體的差異，而**不**同意下列格言的觀念：

> 我們當中最壞的人也有許多優點，
> 我們當中最好的人也有許多缺點，
> 所以任何人都沒有立場
> 去評論別人。

「兩極化邏輯」對於偏見者的功能意義是顯而易見的，前面提過，偏見者無法接受自己的本性中並存著善良與邪惡，因此長期對「是非對錯」非常敏感。他將內在分歧投射到外在世界，對任何事物不是絕對贊成，就是絕對不贊成。

對「確定」的需求

第10章提到，心理學研究在偏見領域最重要的發現之一，就是偏見的動力機制相當於認知的動力機制。也就是說，跟偏見有關的特定思維模式大致上反映了偏見者對**任何事物**的思考方式。這點已在討論「二分法」

時提過，接下來要藉由一系列關於「模糊容忍度」的實驗進一步說明。

一項實驗讓受試者獨自待在黑暗的房間裡，只看得見一個光點。在沒有任何視覺定錨點和習慣引導的情形下，每個受試者都會看到光點向任何方向移動（可能是由於視網膜或大腦特性所致）。研究者發現，有偏見的受試者會立刻為自己建立規則，也就是說，他們指出該光點規律地朝同一個方向移動，而且每次都移動同樣的距離。由此可知，偏見者需要穩定性，並且會編造出客觀上並不存在的穩定性。相較之下，較包容的受試者通常在一段時間之後才會建立自己的規則，亦即可以容忍較長時間的模糊性。[7]

另一項實驗探討了高偏見者和低偏見者的記憶痕跡，實驗材料是截角錐的圖片，如圖13所示。[8]受試者在快速看過圖片之後，必須立刻憑記憶將它畫出來。結果如下：

在高偏見組和低偏見組中，各有四〇％畫出對稱、左右邊距等長的圖形。這種對稱化很正常，因為人的記憶傾向簡化，並趨向形成「更好的完形」。有趣的是，受試者在四週後必須憑記憶再畫一次原本的圖形，這次兩組畫出對稱、平衡圖形的比例為：高偏見組六二％、低偏見組三四％。高偏見組有更多人將原始圖形對稱化。

從這項實驗可以看出，高偏見者似乎無法長時間忍受原始圖片的模糊性，因此需要明確、簡單、類別化的記憶。另一方面，低偏見者的思路歷程似乎是「我知道那是一個頂端被截斷的錐體，但

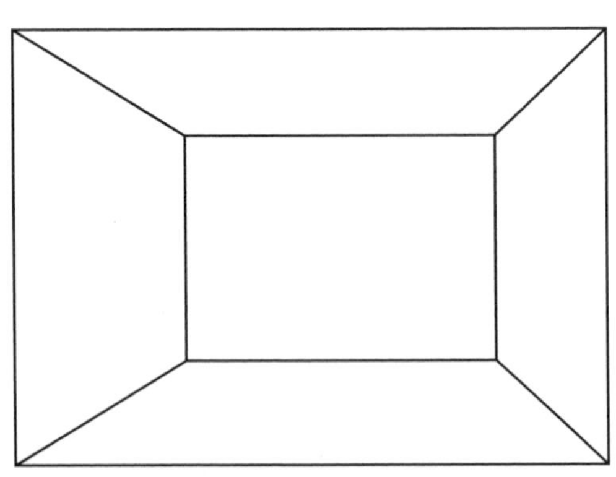

圖13　記憶痕跡研究中使用的截角錐圖片

> 我也知道它沒有那麼簡單，好像有一些獨特和不尋常的地方。」簡單說，雖然低偏見者也傾向形成簡化的記憶痕跡，但同時也相對較能記住心理學家詹姆斯（William James）所說的「但是……」的感覺[2]。

偏見者堅持沿用之前的解決方式，也是一種「需要確定性」的表現。如果給受試者看貓的線條圖，且接下來每次短暫呈現該圖時，圖片上都有一些細微改變，直到最後變成狗的線條圖，那麼高偏見受試者通常會持續說圖片上是貓，而不會立刻發現圖片的變化，也不會回答「我不知道那是什麼」。[9]

上述實驗顯示，偏見者有較高的**固著**傾向（perseveration），表示他們認為舊的、嘗試過的解決方式是安全的定錨點。該實驗還揭露了一個有趣的相關現象，即偏見者似乎不敢說「我不知道」，因為這樣會使他們偏離認知定錨點。這一發現已在許多不同研究得到驗證，例如社會心理學家羅克奇（Milton Rokeach）曾讓受試者進行「姓名臉孔配對」的再認測驗，結果高偏見者做了很多錯誤猜測，而低偏見者則常常承認不知道，並拒絕猜測。[10]統計學家羅普（Elmo Roper）研究了一項民意調查的結果，並指出，當被問到對時事的看法，抱持強烈反猶主義的人很少回答「不知道」。[11]偏見者似乎會因為「知道答案」而較有安全感。

對確定的需求可能會窄化認知歷程，導致個體無法看到所有跟問題相關的面向。羅克奇將這種認知運作方式稱為「心智狹隘型」，下面實驗說明了這一過程：

> 研究者按照英文字母順序向大學新生展示十個概念：「佛教、資本主義、天主教、基督教、共產主義、民主、法西斯主義、猶太教、新教、社會主義」，並要求學生指出概念之間的關聯性。結果總結如下：

2 譯注：詹姆斯在《心理學原理》（*Principles of Psychology*）中提到「feelings of "but"」，即無法贊同或接受某個論點或主張的感覺，這樣的感覺引導了人的思考和推理。

「分析顯示，學生們的回答所反映的認知組織方式，大致落在由『**全面**』到『**孤立**』、再到『**狹隘**』的連續向度上。『全面型』組織是將十個概念組織成一個整體，例如『全都是信念』；『孤立型』是將十個概念分成兩個以上的子結構，子結構之間很少或沒有關聯，例如『其中五個是宗教，另外五個是政體』；『狹隘型』則省略了其中一或多個概念，而將剩餘概念組織成一或多個子結構，例如『只有佛教、天主教、基督教、猶太教和新教是相關的，因為它們都信奉「上帝」』。」[12]

結果證明，高偏見者大多採取狹隘的方式來分組，即忽略一些相關項目；低偏見者則會考慮所有項目，然後進行全面整合；中度偏見者則傾向給出孤立的組別。

心理學家芮可（Suzanne Reichard）也發現了類似的思維窄化情形，她指出，偏見者進行羅夏克墨漬測驗時看到的較有限，而且會強迫性地過度注意細節；相較之下，其他群體更能看到整體，也能產生更多聯想。[13]

上述實驗結果都指向同一個假設：偏見者的世界需要明確架構，即使是狹隘而不恰當的架構也可以。在缺乏秩序的地方，他們就強加秩序；當需要新的解決方式，他們卻固著於保守的習慣做法；只要一有機會，他們就會緊抓著安全熟悉、簡單明確的東西。

至少有兩種理論可以解釋偏見者的低模糊容忍度，兩者可能都正確。其一認為，偏見者的自我意象非常混亂，他們從童年早期就無法整合自己的本性，導致自我本身無法提供穩定的定錨點，為了補償內在所缺乏的確定性，就必須尋求外在的確定性來引導自我。

另一種理論略為複雜，其論點是：偏見者在童年時期被剝奪非常多東西，由於被禁止做許多事，因此越來越害怕延宕滿足，因為延宕可能意味著被剝奪，導致他們迫切需要快速、明確的答案。抽象思考意味著要冒模糊、不確定的風險，因此他們寧願不要猶豫，並採用具體的思考方式，就算僵化也無所謂。這一理論獲得了第21章引用的證據支持，該證據證明了偏見者更容易感到挫折（詳見第21章注釋10）。偏見者由於低挫折容忍力而總是尋求確定，因為只有在架構清楚的知覺場域，才能避免挫折的威脅。

外化

第24章提到，偏見者經常把自己的特質投射到別人身上，而沒有意識到自己才擁有該特質。事實上，他們在各方面都缺乏自覺。[14]

偏見者似乎相信事情都發生在「自身之外」，因此無法掌控自己的命運，例如可能會認為，「雖然很多人對星座不屑一顧，但星座確實解釋了很多東西」。相較之下，包容者通常會認為命運是掌握在自己手中，而不是由星宿決定。[15]

在進行主題統覺測驗時，有偏見的女孩針對圖片所講述的故事中，女主角大多缺乏主動參與性，且行動不是由她自己決定，而是由命運決定（例如女主角的未婚夫在戰爭中犧牲）。當被問到「人抓狂的原因是什麼？」，有偏見的受試者會回答某種**外在**威脅或「腦中不停運轉的想法」，兩者都意味著不可控制的外在因素，而不是個人缺陷或行為。[16]

為了解釋上述外化傾向，必須再次提到「自我疏離」這一潛在因素。當個體為內在衝突所苦，較簡單、也較安全的做法就是避免自我參照，最好認為「是事情自己**降臨**到我頭上，而不是我**造成**的」。傾向外化問題的人具有外懲型人格特質，該特質跟群體偏見有明顯的關聯：不是**我**憎恨、傷害別人，而是**別人**憎恨且傷害了我。

制度主義

性格使然的偏見者崇尚秩序，尤其是**社會**秩序，這樣的人在明確、制度化的成員身分中，找到了自己需要的安全感和確定性。互助會、學校、教堂和國家都可以用來抵禦個人生活中的不安，倚靠在這些制度上就不用靠自己了。

研究顯示，有偏見的人比沒有偏見的人更忠於制度。反猶女大學生更熱衷於姊妹會活動、更遵守宗教制度、具有更強烈的「愛國心」；當她們被問到「最令人欽佩的經歷是什麼？」，通常會回答跟愛國或宗教事件有關的外在行為。[17]

許多研究都發現偏見和「愛國主義」的緊密關聯。如下一章將討論的，極端偏執者幾乎都是超級愛國者。在納粹德國，國族主義跟迫害少數群體明顯相關，在其他國家似乎也是如此。社會心理學家莫爾絲（Nancy C. Morse）和弗洛德·奧爾波特（Floyd Henry Allport）針對美國郊區一個中產階級社區的調查特別具有啟發性。[18]

這項調查是個艱鉅任務，研究者希望在幾個可能的反猶主義成因中，找出實際上最主要、最有依據的因素。他們使用的調查工具非常複雜，共有九十二頁測驗、量表和問卷。為了有效回收一百七十五名受試者的調查手冊，研究者以提供當地俱樂部一筆金額作為獎勵。

這個廣泛的調查手冊包含幾個部分。首先，它從幾個面向來評估受試者的反猶傾向：厭惡猶太人的程度；會說多少詆毀猶太人的話（仇恨言論）；有何種敵對和歧視表現（仇恨行為）。

其次，它考驗了幾項假設，例如反猶主義跟下列各項因素的關聯：不安全感或對未來的恐懼、實際經濟需求或不確定性、挫折感、對猶太人「本質」的信念、國族歸屬感。

「國族歸屬感」這一變項的衡量方式，是讓受試者填答是否同意一系列命題，例如「有些人認為自己是世界公民，認為自己屬於人類、而不屬於任何國家。但我始終都認為自己是美國人。」

研究者透過上述調查方式，發現這群受試者之中存在著高度反猶主義，只有一〇%完全不仇視猶太人，而一六%有著極端、幾近暴力的反猶傾向。

雖然有些證據顯示，不安全感和挫折感確實跟反猶主義有關，但研究者發現，**最重要的單一因素**是「國族歸屬感」。在其他變項都保持不變的情況下，只有「國族歸屬感」能預測反猶主義，它是唯一獨自跟偏見形成共變關係的因素。同樣重要的因素還有「對本質的信念」——即相信猶太人跟其他族群在本質上完全不同，但只有在個體也抱持著強烈國族主義觀點時，這一信念才跟偏見有顯著相關。因此，人們可能是用「愛國主義」來掩飾自身的偏執觀念。

上述研究結果非常重要，值得注意的是，反猶主義不僅是一堆負面態度的集合。相反地，反猶主義者有明確的**行動**，即試圖找到能在制度層面提供安全與保障的孤島。國家就是反猶主義者選擇的孤島，對他們而言，國家是可靠的定錨點，無論國家對或錯，它都是**自己的**國家，其地位高於人類，比世界政府更令人嚮往，因為國家提供了他們需要的確定性。研究證實，人的國族主義越強烈，其反猶程度就越高。

請注意，這裡的重點是「正面的安全感」。反猶主義不只是恐懼和焦慮投出的陰影，而且許多憂慮、沮喪的人也從未發展出反猶主義，重點是處理恐懼和挫折的方式。採取**制度主義**——特別是國族主義的處理方式，似乎才是問題癥結。

事實上，偏見者是根據自己的需求來定義「國家」（見圖1），他們認為國家的首要功能就是保護自己，既然國家是內團體，就可以理直氣壯地從國家的善意圈中排除他們眼中具有威脅性的入侵者和敵人（即美國的少數群體）。此外，偏見者也認為國家代表現狀，是保守的社會建構，其中有著他們認可的所有安全生活的設置。偏見者的國族主義就是一種保守主義，根據他們自己的定義，國家本身是抗拒變動的，因此他們不信任自由派、改革者、《權利法案》（Bill of Rights）的支持者和共產主義者，這些人都威脅到偏見者的國家概念。[19]

威權主義

有些偏見者意識到民主國家的生活充滿混亂，因此宣稱美國不應該是民主政體，而是「共和政體」。他們發現「個人自由」會帶來不可預測的後果，個體性導致一切變得既不確定又缺乏秩序，而且充滿變動，因此他們認為生活在明確的階級架構中比較簡單，讓同類別的人聚集在一起，群體才不會一直變換、消解和重組。

偏見者為了避免無法掌控的感覺，便尋求社會中的階級架構。「權力安排」就是很明確的架構——這是偏見者能夠理解和信賴的東西。偏見者崇尚威權，並表示美國需要「更多紀律」，他們所指的當然是**外在**紀律，而不是內在自律。當學生被要求列出自己最崇拜的偉人，有偏見的學生通常會列出運用權力控制他人的領袖，例如拿破崙和俾斯麥；而沒有偏見的學生通常會列出藝術家、人道主義者或科學家，像是林肯、愛因斯坦。[20]

偏見者對於威權的需求，反映其內心深處對人類的不信任。本章開頭曾指出，偏見者傾向認同「世界很危險，人心基本上是險惡的」。而民主的基本理念正好相反，它告訴我們要相信每一個人，直到對方證明自己不值得信任。偏見者卻不相信任何人，除非對方證明自己值得信任。

從下面例子也可以看出偏見者對人性的懷疑，當被問到「你更害怕遇到強盜還是詐騙？」有一半受訪者回答「強盜」，另一半回答「詐騙」，而較害怕**詐騙**的人整體上偏見程度也較高。一般來說，對強盜（身體攻擊）的恐懼似乎較自然、正常——大部分沒有偏見的受訪者正是回答「強盜」。[21]

對偏見者而言，消除心中所有疑慮的最好方式，就是建立一個有秩序、威權式的強大社會。他們認為強烈的國族主義是好事，希特勒和墨索里尼（Benito Mussolini）也沒那麼糟，美國需要的是一個強而有力的領導者，一個驍勇善戰的獨裁者！

證據顯示，偏見者可能在童年時期就養成了威權主義模式。比起其他孩子，有偏見的孩子更相信「老師應該告訴學生該怎麼做，而不用考慮學生的想法。」甚至到了七歲，有偏見的孩子還是需要老師給予明確、威權式的指令，否則會很苦惱且無所適從。[22]

討論

本章對偏見人格（有些學者稱為「威權人格」）的描述，主要是基於近代研究成果。雖然相關研究已勾勒出偏見人格模式的清晰輪廓，但不同證據的比重以及關聯性仍有待完整。許多研究者也提出跟偏見／威權人格相反的人格模式，例如「民主」、「成熟」、「生產型」或「自我實現型」人格[23]，第27章會詳加討論。

這種比較研究大多是基於兩組極端、或形成明顯對比的受試群體，即偏見程度極高和極低的群體，而處於中間值或「平均」程度的受試群體通常不納入考量。雖然這種方法是合理的，但缺點是過於強調人格的類型化，而忽略了許多人都屬於混合型或介於兩個極端之間，所抱持的偏見並不符合研究描繪出的理想模式。

這類研究在方法上還有一項缺點，即大部分研究只檢驗了單一方向的假設，例如，研究者將受試者分成高偏見組和低偏見組，結果發現，高偏見組在感知或解決問題的過程中表現出較低的模糊容忍度；然而研究者並沒有進行適當的反向控制，即找來一群低模糊容忍度的受試者，並檢視這群人是否確實抱持著更強烈的族群偏見。未來還需要更多雙向驗證，才能完全確定偏見的相關人格因素。

儘管存在上述缺點（主要由於「偏見人格」的相關研究還不夠完整），但本章呈現的模式仍有一定的可靠度。目前針對「偏見人格」的結論或許過於絕對，還需要進一步補充和修正，然而基本事實已相當明確：在許多人的生命中，偏見不只是獨立的小插曲，而是跟人格結構緊密交織在一起。因此我們無法輕易根除偏見，要改變它，就必須改變偏見者的整個生活模式。

第26章 煽動

煽動者善於挑起假議題，目的是轉移大眾對真實問題的注意力。雖然不是全部、但大多數煽動者都以「少數群體的不當行為」作為假議題，這些內容特別吸引威權人格者（見第25章）。

根據估計，美國的種族主義煽動者約有一千萬名追隨者，不過這項估計並不精確，而且可能高估，因為並非每個參加煽動者集會的人都是追隨者。然而弗斯特的報告指出，在一九四九年，美國共有四十九種反猶期刊，及六十多個曾有反猶紀錄的組織。[1] 此外還有專門反天主教、反黑人的期刊和組織，雖然有所重疊，但總數仍相當驚人。

「煽動演說」案例

從煽動者口中和筆下流瀉而出的字句總有股難以定義的特質。下面的內容節錄自一九四八年「基督教國族主義者」集會紀錄，就是很典型的例子：

> 我們從美國各個角落聚集在此，唯一目的就是採取必要步驟，擊退物質主義的浪潮，這股邪惡勢力正威脅著吞噬我們親愛的國家，美利堅合眾國。我們聚集在耶穌基督及美利堅合眾國的旗幟下，在十字架

和國旗下證明，華爾街的國際金融家、莫斯科的跨國共產黨員和全世界的猶太恐怖分子都是失敗者。我們正在創建的政黨就是一座紀念碑，昭示這世界依舊在抵制邪惡，抵制奴隸制、抵制無神論的共產主義。為何美國人民沒有被告知，馬歇爾計畫（Marshall Plan）的九千萬美元資金是要支付給國際銀行，以餵飽黑市商人和社會主義詐欺者的錢包？這些人正在摧毀歐洲的基督教，只要一有機會也將摧毀美國的基督教。在兩黨一致的外交政策下，我們背負著已故獨裁者——富蘭克林．羅斯福的秘密交易和秘密承諾之惡果。在兩黨一致的外交政策下，我們對強加於德國人民的摩根索政策（Morgenthau policy）感到內疚，因為數以百萬計的基督徒婦女和兒童被活活餓死。為何美國人民沒有被告知，摩根索政策是親共產主義的瘋狂猶太人所發明的？那群握有權力的虐待狂只是想要摧毀德國人民，好讓蘇聯軍隊得以占領並奴役整個基督教歐洲。

在舊政黨的綱領中，關於國際猶太人的陰謀、共產主義猶太人叛國、猶太復國恐怖主義等問題的解方案，我們唯一能找到的只有同情的哀號，因為舊政黨在巴勒斯坦協助建立所謂的猶太國。我們沒看到舊政黨提及猶太秘密警察在美國壓迫、抹黑那些為基督教美國主義挺身而出的美國公民；我們沒看到舊政黨提及共產主義猶太人滲透到美國政府，目的是為共產主義美國的專制集權和奴隸制鋪路；我們沒看到舊政黨譴責猶太復國主義者的雙重效忠問題，他們利用美國來武裝外國軍隊；我們沒看到舊政黨譴責猶太恐怖組織，他們埋伏在美國街頭，伺機剝奪美國基督徒的言論和集會自由的權利。

基督教國族主義黨的宗旨，是取締美國的共產黨，他們迫害所有正派事物、侵犯美國政府主權、破壞我們基督教國族主義者所珍視的一切。我們打算把每一個共產黨員、每一個共產主義兄弟會的成員、每一個敬愛史達林勝過敬愛美國國旗和《憲法》的人，都關進監獄裡。

我們發現，所有在華府被揪出來的人都是法蘭克福特（Felix Frankfurter）的學生，既然他教過的人都是共產黨間諜，我想是時候查明他在哈佛大學都教些什麼了。他還是美國最高法院法官。這些人占據華盛頓特區的權力和重要地位，我們的政府怎麼會安全？是時候清理美國政府了，我們組織基督教國族主義黨，就是要清除那些占據我們政府的叛徒。

接著，在黑人問題上，我們不是在煽動群眾，我們要說出真相，說出我們的信念，說出解決美國黑人白人混居問題的唯一方法。我們主張通過憲法修正案，讓黑人和白人的隔離成為美利堅合眾國的法律。我們主張將黑人和白人的通婚定為聯邦犯罪！

我要講個小故事，前幾天在密西西比州傑克森市和幾個朋友見面時聽到的。有個黑人去聖路易市娶了一名白人女子，當他回到傑克森市，幾個男孩在街上圍堵他說：「摩西，你不能跟那個白種女人待在這裡，我們不允許黑鬼跟白種女人來往或結婚。」黑人回答：「老兄，誤會大了，她一半是美國佬、一半是猶太人，身上沒有一滴白人的血。」

無論右翼或左翼的共產主義者，都試圖清算考夫林神父（Father Coughlin）、著名飛行員林白（Charles Lindbergh）、眾議員戴斯（Martin Dies）、參議員惠勒（Burton Wheeler）、極右翼政治家史密斯（Gerald Smith），並威脅他們、引誘他們、迫害他們、嘲笑他們、摧毀他們，試圖讓他們消聲匿跡。感謝上帝，我拒絕被消聲。我對戴斯委員會（Dies Committee）的看法是正確的，我對希斯（Alger Hiss）的看法是正確的，我對斯特蒂紐斯（Edward Stettinius）的看法是正確的，我對聯合國的看法是正確的，我對愛蓮娜・羅斯福（Eleanor Roosevelt）的看法也是正確的！

從來沒有那麼多商人破產，從來沒有那麼多男人和女人被凌虐、威脅、踐踏，就像過去十五年來羅斯福家族所做的，他們是殺人犯、騙子、戰爭販子、對史達林採取姑息主義的人！上帝把美國從羅斯福家族手中拯救出來！

乍看之下，這些亂七八糟的論述似乎無從分析。

「仇恨」是其中最明顯的主題。這篇相對簡短的煽動演說所提到的惡棍有：物質主義者、國際金融家、猶太人、共產黨員、黑市商人、社會主義者、財政部長摩根索（Henry Morgenthau）、蘇聯軍隊、猶太復國主義者、法蘭克福特、哈佛大學、黑人、曾被指控為蘇聯間諜的國務院官員希斯、時任美國國務卿的斯特蒂紐斯、前總統羅斯福、羅斯福夫人以及羅斯福家族。最主要的惡棍似乎是猶太人，他們被提到的次數最多，被貼上的標籤也最多。此外，這篇演說也透露出對羅斯福家族的強烈恨意。天主教徒則沒有受到譴責，因為大型集會的聽眾可能有許多天主教徒，而煽動者必須獲得其支持。

從這種多樣化的敵意可以看出，偏見者不會只對少數群體產生仇恨，而是會憎恨所有被他視為威脅的東西。因此仇恨具有類化的特性（正如第5章的統計分析所示）。

該演說並沒有明確指出威脅是什麼，但在謾罵的背後似乎有個相當明顯的主題，即對自由主義或社會變革的恐懼。其中，羅斯福家族是主要的變革象徵，尤其威脅到傳統的經濟生活和種族關係模式。哈佛大學所象徵的唯智主義也受到仇視，因為它也帶來了變革，同時加劇了反智者的自卑感。同樣，社會主義、共產主義、改善黑人處境都意味著改變原本的生活。而猶太人總是跟冒險、風險、價值邊緣（見第15章）聯結在一起。威權人格者無法面對上述所有不確定和非常規的生活，也不願意失去熟悉的定錨點（見第25章）。

煽動者眼中的安全感象徵就跟恐懼象徵一樣有趣。該演說中被提及的崇拜對象有：耶穌基督、美利堅共和國的旗幟、十字架、國旗、考夫林神父、林白、戴斯、惠勒、史密斯。[1]在沒有節錄出來的部分，演說者還大肆褒揚了里維爾、黑爾、林肯和李將軍，[2]並將華盛頓總統譽為「有史以來最偉大的基督教國族主義者」。

1 譯注：考夫林神父曾被視為美國的法西斯分子；林白是納粹主義者；戴斯在一九三〇年代聲稱共產主義已滲透美國，並組織委員會調查「顛覆」活動；惠勒是孤立主義者；史密斯是反猶主義者和白人至上主義者。

2 譯注：里維爾（Paul Revere）曾在美國獨立戰爭前夕騎馬通告民軍，因此成為美國民族英雄；黑爾（Nathan Hale）是美國愛國人士，獨立戰爭期間自願到敵軍後方收集情報；李將軍（Robert Lee）是美國南北戰爭期間南方聯軍司令。

在演說者和聽眾眼中，這些崇拜對象都是保守主義的象徵，代表著國族主義、孤立主義、反猶主義，或能為制度主義者提供終極安全島的傳統宗教（見第28章）。

我們從這篇演說案例了解到各種正向和負向象徵，以及這些象徵如何反映出恐懼和不安的主題，接下來將進行更深入的討論。所有煽動言論都很類似，最重要的是它們的模式。

煽動者的計畫

社會學家洛文塔爾（Leo Lowenthal）和古特曼（Norbert Guterman）在《騙人的先知》（*Prophets of Deceit*）中分析了大量類似演說和宣傳手冊，發現所有煽動言論背後都有著同樣的仇恨和不滿，他們歸結出下列幾點：[2]

- **你們被騙了**。你們的社會地位快要不保了，因為猶太人、羅斯福新政的支持者、共產主義者和其他推動改革的人正暗中圖謀不軌。像我們這種善良單純的老百姓總是會上當，我們必須採取行動。
- **到處都有人在暗算我們**。華爾街、猶太銀行家、國際主義者和國務院的魔鬼在背後推動一切，我們一定要想辦法阻止他們。
- **那些暗中圖謀不軌的人也在性方面道德敗壞**。他們「在金銀珠寶中打滾，在美酒中沐浴，身邊圍繞著被引誘的我們的女兒」，「東方情色作品誘使年輕人道德淪喪，目的是要打擊我們的士氣」。外國人正享受著所有禁果。
- **現在的政府腐敗無能**。兩黨制是騙局，民主是「哄騙人的假話」，「自由主義就是無政府主義」，公民自由是「愚蠢的自由」，我們不能在道德上採取普世主義，必須為自己著想。
- **末日即將來臨**。看看激進的勞聯和產聯提出的「解放的共產主義式充公賦稅」，他們和猶太人會迅速掌權。暴力革命一觸即發，我們必須做點什麼。

- **資本主義和共產主義都威脅著我們**。畢竟，無神論共產主義最初是在猶太資本主義和猶太唯智主義中誕生。
- **我們不能相信外國人**。國際主義是一種威脅，但我們也不能相信政府，外來的白蟻正在侵蝕我們國家內部，華府是「布爾什維克的老鼠窩」。
- **我們的敵人是低等動物**。他們是爬蟲類、昆蟲、細菌、次等人。我們必須將他們趕盡殺絕。
- **沒有中間立場**。世界是分裂的，不支持我們的人就是敵人。這是富人和窮人、真正的美國人和「外國人」之間的戰爭。歐、亞、非大陸的塔木德[3]哲學以及赤裸主義都跟基督教對立。
- **血統不能被玷污**。我們必須保持種族的純正性和優越性，跟道德敗壞的自由主義者打交道會污染我們。
- **災難即將來臨，你們能做些什麼**？單純善良的可憐人需要一位領袖，那就是我。美國沒有錯，錯的是腐敗的政府，把他們通通換掉吧。我才是合適的人選，我會收拾一切混亂局面，讓你們擁有更幸福安穩的生活。
- **情勢緊迫，沒時間想太多了**。把你們的錢給我，接下來我會告訴各位該怎麼做。
- **每個人都討厭我**。我是你們的殉道者。媒體、猶太人、腐爛的官僚都想讓我閉嘴。敵人試圖謀害我性命，但上帝會保護我。我會帶領你們，我會啟發公眾的思想，我會消滅數以百萬計的官僚和猶太人。
- 也許我們會向華盛頓進軍……

3 譯注：Talmud，猶太教法典。

煽動者的計畫往往會停在這裡，因為法律禁止煽動暴力與主張用武力推翻政府。這份激情跟一個模糊的烏托邦承諾一起懸置著，煽動者許諾了一個流著奶與蜜的豐饒之地，並暗示人們可以由合法或法外途徑進入這個新天地。當然，在歐洲許多國家，這類煽動已經轉化為行動，受類似言論蠱惑的暴民推翻了整個政府。

煽動者對追隨者的不滿與不安做了誇張而錯誤的歸因。那些追隨者確實沮喪、痛苦，無法跟自己好好相處，也無法融入社會，但這些情形背後的真正問題卻沒有被描述出來，像是經濟結構的缺陷、人類未能找出避免戰爭的方法，以及人們在學校、工作和社區生活中忽視了人際關係的基本原則，最重要的是，個體心理不健全且缺乏內在穩定性。

真正的因果關係非常複雜，所以煽動者完全避而不提，只向受苦的追隨者保證不是他們的錯。在煽動者的洗腦下，追隨者因為身為基督徒、真正的愛國者和菁英而自豪，其脆弱的自尊獲得了安撫與保護。他們甚至被告知仇視猶太人並不表示擁護反猶主義，其外懲傾向不斷被合理化，自我防衛也不斷被增強。

雖然煽動者從來沒有提出合理方案來緩解社會動盪和個人不安，但也絕不會提出具體的暴力計畫來推翻政府結構穩固的國家。只有在類似德國、西班牙、義大利和蘇聯那樣搖搖欲墜的社會結構，煽動者才能順利鼓動暴力革命。穩定繁榮的社會不利於煽動者播下顛覆國家的種子。

但有時，即使在穩定的國家，煽動者也會獲得一定程度的地方政治權力（城鎮或州）。

無論成功與否，煽動者本質上都是依循法西斯主義模式，鼓吹極權主義革命。在美國，為了不明顯違反國家傳統價值，就必須採取某些顧全形象的手段。煽動者通常會嚴正申明自己不是反猶主義者，並宣稱自己反對法西斯主義，也反對共產主義。有人指出如果法西斯主義來到美國，一定會披上反法西斯運動的外衣。然而，其追求極權的特徵依舊清晰可見，不論在哪個國家，煽動者的計畫大致上都雷同。

民主之友公司（Friends of Democracy, Inc）曾發表一份報告，標題為〈如何辨識美國的親法西斯主義者〉，並列舉出以下特點：[3]

1. **種族主義**在所有親法西斯團體中很普遍，事實上，它是各地親法西斯運動的基石。而在美國，種族主義是以「白人至上」形式呈現。

2. **反猶主義**是所有親法西斯主義者和「純正美國人」團體的共同特徵。在新教徒占多數的地區，煽動者有時會鼓吹**反天主教**，但反猶主義還是最有效的政治武器。

3. **排外主義**、**反對難民**、**反對一切外來事物**都是主要特徵。全世界的法西斯主義者都強烈信奉「本土主義」，一律反對任何「外來者」和其他國家的人。

4. **國族主義**是關鍵要素。極端國族主義者會宣稱自己的國家是「主導國」、自己的種族是「優秀種族」。權力是其論述的基調。

5. **孤立主義**是該模式的顯要部分。孤立主義者認為國家被兩座難以跨越的大洋拱衛著，非常安全。

6. **反國際主義**也是該模式的一部分，包括反對聯合國、以及所有為促進國際理解與和平合作所做的努力。

7. **抹紅**，即任意將所有反對者都貼上共產黨和布爾什維克標籤。親法西斯主義者以共產主義來恐嚇人們接受法西斯主義，並且把自由主義者、進步主義者、猶太人、知識分子、國際銀行家和外國人都描述為共產主義者或「同路人」。

8. **反勞工**，尤其是反勞工組織。這也是主要特徵之一，但經常被掩蓋。

9. **同情其他法西斯分子**也是親法西斯主義者的常見特徵。親法西斯主義者在珍珠港事件發生之前，辯稱希特勒和墨索里尼是抵抗共產主義的「偉大堡壘」；在戰爭期間轉而同情貝當（Philippe Petain）和其維琪政府（Vichy government）；後來又對佛朗哥（Francisco Franco）和裴隆政權（Peron regimes）表達同情和支持。

10. **反民主**是另一個共同點。法西斯主義者到處宣揚「民主是墮落的象徵」。在美國，他們最喜歡講的主題是：美國是「共和國家」而非「民主國家」，「共和國家」是由菁英統治，而民主其實是共產主義的同義詞。

11. **頌揚戰爭、武力和暴力**也是重要主題之一，戰爭被認為是創造性活動，軍事英雄亦受到美化。親法西斯主義者的口號之一就是「生活即鬥爭，鬥爭即戰爭，戰爭即生活」。

12. **一黨制**是法西斯模式的顯著特徵，他們打著「一個民族，一個政黨，一個國家」的口號來宣揚極權主義。

美國民主具有卓越的韌性，因為自建國之前，數十年來一直抵擋住這樣的煽動。[4] 但如今，隨著壓力加劇和文化落後（即社交技巧跟不上科技的腳步），煽動言論的感染力比以往更加強烈。這不是一夜之間突然誕生的運動，法西斯主義的種子早就播下，並默默地緩慢成長，直到某個時間點才以驚人的威力爆發。它會隨著煽動者的興衰而起伏，但有時也會牢牢扎根於國會委員會、地方與各州政治團體、某些報刊雜誌和電台評論中。

整體上，民主傳統似乎仍占主導地位，因此每場法西斯運動都會產生強大的逆流。然而，由於社會壓力增加以及社會變遷快速，導致今日情勢變得岌岌可危。關鍵在於，我們是否能夠在恐慌和恐懼驅使大量民眾接受煽動者的蠱惑之前，就形成合乎現實的判斷和政策，以改善國內及國際間的弊病，並讓民眾對未來有所期盼。

追隨者

追隨煽動者的民眾對於自己所投身的事並沒有清楚概念，因為目標和達成目標的方法都很含糊。煽動者本身可能也沒有明確的想法，就算有，也會發現最好將民眾的注意力集中在自己身上，因為具體形象（領導者）

比抽象概念更容易讓人牢記在心。

由於追隨者沒有別的辦法擺脫困境（除了遙遠、模糊、未具體說明的暴力行動的可能性），只好聽信煽動者的引導，盲目地效忠於他。煽動者為追隨者提供了抗議和仇恨的發洩管道，憤怒的快感讓他們暫時轉移注意力並獲得滿足。美國人就是美國人，基督徒就是基督徒，這些人都是最優秀的群體、真正的菁英，這樣的反覆保證帶給人莫大安慰。一個人是基督徒，因為他不是猶太人；一個人是美國人，因為他不是外國人；一個人是純樸的百姓，因為他不是知識分子。這種安慰雖然看似空洞，卻能夠提升自尊。

我們需要全面、系統性地了解本土主義組織的成員。根據研究者的觀察，這些成員顯然過著不順遂的生活，年齡大多超過四十歲，教育程度不高，對未來茫然，滿臉愁容。其中有許多看起來嚴肅古板的女性，這意味著有些人可能由於缺乏關愛，因此容易陷入幻想，認為煽動者能夠給予愛和保護。

事實顯示，追隨者或多或少都感到自己被排斥，而且可能普遍有著不愉快的家庭生活或不美滿的婚姻。從年齡可以看出，他們或許已經長期對自己的職業和社會關係感到絕望，不但沒有累積個人的無形資產，也沒有存款，所以對未來充滿恐懼，並樂於將自己的不安歸咎於煽動者指出的邪惡力量。由於缺乏現實滿足感和主觀安全感，因此傾向以虛無主義看待社會，並沉浸在憤怒的幻想中。他們需要一座專屬的安全島嶼，以實現自己受挫的希望。所有自由主義者、知識分子、偏離常態者，以及任何改革推動者都必須被排除在外。他們當然也渴望某種改變，不過僅限於能夠提供個人安全感、支持其弱點的改變。

前幾章提過的每一種性格使然的偏見來源，都有助於解釋追隨者的心理動力歷程。煽動言論導致仇恨和焦慮被外歸因，並在制度層面助長了投射。它合理化並鼓勵八卦思維、刻板印象，以及「世界充滿騙子」的信念，還把生活區分成涇渭分明的選擇：要嘛遵循簡單的法西斯主義公式，要嘛等待災難降臨。沒有中間立場，也沒有國家解決方案。雖然最終目標是模糊的，但「追隨領導者」的規則滿足了追隨者對確定的需求。煽動者宣稱所有社會問題都源自外團體的不當行為，促使追隨者不再專注於讓自己痛苦的內在衝突，這讓他們可以繼續壓抑，也強化了所有的自我防衛機制。

一項小規模的實驗研究呈現了易受煽動者的部分特質。實驗對象是芝加哥退伍軍人，他們先前曾接受訪談，並提供了個人觀點和背景資料。研究者寄給這群退伍軍人兩張反猶宣傳單，並在兩週後再次訪談他們。結果有些人接受並認同宣傳單的內容，有些人則不認同，而前者在先前就表現出偏執態度，或只有在口頭上表示包容，不像後者有著堅定的包容信念。此外，前者傾向認為這些宣傳單是來自權威、可靠的公正來源，且內容讓人安心、減輕了焦慮，不會引發新的恐懼或衝突。綜合上述證據可以得知：一、煽動言論的吸引力是建立在人們先前跟該訴求相符的態度和信念上。二、煽動言論在目標受眾的眼裡具有權威性，而且能減輕焦慮。如果煽動言論符合這兩點，就很容易被接受。[5]

煽動者

煽動者之所以能發跡，是因為威權人格者需要他們。然而煽動者並非出於利他精神，而是別有居心。在很多情況下，煽動群眾是有利可圖的。會費、禮物，以及販賣會服和徽章的收入讓團體領袖享受著寬裕的生活。[6] 煽動者透過煽動活動慢慢賺取財富，就算因為管理不善、法律糾紛或追隨者的注意力轉移到新目標，而導致整場運動失敗，煽動者也已經累積一筆可觀財富。

出於政治動機的煽動行為也很常見，例如有些煽動者利用華而不實的承諾（加上訴諸仇恨），順利當選參議員、國會議員或成為地方政府的候選人。他們靠著煽情、聳動的言論，順利登上報紙頭條或吸引電台評論，最後聲名大噪，這對下次選舉非常有利。煽動者常用的手段為喚起希望（例如「還富於民」），以及喚起恐懼（例如「投我一票，否則共產黨／黑人／天主教將控制政府」），希特勒正是高超地運用這兩種手段而迅速掌權。

但煽動者的動機往往更為複雜，他們也具有性格使然的偏見。幾乎找不到完全冷血且工於心計、只為了謀取私利而利用反猶主義的政客。

以希特勒的反猶策略為例，這可能部分源自其自卑和性衝突，如第24章「完全投射」所討論的。但希特勒不可能只為了滿足個人情感需求，就將反猶主義作為國家政策，也許他和黨羽覬覦猶太人的財產，因此為了徵收猶太人的財物而鼓吹反猶。但讓人懷疑的是，這樣的收益是否足以抵消德意志帝國在商業和市場上的瓦解所造成的資本損失。希特勒的主要動機是向德國人民提供一個代罪羔羊，為一九一八年戰敗和隨之而來的通貨膨脹負責，而把矛頭指向猶太人又能強化國族主義和內部團結。上述所有動機可能同時存在，此外還有一個原因：希特勒不僅以屠龍英雄聖喬治（St. George）的形象獲取德國人的支持，更試圖以此博得全世界的好感。由於反猶主義普遍存在於許多國家，所以希特勒希望藉此成為各國盟友。許多國家的人表示，他們喜歡希特勒只是因為他反對猶太人。於是希特勒憑著這點贏取同情，幫助他度過艱困的外交處境。雖然希特勒確實得到一些好感和支持，但終究還是高估了「反猶主義」這張王牌的價值。

已掌權的煽動者可能會訴諸於「仇恨少數群體」來轉移民眾注意力，他們心裡盤算著自己的陰謀，不斷告訴人們，自己是如何把大家從危難中拯救出來。如同羅馬皇帝利用麵包和馬戲團，煽動者也利用少數群體來愚弄民眾。

只有當大部分民眾籠罩在不安情緒中，煽動者才會成功。如果宣傳對象有足夠的安全感和成熟的自我發展，那煽動者就不會得逞，不過他們通常還是會打動足夠多的潛在追隨者（有人稱之為「被宣傳洗腦的傻瓜」）。煽動者必須仰賴群眾才有發揮的空間，而如果少了煽動者，人們也不太容易變得如此激憤。麥克威廉斯認為，珍珠港事件後，日裔美國人的不幸遭遇應該歸咎於某些「職業愛國者」和獵巫者。[7] 如果世界上沒有希特勒，是否就不會發生殘酷的二戰和迫害猶太人事件？這個問題永遠沒有答案。但煽動者似乎是災難發生的必要條件，而當時機成熟，就算這個煽動者沒出現，也可能出現其他煽動者。

總之，煽動者的動機非常複雜，不過許多煽動者本身就屬於威權人格，並擁有絕佳的話術。雖然有些人是為了金錢和權力而成為煽動者，但絕大部分的煽動者是性格使然，尤其是既沒錢也沒政治權力、只能靠自己印宣傳單和街頭演說的小人物。也許這些人是在滿足自己的表演慾，但除非抱持著強烈偏見，否則不會採取這種表達方式。有些煽動者（像是眾所周知的幾號人物）甚至已經接近妄想型精神病的程度。

妄想型偏執

精神病學家克拉普林（Emil Kraepelin）在建立精神疾病分類系統時，將**妄想意念**（paranoid idea）定義為「無法透過經驗而修正的錯誤判斷」。根據這個廣泛定義，包含偏見在內的許多想法都屬於妄想。不過真正的妄想症患者非常頑固且僵化，其想法是跟現實脫節的幻想，而且難以動搖。舉個例：

> 一名患有妄想症的女人堅決認為自己已經死了，醫生試著用邏輯證明她的想法是錯的，於是問：「死人會流血嗎？」女人說：「不會。」醫生又問：「那如果我用針刺妳的手指，妳會流血嗎？」女人回答：「不，我不會流血，我已經死了。」「那我們來試試看。」醫生說著就刺了一下她的手指，當她看到鮮血湧出，驚訝地說：「噢，所以死人是會流血的，對吧？」

妄想意念的特點是，它通常是局部性的。也就是說，患者除了怪異的想法，其他方面可能都很正常，彷彿其生命中的所有痛苦和內在衝突，都濃縮在一個有限度的妄想系統裡。第18章討論「教養方式」時提到，大多數妄想症患者都成長於拒絕型的家庭環境，就好像他們所有分散的早年痛苦都納入並合理化為單一的概念系統，導致他們認為自己受到鄰居、共產主義者或猶太人的迫害。

妄想意念有時會跟其他類型的精神疾病同時出現，但妄想意念本身通常會構成一個實體，稱為「純粹妄想症」。有時這種情形很輕微，只能被診斷為「妄想傾向」的臨界症狀。

大多數精神分析學家和精神科醫師認為，任何程度或類型的妄想症都是同性戀傾向受到壓抑的結果。有些臨床證據也支持這種說法。[8] 其解釋是：許多人——尤其是童年時期曾因任何性活動而受到嚴厲懲罰的人，由於無法面對自己的同性戀衝動，於是壓抑自己，並對自己說：「我不愛他，我恨他。」（第23章談到人們對黑人的性仇恨時，也提過類似的「反向作用」。）接著，當事人會開始對這種內在衝突做外歸因，並採取互補式投射，例如「我討厭他，是因為他討厭我。他總是針對我，處處為難我。」這一連串扭曲的合理化的最後一步，就是替代作用和類化：「不只他討厭我、暗中算計我，整個黑人、猶太人和共產黨都在追殺我。」（當事人把這些群體視為性的替代象徵，或只是社會認可的現成代罪羔羊，以證明「**有人**在迫害我」。）

不論當事人精心設計的推論是否合理，妄想型思維的形成通常會經歷幾個階段：一、當事人遭受剝奪和挫折，或在某方面匱乏（如果不是在性方面，就是在其他高度個人化的面向）。二、當事人藉由壓抑和投射，認為這一切都是外在因素所造成，與自己無關（妄想症患者對自己的症狀完全沒有病識感）。三、當事人把外在因素當成嚴重威脅，於是憎恨、攻擊該威脅來源。在極端情況下，當事人可能會傷害或消滅「有罪」的那一方，某些妄想症患者甚至有殺人的癖好。

當真正的妄想症患者成為煽動者，就會導致災難。這樣的煽動者如果在領導活動的所有其他階段都表現得正常而精明，就更容易達到其目的，因為他的妄想系統看起來很合理，就會吸引追隨者，尤其是本身有潛在妄想意念的人。當足夠多的妄想症患者或有妄想傾向的人聚集在一起，就可能變成一群危險的暴徒。[9]

「妄想傾向」解釋了為何反猶主義者和恐共症患者的強迫衝動從未緩和下來。這些人時時處在激動狀態，即使被公開反對、嘲笑、揭露或監禁，也不會就此罷休。他們也許不會鼓吹群眾使用暴力，但態度執著、呆板且咄咄逼人，不被任何東西撼動。無論邏輯論證或經驗都無法說服他們改變觀點，就算出現反證，他們也會扭曲證據以符合自己原本的信念，就像前面提到的自認為「已死」的女人。

最重要的是，正常個體也可能出現各種程度的妄想傾向。投射機制是妄想型偏執的核心，而正常人也會投射。病態和正常之間並沒有明確界線。

妄想型偏執是極端病態的偏見，而且難以完全治癒。假使有人發明治療妄想型偏執的方法，必定可以增進人類福祉。[4]

控制癌症的方法之一，就是研究有利於健康生物體的條件，以及如何防止細胞惡性生長。同樣地，我們也可以藉由研究包容人格，進而了解如何控制妄想、投射和偏見，並阻止這些病態心理機制在人格結構中扎根。那麼，是什麼因素造就了包容人格？

4 譯注：目前臨床上已採取抗精神病藥物控制妄想症狀，但人格障礙並非僅靠藥物就能根治。

第27章 包容人格

「包容／容忍」(tolerance)一詞聽起來似乎軟弱無力。當我們說自己忍受頭痛、破舊公寓或鄰居，並不表示我們喜歡這些情形，而是指雖然不喜歡、但還是得忍耐。這麼說來，容忍社區裡的新來者似乎只是得體的消極行為。

但這個詞也有堅定果敢的意味。包容的人對形形色色的人都很友善，並且總是支持和認同各種種族、膚色或信仰的人，而不只是消極忍耐。本章要討論的正是較溫暖、正面的「包容」。只可惜，英文中沒有更好的詞彙能夠表達人跟人之間不分群體、彼此友好且相互信任的態度。

有些學者偏好「民主人格」或「生產型人格」等概念，雖然這些概念確實跟本章要討論的主題相關，但其涵蓋範圍太廣，而不見得以族群態度為主軸。

第25章討論偏見人格時，提到兩種常用的研究方法：**縱向研究**的焦點在於偏見態度的發展，並且從兒童教養的最初階段著手；**橫向研究**則試圖探討當代的偏見模式，並了解「族群態度在整體人格中的組成和功能是什麼」。這兩種方法同樣適用於包容人格的研究，可惜的是，針對「好鄰居」的研究遠少於「惡鄰居」的研究，畢竟比起奉公守法的市民，犯罪分子更吸引研究者的關注。醫學專家感興趣的是疾病，而不是健康的狀態；同樣，社會科學家感興趣的是病態的偏見人格，而不是健康的包容人格。[1] 因此，對包容的了解必然會少於對偏見的了解。

早年生活

關於包容人格的成因，相關知識主要來自偏見研究中的對照組。正如第25章提到的，研究者通常會將「包容者」和「不包容者」配對，並分析這兩群人在背景因素上的差異。

包容的孩子更可能來自包容的家庭，他們感受到無條件的接納、認同和喜愛。他們的父母不會給予嚴厲或反覆無常的懲罰，因此孩子不必時時刻刻提防自己的本能衝動會招來父母的暴怒。[2]

因此，有偏見的孩子經常出現的「威脅導向」，在包容的孩子身上則較不常見，後者的生活被安全環繞，而不是威脅。隨著自我意識發展，包容的孩子會整合自己的享樂傾向、外在環境要求和逐漸形成的良知，並在三者之間取得平衡。他們的自我沒有受到壓抑，而是得到充分滿足，所以不會把自己的罪惡感投射到別人身上，因此在其心智情緒生活中，意識和潛意識層面之間並沒有明顯分裂。

包容的孩子能夠用差異化的角度去看待父母，也就是說，雖然他們整體上是接納且認同父母的，但還是可以毫無顧忌地表達出對父母的不滿。他們跟有偏見的孩子不同，不會在意識層面愛著父母、而在潛意識裡憎恨父母。他們的態度一致而公開，真摯而不虛偽，並接受父母的真實樣貌，而不是活在父母的權力威脅之下。

由於包容者已經妥善處理其內在的道德衝突，因此不會嚴厲、僵化地看待別人的過錯，並且能夠寬恕違反道德習俗的人。比起有禮貌、「守規矩」的行為，他們更重視良好、快樂的友伴關係。

包容者擁有更彈性的心智和思維（甚至在童年階段就是如此），並拒絕兩極化邏輯。他們很少認為「世界上只有兩種人，不是強者就是弱者」、「任何事都只有一種正確的做法」，也不會把周遭的一切都二分為「完全正確」和「完全不正確」，而是認為萬事萬物都有灰色地帶。他們也不會刻板地劃分性別角色，因此不認同「女孩子只需要學習如何做家務事」。

還有一點也跟偏見者不同。包容者在學校以及後來的生活中，不需要非常明確、步驟清楚的指令，就可以著手進行某項任務。他們能夠「忍受模糊」，不會堅持要求確定性和架構化，也能夠坦然地說「我不知道」，並耐心等待真相浮現。他們並不擔心自己的需求被延宕，也不會急著把一切歸類、或固著於既有類別。

包容者也具有較高的挫折容忍力，在受到剝奪威脅時並不會陷入恐慌。他們擁有自我安全感，因此很少外化其內在衝突（投射）。當事情出了差錯，他們會鎮定地反省自己，而不會指責他人。

上述所有特質構成了包容型社會態度的基礎，毫無疑問，這樣的基礎來自家庭教養方式、父母的獎懲模式，以及家庭生活氛圍的隱微影響。但我們也不能忽略先天氣質的作用，如同一名學生寫道：

> 從我有印象以來，就被教導要愛護所有生命。我父母說，我大約五歲時，有天突然哭著跑回家，說外面有個男孩在「搖晃大自然」，他們往窗外一看，原來那個男孩企圖把樹上的橡果搖下來。即使在這麼小的年紀，我就已經非常厭惡暴力，一直到現在還是如此。我從小就被叮嚀不要一直盯著殘疾人士或盲人看，而且要主動幫助有需要的人。我相信這樣的教育也讓我學會包容少數群體，而不是歧視他們。

這個案例說明了，先天氣質和後天教養共同塑造出孩子的親和態度。

針對反納粹德國人的研究，也揭示了許多構成包容態度的因素（這類跨文化研究很重要，因為能夠闡明哪些因素是人性的普遍原則，哪些只跟文化有關）。精神病學家列維（David Levy）曾以「反希特勒獨裁政權的德國男性」為研究對象，並整理出他們的成長背景。[3] 列維指出，那群德國男性跟父親的關係比一般德國人更親密，整體而言，他們的父親都不會嚴厲要求紀律，而他們的母親也經常表達關愛。由許多案例可以看出，沒有兄弟姊妹也增強了這種早期的基本安全感。這些發現支持了先前提到的美國研究的結論，更加證實早期教養是促使孩子形成包容態度的重要因素之一。

列維的研究還發現，這些反納粹者的家庭通常因為異族通婚，而跨越了宗教和國籍界線，此外，他們也透過廣泛閱讀和旅行而擴大視野。換句話說，家庭氛圍並不是形成包容態度的唯一因素，日後的人生經驗也很重要。

結論是：包容態度很少是單一因素所致，而是幾股力量共同作用下的結果。這樣的推力（先天氣質、家庭氛圍、教養方式、多樣化的經驗、學校及社區的影響）越多，就會培養出更包容的人格。

包容的類型

有些包容者的族群態度表現得很**明顯**，有些則**不明顯**。比方說，公平議題一直是某些人的關注焦點，並且是驅動他們的重要動力。反納粹德國人就是很好的例子，他們一直都清楚希特勒的種族主義，也知道自己必須與之抗爭，而由於這項議題威脅到他們自身安危，因此不得不把它凸顯出來。

另一些包容者似乎從不特別強調公平議題，他們認為民主是很理所當然的事，因此在其觀念裡並沒有猶太人和非猶太人之分，也沒有奴隸和自由人之分，人人生而平等，所以群體成員身分在大多數情況下並不重要。第8章提到，相較於對猶太人有偏見者，沒有偏見者通常較難從臉部特徵區分出猶太人和非猶太人，因為後者不像前者那樣在意猶太人問題。

我們有理由認為，最包容的人就是完全不表現出族群態度的人，這類人不在意群體差異，在他們眼裡人就只是人，無關身分地位。這樣的「缺乏意識」是良性的，但在今日社會很難實現，因為人際關係大多被置於階級地位的框架中，就算人們單純只想把黑人當成普通人看待，環境還是會迫使大家意識到種族差異。普遍存在的社會差異導致人們的族群態度變得明顯。

除了明顯或不明顯的包容態度，我們還可以進一步區分「**從眾型包容**」和「**性格使然的包容**」，如同第17章對偏見態度所做的分類。在沒有族群問題、或習慣按照包容原則處理族群問題的社區，人們已經認為平等是理所當然的事，並順應團體對於包容的規範。然而，性格使然的包容是人格結構中的正面部分，就如同性格使然的偏見，對整個人格結構具有重要的功能意義。

性格使然的包容意味著，當事人總是積極尊重每個個體——無論對方是誰。這樣的包容態度也跟不同的生活風格有關：有些人總是對人充滿熱情，並帶著真誠的善意；有些人的價值觀更重視美學，他們喜歡文化差異，並認為外團體成員很有趣、能激發不同觀點；有些人的包容是內嵌於政治自由主義和進步哲學的框架中；另一些人是受正義感驅動；還有一些人認為公平對待國內少數群體才能促進國際和平，兩者是連動的，他們意識到只有國內有色人種獲得更平等的地位，自己的國家才能跟全世界的有色人種國家達成和平友好的關係。[4] 簡而言之，性格使然的包容是奠基在正向、積極的世界觀之上。

好戰型 vs 和平型包容

有些包容者是戰士，絕不容忍任何侵犯他人權力的行為，也無法寬容偏見。他們可能會組成團體，例如種族平等委員會（Committee on Racial Equality），並考察餐館、旅店和大眾運輸工具是否存在歧視，如間諜般暗中調查，最後揭發煽動者和抱持偏見的親法西斯組織。[5] 他們不僅支持也會主動採取法律訴訟，以打擊種族隔離，也可能加入更激進的改革派組織，每當出現重大民權議題，就會出現在聽證會上或抗議活動前線。

這樣的狂熱分子本身也有偏見嗎？有些人有，有些人沒有。他們之中有少數是「反向的偏執者」，例如有些人可能會不理性地憎恨南方白人，就像有些白人沒來由地憎恨黑人，這些人也有過度類別化的情形，以及跟偏見者相同的潛在心理動力歷程。反向偏執者可能會錯誤地把所有抱持偏見的人都歸為「法西斯主義者」，或指責所有雇主都剝削員工。許多捍衛「平等」的共產主義煽動者似乎也是一例。如同第1章所述，只要對特定群體懷有非理性的敵意，並誇大且過度類化該群體的缺點，就屬於偏見。基於這個定義，有些改革者的偏見並不亞於他們試圖改變的人。

然而，另一些激進的包容者似乎能夠更細膩地分析平等與權利議題。他們知道在特定時間採取特定行動（例如促成某項法案通過）將提升少數群體權益，於是投身於戰鬥之中，這樣的行為是基於對自身價值觀的現實評估，而不是因為對敵對者有成見。他們也可能故意無視於社會習俗，並冒著被排擠的風險向受歧視者釋出善意，這麼做同樣是為了貫徹個人價值觀。這類激進的包容者並沒有對敵對者過度類別化。堅定的**信念**不同於**偏見**，有人認為兩者的差異在於，「人可以不帶情緒地討論自己的信念」，這個定義雖不完美，但已說出事實。信念絕非沒有情緒，但涉及的是節制的情緒，且具有差異化，目的只為移除現實阻礙。相較之下，偏見背後的情緒是擴散、過度類化的，而且會波及無關對象。

強烈的民主情懷很可能導致個體變得好戰，這一發現來自心理學家鄧布羅斯（Lawrence A. Dombrose）和萊文森的研究。[6] 研究者評估了受試者的族群中心主義（E量表）和「好戰與和平的意識形態」（IMP量表），結果發現適度反對族群中心主義的受試者，通常也傾向贊同溫和的改革方式，而強烈反對族群中心主義的受試者，則在意識形態上更激進。兩份量表之間的相關係數為「.74」。舉例來說，好戰者通常贊同下列主張：

- 我們應該利用各種可行手段，包括採取法律途徑，讓黑人和其他群體獲得平等的社會地位和權利。
- 人可以既崇尚民主、相信言論自由，同時否定法西斯分子的言論和集會權利。
- 目前共和黨和民主黨幾乎沒有差異，我們需要一個真正為人民發聲的政黨。

正如研究者指出的，許多具有強烈民主信仰的人，本質上有著超越種族和族群議題的好戰性，他們想要的是廣泛而立即的改革。

和平的民主主義者（不強烈反對族群中心主義）則會使用較溫和的方式，並支持漸進式的改革運動。他們通常贊同下列主張：

- 有智慧的人會在左、右意識形態的衝突之間找到平衡。
- 「寬容」始終是良好的生活準則。
- 反駁「反猶言論」沒有好處，只會陷入毫無意義的爭論。
- 國際局勢緊張主要是因為各個民族和國家缺乏對彼此的了解。

和平的民主主義者偏好教育、耐心和漸進式的「和平主義」行動模式。

雖然上述研究證明了，強烈反對族群中心主義的人確實具有好戰傾向，然而兩者並非完全相關。抱持極端民主信念的個體，完全有可能採取漸進及「和平主義」式的改革模式，例如偉大的黑人領袖布克．華盛頓（Booker T. Washington）。

自由主義 vs 激進主義

無論是好戰型或和平型的包容者，都很可能採取自由主義式的政治觀點。相對地，偏見者大多採取保守主義。兩者的相關約為「.50」。[7] 根據這類研究採用的評估量表，「自由主義者」對現狀抱持著批判態度，並期待進步的社會改革。他們不再強調堅定的個人主義和商業成功的重要性，而著眼於勞工和政府在經濟生活中的角色，藉以削弱商業界的權力。他們對人性抱持樂觀態度，相信人們可以往好的方向改變。而大多數量表所定義的「激進主義者」，則跟自由主義者有著相同模式，只是程度更激烈。

不過如先前所述，自由主義者和極端激進主義者（如共產主義者）有著本質上的差異，後者全然反對當前的社會結構。激進分子的族群情懷通常內嵌於對整個社會的暴力抗議中，對體制的仇恨遠大於改善少數族群現狀的念頭。

因此，把激進主義定義為較極端的自由主義，其實並不精準，因為這兩種觀點可能有著明顯不同的功能意義。自由平等主義者認為社會大致上運作良好，但仍需要提升大眾對個人的尊重，無論對方是窮人、殘疾人士或處於劣勢的少數群體成員。自由平等主義者抱持著「改良主義」（meliorism）的人生觀，即努力讓事情往更好的方向發展。反之，激進主義者的整個人生框架都是消極而充滿仇恨的，他們想要徹底顛覆現狀，並且不顧後果。

自由主義和激進主義都跟「族群包容性」呈正相關，這點卻成了偏執者（通常是政治保守主義者）的有力武器，讓他們得以用表面事實來指控那些呼籲平權的人是「激進分子」。一位來自美國南方的國會議員聲稱：「眾所周知，共產黨在南方的目標就是讓不同種族混雜在一起。」這位國會議員的對手為了黑人權益而極力爭取溫和改革，卻被該國會議員抹黑為共產主義者。這種邏輯謬誤就好比說：所有七十五歲以上的人都贊同社會福利制度，因此所有贊同社會福利制度的人都超過七十五歲。不過，指控者的目的就是要混淆視聽，並強行將改革者貼上「共產主義者」標籤。然而事實上，改革者之中很少有人支持共產主義。

教育

包容者除了比偏見者更傾向採取自由主義（或激進主義），智商是否也更高？乍看之下似乎如此，因為偏見者的二元思維、過度類別化，以及投射和尋找代罪羔羊的傾向，不都是愚蠢的標誌嗎？

然而這個問題其實非常複雜，就算是妄想症患者，他們在受損的領域之外也可能非常有才智。此外，不少偏見者是成功人士，並沒有在各個面向都很愚昧，因此並非「低智商」。

如果參考兒童研究，就會發現包容性跟高智商之間只有**些微**關聯，相關係數約為「.30」。[8]這樣的相關性並不高，而且受到社會階層的影響。在智力測驗上得分較低的孩子通常來自貧窮家庭，這些家庭本身就缺乏教育和機會，且無知和偏見程度也較高。因此，我們無法確定包容性和智商之間是否存在基本的關聯性，或同時受到社會階層和家庭教養方式的影響。

但我們可以較有把握地回答下列問題：教育程度高的人是否比教育程度低的人更有包容性？南非的一項研究提供了非常肯定的答案。[9]研究者調查了不同教育程度的白人對於當地原住民的態度，結果如下：

A：增加原住民的工作機會
受過大學教育的人：八四%贊同
只有小學教育的人：三〇%贊同

B：給予原住民平等的教育機會
受過大學教育的人：八五%贊同
只有小學教育的人：三九%贊同

C：給予原住民更多政治權力
受過大學教育的人：七七%贊同
只有小學教育的人：二七%贊同

這些數據顯示，教育對包容性有顯著影響，或許是因為高等教育減輕了個體的不安全感和焦慮，也可能是教育使個體能夠從整個社會的角度思考，並理解單一群體的福祉跟所有群體的福祉息息相關。

美國的類似研究也得到相同結論，只是沒有那麼顯著。研究者同樣詢問了南非研究中的幾個項目，結果發現只有一〇%至二〇%的教育差異，而不是上述報告的五〇%。[10]

這裡必須注意兩類問題的區別（第1章也提過）：「態度類」問題，以及「信念及知識類」問題。「受過大學教育」和「只有小學教育」的兩群人，在關於少數群體的**知識**方面確實有很大差異。例如，很多受過大學教育的人都知道：黑人跟白人的血液成分在本質上並無差異，而且大多數的黑人對自己的命運都非常不滿。知識類問題往往會反映出三〇%至四〇%的教育差異。但人們的包容性跟不上知識的腳步，平均來說，態度跟教育程度的相關性較低。

一項研究顯示，大學生的包容程度會隨著父母的教育程度而異。研究者讓四百多名學生進行偏見測驗，並根據得分將他們區分成包容組和不包容組，結果如表12所示。[11]

因此結論是，通識教育確實能顯著提升包容性，而且這樣的收益顯然會傳遞給下一代。不過教育對於包容性的助益，究竟是因為增強了安全感、批判思維，還是更豐富的知識，我們不得而知。而這一結果也無法歸因於**專門**的跨文化教育，因為在前述研究進行期間，各級學校普遍尚未實施跨文化教育。

我們可以預期跨文化教育更能提升包容性，這點亦有證據支持。研究指出，曾接受特定跨文化教育的大學生中，超過七〇%的人測驗分數落在**包容程度較高**的那一端。[12]

這些學生表示自己學到了「種族優劣論的基本知識」，以及「少數群體跟任何群體一樣，有好人也有壞人」。

雖然教育有助於培養包容態度，尤其是專門的跨文化教育，但必須注意的是，

	包容組	不包容組
父母都有大學學位	60.3%	39.7%
父母之一有大學學位	53.0%	47.0%
父母都沒有大學學位	41.2%	58.8%

表12　偏見／包容程度跟父母的教育程度相關

這並不是必然的。教育和包容態度雖然明顯相關，但相關性不是非常高。因此有些狂熱者宣稱「偏見問題完全是教育問題」，這樣的觀點並不正確。

同理心

包容性跟一項重要能力有關，即「同理」，也可說是「理解他人的能力」、「社交智力」、「社會敏感度」，或借用一個傳神的德文詞彙來形容——「了解人性」(Menschenkenntnis)。已有充分證據表明，比起不包容者，包容者更能準確判斷他人的個性。例如：

> 在一項實驗中，研究者先讓一群大學生完成「威權主義量表」，然後按照年齡及性別，將得分高和得分低的學生兩兩配對。接下來，每對學生有二十分鐘可以分享彼此喜歡的廣播、電視節目或電影。透過這種方式，每名學生都會對另一名學生形成初步印象，就像在日常生活跟陌生人短暫閒聊後，自然會留下某種印象。當然，這群大學生事先都不知道實驗目的。聊天時間結束後，每名學生都各自被帶到另一個房間裡獨自待著，並且必須用**他認為剛才的聊天對象會有的反應模式**來填寫問卷。參與這項實驗的學生一共有二十七對。
>
> 結果顯示，高威權主義的學生會「投射」出自己的態度，也就是說，他們認為對方會以威權主義的態度回答問卷（儘管對方在威權主義量表上的實際得分很低）。相對地，低威權主義的學生較能準確評估對方的態度，不但正確覺察到對方是威權主義者，還能準確預估對方在其他問題的反應風格，正確判斷出對方的其他人格傾向。簡而言之，包容型學生通常比偏執型學生更會「看人」。[13]

諾薇克（Noreen Novick）一項未發表的研究更清楚說明了該現象。研究者要求美國一所培訓學校的外國學生，挑選出其心目中若以美國外交人員身份派駐到自己祖國工作，最有可能成功且被接納的美國同學。結果出現驚人的一致性：有些美國人在任何國家都會受到歡迎，另一些美國人則無論在哪個國家都不會被接納。接下來，研究者試圖找出前述兩種極端群體的差異特徵，以解釋為何有些人總是受歡迎、有些人則否。關鍵因素原來是「同理心」。被選出來的學生顯然都能夠站在他人立場、為他人著想，也善於揣摩對方的心態和想法，並理解對方。總是沒被選上的學生則缺乏這種社會敏感度。

諾薇克的研究有兩點重要發現：一、人際技巧並不會因文化而異，不同國家的人都選擇了具有相同天賦的個體。二、這種天賦主要跟同理心有關，即理解他人心理狀態並予以接納的彈性適應能力。

那麼，為何同理心可以塑造出包容性？因為能夠正確預估他人的人，就用不著擔憂和不安，由於能夠準確解讀其覺察到的線索，因此有把握在必要時避開不愉快的互動。切實的感知讓有同理心的人得以避免摩擦，並經營良好的人際關係。反之，缺乏同理心的人對其人際技巧缺乏信心，因此必須隨時保持警戒，並將陌生人歸類，再以統一的模式對待他們。由於缺乏同理心的人也缺乏敏銳的辨識能力，只好仰賴刻板印象來評斷對方。

我們還無法確定是什麼因素促成了同理心，也許是安全的家庭環境、美學敏感度和崇高的社會價值觀共同作用所致。無論同理心的起源是什麼，就本章目的而言，只要知道它是包容人格的顯著特徵就夠了。

自我覺察

「自我覺察」也是包容者的特質之一。研究顯示，了解自我的人往往也傾向包容別人，因為有自覺、具自省能力的人並不會把自己的責任推卸到別人身上，而是對自己的能力和缺點有自知之明。

這點獲得許多證據支持。加州大學針對包容和偏見群體所做的研究指出，包容者的自我理想通常包含自己缺少的特質，而偏見者所描繪的理想形象往往跟本身的模樣差不多。此外，包容者「更有安全感，更能承受理想和現實自我之間的差距」[14]，他們了解自己，並且不會止步於現況，其自我意識抵擋了將自身缺陷投射給別人的衝動。

另一項研究詢問了包容者和偏見者是否覺得自己比一般人更有偏見。幾乎所有的包容者都知道自己較沒有偏見，但只有五分之一的偏見者明白自己的偏見程度高於平均。[15]

一些研究者指出，包容者的性格具有普遍的「**向內性**」，對想像過程、夢想、理論思考和藝術活動更感興趣。相較之下，偏見者大多「**向外**」關注，並傾向外化自己的內在衝突，更在意外界環境而不是自己。包容者則渴望個人自主，而非外在、制度化的約束。[16]

同理心、自我覺察、向內性等特質都很難透過實驗、甚或臨床研究加以檢驗，然而令人驚喜的是，目前證據已相當一致。不過還有一個相關特質尚未在心理學研究中充分驗證，即**幽默感**。有證據指出，人的幽默感跟自我覺察密切相關。[17]儘管幽默感難以定義，也難以在心理學研究中準確測量，但本書大膽宣稱幽默感可能是跟偏見有關的重要變項。參加過煽動者集會的人通常會說，那些臉色嚴肅、為偏頗言論鼓掌叫好的人「缺乏幽默感」，雖然這只是根據印象所做的評斷，但如果第25章對偏見人格特質的界定是正確的，我們就有理由認為偏見者確實缺乏包容人格所擁有的幽默感。能自我解嘲的人不太可能覺得自己比別人更優越。

內懲性

包容者的向內性，以及自覺和自嘲的能力，構成了先前討論過的內懲傾向（見第9和23章），他們通常會自責，而非投射性地向外指責。

一名研究者調查了受試者對蘇聯的態度，並詢問：「當事情出了差錯，你比較可能對別人發火，還是會感到很抱歉並責怪自己？」結果發現，自陳傾向自責的人通常比較不會大肆謾罵蘇聯。由此可知，包容者的內懲特質甚至也反映在國際態度上。傾向自責的人雖然會批判共產主義，但通常不會失去理性地把情緒發洩在代罪羔羊身上。[18]

內懲特質還會衍生更正面的效果：同情弱者（有人稱之為「愛敗犬的人」[1]）。當然，這樣的同情心態可能好壞參雜，也許發自內心，但也可能帶有施捨的意味，因為幫助弱勢群體很容易使人自我膨脹，而且有時會變成強迫性、神經質地盲目袒護。然而，無論這樣的同情心是出於無私或是自利，都可能跟內懲性有關。

我們應該關注一種相當常見的社會化人格模式，這類包容者是真誠地同情弱者，他們深切體認到自己的渺小與不足，並且傾向自責；他們能夠迅速、敏銳地同理別人的苦痛，也致力於改善同胞的生活，並在這樣的過程中獲得快樂。雖然並非所有內懲型的人都會發展成這種人格模式，但實際上並不罕見。

忍受模糊性

我們已花了一些篇幅討論偏見者的獨特認知歷程，並在幾個章節（尤其是第10和25章）中證明了偏見者擁有僵化的類別，且傾向二元思維、選擇性感知、簡化記憶以及追求明確，甚至在跟偏見無直接相關的心智歷程也是如此。這些證據都來自「有偏見」和「無偏見」群體的比較研究，因此我們可以有把握地宣稱，包容者也具有獨特的心智運作歷程，且跟偏見者相反。

包容者的心智活動具有彈性、差異化以及現實主義等特徵，但很難用一個術語加以概括，也許最能統整這些特徵的專有名詞，就是法蘭珂布倫絲薇克提出的「忍受模糊性」。[19]不過，標籤本身並不重要，重要的是記住背後的原則：**對族群的包容思維就跟偏見思維一樣，反映了當事人的整體認知運作風格**。

個人價值觀

包容思維不但反映了人的認知運作風格，更反映其整體生活模式。

當論及整體生活模式，我們關心的是本章提到的各個獨立變項如何組織、整合在一起。包容不僅是一種態度，更是一種**模式**，可能包含先天氣質、情緒安全感、內懲性、差異化類別、自我覺察、幽默感、忍受挫折與模糊的能力……等許多因素。模式意味著所有因素的融合，但心理學家卻傾向分析個別因素，因此，心理學研究在探討模式或「整體風格」上仍有局限。

不過，還是有研究在模式問題上取得進展，顯示了「包容」如何植根於個人生活價值取向中。[20]研究者根據心理學家斯普朗格（Eduard Spranger）提出的六種人格類型來評估大學生的價值觀[21]，並根據萊文森和桑福德（Nevitt Sanford）發展的反猶量表評估同一群大學生對猶太人的偏見。[22]最後，研究者挑選出偏見程度最高和最低的二五％學生，分別將其價值觀排序整理如表13。

兩群學生的價值觀排序幾乎完全相反，如果細查六種價值觀的定義，這

	高反猶主義者（偏見者）	低反猶主義者（包容者）
排序最高的價值觀	政治	藝術
	經濟	社會
	宗教	宗教
	社會	理論
	理論	經濟
排序最低的價值觀	藝術	政治

表13　偏見者和包容者的價值觀排序

1 譯注：infracaninophilia，美國作家莫勒（Christopher Morley）在二十世紀初鑄造的新詞。

一發現就極具意義。「**政治**」意味著汲汲於權力，表示當事人習慣以階級制度、控制、支配和地位的角度來看待日常生活事務，並認為有些東西比其他東西更好、更優越、更有價值。以這樣的視角看待生活的人，自然會覺得外團體較次等、沒有價值，甚至令人唾棄，或是認為外團體會威脅到自己的地位，懷疑外團體正暗中計畫掌控社會。來自包容群體的證據也支持了同樣的解釋，他們跟偏見群體相反，幾乎不會從權力、階級的角度看待生活，對他們來說，政治價值最不重要。

「**藝術**」代表了對**獨特性**的愛好，是包容群體最注重的價值，而最不被偏見群體看重。重視藝術價值的人認為一場日落、一座花園、一首交響樂或一種個性……凡生活中的一切都有值得欣賞的地方。這樣的審美態度意味著不將事物分類，因為每一個經驗都是獨立而具有價值的。藝術型的人著重個別差異，在面對初次見面的人時，會把對方視為「個人」而非「群體成員」來評斷。偏見者的藝術性很低，而包容者卻高度重視藝術價值，這一事實相當有啟發性。

同樣有趣的是，「**經濟**」在偏見群體排名第二，在包容群體則為倒數第二，它意味著追求效益。經濟型的人總是問：「這有什麼用處？」，且特別在意資產的生產與分配，也經常投入銀行和金融體系。在充滿競爭的社會裡，經濟價值和政治價值必然相關（在〈價值觀量表〉[2]中，兩者的相關性為「.30」）。反猶主義者很容易將猶太人的形象塑造成經濟威脅、競爭對手和金錢至上者（投射出自己金錢至上的態度？），而包容者則較少抱持著經濟觀點，對少數群體構成的經濟威脅也不特別敏感。

「**社會**」在包容群體排名第二，代表關愛、同情和利他主義。如果大家普遍重視社會價值，就不會出現嚴重的族群偏見。尤其當人們同時具有社會性和藝術性，就會把注意力放在每個人的優點上，而不會對他人形成類別化的看法。

「**宗教**」和「**理論**」顯然最不具區辨力，這很容易解釋。正如下一章將討論的，宗教可能增加、也可能減少偏見，完全取決於當事人如何理解宗教。在這項研究中，由於宗教的影響相互抵消，所以在兩個群體的排序都居中。理論價值則代表追尋普世真理，在偏見群體的排序是倒數第二，顯然偏見者不太著重真理。而理論價值在包容群體心中的排序並不高，因為它固然重要，但藝術、社會和宗教價值才是形塑包容態度的決定因素。

生命哲學

在佛斯特（Edward Morgan Forster）關於偏見的經典小說《印度之旅》（*Passage to India*）中，幾個英國人正在籌劃宴會，受邀嘉賓的名單卻越來越長，還包括穆斯林和印度教徒。其中一名英國人緊張地說：「我們必須刪掉一些人，否則不會有人想來這場宴會。」

包容者的心態正好相反，更多人參加宴會，他們就會更滿足、更有能量。排外並不是包容者的作風。

本章舉出許多因素說明了人為何偏好包容的生活方式。有些人天生具有惻隱之心，另一些人顯然是受早期教養影響，還有些人則是因為發展出高度藝術性和社會性。教育程度和自由主義政治觀也有一定影響，自我覺察、理解他人並做出適當反應的能力（即同理心）也扮演了重要角色。最重要的是，個體擁有基本安全感和自我強度（ego-strength），就不需要壓迫及怪罪別人，也不用仰賴制度和威權來保障自我安全。

關鍵似乎在於，每個個體都努力讓自己的人格趨於完整，即透過第19章提到的「附屬輔助」原則來學習。個體在探索的過程會遇到兩條路，其中一條路需要以排斥和**拒絕**來維持平衡，進而獲得安全感，走上這條路的人會固守著狹小的孤島、限縮生活圈、嚴格挑選出令自己安心的東西，並且把一切威脅都排除在外。另一條路則需要放鬆、相信自我，同時也相信別人，選擇這條路的人用不著將陌生人排除在社交圈之外，可以既

2 譯注：Study of Values，以行為偏好來評估個人價值觀的量表，由本書作者奧爾波特等人提出。

愛自己、也關愛別人，兩者是共存的；他們藉由如實地處理內在衝突和社交關係，充分體驗到安全感，進而發展出包容態度。不同於偏見者，包容者並不會把世界當成弱肉強食的叢林、充滿本性邪惡且危險的人。

正如第22章所述，關於愛和仇恨的現代理論認為，人類最初的態度是朝向信任及親和的生命哲學，這一傾向萌生於早期母親與嬰兒、大地與生物的依存關係中。「親和關係」是一切幸福的源頭，然而，如果不當地處理生活中的挫折和匱乏感，任憑它們腐蝕自我的核心，就會滋長出仇恨，當仇恨和敵意逐漸累積，便會嚴重扭曲人類的親和本性。[23]

如果上述觀點是正確的，那麼可以說，成熟和民主人格的發展主要是奠基於內在安全感之上。只有當生活中不存在令人痛苦的威脅，或內在力量能夠妥善處理這些威脅，個體才能夠安心自在地跟形形色色的人相處。

第28章 宗教與偏見

「神從一個血脈造出萬族的人。」

——《使徒行傳》（*The Acts of the Apostles*）

「宗教是一種詛咒，讓已經四分五裂的世界更加分歧。」

——二戰退伍軍人

宗教的角色是矛盾的，既會助長偏見，也能消除偏見。雖然各大宗教教義都強調普世主義和手足情誼，然而人們在實踐教義的過程卻往往相當殘暴，並製造出嚴重分裂。以宗教理想為名的殘酷迫害抵消了其崇高價值。有人說消除偏見的唯一方法就是更重視宗教信仰，也有人說應該廢除所有宗教。虔誠的教徒中，有些人的偏見程度高於平均，也有些人低於平均。本章將試著解釋這一矛盾現象。

現實衝突

首先我們必須清楚意識到，各個宗教之間確實存在著某些本質上的固有衝突，而這些衝突也許無法解決。以各大宗教為例，它們都主張自己擁有絕對終極真理，那麼信仰不同絕對真理的人就不可能認同彼此，或達成共識。當各個宗教的傳教士都積極改變他人的絕對真理，這樣的衝突就會更加尖銳。例如，非洲的穆斯林和基督教傳教士長期不合，雙方都堅持一旦自己的教義得到完全實踐，所有族群隔閡就會隨之消失。確實如此。然而事實上，任何一種宗教的絕對真理都只能令一部分人類信服。

天主教在本質上必須相信猶太教和新教的教義是錯的，猶太教或新教的分支又彼此否定、認為對方在很多方面都很墮落。世界最大的宗教之一——印度教在教義上似乎最為包容，承認「真理只有一個，而人們用許多名稱來稱呼它」，也認同神有許多樣貌和化身。然而與此同時，歷史上的印度教卻讓信徒蒙受種姓制度的傷害，因宗教而起的分裂衝突也沒少過。

沒有一種宗教能夠成功凝聚全世界，因此宗教的差異就成了衝突的真正焦點。當虔誠的信徒試圖以暴力脅迫異教徒皈依自己的宗教，信仰另一種絕對真理的異教徒也會死命抵抗。殉道者有時是偏見的受害者，但也可能是現實理念衝突的受害者。只要人們抱持著不同的核心價值觀，就一定會產生分歧。那些勇敢為自己的信念辯護，或誓死捍衛信念的人，不見得就是偏見者，也不必然是偏見的受害者。

雖然宗教造成相當多現實衝突，但大多數宗教其實都包含了化解衝突的教義。例如許多宗教認為，雖然外團體仍在歧途，但神會在適當的時機仁慈地救贖他們；許多宗教也表示慈悲是種美德。儘管實際上因宗教而起的暴行相當普遍，但原則上，幾乎所有宗教都不允許殘忍地對待異教徒。時至今日，純粹因宗教問題而產生的公開衝突並不多，因為渴望表達某種絕對信仰的人退回到自己的群體之中，而他們大多也認同別人這麼做。

在美國，針對下列問題有許多討論：天主教會是否可能威脅民主自由？如果天主教徒取得對政府的多數控制權，是否會剝奪其他人的信仰自由？這些都是現實層面的問題，也必然存在著現實答案。如果答案是肯定的，那麼必然會發生關於絕對真理的現實衝突；如果答案是否定的，那這些問題就應該合理地放下。如果無視於明確的反證而持續指控特定宗教，那就是受到偏見的影響。

不過就跟許多問題一樣，大家幾乎無法就事論事地討論上述問題。正、反意見的支持者都提出無關指控，模糊了問題焦點。反對天主教的人利用這項議題來掩蓋內心的仇恨，由於痛恨天主教，因此會立刻把天主教的任何教義或做法都視為對民主自由的「威脅」，這是選擇性感知及解讀。另一方面，被圍剿的天主教徒極度憎恨這些不相干的控訴，於是也偏離原本的議題，反過來指控對方。

整體來說，雖然互相對立的絕對真理之間經常存在著無法相容的歧異，但在實踐上，我們還是能夠以和平的方式來調解這些差異。事實上，有些宗教所提倡的絕對真理本身就具有高度融合性，且有助於排解宗教間的歧異。然而，人們的好戰性會將宗教分歧激化為公開衝突。最明顯的現象是，各種不相干的問題都集結到宗教問題上。當無關事物模糊了現實衝突的癥結，大家就會被偏見帶著走。

宗教中的分裂因素

宗教通常不僅代表信仰，更代表群體的文化傳統核心，因此容易成為偏見焦點。無論宗教的起源多麼崇高，都會因為接管了文化功能而迅速世俗化。「伊斯蘭」不只是宗教，而是緊密相連的文化叢集，由族群同胞擁有的相關文化所構成，跟非穆斯林世界形成鮮明區別。基督教跟西方文明已經無法分離，導致人們幾乎忘了其最初核心，而不同宗派的基督教精神也已經跟次文化和國家群體結合在一起，因此宗教分裂必然會伴隨族群和國家分裂。猶太人就是最明顯的例子，雖然他們主要是宗教團體，但也被視為種族、國家、民族或文化（見第15章）。當宗教上的區別有了雙重意義，偏見就會油然而生，因為偏見意味著以不恰當、且過於廣泛的類別來取代差異化思維。

神職人員經常會成為特定文化的捍衛者，因此也會採用不恰當的類別。他們在捍衛自己信奉的絕對真理時，也傾向於捍衛所屬的整個內團體，並在絕對真理中尋找理由以解釋內團體的世俗行為，且經常用「宗教許可」來合理化和美化族群偏見。一名波蘭裔美國移民就分享了自己的經驗：

> 我清楚記得十二歲時在學校上的宗教課，當時有個同學問神父：「是否可以抵制猶太商店？」神父的回答減輕了我們的罪惡感，他說：「雖然天主要我們愛所有人，但祂沒有說不能偏愛某些人。所以我們可以愛波蘭人勝過愛猶太人，並且只光顧波蘭人的商店，這是沒問題的。」

這名神父是個虔誠的騙子，為了合理化世俗偏見而扭曲宗教教義，並播下偏見的種子，日後可能（也確實）爆發成對猶太人的掠奪和大屠殺。就「尋找神學藉口以合理化族群私利」方面，新教也同樣偽善。因此，「虔誠」是方便的面具，可以掩蓋本質上跟宗教無關的偏見。心理學家詹姆斯在下面段落中闡明了這一點：

> 迫害猶太人、追殺亞爾比教派和瓦爾多教派[1]、朝貴格會信徒扔石頭、把衛理公會教友推入水裡、謀殺摩門教徒、屠殺亞美尼亞人，這些事蹟與其說表現了各種作惡者對信仰的積極虔誠，不如說表現出人類原始本性中的恐新症（neophobia），表現出每個人身上都殘留的好戰性，表現出我們與生俱來對外人、怪誕者以及異端者的憎恨。虔誠只是偽裝，部落本能（tribal instinct）才是真正的內在驅力。[1]

這裡引用這段話是因為它指出了許多迫害都跟宗教無關，然而本書並不認同詹姆斯對於偏見根源的觀點，即偏見源自「人類原始本性中的恐新症」。

當人們利用宗教來合理化追求權力、聲望、財富和族群私利的行為，必然會產生令人憎惡的結果。這時宗教信仰和偏見是混雜在一起的，這種混淆常見於族群中心主義的口號，像是「十字架和國旗」、「白人，新教徒，非猶太人，美國人」、「上帝的子民」、「神與我們同在」、「上帝的國度」。

有些神學家在解釋人們對宗教的誤用時表示，把宗教建立在自身利益之上的人都是罪人。當人們面向上帝、而沒有放下自我，就會招致邪惡。換句話說，犯下傲慢之罪的人並沒有學到宗教的本質不是自我辯護、自我支持，而是謙卑、自我忽略和睦鄰。

人們輕易就能曲解宗教教義的概念，以符合自己的偏見。一名強烈反對猶太人的天主教神父宣稱，基督宗教不是愛的宗教，而是復仇和憎恨的宗教。在他身上確實如此。新教中有一系列宗派就是透過扭曲「福音」（即基督宗教教義）而興盛起來。[2]

歷史上扭曲宗教教義的事件層出不窮，最令人驚訝的是，具有靈性思維的人竟如此容易由虔誠變成帶有偏見，甚至是教會中最道德崇高的人也有這種傾向。節錄一段佈道為例：

> 猶太會堂比妓院還糟糕，那裡是無恥之徒的巢穴，是猶太罪犯的集會場所，是殺害耶穌的兇手的聚集地……那裡是賊窩，惡名昭彰之地，罪孽的居所。猶太人的靈魂也同樣敗壞，縱情酒色使他們跟邪惡的山羊和豬一樣墮落。我們不應該跟他們打招呼或有任何交談……他們是好色、貪婪、奸詐的強盜。[3]

當然，這篇佈道寫於四世紀，卻出自教會最偉大的聖人——金口聖若望之手，他創造了最古老的禮拜儀式和許多崇高的祈禱文。不得不說，有些人在其生活的某些領域確實非常虔誠、並懷有普世主義，但在另一些領域則極具偏見和排他性，相當不一致。在天主教對待猶太人的歷史中，就充滿這樣的矛盾，某些時期盛

1 譯注：亞爾比教派（Albigenses）和瓦爾多教派（Waldenses）皆為中世紀興起於法國的基督宗教教派，前者為純潔派（Cathari）分支，後者倡導儉樸生活。

行偏見和歧視，某些時期則洋溢著憐憫與同情，正如教宗庇護十一世（Pope Pius XI）在二十世紀宣稱的：「我們信奉基督的人絕不能參與反猶運動，我們在精神上都是猶太人」。

美國的種族隔離教堂同樣可見族群中心主義和宗教普世主義混淆的情形，大多數信奉新教的黑人都上種族隔離教堂做禮拜。[4] 天主教教堂則沒有明顯的種族隔離情形，不過無論新教或天主教，種族隔離的現象都越來越少了。[5] 然而，對美國宗教的批評並非無的放矢，因為在美國歷史的大部分時期，教會一直致力於維持種族關係現狀，而非努力改善種族關係。

如前所述，雖然宗教之間偶爾會發生現實衝突，但大多數宗教偏見實際上是「出於私利的族群中心主義」和「宗教」互相混淆所致，後者被用來為前者提供合理化的藉口。

制度性宗教的極度多樣性讓情形更加惡化。一九三六年，美國宗教人口普查顯示約有五千六百萬名教徒，其中約三千一百萬名新教徒，兩千萬名天主教徒，四百六十萬名猶太教徒。總共有兩百五十六種教派，其中有五十二個團體，每個團體的成員都超過五萬人，占總數的九五％。此外，還有少數印度教徒、穆斯林、佛教徒和原住民傳統宗教信徒。世界上沒有其他地方跟美國一樣，擁有這麼多類型的宗教信仰（和無信仰），因為除了一些本土教派，如後期聖徒教會（Latter Day Saints）、基督門徒教會（Disciples of Christ）和各種五旬節教派（Pentecostal）團體，移民也將舊世界的宗教分裂帶到了美國。儘管近代只有在新教團體之間發生幾次輕微衝突，我們還是沒有理由相信各個教派在可預見的未來會團結一致。

因此，宗教在其制度化組織中原本就是分裂的。在今日，許多教義間的區別已不像最初提出時那麼尖銳和重要。此外，自美洲殖民地建立以來，宗教普遍將金錢跟大赦掛鉤的行為已大獲改善。而《憲法》和《權利法案》更標誌著美國已改進舊世界和殖民地長期以來的宗教偏執現象。然而與此同時，既有的分裂導致人們很容易以無關的世襲階級、社會階級、血統、文化差異和種族等考量，來腐蝕宗教的普世主義信條。天主教徒已經鮮少因其信仰而遭受歧視，卻接收了人們原本對移民（通常也是低教育程度者）的偏見；聖公會教徒不再因其教義而受到迫害，但有時仍被認為具有上流社會的勢利態度而受到厭惡；五旬節教派的信徒被認為是原始的，但這一評論並不是基於其教義，而是因為他們情感充沛；耶和華見證會（Jehovah's Witnesses）因輕微的政治偏差而受到壓迫。以上偏見幾乎都跟宗教無關。

事實上，如果仔細觀察這些現象，就會發現這類偏見不完全是宗教問題。雖然教義差異確實存在，現實衝突也可能爆發，但只有當人們拿宗教來為內團體的優越性和過度擴張辯護，並以超越信仰差異的理由來貶低外團體，偏見才真正上場。

不同宗教在偏見上是否有所差異？

許多研究試圖探討：新教徒和天主教徒這兩個群體，誰的偏見程度比較高？結果卻非常不一致，有些研究認為是天主教徒，有些研究則發現新教徒更有偏見，有些研究卻發現沒有差異。[6]

即使研究發現兩個宗教群體在偏見上有所差異，但宗教信仰似乎不是直接造成差異的因素。具體而言，天主教徒如果教育程度和社經地位較低，其偏見程度就會略高；在新教徒身上也有同樣趨勢，即表現出跟「非宗教因素」相稱的高偏見。

雖然在這個領域沒有發現整體差異，但其中有項研究特別引人注目，研究者採用〈社會距離量表〉來評估美國東部一所大學的九百名新生。[7]平均來說，天主教、新教和猶太教學生並沒有差異，每個群體所歡迎或排斥的國家數量都差不多，但研究者發現不同宗教群體各有特殊的排斥模式。

> 猶太教學生最排斥加拿大人、英國人、芬蘭人、法國人、德國人、愛爾蘭人、挪威人、蘇格蘭人和瑞典人（反映出排斥美國「主流」或「受歡迎」群體）。天主教學生最排斥中國人、印度人、日本人、黑人

和菲律賓人（排斥有色人種，可能跟「異教徒」的觀念有關）。新教學生最排斥亞美尼亞人、希臘人、義大利人、猶太人、墨西哥人、波蘭人、敘利亞人（排斥美國文化中常見的「少數群體」）。

這項頗具啟發性的研究顯示，雖然不同群體的平均偏見程度可能相同，但會因各自的價值觀影響，而有不同的仇視對象。因此，猶太教學生特別憎恨白皮膚、占主流地位的多數群體，因為這些群體在歷史上經常歧視他們；天主教徒最排斥非信仰耶穌基督的種族（尤其是有色人種）；新教徒則厭惡社會地位較低的群體。

雖然上述研究沒有發現猶太受試者的平均偏見程度較低，但許多其他研究卻發現了這一趨勢，例如，一項研究發現七八％的猶太受試者對黑人的友善程度高於平均。[8] 這種情形並不少見。第9章曾討論「遭受迫害」會如何影響猶太人的態度，並提到猶太人普遍會認同且同情弱勢群體。

但這類研究缺乏更細緻的比較，例如比較新教中不同宗派在偏見上的差異，因此前述分析結果可能不具有實質意義。

不過，關於宗教教育強度和偏見的關係，確實有一些驚人發現。研究者詢問四百多名學生：「在你成長過程中，宗教影響程度有多大？」結果發現，認為宗教對自己有顯著或中度影響的人，偏見程度遠遠高於自認宗教只有輕微影響或無影響者。[9] 其他研究也顯示，無信仰的個體，平均偏見程度低於有信仰者。

兩種信仰態度

前述結果必然會引起宗教人士不悅，而該結果不僅跟宗教教義的普世意涵不一致，也受到其他證據反駁，因此必須進一步檢視。在同一研究中，學生們也必須描述宗教教育是**如何**影響自己的族群態度。他們的回答有兩種類型，有些人坦承宗教的影響是負面的，他們被教導要鄙視其他宗教和文化群體；但也有人說宗教的影響完全是正面的，例如：

- 教會讓我知道人人平等，不應該以任何理由迫害少數群體。
- 教會幫助我理解少數群體的感受，並意識到他們也是人類的一員。

第25章提到的加州大學研究也注意到宗教教育的雙重影響，研究者發現，許多反猶主義者都是極端拘謹、嚴守道德且虔誠的教會成員（制度意義上）。然而，該研究者也表示：

> 反猶程度低的人並非沒有宗教信仰，只不過宗教對他們產生了另一種影響。他們似乎有更深層的體會，並具有高度的倫理和哲學素養，宗教對他們來說是崇高的目標。而反猶程度高的人則較為功利、嚴苛，並且通常把宗教當成手段。[10]

因此，雖然教會成員身分整體上經常跟偏見脫離不了關係，但還是有許多案例顯示其影響恰好相反。宗教是高度個人化的事，在不同生命中有著不同意義。宗教的功能意義很廣，可以是個體的精神支柱，支持其嬰兒式思維或天馬行空的想法，也可以提供引導性、全面性的人生觀，讓個體從自我中心轉向真正友愛他人。

為了進一步探討宗教跟偏見的關係，一所大學的專題討論課程曾進行一項未發表的實驗，並找來天主教神父和新教牧師協助這項調查。

> 這項實驗需要在天主教和新教教區的普通信徒中各選出兩組受試者，姑且稱之為「虔誠組」和「制度組」。在天主教教區，挑選受試者的人並不清楚實驗目的，但非常了解該教區的居民，他選了二十名「信

仰對他們來說意義重大」的信徒（虔誠組），以及二十名「宗教活動的政治和社會意涵對他們影響較大」的信徒（制度組）。而在新教教區（浸信會），挑選受試者的方式跟前述不同，虔誠組包含二十二名規律參加聖經課的信徒，制度組則為十五名不規律上課的信徒。每個受試者都要填寫一份包含很多項目的問卷，回答是否同意問卷上的陳述，像是：

- 猶太人最大的問題就是貪得無厭，總是爭取最好的工作、最多的報酬。
- 整體來說，黑人並不可靠。
- 我可以想像在某些情況下，對黑人處以私刑是合理的。
- 雖然有少數例外，但猶太人整體上都差不多。

兩個教區的問卷題目略有不同，給浸信會信徒的問卷還包含了反天主教的陳述。然而兩邊都得到相同結果：被認為最虔誠、最投入其信仰的個體，偏見程度遠低於其他人。而制度性地依附於宗教的個體，本質上具有外化、政治性特質，偏見程度亦較高。

經過第25、27章的討論，上述結果就很容易理解了。個體如果因為教會是安全、強大且較優越的內團體而成為信徒，就很可能具有威權人格，因此會表現出較高的偏見；而如果是因為教會關於手足情誼的基本教義而成為信徒，就是真誠相信宗教理念，因此會表現出寬容的態度。由此可知，「制度化」的宗教觀和「內化」的宗教觀分別對人格產生了截然不同的影響。

使徒彼得

在經典聖經故事——使徒彼得中，關於宗教在加深或消除偏見上的雙向拉力有著生動描述。[11]早期基督教會對於福音的普世性仍感到困惑，它只是猶太人的《新約》嗎？或者也適用於其他群體？耶穌和早期門徒都是猶太人，而基督教正是以猶太教為基礎而衍生，因此人們很容易認為基督教義是專門為猶太人設立的救贖教義。而且，當時猶太人對所有非猶太人都抱持著強烈偏見，甚至連信仰耶穌基督的猶太人，也理所當然地認為外邦人不會得到救贖。

故事是這樣的，一位名叫哥尼流（Cornelius）的義大利軍團百夫長，住在該撒利亞（Caesarea），離彼得住的約帕（Joppa）不遠。當時彼得正四處傳教，而哥尼流是個虔誠的人，渴望更了解新基督教義，便派人邀請彼得到該撒利亞作客，為全家人講道。

哥尼流的邀請讓彼得陷入強烈衝突，一方面，他知道按照自己的部族傳統，「猶太人和外族人交往或親近是律法所禁止的」，而另一方面，他也了解耶穌憐憫被遺忘的人。哥尼流差來的人還沒到，彼得就看見了異象，他餓著肚子，恍惚之間，

> 看見天開了，有一樣東西降下，好像一塊大布，四角捆住，縋到地上。裡面有地上的各種四足動物、野獸、爬行動物和天空的飛鳥。
>
> 接著有聲音對他說：「彼得，起來，宰了吃！」
>
> 彼得卻說：「主啊，千萬不可！因為我從來沒有吃過任何俗物和不潔淨的東西。」
>
> 那聲音第二次又對他說：「神所潔淨的，你不可當做污穢的。」

這個夢境般的異象反映了彼得的內在衝突，也指引他應該走的方向。因此彼得雖然不太情願，卻還是去了哥尼流的家，並坦承說出自己的兩難，以及束縛他的部族禁忌，然後才問哥尼流為何如此急切地邀請自己過來。

哥尼流說話時的真摯和誠懇打動了彼得，彼得回道：「我現在真的了解神是不偏待人的」。於是彼得開始佈道，哥尼流一家人對基督教也越來越有熱忱。彼得和一起前來的猶太信徒「看見所賜的聖靈也被傾注在外邦人身上，都十分驚訝」。最後彼得為這群外邦人施洗，即使他明白這很不尋常。

但是當彼得回到耶路撒冷，他的猶太同胞就憤怒地說：「你竟然進到沒有受割禮之人的家裡，又與他們一起吃飯。」這些猶太人很不滿彼得讓外邦人受洗，他們認為福音只能傳給自己人。

於是彼得把事情的始末從頭到尾說了一遍，並解釋自己的心路歷程，以及哥尼流的真摯如何使他放下基督教的族群中心主義觀念，因為神給了外邦人相同的恩賜。「我是誰呢？難道能攔阻神嗎？」彼得如此說道。

在故事的結尾，耶路撒冷的猶太人被說服了，教會的原則也隨之改變：

> 他們聽了這些話就安靜下來，然後就榮耀神，說：「這樣，神把悔改的心也賜給外邦人，使他們得生命。」

宗教的內團體觀念和普世主義精神的衝突一直延續至今，然而，並非每個人都能像彼得和其同胞那樣化解這個問題。研究發現，平均來說，教會信徒比非信徒**更有**偏見。

由於宗教族群中心主義的盛行，導致許多持包容態度的信徒漸漸離開教會，並成了叛教者，因為歷史上的宗教已背負太多由渴望安全感的信徒帶來的世俗偏見。[12]他們並不是基於經文的純正性來評斷宗教，而是因為宗教已被多數信徒扭曲。正如前面所述，「內化」的宗教觀和「制度化」的宗教觀是截然不同的世界。

宗教與人格結構

顯然，宗教和偏見並非單一關係。宗教確實有著重大影響，不過是作用在兩個相反的方向上。衛道者忽略了宗教的族群中心主義和自高自傲，反對者則清楚看到這些特性。我們必須明確區分宗教對於「偏狹、不成熟人格」，以及「成熟、生產型人格」的功能角色，才能夠清楚分析宗教與偏見的關係。[13] 有些人利用傳統宗教對部族的投入來尋求慰藉和安全感，而有些人以宗教的普世教義來指引自己的行為。

許多致力於改善群體關係的人，都是受到宗教感召而愛人如己，他們的態度就如同黑人領袖布克・華盛頓的格言：「我不會因為任何人而讓自己的靈魂墜入仇恨深淵。」他們謹記《箴言》（*Book of Proverbs*）中提到的，上帝厭惡「在弟兄中散布紛爭的人」，也由衷相信「恨自己弟兄的，就是在黑暗裡」。他們明白宗教的意涵超越了自己的信仰，例如「愛人如己」的金律（Golden Rule）在猶太教、佛教、道教、伊斯蘭教、印度教和基督教等偉大宗教裡都是共通的。此外，他們也知道任何絕對差異都會因為共同信念（包含人類的手足情誼）而部分抵銷。

貝特罕和傑諾維茲在調查退伍軍人的族群態度時發現，「宗教信仰穩固的退伍軍人往往更包容」，兩位學者將「穩固」定義為內化宗教的核心教義：

> 如果個體不是因為害怕天譴或眾人非難才接受教會的道德教義，而是視之為做人處事的絕對標準，並且不受外在威脅或讚許的影響，那麼該個體就已經「內化」了這些道德準則。

他們區分了「內在的控制感和穩定性」，以及「仰賴外部機制的外在控制」，後者包含專制型父母和制度性宗教。[14]

宗教除了能夠提供穩定的自我控制和明確的行為準則，對傲慢之罪的警告也能夠促成包容態度。真正虔誠的人，必然會承認自己的缺點。正如先前的章節所述，內懲型的人傾向自責，進而發展出包容心，這樣的人謙卑而不自大。

當然，許多具有民主人格的個體並沒有特定宗教信仰，其穩定性和自制力是體現在非宗教的道德精神上。他們相信「人人生而自由平等」，或只是單純認同「相互尊重」。他們並不在意西方文明的倫理準則是否都源自猶太基督教，並認為即使信仰消失，道德精神還是會持續存在。

不過，宗教在大多數人的生活哲學中占有重要地位。前面提過，宗教可能表現為族群中心主義的形式，並促成「帶有偏見和排他」的生活風格，但也可能表現為普世主義的精神，為思想和行為注入手足情誼的理念。因此，唯有具體指明宗教信仰的類型及相對應的功能角色，才能切實討論宗教和偏見的關係。

第八部

如何減少群體衝突

解決衝突並不是是非題。

在社會體制下，我們的包容態度能否發展茁壯？

第29章

是否應該立法遏止偏見？

在美國，致力於改善群體關係的**公家**或**私人**機構共有成千上萬個。公家機構如：市長委員會、州長委員會，以及透過行政或立法條例在市或州設立的公民團結委員會（Civic Unity Committees），此外還包括有權執行反歧視法的市、州或聯邦委員會，有些可以執行所有相關法律，有些只能執行特定法律，例如關於住房或公平就業的法令。有些公家機構旨在調查事實，例如「總統持設民權委員會」（President's Committee on Civil Rights），該委員會在一九四七年發布的深刻報告感召了許多包容人士，促使大家將力量集結在一起。[1] 此外還有社區的基層執法機構，特別是地方和州警察，其職責為防止騷亂、暴動和公然攻擊行為，並提供少數群體一切必要的法律保護。

私人機構更加多樣化，從婦女組織、服務組織和教會的小型「種族關係」或「好鄰居」委員會，到大型全國組織，如反誹謗聯盟、民主之友、全國有色人種協進會（National Association for the Advancement of Colored People），還有協調機構，如全國群際關係協會（National Association of Intergroup Relations Officials）。很多社區不但擁有相關公家機構（例如市長委員會），也同時設有私人公民委員會。

整體來說，公家機構比私人機構更保守，因為不斷受到社區中偏見者和包容者各自施加的壓力。私人機構通常較能夠扮演好監督者的角色，以及有效歸劃和推動改革。當公家機構變得官僚且無作為，私人機構也能予以批判和鞭策。但如果以威信和法令執行的角度來看，公家機構則較具優勢。原則上，社區裡最好同時擁有公家和私人機構，在許多情況下，這兩種組織也都能夠相輔相成、努力達到共同目標。

本章只著重於公家機構中的立法機構，並針對其中的民權立法進行討論。不過我們還是要知道，政府並非只從立法來改善群體關係，行政命令也能夠帶來很大的成效。小羅斯福在一九四一年緊急成立的公平就業委員會就是歷史上的著名案例，他在權力範圍內規定，任何「拒絕雇用少數群體的公司」都無法獲得聯邦合約。在這之前，小羅斯福在大蕭條時期就採取了類似措施，要求所有公共工程合約都必須包含「非歧視條款」，這項舉措讓黑人、西班牙裔美國人和原住民……等遭受壓迫的群體都從中獲益。總統以下的行政官員也會行使自己的權力，以確保所有群體都能夠平等享有聯邦住房項目和其他政府補助設施。自二十世紀中期開始，軍隊高層也發布命令，廢除傳統的部隊隔離制度。

立法簡史[2]

美國《憲法》、《權利法案》和第十四條、第十五條修正案為美國境內所有群體建立了民主平等的框架。然而，在這個框架內卻存在著各種廣泛解釋。

美國國會在內戰結束後通過了幾項法律，以確保解放後的黑奴確實擁有平等權利，包括：「廢除並永遠禁止奴隸制」、宣布三K黨為非法組織、明定「以種族或膚色為由干涉他人投票權」屬於犯罪行為，更禁止在旅館、大眾運輸工具等公共場所歧視他人。與此同時，戰敗而憤怒的南方各州立法機構正忙著制定相反的法律——通常稱為《黑人法典》(Black Codes)，盡可能地完全否定黑人新獲得的權利。只有在動盪的重建時期、聯邦軍隊駐紮在南方各州的短暫時間裡，國會的民權法才得以實行。

然而在一系列事件之後，南方又迅速奪回了「統治黑人」的權利。一八七七年，占國會多數的民主黨投票廢除了大部分重建時期的民權法。此外，最高法院在解釋第十四條、第十五條修正案上非常狹隘，將大部分法案執行權保留給各州。有幾個州受到鼓勵，便迅速通過種族隔離法，並以各種託詞合法剝奪黑人投票權。一八九六年，最高法院對著名的「普萊西訴弗格森案」(*Plessy v. Ferguson*)的裁決也支持各州自主權的論點，不但接受了「隔離但平等」原則，並裁定種族隔離法實際上並不違背種族平等精神。該判決維持了路易斯安那州根據膚色區隔鐵路乘客的法規，而這實際上意味著《憲法》允許任何形式的種族隔離。

也許在南方恢復對黑人統治權的過程中，最重要的因素就是參議院阻撓議事的拖延戰術。任何反對民權法案的參議員都可以行使無限辯論權（通常有志同道合的同僚幫助），讓該法案永遠無法通過。這種手段非常有效，導致**參議院自一八七五年以來都沒有通過任何民權法案**。[1]除非參議院修改議事規則，控制冗長辯論手段，否則無論參、眾兩院的多數席如何支持，任何類似法律都無望執行。因此，民權法的支持者將心力放在能夠有效終結辯論的規則上，但即使是修改議事規則的提案也會受到拖延戰術阻撓。反對人頭稅和私刑、以及支持平等就業機會的聯邦法律，都因此而無法推行。即使眾議院一次又一次通過這些措施，而且也獲得多數參議員支持，這些提案依然無法成為美國法律的一部分。

最高法院的裁定和阻撓議事造成的僵局引發了北方的反彈，許多州紛紛立法以保障少數群體權益。到了一九〇九年，北方共有十八個州立法禁止公共場合的歧視行為。但是直到二十世紀中期，民權法案才真正大量湧向各州立法機構。在一九四九年期間，共提出了一百多項反歧視法案，雖然只有通過一小部分，但每年累積的保護性法規依舊令人矚目。有些州是針對就業、公共住房和國民兵方面訂定反歧視法，其他州廢除了教育和公共設施的種族隔離制度，以及在選舉中收取人頭稅的規定，或是將「歧視少數群體的宣傳活動」定為誹謗罪。有些南方州則逐步廢除了部分歧視性法律，以及移除教育和投票上的阻礙。

時代風氣變遷，最高法院也不得不改變態度。自從最高法院在十九世紀宣布「立法無力根除種族本能」

1 譯注：直到一九六四年在詹森總統的推動下，參議院才順利通過民權法案。

以來，其裁決趨勢已有了改變。到了二十世紀中期，最高法院裁定：地方法院不得強制執行房地產出售的限制性契約、外國人土地法（禁止東方人擁有房地產）和州際大眾運輸工具的種族隔離違憲、專業培訓機構必須為所有學生提供真正平等的教育設施。最高法院藉由堅持要求各種設施符合平等原則，即使沒有明確推翻「普萊西案」的裁決，也能夠有效打擊種族隔離制度，因為大多數實行種族隔離的州最終發現，提供兩套真正平等的設施需要花費相當高昂的成本，比如說，如果要讓南方黑人兒童獲得跟白人兒童同樣的教育機會，估計要花十億美元。因此，最高法院對於真正平等的規定就加速了種族隔離制度的崩潰，因為這讓實行種族隔離的州在經濟上不堪負荷。

然而，主要爭議點仍在於「隔離但平等」的邏輯是否合理，畢竟種族隔離的目的就只是把某群人貶為低等族群。當時關注這項議題的人越來越多，反對種族隔離的情緒也日漸高漲。正如接下來要討論的，該問題比以往更加直接地擺在最高法院面前。最高法院是否願意正視它、並推翻「普萊西案」的裁決，將成為衡量社會變革程度的指標。[2]

法規類型

保護少數群體的法律大致有三類：一、民權法。二、就業法。三、群體誹謗法。[3] 當然，還有許多法律的目的並非**直接**保護少數群體，卻可能更有助益，例如：最低工資法有助於改善受壓迫群體的生活水準，進而提升其健康、教育和自尊，使他們更容易被主流群體接納為同事和鄰居。同樣，打擊犯罪的有效法律也能夠剷除街頭幫派，這些幫派往往由不同族群組成，且經常將族群偏見帶入幫派鬥爭中。反私刑法也有類似作用。

民權法包含下列法規：禁止在任何公共娛樂場所、旅館、餐廳、醫院、大眾運輸工具、圖書館……等場合，因種族、膚色、信仰或國籍而歧視顧客。在二十世紀中期，美國北部和西部的州大多有這類法律，但經常沒有嚴格執行，部分是因為執法人員不當一回事，部分是因為某些地區的偏見風氣太過興盛，導致執法機構窒礙難行，還有部分是因為受歧視者很少會提出控訴（而寧願忍氣吞聲）。當檢察官起訴案件，罰金通常只有十美元到一百美元不等，而且檢察官通常覺得這類案子很麻煩。當時法律很少明定違法者的營業執照必須撤銷，就算旅館經營者拒絕接待華人或黑人而被判有罪，也只要繳幾美元罰金，然後把這筆微不足道的花費記在廣告預算或日常開支上，就可以繼續違法地拒絕某類客人。

民權法的合憲性在當時已經確立，其普及性也預示著將來會更嚴格執行。不過人們普遍認為需要專設一個委員會來執行這些法律，並賦予該委員會下列職權：調查投訴案件、與違法者非正式協商、對違法者進行法律教育，以及必要時撤銷違法者的執照。

實踐公平教育也是在二十世紀中期的立法主題。一些州立特許經營的私立學校在招生時會排斥少數群體（例如某些醫學院特別歧視猶太裔和義大利裔申請者），這類事蹟被揭露後，立法機構就迅速通過限制性法案，禁止學校以各種方式（例如透過照片或引導式問題）收集申請者的族群身分訊息，而只能憑成績表現來錄取學生。這類法律對許多從未行使歧視的學校造成了行政不便，但支持者仍然相信最終會走向好的結果。但不用說，當時合法實施種族隔離教育的州，就沒有這類限制性法規。

公平就業法：根據小羅斯福的行政命令成立的戰時機構——公平就業委員會引起了民眾的興趣和想像。[4]但國會並沒有撥出足夠資金讓該委員會有效運作，也沒有通過配套法案以懲罰違規者，或賦予委員會調查違規行為的權力。當戰時機構期滿終止，國會更沒有透過法律將其確立為永久性的政府機構。

雖然受到國會抵制，但公平就業法的時機已經成熟。紐約州在一九四五年通過《艾夫斯—昆恩法》（Ives-

2 譯注：美國最高法院最終在一九五四年「布朗訴托皮卡教育局案」（Brown v. Board of Education of Topeka）中，推翻了「普萊西案」的「隔離但平等」原則。

Quinn law），之後約一半的北部和西部州都頒布了類似法律，許多城市也通過公平就業條例。違法者除了要跟委員會進行幾次不愉快的會談，也可能因此傳出惡劣風評，但通常不會受到其他懲罰。不過，光是調解就累積了可觀的進展，在大多數地方，只要有老練的執法委員會（實際上是「調解」委員會）在運作，其成效都會受到高度認可。這些舉措除了帶來新的工作機會，少數群體也因為知道自己的勞動公民權受到大眾關注而提高了士氣。

> 一九五〇年，《商業週刊》（*Business Week*）調查了幾間大企業的雇主對於州立公平就業委員會的看法，該週刊實際上問的是：「這些舉措是否會妨礙到你？」編輯將調查結果總結如下：「公平就業法並沒有引起反對者所預期的抗議或騷亂，不滿的求職者也沒有用投訴信件淹沒委員會。個人摩擦並不嚴重……即使當初不贊成該法規的人，現在也沒有積極反對。」此外，雇主們也表示公平就業法並沒有干涉他們挑選最適任員工的基本權利。[5]

我們可以從這類法律的施行經驗中，獲得改善偏見問題的新洞見。這表明了「說服、調查和宣導」可以帶來相當大的成效，這樣的做法並非強制要求，而是透過調解來改變態度。事實證明，大多數雇主並不會堅持自己的偏見，他們只是依循約定成俗的慣例，而一旦確信客戶、雇員和法律都偏好（或只是期待）一個非歧視的環境，就會樂於配合。

如果事先**詢問**員工和客戶意願，他們通常會在口頭上反對跟特定少數群體成員共事，或拒絕接受其服務。但實際上，當公司真正實行平等制度，反對聲音就消失了，甚至大多數人根本沒意識到改變。

人經常在口頭上表達偏見，但行為上卻表現得平等（見第4章注釋13的研究）。在紐約市一家百貨公司進行的實驗，就闡明了這樣的不一致。[6]該百貨公司有黑人和白人櫃員，研究人員跟著由黑人櫃員接待的顧客走到街上，並進行訪談，這些顧客並不知道自己剛才在百貨公司裡被觀察。其中一些顧客表示「不願意被黑人櫃員服務」，而當被問到百貨公司裡是否有黑人櫃員，四分之一的人卻回答「沒有」，顯然他們沒有意識到（或忘了）剛才服務自己的櫃員的膚色。言語偏見和行為之間的脫節非常有啟發性，這表明了人在日常生活中會理所當然地採取平等原則，只要這個議題沒有進入意識並經由口語表述出來。

上述實驗還指出，想起自己是由黑人櫃員服務的顧客，會因為該經歷而淡化偏見，他們會說：「好吧，有些專櫃由黑人當櫃員還不賴。」在服飾專櫃接受過黑人櫃員服務的顧客贊成這種安排，但反對黑人在某些會近距離接觸顧客的專櫃工作，像是食品專櫃；而在食品專櫃被黑人櫃員服務過的顧客通常可以接受這種安排，但認為黑人不應該在服飾專櫃工作。偏見仍在，但明顯減弱了，而且只是以防禦心態呈現。

公平就業法不僅在執行上很少引發爭議，在改善群體關係方面也具有關鍵意義。它為某些少數群體提供了更高的收入和工作地位，這一做法符合繆達爾提出的改善黑人—白人關係的重要原則。[7] 繆達爾認為社會上存在著「歧視順序」，亦即白人（至少南方白人）最反對異族通婚，其次反對社會平等，接著依序反對平等使用公共設施、政治平等、法律平等，而**最不**反對工作平等。黑人的「反歧視順序」恰好**相反**，他們最渴望享有平等的工作機會，因為經濟困境會造成許多其他問題。可見，公平就業法能以造成白人最小程度不滿、同時給予黑人最大程度滿足的方式來打擊歧視問題，它在心理層面位居核心地位。

群體誹謗法和**煽動法**是較具爭議的法律解決方式。

旨在抑制群體誹謗的法案，是已確立的法律原則的合理延伸。如果有人到處散布X先生是騙子和賣國賊，卻無法證明其指控，就需要支付X先生一筆可觀的賠償金，尤其是如果X先生的事業被毀、名譽受損。然而，如果有人到處散布日裔或猶太裔美國人是騙子和賣國賊，身為日裔美國人的X先生可能會因此受到抵制和蔑視，並蒙受同樣損失，卻不會得到法律賠償。公司行號和自願性團體（如哥倫布騎士會〔Knights of Columbus〕）可以成功起訴誹謗，但族群和種族卻得不到這方面的保障。在二十世紀中期，有些地方已經通過這類法規（例如麻州），但執行率幾乎為零。

雖然群體誹謗法在原則上合理，實行上卻有難度。假設法律規定誹謗罪成立的條件是誹謗者具有惡意，要證明這種惡意卻很困難。而在群體差異研究尚未獲得一致結論的階段，也不容易證明具貶意的言論是錯的。此外，這類法律既不受歡迎，也遊走於違憲邊緣，因為它們貌似剝奪了言論自由權利。無論公正與否，公開批評都是民主權利的一部分，除非會煽動暴力。然而就像第26章所述，煽動者往往在鼓吹暴動之前，就會停止他們的激烈言論。

在二十世紀中期，總統持設民權委員會考量了正、反方意見之後，並沒有批准群體誹謗法案。該委員會認為解決批評的方式就是反批評，而解決仇恨言論的方式就是提供更多對話機會，前提是一切都以公開、光明正大的方式進行。不過委員會主張立法明定「透過信件發送匿名仇恨言論」為聯邦罪行。當偏見和民權兩股力量發生激烈角力，至少敵對者要表明自己的身分，以便對方直接回應，這樣才公平。

所有限制煽動者的法律都面臨違憲問題。反對這類法律的人認為，公然破壞和平或煽動暴力的舉動必然會受法律制裁，因此沒必要專門立法來規範種族主義煽動者。而支持者則認為，針對少數群體的煽動是潛在而深遠的威脅，所有攻擊言論都會累積，最終將釀成災難。但這種推論不太可能被最高法院接受，因為根據一九一九年霍姆斯大法官（Oliver Wendell Holmes）的裁決，只有在構成「明顯而立即的危險」時才允許限制言論自由。只有當煽動者的高談闊論導致暴動似乎一觸即發，警察才可以介入。許多人認為最高法院的這項裁定是明智的，因為如果賦予警察更多自由，他們可能會以廣泛的反仇恨法為掩護，封鎖不利於自己的批評。

同樣的論點也適用於「限制使用公共財產」的提案，即拒絕發放許可證給演說內容絕對不符合公眾利益的煽動者，不過這樣的法規無法阻止煽動者在私人場所發表言論。誠然，這類法律會明文規定在公共場所必須尊重民主良知，但也可能替任意妄為的行政單位開啟了方便之門，許可機構可能會允許某類偏執者發表言論，而讓另一種聲音消失；或者最壞的情況是，在法律的掩護下剝奪政敵的發言權。

雖然許多人支持誹謗法，但反對者還是居多。改正偏見言論的方式並非予以壓制，而是讓無偏見言論的反作用力自由流動。同樣的論點也適用於反對電影、廣播或出版的審查制度。

法規有助於改變偏見嗎？

前面提過，在十九世紀末，最高法院以法律無力反對「種族本能」為由，合理化其保守判決，這種自由放任的態度是當時社會思想的典型特徵，例如社會學家薩姆納（William Graham Sumner）便宣稱：「國家手段無法改變社會習俗」。即使在今日，仍經常聽到相同觀點，「你無法透過立法來禁止偏見」。

這一論點似乎合理，但實際上在兩方面站不住腳：一、既然我們確定歧視性法律會**增加**偏見，那為何反歧視的法律不會**減少**偏見？二、法律實際上不是針對偏見本身，至少不是直接針對，其目的在於平衡優勢和減少歧視。正如第16章所述，只有少數群體的處境改善了，作為附加價值，人們才能夠從地位平等的接觸和相互了解中獲益。提升少數群體的工作技能和生活水準、改善其健康和教育，也有類似的間接效果。此外，法規設立了公眾良知和預期行為的標準，有助於制止**公然**偏見。因此立法的目的不在於控制偏見，而是限制人們公開表達偏見。當人們在表達上有所改變，想法也會隨之改變，長遠來看也能達到降低偏見的效果。

不過，一些反對立法的論述也很有說服力，例如這可能導致人們蔑視或漠視法律。在二十世紀，美國人整體上並不重視法律，正如繆達爾所言：「美國已經變成一個在實際上允許太多做法，同時卻在法律上禁止太多做法的國家。」[8] 如果人們還是不遵守，或是忽略、漠不關心，那麼繼續增加新的法規有意義嗎？紐約州大多數民眾甚至不知道公平就業法的存在，即使該法已經運行和宣傳多年。遭遇歧視、或清楚知道歧視發生的人，通常不會投訴或採取任何訴諸法律的行動。這種普遍的冷漠態度可能源自下列信念：某種更高的「自然法」賦予大家有權利憎恨別人、遠離自己厭惡的人，以及無視法規的介入。只有愛管閒事的人，才想透過立法來強制別人遵守道德規範。

還有一點，法律往往治標不治本，尤其是美國常見的清教徒式法律。強迫飯店經理接待菲律賓旅客，並無法消除他對東方人的偏見；強迫學生坐在黑人孩子旁邊，也無法消除該學生的家庭在反黑人情緒底下的經濟擔憂。人的態度是由更深層的力量所形塑，而不是表面的壓力。

最後，「書本上」的法律和「實際運作中」的法律有相當大的差距。如果缺乏執行力，那任何法律都形同虛設。有人認為美國執法不足，導致人際關係領域的立法顯得格外愚蠢。這類法律難以實行，有時也不被大眾接受，甚至很少有人知道或關心其用途。

基於上述考量，有些人認為法律最無助於減少群體衝突。

然而大多數顧慮都能妥善化解。誠然，必須有相當大比例的人支持一項法律，它才會生效，但並不表示社會習俗永遠先於國家律法。南方的《吉姆．克勞法》[3]在很大程度上**造成**了歧視黑人的習俗，同樣，公平就業法也在工廠和百貨公司裡迅速建立起新的風俗習慣，讓幾十年來一直排斥黑人、墨西哥人、猶太人的行業在短短幾週內就自然地接納他們。

經常有人說必須先從教育著手，才能為偏見方面的補救性立法鋪路，這種觀點在某種程度上是對的。辯論會、聽證會、民眾的熱烈關注都是必不可少的要素，但是在最初的工作完成後，立法本身就帶有教育意義了。民眾並不是在法律通過前就先改變態度，而是在法律成了既定事實後才改變態度。大部分人在憤怒平息後，通常還是會接受選舉或立法結果，這是眾所周知的心理現象。就算是全力支持民主黨的人，也會毫無怨言地接受共和黨人當選。而當公平就業法或民權法通過，原本反對立法的人通常也會遵守多數人的決定，並接受新的主流規範的再教育。

這裡講的是民主社會的基本習慣，在自由（且通常很激烈）的辯論之後，公民會服從多數人的意願。**如果立法的方向跟自己的良知一致，人們就更願意接受**。從這一點來看，民權法具有明顯優勢。第20章提到，大多數美國人深信歧視是錯誤的行為，而且違背了美國精神。雖然他們可能因自己的偏見而侷促不安，並反對民權法的提案，然而一旦符合其「良知」的法律順利通過並執行，他們也會鬆一口氣。人們需要、且希望自己的良知得到法律支持，在群體關係領域更是如此。

事實上在美國，國家律法必然先於社會習俗，至少以《憲法》來說是如此。《憲法》明確表示「完全民主」的重要性勝過一切，因此在美國，儘管個人道德在很多方面是低落的，但「官方」道德卻很崇高。這跟某些國家形成了鮮明對比，例如希特勒統治下的德國，官方道德非常低（歧視、迫害、剝削少數群體），許多平民百姓的道德素養卻高得不可估量。而美國的官方道德則樹立了崇高理想，人們也期望國家律法能夠引領社會習俗，就連違法者在原則上也認同法律，例如大家都知道經常有人違反交通規則，但任何人都不希望生活在一個沒有交通規則的世界。

儘管法律無法完全遏止違法行為，但肯定具有約束效果，能夠嚇阻任何「可被嚇阻」的潛在違法者。雖然法律嚇阻不了偏執者和煽動家，但針對縱火的法律也嚇阻不了縱火狂，因此可以說，法律約束的是「道德標準落在中間範圍的一般人」，這些人需要法律來引導他們形塑良好習性。

最後一個支持立法的理由是，這類法律能夠打破惡性循環。當群體關係不佳，情形往往會越來越惡化，例如當黑人被剝奪平等就業機會、平等受教育權利、平等健康保障，便逐漸陷入劣勢，進而被視為低等人類並遭受蔑視，這又導致他們的機會越來越少，處境也越來越糟糕。個人努力或教育都無法打破這種盤根錯節的惡劣局面，只有強而有力、受公眾支持的法律才做得到。要開啟住房、醫療、教育和就業方面的良性循環，可能還需要警察公權力介入。

如前所述，一旦消除了歧視，偏見也會隨之減少，並逆轉惡性循環。第16章提過，消除就業、住房和軍

3 譯注：Jim Crow law，泛指一八七六至一九六五年間，美國南方和邊境各州對有色人種實行種族隔離制度的法律。

隊中的歧視，能促使人們形成更友善的族群態度。經驗也告訴我們，將彼此區隔的群體融合起來並沒有想像中困難，但這一過程通常需要法律或強有力的行政命令來推動。繆達爾提出的「累積原則」說明了，提升黑人的生活水準將降低白人的偏見，這又反過來再次提升黑人的生活水準。當法律啟動之後，就會建立起這樣的良性循環。

總結來說，雖然很多美國人不會遵守他們極力反對的法律，但大部分人在良心深處還是支持民權法和反歧視法，即使高聲抗議，實際上仍會認同這類法律。人們較願意遵守符合自己良知的法律，但即使不遵守，這類法律依舊為個人行為樹立了道德規範。法律的刺激往往可以打破惡性循環，並開啟癒合的過程，跟法律無關的個人和社會力量因而得到解放。「立法之前必須先教育民眾」的看法也不完全正確，至少不必等到民眾都獲得全面而完善的教育，因為立法本身就是教育過程的一部分。

並非所有旨在改善群體關係的法律都是明智的，有很多設計不佳的法律，其中有些太過含糊而不切實際，甚至完全不具有教育和引導良知的功能。從長遠來看，審查制度和壓制性法律會造成適得其反的結果。雖然某些法律必須訂定嚴厲的罰則，但跟少數群體有關的法案應該盡可能以調查、宣導、說服及調解為原則。

前述觀點有個特殊原因，即偏見者對相關法律非常敏感。人可能會因為說謊或偷竊而自責，卻很少因為自己的偏見而自責。前幾章不斷提到，偏見心態是受潛意識影響，且既有的防衛機制和合理化藉口讓人無法覺察到自己的敵意。因此較明智的假設是，違反「反歧視法」的人不會內疚，所以必須讓他們保留面子，那麼調解會比懲罰更能達到預期目的。

一般來說，民眾通常願意遵守符合自己良知、且執行得當的法律。這裡應該再加上一項附帶條件：個體並不認為法律是由外在意志強加在自己身上。南方人對「北方佬的干涉」是出了名的抗拒。即使是原本會被接受的法律，只要人們認為它侮辱到個人（或地區），也會加以抵制。這並不是說，只有由自己的立法代表發起的法律才能順利運行，而是說，法律可能會因為具有「外在支配」的意味而降低效力。如果通過法律的方式會引發其他偏見，那該法律就不可能達到減少偏見的目的。

法規與社會科學

在二十世紀中期的美國，雖然為少數群體爭取權益的立法活動很活躍，但在各州的成文法中，維持種族隔離制度的法律仍然多過於反歧視法。[9] 雖然社會浪潮正穩定地往「反歧視」的方向前進，但法律道德要趕上《憲法》道德還需要很長的時間。

我們必須從廣泛的歷史角度來了解當時的局面。南方在內戰中遭受的痛苦和屈辱造成了極為嚴重的創傷，於是開始出現對北方、黑人和社會變革的強烈敵意，某種邏輯上，這些敵意都可歸咎於戰敗後難以容忍的處境。南方人為了恢復自尊，心理上就覺得必須抵制北方的意圖和期望，就算無法讓黑人成為奴隸，也要讓他們處於低等地位。

即使是最高法院也無力阻擋南方這種強烈的心理需求，於是後來的一系列裁決實際上都是向南方讓步，尤以「普萊西案」為最。最高法院為了合理化自己的立場，便做出一系列心理假設，但在隨後的幾年內都被推翻了。那些假設如下：一、種族隔離並不會為有色人種貼上低等的標籤。二、立法無力根除「種族本能」或消除基於生理差異的區別，因此政府的介入無法解決種族隔離之成因。三、如果不干涉種族隔離制度，各個種族在互相調適的過程中，必然會發展出和諧的種族關係。[10] 然而隨著時間演進，前述假設都破滅了。

問題在於，現代社會科學是否能夠向法院和立法機構提供實質幫助，進而對某項措施的心理、社會後果做出正確假設。在十九世紀，相關社會科學研究還未發展成熟，但二十世紀就不同了。本書引述了許多對社會立法有潛在影響的客觀研究，我們已經能夠客觀預測「種族隔離」和「廢除種族隔離」的後果，也非常了解受歧視的少數群體的反應，更明白人們對民權法的衝動抗議，以及為何這些抗議通常只是曇花一現。上述和許多其他發現都代表了社會科學在澄清和改善法規上的潛在貢獻。

無論法院、州或聯邦立法機構，都不太歡迎社會科學的證詞。雖然相對而言，科學在如何妥善處理人類關係上所知甚少，但必要時還是能夠提供適當協助。不過，社會科學和立法機構的合作在二十世紀中期才剛起頭，最高法院一項判決案例或許可以說明當時情況。

各位要先知道，準備訴訟書以及在最高法院為案件辯護需要大量技巧和資金，當事人絕對無法獨立完成，只有在訓練有素的律師和善心人士或慈善機構的協助下，當事人才得以尋求救濟和賠償。經驗顯示，專門研究民權問題的律師和機構能取得最理想的結果。[11]

下面案例將呈現某家專門機構為了證明歧視性做法有誤所準備的論據，這對本節要討論的目的來說非常重要，因為該案例的幾個核心見解和許多證據都來自群體關係的社會科學研究，這些論述超越了「隔離但平等」的設施實際上並不平等的陳舊指控。

> 這件案例的訴訟摘要試圖證明，即使提供平等的設施，「強制種族隔離」本身仍具有歧視性，因此違憲。原告韓德森先生是名黑人，訴訟原因是美國南方鐵路公司的餐車拒絕為他提供服務。[12]鐵路公司後來就修改制度，規定每節餐車都必須有一張餐桌保留給黑人，並用隔板將這張桌子跟其他十二張白人餐桌隔開。州際商業委員會（Interstate Commerce Commission）認為這項規定符合《州際商業法》（Interstate Commerce Act），地方法院也支持這一決議。此案即針對該決議向最高法院提出上訴。
>
> 訴訟摘要明確指出，其用意並非主張強制種族融合，如果一個人不願意在黑人面前吃東西，就不需要這麼做。個人偏見是個人的事。但強制種族隔離卻剝奪了黑人和白人乘客的選擇自由。
>
> 它接著提到，種族隔離造成（而且是刻意造成）了黑人種族的劣勢。眾所周知，被強制隔離就是低等的標誌——針對這一點，訴訟摘要引用了許多專家意見以及對黑人的研究，這些研究揭示了黑人在這種

公認的恥辱下所承受的痛苦。

訴訟摘要的論點也抨擊了「普萊西案」判決所依據的假設，並以證據表明，在餐飲、交通和排隊買票方面的種族隔離設施，都將黑人標記為低等的社會階層。

因此，該論點宣稱種族隔離有損公共利益，其影響不僅限於黑人。在這部分，訴訟摘要提出了社會心理學的調查結果。[13] 撰寫該訴訟摘要的機構向八百四十九名在種族關係領域別有貢獻的社會科學家徵求意見，詢問他們對強制種族隔離的看法，共有五百一十七人回覆，其中九〇%認為，即使提供平等的設施，也會對被區隔的少數群體產生有害影響，只有二%認為不會造成危害，其餘八%沒有回答或表示沒意見；另外，八三%認為種族隔離也會對強制施加該制度的主流群體造成傷害，包括擔心被區隔的少數群體會反抗或失控，以及認為自己是偽君子，被迫生活在充滿虛假口號和自我欺騙的世界裡。

訴訟摘要也引用了精神病學專家的意見，主張種族隔離和其他形式的歧視所帶來的壓力，將導致人們罹患身心症。

它進一步強調，強制種族隔離讓群體之間互相不信任、不了解，進而損害國家福祉，而研究和非正式意見都表示，種族間的正常接觸有助於減少偏見。許多國家的人民不存在膚色差異，由這些國家可以得知，種族偏見既非本能，也跟遺傳無關，而是種族隔離等人為阻礙所致。

訴訟摘要的論述更超越了國內層面，指出如果最高法院繼續縱容種族隔離，美國在國際舞臺上將處於不利地位。

最高法院最後做出有利原告的判決，將州際大眾運輸工具餐車內的種族隔離視為違法。我們無法確定在該訴訟中，引用自社會科學研究的論點是否明顯影響了最高法院的裁決，但最重要的是，社會科學的調查數據已被應用在法庭上支持反歧視的論述。

摘要

執行得當的法律是對抗歧視的有力武器，法院決議廢除先前遺留的歧視性法律也有相同效用。不過，訴諸法律的行動只能間接減少個人偏見，而無法控制民眾的思想，也無法強行灌輸主觀的包容理念。法律行動實際上是表示，「你的態度和偏見是你自己的事，但不可以表現得太過分，進而危害到公民群體的生命、生活或情緒。」法律的意圖只在於控制偏執心態的外在表現，但心理學告訴我們，外在行為最終會改變內在習慣和想法。因此，立法絕對是減少公開歧視和個人偏見的主要手段之一。

近來的發展趨勢使我們相信，族群關係領域的社會科學研究將在制定公共法規政策上發揮更大作用，進而間接降低群體之間的緊張局勢。

第30章 改善方案

本章要探討的主題是，如何將目前對偏見和歧視成因的研究應用於改善方案中。第29章討論了立法補救方案，並根據特定科學研究結果加以檢視及肯定。有幾方面的證據支持立法補救方案，理由大致如下：

從本書針對偏見的社會文化根源的概述（第14章），可以得知美國社會中存在的各種惡化偏見的因素，例如社會流動性高，使得少數群體瞬間湧入工業地區，這會讓少數群體的人口相對密度激增，進而被當地居民視為「威脅」。如果透過限制性合約、種族隔離學校等歧視性做法來「孤立」少數群體，群體之間就會產生溝通障礙，進而彼此猜忌、怨恨，導致關係緊張。這麼一來，社區就無法推動有助於減少偏見的接觸（見第16章），鄰里之間也無法發揮互助合作的精神，反而彼此警戒、防備。

現在我們已經知道，民權立法可以改變社會文化結構，從而讓不同群體在追求共同利益的過程中，增加平等接觸的機會。例如：最高法院廢除限制性合約後，黑人就可以更分散地居住在社區中，減少因高度聚集所造成的「威脅感」。同樣，所有反歧視立法都有助於消除種族隔離強加的障礙，讓群體之間有機會進行「平等地位的接觸」，以減少偏見和對立。

還有其他社會科學的研究發現也跟立法補救措施密切相關，以「偏見者是否會遵守反歧視法」為例，這個問題可由本書討論過的幾個主題得到答案，包含：偏見者經歷的內在衝突（第20章）、從眾（第17章）、人們處理罪惡感的方式（第23章）。我們從這些社會科學的發現可以預測，雖然反歧視法在一開始會受到抗議，但原則上，大部分的公民都會接受並遵守這類法規。相關研究已不須贅述，這裡要強調的是，社會科學證明了，如果要減少社會偏見，應該優先以法規或其他方式打擊種族隔離。

不過，法規只是改善族群關係和偏見態度的幾種管道之一，下面列出了其他可行途徑，每個途徑都可以再延伸出許多方案：

- 正規教育
- 增加接觸及熟識
- 集體再訓練
- 媒體宣導
- 勸誡
- 個別治療

上述列表並沒有納入歷史和經濟變革項目，雖然這些因素可能最為重要，但實在過於廣泛，因此難以成為任何改善方案的目標，或只能透過立法來實現，就像先前提過的，在經濟領域，提高工資可以改善少數群體的生活水準，進而幫助他們提升自尊、降低自我防衛，並以平等的地位跟社群中的其他成員接觸。

美國有許多機構致力於改善國內的群體關係，這些機構採用的改善方案幾乎都涵蓋在上述列表中。尤其是私人機構，每年都花費數百萬美元投入這些項目，也越來越常向社會科學請益。

社會科學可以從兩方面提供協助，一、如先前所示，社會科學能夠剖析現象的起因和結果。根據偏見根源的心理學和社會學分析，就可以有把握地預測某種運作模式是否會成功。二、社會科學也能夠應用在方案執行後的成效評估。

接下來就要討論社會科學在成效評估上的貢獻。[1]

研究取向

直到二十世紀中期，社會科學才發展出衡量態度變化的方法，然而研究者越是試著應用這些方法，就越發現其中的複雜性。[2] 下面例子說明了研究上的困難：

> 美國有色人種護士學校畢業生協會（National Association of Colored Graduate Nurses）在獨立運作了四十年後，於一九五〇年解散，因為大多數美國護士協會（American Nurses Association）的地方分會終於接受黑人護士成為會員。這個例子顯示人們的態度改變了，使得某種形式的種族隔離被廢除。
>
> 然而是什麼原因造成這一結果？是因為某些黑人和白人護士的努力奮鬥嗎？還是受到當時在浪頭上的公平就業法和最高法院的裁決風格影響？或是各個國家機構在友善和手足情誼方面宣導有方？抑或所有這些因素和許多其他因素的推波助瀾所致？

某個或某些原因產生了這一結果，但我們很難釐清其中的先後順序。

成效評估研究通常需要具備三個理想要素：一、首先要有一個明確的評估項目，例如一門課程、一條法律、一種新的群體接觸方式，即「**自變項**」（independent variable）。二、還要有一些可測量的變化指標，例如在方案執行前、後進行的態度量表或訪談，或是評估社區內的緊張指數（像是群體衝突的報案次數）。這些指標稱為「**依變項**」（dependent variable）。三、最後是非必要、但仍然相當重要的「對照組」。當我們運用自變項來改善現況，就必須證明後續測量到的變化正是該自變項造成的。如果同時存在一個不受自變項影響的對照組（其年齡、智力、地位等方面都跟實驗組相當），在解釋結果時就會更有把握。如果出於某種未知因素，導致對照組也出現相同變化，就不能斷定自變項確實有效，而是有其他因素同時影響著實驗組和對照組。

研究者通常很少意識到對照組的重要性，一項調查發現，在十八項針對大學跨文化教育課程的評估研究中，只有四項研究採用了對照組。[3] 此外，在現實生活中，通常很難完全控制其他因素的影響。假設A、B兩組學生被納入新教學方案的成效評估，A組有接受新課程（實驗組），B組沒有（對照組），但學生們在校外閒聊時，A組可能無意間把新課程的內容告訴B組，這時實驗組就污染了對照組。

理想的成效評估研究設計可用表14的架構來表示：

成效評估的時間點也是個問題。在方案結束後立即評估（透過測驗或訪談）通常是最簡單的做法，但如果這時發現了依變項的變化，誰也無法保證該方案的效果是否會持續下去；而如果沒有發現任何變化，也很難說該方案是否產生了「睡眠者效應」（Sleeper effect），以致數月、甚或數年之後才會出現效果。也許最理想的方式，是在方案結束後立即評估其成效，並且在一年後繼續追蹤評估。

上述問題足以說明了成效評估研究的諸多阻礙，包括難以控制自變項不受其他因素污染、不容易設計出合適的方式來測量變化，最後也無法確切解釋結果，因為已經有許多無關變項干擾了整個計畫。複雜的真實生活情境充滿各種混淆因素，無法跟實驗室環境相提並論。

儘管困難重重，還是有許多研究試圖說明特定改善方案對特定人口的成效。[4] 一位研

	依變項（前測）	自變項	依變項（後測）
實驗組	測量偏見	接受新方案	測量偏見
對照組	測量偏見	沒有接受新方案	測量偏見

表14　理想的成效評估研究設計

究者對這些成效評估做了統合分析之後，失望地寫道：

> 結果十分不一致，令人困惑。有些研究顯示偏見減少了，或至少反對聲浪下降了，有些卻顯示沒有減少。有些研究指出某方面的偏見減少了，另一方面的偏見沒有變化，有些卻報告出相反的趨勢。有些研究表示在某類學生身上得到較好的成效，有些則說在另一類學生身上反應較佳。[5]

情形雖然很複雜，但沒有這位研究者所想的那麼無望。

正規教育

一名研究者試圖評估「斯普林菲爾德計畫」（Springfield Plan）的跨文化教育成效。[6] 該計畫（即自變項）非常廣泛且多樣化，包含斯普林菲爾德各級中小學的各種跨文化教育方案。[7]

> 研究者任教於麻州斯普林菲爾德一所私立大學，因此有機會調查該市受過跨文化教育的大一新生；此外，這所私立大學也有很多來自其他地區的新生，他們沒受過太多跨文化教育，因此可以作為對照組。研究者以〈社會距離量表〉為依變項，要求受試者（共七百六十四名）在該量表上指出自己拒絕哪些族群進入自己的國家、社區，或跟自己的近親結婚。
>
> 結果如表15所示：
>
> 這項研究並非使用**前**、**後**測設計，因此無法理想地確保所有受試者在接受學校教育之前的偏見程度都相同。比方說，假設基於某些原因，導致斯普林菲爾德的社會結構跟其他地方不同，或者跟外地孩子相

比，斯普林菲爾德的孩子在成長過程中較少受到偏見影響，那最後的比較結果就不能解釋為斯普林菲爾德計畫的成效。不過，我們沒有理由認為兩個樣本中的孩子在一開始就有任何系統性差異。

研究者發現，兩組的差異支持了斯普林菲爾德計畫的成效。相較於外地孩子，當地接受過該計畫的孩子和他人的社會距離較小。統計顯示，兩組差異的臨界比（critical ratio）為「2.00」，雖然這種程度的差異可能是由隨機誤差所致，但以該研究來說並非如此。研究者表示，斯普林菲爾德的孩子只有在部分學年才受過跨文化教育，因為該計畫在他們就學一段時間之後才展開，所以只有在較晚入學的孩子身上，才可能看到該計畫的最大成效。

該研究還有個意外發現：跟整體趨勢相反，當地猶太學生的包容性反而比外地猶太學生更低，表示該計畫的成效只反映在新教徒和天主教徒學生身上。這可能是因為猶太青少年對少數群體的問題特別敏感，因此在中小學之後累積了不少怨恨。

針對教育方案的成效評估研究種類繁多，無法一一列舉。有些評估屬於「綜合性」，所檢視的方案涵蓋各種教學技術，例如斯普林菲爾德計畫；有些評估只考量特定及有限項目的影響。社會教育學家庫克（Lloyd Cook）將後者涉及的教育方案分成六大類[8]：一、「資訊傳遞」，透過講座和教學來傳授知識。二、「替代體驗」，運用電影、戲劇、小說等媒介，引導學生認同外團體成員。三、「社區學習—行動」，讓學生透過實地考察、地區調查、參與社區計畫或社會服務而學習。四、藉由「展覽、節日、慶典」，引導學生了解少數群體的風俗和舊世界的文化傳統。五、「團體歷程」，運用團體動力學原則，包含小

教育類型	人數	平均數	標準差	平均標準差
成長於斯普林菲爾德	237	64.76	26.21	1.70
非成長於斯普林菲爾德	527	67.60	24.39	1.06

表15　大一新生在〈社會距離量表〉上的平均分數（分數越高表示偏見越強烈）

組討論、社會劇和集體再訓練。六、「個別會談」，包含治療性晤談和諮詢。

何種形式的教育方案最有幫助？目前還無法斷定。雖然約三分之二的方案都得到理想結果，且很少出現負面影響，但仍不確定哪些方案最有成效。或許就像庫克指出的，目前證據傾向支持**間接**方式，也就是非專門探討少數群體、也非針對偏見現象本身的方案。當學生投入社區工作、融入少數群體的真實生活，並如心理學家詹姆斯所言，漸漸**熟識**該領域、而非只有相關**知識**，在這種情況下似乎最有收穫。

資訊傳遞。上述暫時結論顯然對「資訊傳遞」式的教育方案構成質疑。過去人們總是認為，只要在腦海中播下正確觀念，就會產生正確行為。許多學校建築物也依然高掛著蘇格拉底的格言，「**知識即美德**」。但如今許多人發現，學生的學習狀態取決於態度。外在資訊必須符合當事人的態度，否則不會被牢牢記住，因為事實本身不具人性，只有態度才屬於人性。只教授事實知識通常會導致三種失敗結果：一、該知識很快就被遺忘，二、或是被扭曲以合理化既有態度，三、或被擱置在心智角落，絲毫不對日常行為造成影響。

有些研究同時測量了人們的態度和信念，並發現這種知識和行為上的不同步很常見。跨文化教育或許能糾正錯誤信念，卻不會扭轉態度（見第27章「教育」），例如孩子也許學到了黑人的歷史，卻沒有學會包容。

不過也有人持相反觀點，認為學生或許在短期內沒有表現出學習成效，或是會扭曲事實來符合自己的偏見，但是從**長遠**來看，正確資訊仍有助於改善人類關係。舉例來說，繆達爾指出，人在理智上不會繼續接受任何合理化黑人劣勢地位的「種族」理論。人並非完全不理性，因此「科學證據無法支持種族劣等理論」這一事實必然會**漸漸**滲入其態度中。

跨文化教育的基本前提意味著，只了解自己文化的人，並不算真正了解其文化。如果一個孩子長大後認為世界是以自己的群體為中心運轉，而外來者都是生活在黑暗外緣的奇怪生物，那他其實沒有真正看清自己的生活情境，也永遠不明白其生活模式只是眾多生活模式之一，同樣都是為了滿足人們的需求而創造出來的。這樣的洞見必須透過學校的跨文化教育才能獲得，因為大多數孩子無法從家庭和社區中學到關於外團體的客觀知識。因此可以說，傳授正確知識雖然不會讓偏見自動消失，但從長遠來看仍有幫助。

但是，科學和事實知識難道沒有不利於少數群體的資訊嗎？的確，X群體的成員具有不良特質的比例可能高於Y群體的成員（見第6、7、9章），而如果事實如此，就不該隱藏這項資訊。如果要追求真理，就必須追求全部真理，不能只看自己想要的部分。少數群體之中比較開明的成員贊成公開所有科學和事實調查結果，他們相信一旦真相大白，多數常見的刻板印象和指控就會不攻自破。如果小部分指控得到證實，也可以從少數群體所處的惡劣生活情境來解釋，這會提升人們對問題的洞見，進而推動改革。舉例來說，有些受迫害的少數群體成員可能比較防備，但我們不需要壓抑這一事實，而應該直面它，並帶著同理心去理解。

總結來說，只提供資訊不見得會改變人的態度或行動，而且根據現有研究，其成效也小於其他類型的教育方案。不過，沒有證據顯示傳遞真實資訊會造成任何傷害。它的效應也許要長時間之後才會顯現，且主要作用可能是讓偏見者漸漸懷疑自己的刻板印象，並感到不安。另外，執行其他類型的教育方案（例如參與活動）之前，可能也需要先教導學生真實資訊，才能獲得更大效益。總之，我們不應該完全放棄正規教育的傳統理念和做法。真實資訊也許不足以改變偏見，但仍是不可或缺的一部分。

直接與間接方式。關於教育方案還有個問題是，直接聚焦在「群體衝突」上是否有好處？比方說，讓孩子直接討論「黑人問題」恰當嗎？還是藉由隨機事件再順其自然地引導會比較好？有些人認為，相較於直接關注社會議題的課程，英文課或地理課的情境更適合進行跨文化學習，所以何必加劇孩子心中的衝突感，對孩子來說，最好的方式就是學習不同群體的相似處，並且理所當然地調適必然差異，同時保有友好態度。

這個問題沒有明確答案，雖然孩子可以透過間接方式學會接納多元文化，但仍可能對明顯的膚色差異、經常性的猶太節日和宗教多樣性感到困惑。除非孩子理解這些事情，否則他們的學習就不會完整，因此一定程度的直接教育還是必要的，尤其當年齡較大的孩子有了相關生活經驗，並準備好直面這些問題，直接教育對他們會更有助益。

心理學家及猶太拉比卡根（Henry Enoch Kagan）曾在為期一週的專題討論會中，比較三種教學模式的成效，並由一名基督教同事對所有學生進行前、後測，最後發現直接教育最有助益。[9]卡根向第一組基督教學生講授《舊約》文獻，但完全沒提到基督教跟猶太人之間的分歧或當今問題，只有**間接**強調猶太人對《聖經》歷史的正向貢獻。卡根也對第二組學生講授同一主題，但在授課過程頻繁提到偏見問題，並讓學生在課堂上分享個人經驗及抒發感受，這種**直接**方式最有成效。針對第三組學生，卡根採用間接方式加上個人會談，學生可以在會談過程分享個人經驗並抒發情緒，卡根稱這種方式為**焦點訪談**（focused interview）。結果，間接方式並沒有造成顯著改變，直接方式則有明顯成效，而焦點訪談也有所助益。整體上，卡根傾向支持直接方式。不過要注意的是，無論哪一種教學模式，都無法改變少數極端反猶學生的態度。

在上述研究中，直接教育的相對成效或許跟樣本組成有關。經挑選後，受試者都是對宗教感興趣的高中生，大多能坦然面對族群議題，也願意改變自己的態度。

因此在證據尚不充足的情形下，只有等待更多研究結果，才能確定何種群體在何種情況下較適合直接或間接的教育方案。

替代體驗。證據顯示，電影、小說、戲劇同樣可以達到跨文化教育的作用，可能是因為這些媒介能引發人們對少數群體的認同。也有跡象表明，對某些孩子來說，替代經驗學習法比資訊傳遞或參與活動更有效。如果這一發現獲得未來研究證實，就意味著一個有趣的可能性，即「現實討論」的方式會讓某些人感到強烈威脅，因此先讓人們在想像層面產生認同的溫和手段可能更容易奏效。未來也許可以利用小說、戲劇和電影作為跨文化教育的**第一步**，再循序漸進到較現實層面的教育方式。

參與活動。其他類型的跨文化教育方案大多會要求學生積極參與某項活動，像是到少數群體居住的社區實地考察、參與少數群體的節慶或社區活動。學生會在這樣的過程中結識少數群體成員，而不僅是獲得關於他們的知識。大多數研究者都認為實際參與的教學方式最有效，它不但可以應用在學校課程，也適用於成人的跨文化教育。

增加接觸及熟識

各種參與式行動方案的背後假設都是：人們透過相互接觸及熟識便能建立起友好關係。但從第16章可以得知，該假設並非百分之百成立。在幾種情況下，接觸反而有害無益，包括：階級社會制度、雙方都處於劣勢（例如貧窮的白人和貧窮的黑人）或將彼此視為威脅。

不過，本節所討論的方案旨在以「增進相互尊重」的方式將各個群體的成員聚集在一起。要做到這點並不容易，因為一不小心就會流於刻意或表面形式，導致一切努力都付諸流水。心理學家勒溫指出，許多種族或社區關係委員會並沒有真正投身於不同群體都關注的共同項目中，而只是開個會討論一下分歧問題。由於缺乏客觀具體的目標，這種「善意」接觸反而會造成挫折甚至對立。[10]

要讓「接觸及熟識」方案發揮最大成效，就必須使不同群體的人都感到自己擁有平等的社會地位，同時也要自然地將這類方案融入日常共同目標中，以免流於虛偽刻意，如果可以的話，還要盡量取得當地社區支持。群體之間的連結越是深刻、真實，成效就越好。雖然讓不同族群的人並肩合作也會有幫助，但如果大家都能夠把自己當成**團隊**的一分子，就更有收穫。

我們再次看到，在採取「接觸及熟識」方案之前，廢除隔離制度的重要。家喻戶曉的聖雄甘地（Tushar Gandhi）在印度推行的運動，第一步就是呼籲取消賤民階級，我們或許也可以將「打破階級制度」作為這類方案的起點。

接觸及熟識方案有各種形式，像是芝加哥等地就成功運用社區會議和街區委員會，讓不同族群的居民為了「改善共同生活環境」的明確目標而一起協商討論，並在共同活動的過程中逐漸瓦解彼此的仇恨，提升互相包容的心態。

杜波依絲曾推廣一種能促進群體間互相熟識的特殊技巧[11]，如第16章所述，她以舉辦「社區嘉年華」的方式將不同族群背景的人聚集起來，帶領者會先邀請幾名成員分享自己對於秋天、節日、童年愛吃的食物……等記憶，這些分享會勾起其他參與者的回憶，很快地，大家便開始熱絡地討論各地和各個族群的風俗習慣。舊時回憶、人跟人之間的溫度和不時傳出的幽默笑語，營造出鮮明的共同感，大家會發現彼此的習俗和其中的意涵其實很相似。有人可能會開始唱起民謠，或教大家跳傳統舞蹈，現場洋溢著歡樂氣氛。雖然這種方式本身不會讓大家持續接觸，但可以作為破冰的手段，打破社區成員原本的隔閡並加速彼此熟識。

雖然許多「接觸及熟識」方案的成效仍有待評估，但從已經檢視過的方案（第16章提過幾個）可以得知，任何舉措只要能帶來平等的地位關係，或促成更親密的熟識，都可能提升人們的包容心。

這種方式不僅適用於成人，也適用於孩子。本書已引用幾位教育工作者的評論指出，如果學校的跨文化教育能促使孩子跟社區中不同族群的人產生有目標的實際接觸，將獲得更好成效。這點可由一項針對一年級學童的控制實驗來說明：

> 兒童心理學家翠格和亞蘿（Marian R. Yarrow）將參與實驗的費城學童分成三組，各組在基本人口學背景和智力方面都相當。第一組接受十四堂精心規劃的跨文化關係課程，包括社區參訪、參加黑人家庭聚會等參與式活動。整個課程的重點在於讓孩子看到各種職業、宗教、種族都在社區多元化的生活中發揮著重要作用。
>
> 第二組也接受了十四堂群體關係課程，但方式非常不同，主要強調美國的社會結構是階級分明的，而

偏離主流的群體擁有「奇怪的習俗」，且「現況」沒有需要改變的地方。雖然教學者沒有刻意將偏見灌輸給這組學童，但也沒有糾正學童的刻板印象，而是放任他們從帶有偏見的教材中得出自己的結論（例如，公立學校普遍採用的教材多以帶有歧視的方式來描繪荷蘭兒童或小黑人桑波）。

第三組學童沒有接受任何相關課程，而是把時間用來製作手工作品。

研究者在為期七週的實驗前、後皆以標準化訪談等方式，測量了所有學童的偏見。結果表明，平均來說，「多元文化組」（第一組）的學童減少了刻板印象，並提升了包容度；「現狀組」（第二組）在刻板印象和不包容的程度上都有所增加；對照組（第三組）則無明顯改變。

該實驗有個特點，即由**同一名**老師進行兩種不同風格的教學。任何老師只要經過適當訓練，都能同時精熟這兩種教學方式，因此該實驗是由同一名老師先以多元文化的方式幫第一組學童上課，接著再以現狀法幫第二組學童上課，這樣就不會因為兩名老師的態度不同（一個「民主」，一個「專制」）而混淆了實驗結果，研究者才能真正測量到兩種教學方式的影響。老師們也從嚴謹的角色扮演過程中獲得極大啟發，轉而支持多元文化的教學方式。[12]

這個有趣的例子就是所謂的「行動研究」，即研究設計的目的在於檢驗某個方案的有效性。上述結果支持了我們對跨文化教育的看法，即強調「多元文化」和「社區內的愉悅接觸」的重要。最後，老師本身經過「角色扮演」及「深刻體驗兩種不同觀點」之後，也在態度上有所轉變。

集體再訓練

現代社會科學最醒目的進展之一，就是創造了角色扮演等技術，以「促使人們形成同理」。上一節提到的實驗就是將這類技術運用在學校老師身上，不過這類技術通常被納入更廣泛的「再訓練」活動中，屬於「團體動力學」的專業項目。許多人都樂意加入能夠提升人際關係技能的團體活動，並學習民主式領導技巧。雖然這些人參加再訓練團體的主要目的並非消除偏見，但或許很快就會發現，正是自己的態度和偏見阻礙自己成為有效能的領班、老師或主管。

接受再訓練並不像閱讀宣傳手冊或聆聽佈道那樣輕鬆，而必須扮演其他人的身分，像是雇員、學生或黑奴，透過這樣的「心理劇」，才能夠切身體會對方感受，同時覺察到自己的動機、焦慮和投射。有時這類訓練方案也會結合個人會談，在心理師的協助下進行更深入的自我檢視。隨著觀點提升與擴展，當事人會更深刻地理解他人的感受和想法。由於親身投入，當事人也更能歸納出人際關係的原則。[13]

針對再訓練的成效評估顯示，在穩定的社會支持下，該方案的成效最佳。例如，一項旨在提升社區關係技能的研究顯示，獨居、沒有其他成員作伴的個體，其訓練成效最差，他們無力抵擋帶有偏見的社會規範，因而垂頭喪氣。反之，如果兩個或兩個以上受過再訓練的成員能夠保持聯繫，互相支持打氣，就能更有效地貫徹新獲得的洞察和技能。[14]

並非所有再訓練活動都如上述那般，直接涉及自我覺察和批判，有些是以較客觀的方式為主，例如一項針對社區自我調查成員的再訓練，就是由自願者共同研究所在城市或地區的群體關係。他們從設計研究、制定問題、進行訪談、計算「歧視指數」（從住房、就業和學校方面收集資料）的經驗中，獲得相當大的啟發，甚至也在後續改善現有問題的過程中，進一步提升了相關知識、社區管理能力和同理心。[15]

另一種聚焦於外在因素的再訓練案例，則跟第20章提到的「衝突控制」有關。就像任何集體再訓練活動，「衝突控制」的目的也是打破人們的壓抑和僵化態度，讓他們能以更有效的方法追求共同目標。在這樣的案例中，接受訓練的人希望學習日常生活可運用的技能，例如阻止「讓美國精神蒙羞」的偏執言論。舉例來說，當有人在公共場所辱罵猶太人，引來許多人側目，這時我們可以站出來說些什麼？當然在很多情況下，**保持**

沉默似乎才是上策，但在某些情況，沉默則代表認同，因此正義感會促使我們挺身而出。研究指出，帶著真誠而平靜的語氣，告訴對方歧視言論並不符合美國精神，這種方式最能有效感染圍觀群眾。但在公共場合發聲需要很大的勇氣，更別說還要斟酌用詞、拿捏語氣，因此必須在專業指導下進行數小時集體訓練。[16]

大多數集體再訓練方案都有明顯限制，由於這類方案的設計，是為了讓包容者擺脫束縛及訓練必要技能，因此顯然不適用於排斥這種方法和其目的的個體。不過只要有耐心和策略，基於其他目的而組成的團體和班級，也能夠在引導下一步步練習團體動力技巧。

此外，我們也可以只應用一部分再訓練技術，例如學童就很適合進行角色扮演[17]，他們在扮演外團體孩子的過程中，會切身感受到歧視所引發的不安和防備。心理學家亞瑟蘭（Virginia M. Axline）曾對一群幼童進行類似介入——即遊戲治療，成功改善了那群幼童之間的嚴重種族衝突。[18]她讓三、四名白人及黑人孩子一起玩洋娃娃和扮家家酒，透過這樣的遊戲安排可以觀察到孩子們投射出的衝突和萌生的敵意，然而隨著遊戲進展，孩子們會慢慢互相調適，並真正地重新調整關係。

媒體宣導

大眾傳播是否能作為控制偏見的有效手段，相當令人存疑。人們的眼睛和耳朵整天受到別有用心的花言巧語轟炸，久而久之就對媒體宣導視而不見、充耳不聞。更何況，新聞版面充斥著戰爭、陰謀、仇恨和犯罪事件，又有什麼機會傳達關於人類手足情誼的溫和訊息？最重要的是，大家總是選擇性地注意宣導訊息，不接受這套信念體系的人就會輕易忽略，而接受的人倒也不需要相關宣導。然而，我們不應該因為這種普遍的悲觀想法，就放棄深入探討媒體在減少偏見上的效用，畢竟廣告和電影已經形塑了我們的民族文化，或許也能應用在文化重塑？

雖然相關研究並不多，但既有研究已揭示幾項暫時原則：[19]

1. 雖然單一項目（例如：一部電影）影響不大，但幾個相關項目卻能產生非常大的影響，其整體效應遠大於總和。有經驗的宣傳者都很了解「**金字塔式推銷**」（pyramiding stimulation），也知道一次性項目並不夠，必須發起一系列**行銷活動**（campaign）才能達到宣傳效果。

2. 第二條暫時原則是關於宣導效果的**特異性**。一九五一年春天，波士頓一家戲院上映了《憤怒之聲》（*The Sound of Fury*），電影尾聲明確傳達出：只有耐心和理解才能解決衝突，暴力是無濟於事的。觀眾都被劇情深深打動，並為影片傳遞的道德觀鼓掌叫好。電影結束後，戲院播放了一小段紀錄片，內容是已故參議員塔夫特（Robert A. Taft）針對國際關係所發表的談話，他同樣指出只有耐心和理解才能解決衝突，而非透過暴力。然而，同一群觀眾卻對塔夫特的談話內容發出噓聲。這表示，人無法將自己從A情境獲得的教訓類推到B情境。其他研究也證實了這一點，即人的觀念也許會改變，但往往僅限於狹隘的範圍，難以類化到所有情境。

3. 人傾向**故態復萌**，即一段時間後又會重拾舊有觀念，不過並非總是如此。

4. 並非每個人的觀念都會退回老樣子。心理學家賀夫蘭（Carl Hovland）等人研究了宣導影片在軍隊中的短期和長期影響，結果發現，雖然故態復萌的情形很常見，但某些人卻表現出相反的傾向。[20] 該研究團隊還發現了「睡眠者效應」，這種延宕效應主要出現在「保守分子」身上，他們起初相當抗拒影片所傳達的訊息，後來卻漸漸接受了。睡眠者現象在受過良好教育、且最初觀點跟其他受過教育者相左的人身上尤為明顯。賀夫蘭認為，這樣的人潛在是支持宣導訊息的，但必須先克服其內心的阻抗。看來，提倡包容的宣導訊息可能會在態度模稜兩可的人身上產生長期效應，尤其是受過良好教育的人。

5. 媒體宣導較難對堅定抗拒的人起到作用。研究顯示，相較於立場堅定者，「中立者」更容易被影響。

各位可以回想一下，第25章提過性格使然的偏執者所採取的許多防禦手段，都令他們不輕易受外在影響而改變態度。

6. 宣導的**主題和範圍越明確**，就越有成效。極權國家採取壟斷式宣傳轟炸，使得毫無防備的人民無法抵抗。但如果條件允許，「反宣傳」則會讓個體重拾判斷力，並跳脫片面觀點。根據這條原則，我們有理由認為「宣導包容態度」的必要性，不僅因為它能產生正面影響，更因為它能消除偏見煽動者的負面作用。

7. 宣導必須**消除人們的焦慮**，才能達到效果。貝特罕和傑諾維茲發現，宣導內容如果讓人們的安全感搖搖欲墜，通常會被抗拒[21]，而融入既有安全體系的呼籲才更有力。

8. 最後一條原則是關於「**名望象徵**」的重要性。在一九四〇年代，美國歌手凱特・史密斯（Kate Smith）一天之內就可以在廣播節目中賣出數百萬美元戰爭債券。諸如第一夫人愛蓮娜・羅斯福和歌手平・克勞斯貝（Bing Crosby）這類具有影響力的公眾人物，他們對包容的呼籲能吸引更多持觀望態度者加入反偏見的行列。

勸誡

說教、勸誡或道德喊話在降低偏見方面的效用並不清楚。幾個世紀以來，宗教領袖不斷告誡其信徒必須實踐人類手足之愛，然而長期看來似乎成效不彰。但並不表示這個方法完全無用，如果不是宗教領袖持續告誡，情形也許會更嚴重。

比較合理的假設是，勸誡有助於鞏固既有的善意，且這一作用不可小覷，因為如果沒有宗教和道德來強化信念，已調整態度的人可能不會繼續努力改善群體關係。不過，殷殷勸誡似乎對兩種人不起作用，一是性格使然的偏執者，二是屈服於社會壓力的從眾者。

個別治療

理論上，「個別心理治療」或許是改變態度的最佳方式，誠如本書所述，偏見往往深植於整個人格結構中。飽受痛苦而向精神科醫師或心理師求助的個體通常都渴望改變，這類患者已經準備好要調整自己的生活方式。雖然患者本身的治療目的不太可能是為了改變自己的族群態度，但其族群態度對治療的重要性會逐漸彰顯，並隨著當事人看待生活的角度改變而消失或重組。

儘管上述假設尚未獲得明確驗證，但許多精神分析師已提供大量臨床經驗。[22] 這些經驗非常有說服力，因為多數患者都把精神分析視為「猶太運動」，這就足以引發患者可能既有的反猶偏見。治療過程可能如下：

> 患者在治療早期正處在「負向移情」（negative transference）階段，也許會責怪精神分析師在治療過程造成自己的痛苦，並怨恨分析師的主導地位、優勢以及暫時性替代父母角色。有些分析師是猶太人，但就算不是，患者也會認為精神分析就是猶太運動，進而引發反猶情緒，且這樣的偏見多半會在抱怨分析師的過程中爆發出來。隨著治療進展，患者會逐漸洞察自己的整體價值模式，其反猶態度也可能跟著減弱。原則上，精神官能症患者的偏見會隨著精神症狀治癒而減輕。

精神分析只是眾多治療方式之一，任何針對個人問題的長期訪談，都可能發掘出患者的所有敵意根源。患者透過討論這些感受，往往會獲得新觀點，而如果能夠在療程中找到更健康、更有助益的生活方式，其偏見也會因此而減弱。

一名研究者對一名女士進行了長時間訪談，試圖了解她跟少數群體的相處經驗，以及對少數群體的態度。這項訪談並沒有任何治療意圖，但該女士講述了自己的反猶情緒，並藉由回顧跟猶太人的所有過往經歷和鄰里間的反猶主義，而獲得深入的自我覺察。最後她憤慨地說道：「可憐的猶太人，我們把一切都怪在他們頭上，不是嗎？」如果她沒有長時間（約三小時）把注意力放在其信念體系的特徵上，就不會覺察到自身偏見的根源，並以理性角度來看待它。

我們仍不清楚在治療或類治療的情境下，發生轉化的頻率有多高，有待更多研究釐清。但是，就算研究證實個別治療是消除偏見的最佳方式（基於其深度以及能夠觸及人格各部分的特性），影響範圍也只是一小部分人而已。

宣洩

經驗顯示，某些情況下——特別是在個別治療和集體再訓練課程中，當事人經常出現情緒爆發。在討論偏見話題時，如果某個人覺得自己的觀點受到攻擊或否定，往往需要透過情緒爆發來紓解。「宣洩」有類治療的效果，可以暫時緩和緊張情緒，並讓個體做好改變的準備，就好比將輪胎的氣放掉之後，才比較容易修補內胎。下面節錄的詩句描述了宣洩和緊張的關係：

我在生朋友的氣，
說出來之後，怒氣就消散了。

我在生死對頭的氣，
悶在心裡，怒火越演越烈。

並非每種表達敵意的方式都具有宣洩作用。恰好相反，正如第22章提到的，攻擊行為並不是安全閥，而是習慣的養成，也就是說，當個體或群體表現出越多攻擊行為，其攻擊性就會越強烈。只有在特定情況下，人在「大發雷霆」之後才會願意、且能夠理解對立的另一方。

美國東部一座城市發生了幾起不愉快的族群衝突事件。激動的市民向當地警局施壓，要求警察必須接受繼續教育，學習群體對立的背景因素以及如何預防和處理暴動。被迫參加該課程的警察都忿忿不平，因為他們的能力和公正性受到質疑。由於這些警察心中委屈，加上原本就對某些少數群體抱有偏見，導致氣氛變得很緊張，甚至讓課程難以進行。每當授課者提起關於黑人的客觀事實，幾名警察就會回應說，自己在執勤時曾被黑人狠狠咬傷。課程的每個階段都遇到刻板印象、揶揄嘲弄和敵意。這些警察幾乎聽不進任何上課內容，討論時也只會不斷謾罵授課者和少數群體。課堂上經常有人抱怨：「為什麼大家都要找警察的碴？」「我們從沒遇過麻煩，為何要上這種課？」「猶太人幹嘛多管閒事！他們就算在垃圾桶裡發現一隻死貓，也會說是反猶主義搞的鬼。」「黑人領袖應該管好自己人，而不是放任他們反抗警察。」

當人的自尊受到傷害，既有偏見就不可能改變。自認為遭受攻擊的人，完全聽不進任何教導。課程進行了八小時，前六小時都是警察在發洩情緒，但授課者並沒有反駁，而是盡可能地同理傾聽那些充滿敵意的激動言論。漸漸地，情況似乎有所改變。一方面，這些警察已經厭倦了抱怨，他們最後的態度就像是：「我們已經說夠了，現在可以來聽聽你對這件事的看法。」

另一方面，他們在盛怒中說了許多明顯誇大的話，冷靜下來才默默感到羞愧。原本聲稱「我們從沒遇過麻煩，根本沒問題」的人，很快就開始講述他遇過的幾起衝突事件，並坦承自己身為警察也不知該如何處理。起初責備猶太人的人，後來也修正了自己的言論。某種程度上，宣洩有效的原因可能在於，人的非理性情緒爆發衝擊到自己的良知。

這些警察在緊繃情緒釋放之後，似乎更能自在地重建自己對整個情況的看法。他們在表達敵意的同時，一面也在心裡思考何種行為才更容易被社區接受。課程即將結束時，有些警察可能會想：「好吧，我真是氣炸了，該死的，我有權利生氣，這樣刁難我們實在太羞辱人了，誰沒有偏見啊！但我可不想讓我的管區惹上麻煩，最好還是盯著那些可能攻擊黑人和猶太人的市民，我應該要……」接下來，他們會開始構思計畫，以便日後可以更妥善地處理管區內的族群衝突。

雖然無法證明上述心理歷程發生於宣洩期間，但該課程的觀察者指出，在課程的最後兩小時，警察的敵意漸漸消失後，他們開始進入學習狀態，也明顯獲得了自我覺察。[23]

光靠宣洩並無法改善偏見，只能說，宣洩有助於當事人用較緩和的角度去看待事情。感到委屈或忿忿不平的人在說出心聲之後，會比較願意傾聽另一方的觀點。如果當事人在宣洩時說了誇大、有失公允的話（通常都是如此），那麼由此產生的羞恥感就會緩和其憤怒，並促使他採取更平衡的觀點。

我們不建議所有方案都以引導宣洩來開場，這樣會導致一開始就產生消極的氛圍。宣洩會在自然的情況下發生，不需要刻意引導。當一個人感到自己遭受攻擊，就是最需要宣洩的時候，我們必須允許他將心中不滿表達出來，否則就會卡在這裡，導致方案無法進展。只要有耐心、技巧，再加上一點運氣，帶領者或授課者就能夠在適當時機，有建設性地引導成員宣洩。

第31章 限制與展望

「……我們不能藉口說，等到『一切事實都明朗』再開始行動，因為我們非常清楚永遠都等不到這一天。我們也不能認為『事實會不證自明』，而讓『政治家和民眾自己得出實際結論』，因為事實太過複雜，大家無法靠自己就能理解，必須有人出於實際目的，在相關價值前提下統整既有事實，而這點沒有人能夠做得比我們更好。」

——諾貝爾獎得主，繆達爾

第29、30章舉例說明了各式各樣旨在減少歧視、提升包容態度的改善方案，並從歧視和偏見成因的基礎研究、以及科學實證的角度評估了這些方案。然而這樣的調查並不算詳盡，因為類似方案如雨後春筍般迅速發展，對這個領域感興趣的研究者也越來越多。[1]

此前十年，學界才意識到方案評估的迫切性，這一需求本身就值得探討。對於方案負責人或董事會來說，將活動提交給專家進行公正評判需要勇氣。有時是贊助者（通常是商人）表示要評估成效，他們認為：「我捐錢支持這項方案，條件是你必須告訴我這筆錢是否花得值得。」這樣的態度凸顯出人們越來越重視客觀性，並盡量減少過去有些慈善活動特有的盲目信念和感情用事。第29章討論過，法律界已經開始應用社會科學知識，而私人企業則更歡迎並積極尋求社會科學協助。（順帶一提，社會科學發展的評估方式不但在群際關係機構中大受好評，其他以改變態度為目標的領域，像是教育、社會工作、犯罪學、心理治療……等，也需要仰賴社會科學評估。[2]）

雖然上述趨勢無疑是社會和科學進步的象徵，但某種程度上也會適得其反。方案執行者可能會過於依賴研究人員，而研究人員可能無法滿足他人寄予的厚望。族群關係並不存在簡單的公式，正如第30章所述，研究人員根本無法設計出一個能夠涵蓋所有變項的評估實驗。族群問題的根源過於複雜，因此不能期待科學提供完全真相，正如繆達爾所言，不能等到「一切事實都明朗」再開始行動，因為這一天也許永遠不會到來。

但我們還是可以憑藉基礎評估研究繼續取得進展，並吸引更多人重視。在考量各種實際及理論上會限制研究適用性的阻礙時，應該謹記這一鼓勵。

特殊阻礙

任何跨文化關係領域的工作者都經常在社區裡聽到：「這裡沒什麼問題。」無論家長、老師、政府官員、警察或社區領袖，似乎都沒意識到潛藏的摩擦和敵意，除非暴力事件爆發，否則依然覺得「沒什麼問題」。[3]第20章提過「否認機制」，也就是說，當衝突威脅到自我平衡，人就傾向自我防衛，因此在面對不安念頭時，就會反射性地採取否認策略。

這樣的否認有時並非基於根深蒂固的信念，而完全是因為依賴現狀。人們太習慣現行階級制度和歧視，因此認為現狀會一直維持下去、沒有人會對此感到不滿。先前提過一項調查結果，在美國，大多數白人認為黑人整體上很滿意現狀，然而事實卻完全相反。不過，即使有些否認確實是出於純粹無知及習慣化，另一些否認背後還是有更深層的機制在作用。如先前章節所述，懷有嚴重偏見的人往往會否認自己有偏見，由於缺乏自我覺察，因此無法客觀看待所在社區。就算是本身毫無偏見的市民，也可能漠視不公不義和緊張氣氛，因為承認這些情形只會打亂原本平穩的生活節奏。

學校體系中普遍存在這類阻礙，校長、老師和家長經常反對引入跨文化教育。即使在充滿偏見的社區，也經常聽到「這裡沒有問題，我們不都是美國人？」、「為什麼要向孩子灌輸這種觀念？」這樣的態度讓人聯想到許多家長、學校和教會對性教育的抵制，理由是那會讓孩子產生禁忌的念頭（但孩子的腦袋瓜裡肯定已經出現跟性有關的想法，而且還是錯誤觀念）。

除了漠視和否認，改善方案的推動過程還面臨到其他困難。二戰結束後的五年期間，由私人資助的美國種族關係協會密切追蹤了改善措施的成效，並在結案報告中總結了改善措施所遇到的主要障礙。[4] 根據該報告，除了否認，在群體關係領域，組織之間的競爭和對立也是個問題。此外，民眾會莫名相信只涵蓋單一因素的解決方案，或某些專門研究單一技術的組織所提出的萬能解方，尤其是對於大眾媒體和教育方案的過度重視。另外，報告中也提到社會結構的重要性，例如南方傳統的結構制度阻礙了當地的所有努力，也對整個美國造成沉重影響。

最後該報告指出，許多人出於無知或惡意，而認定所有民權倡議者和群體關係工作者都是「顛覆」分子。麥卡錫主義如幽靈般，困擾著這個領域的每一名工作者。雖然受害者本身看透了人身攻擊背後的非理性，但多數民眾卻看不清這點而受到誤導，認為相關工作者和其推動的方案都跟共產主義暗中掛鉤。如何對抗非理性的過度類別化，是個棘手的問題。東、西方意識形態之間的現實衝突不斷蔓延，將各種無關事件都牽扯進來。這一問題在第15章討論過，但要解決，何其困難。

上述阻礙都會造成嚴重問題，反映出民眾和社會體系中最根深蒂固的非理性部分。沒有人認為改善群體關係是件容易的事。

結構論點

美國種族關係協會的報告似乎對單一方案的有效性抱持悲觀態度，該報告強調了社會規範的隔離效應，並表示社會規範如鐵幕般阻絕了改善方案的介入。這一重要觀察直指了整個問題的核心，值得我們深入探究。

社會學家正確地指出，每個人都受到一或多個社會系統約束，雖然這些系統有一定的可變性，但並非具有無限彈性。在每個系統中，由於經濟競爭、擁擠的住房和交通設施，或是不同傳統的衝突，導致群體之間必然會緊張、對立。社會為了因應這種緊張關係，便賦予某些群體優勢地位，而讓另一些群體居於劣勢地位。風俗習慣掌控著有限特權、商品和名望的分配。特權階級占據系統核心，因此格外抗拒任何基本改變。此外，傳統習俗會指定特定群體為合法代罪羔羊。在這樣的系統下，人們會把敵意視為理所當然，例如認為小規模的族群暴動只是既有緊張關係的副產品，不須大驚小怪。警察局長也可能對族群間的幫派鬥毆睜一隻眼閉一隻眼，並表示那只是「孩子間的遊戲」，很正常也很自然。當然，如果發生嚴重破壞，防暴部隊就會出動，改革者也會要求立法以緩解過度緊張的局勢。但緩解的力道僅足以恢復「不穩定平衡」，因為如果力道太強也會摧毀整個系統。

經濟決定論者也持類似觀點（見第13、14章），認為所有個體層面的成因論都是無稽之談，並表示社會存在著基本結構，其中社經地位較高的人無法忍受勞工、移民、黑人或奴僕享有跟自己平等的地位。偏見只是個體為了合理化其經濟私利而發明的藉口，除非大刀闊斧地改革並形成真正的工業民主，否則作為偏見溫床的基本社會結構不可能有效改變。

你、我都不會意識到上述社會系統的特徵是如何約束和規範我們的行為，我們也不該指望幾小時的跨文化教育就足以消弭社會環境施加的壓力。人們看完倡導包容態度的影片後，只會把它當成特殊事件，而不會讓它威脅到所處社會系統的根基。

經濟決定論者進一步表示，一旦改變隔離制度、就業習俗或移民規定，勢必會引發一連串效應，最終將使整個社會結構出現破壞性斷裂。每種傳統習俗都環環相扣，如果一開始的推力太大，就會產生加速作用力而摧毀整個社會系統，進而瓦解人們的安全感。這就是社會學家的結構觀點，第3章也討論過偏見的「團體規範」理論。

各位應該記得，心理學家也曾提出結構論點。偏見態度並不像掉進眼中的沙子，可以在不破壞有機體完整性的情況下被移除。反之，偏見往往深嵌於人格結構中，只有徹底改變當事人生活風格的整個內部機制，才有可能改變其偏見態度。任何態度只要對有機體具有「功能意義」，就會被嵌入人格結構中。我們無法在不更動整體的情形下改變其中一部分，而整個人格的重塑並不容易。

但心理學家又補充說，並非所有態度都是根深蒂固的。人的態度可以分成三種類型：

一、以第一類來說，當事人會隨著親身經驗調整自己的態度，同時考慮社會習俗和要求。這樣的人既能夠調整自己的態度以適應社會現實，又能完全忠於自己的經驗。儘管他們受到社會體制束縛，但態度仍保有彈性，並清楚意識到外團體遭受的不公平對待，而能不顧社會反對，友善地對待外團體。無論他們是激進或溫和的改革者，或完全沒有改革意圖，其態度始終取決於自己，而不過度受制於團體規範。

二、第二類是先前提過的類型，這樣的人具有自私、僵化的單一性格，有時會表現出精神官能特質。他們不太有現實感，既不了解、也不關心跟少數群體有關的事實，更不在意普遍存在的歧視習俗會造成多麼嚴重的長遠影響。這類態度具有相當深層的功能意義，除非人格結構發生巨變，否則不可能動搖（見第25章）。

三、第三類也很常見，許多人的族群態度缺乏內部整合，因此尚未定型，並經常隨著當下情境而改變。這類人是矛盾的——或更準確地說，是多面的，由於缺乏堅定的態度，因此會屈服於任何壓力。倡導包容的呼籲在這個群體身上最能看到成效。他們會因為跟少數群體相處的愉快經驗、電影戲劇帶來的震撼教育，或受到美國信條感召，而開始形成友好態度。這樣的人容易受教育和媒體宣導影響，其心智組織方式也容易因正向經驗而改變，在此之前只是隨波逐流地遵循普遍存在的偏見。

我們無法確切得知上述三類態度在人口中的比例。持嚴格結構論點的人堅持認為，這三類態度都比想像中更容易受到個人和社會系統影響。

有些學者則強調個人和社會系統的連動、依賴關係，並認為要改變人的態度，就必須同時考量這兩種系統，因為態度是嵌在這兩種系統所共同形成的結構矩陣中。[5] 社會心理學家紐科姆對此解釋如下：「當個體持續以相對穩定的參考架構去感知事物，其態度傾向於保持不變。」[6] 穩定的參考架構可能存在於社會環境中（例如：所有移民都住在鐵道的一邊，所有美國原住民則住在另一邊），或存在於個人信念中（例如：任何外來者都會對我構成威脅），也可能二者皆有。抱持這種組合結構論點的人堅信，必須先改變相關參考架構，才有可能改變態度。

批評。無論社會學、心理學或社會心理學所提出的結構論點，都相當有參考價值。這解釋了為何零散的努力未能見效，並說明了偏見問題跟社會生活結構密不可分，更讓我們相信「眼中的沙」理論太過簡化。

然而只要一不小心，結構論點就可能把我們帶到錯誤的心理學和悲觀主義中。「改變個人態度之前，必須先改變整體結構」的說法並不合理，因為整體結構至少有部分是由個人態度所組成。改變必然是從某個地方開始。事實上，根據結構理論，改變可以從**任何地方**開始，因為任何部分的改變或多或少都會影響整個系統。社會或心理系統是各種力量的平衡，但屬於不穩定平衡，例如繆達爾提出的「美國的困境」就是一種不穩定平衡。我們要求社會系統的所有官方定義都符合平等原則，然而社會系統有許多（而非全部）非正式特徵都在召喚不平等。因此，即使在最結構化的系統中，仍存在「非結構化」的狀態。你、我的人格也是一種系統，但我們能說它不受變化影響嗎？難道非得**先**改變整體才能夠改變部分嗎？這種觀點太荒謬了。

雖然美國擁有相當穩定的階級系統，各個族群都有著自己的先賦地位，但在美國系統中仍有一些因素能夠引發持續改變。舉例來說，美國人深信「態度可以改變」，這個國家的廣告巨獸就是建立在該信念上，而美國人同樣對教育的力量充滿信心。美國系統本身就排斥「人性無法改變」的說法，整體上，它拒絕「血統說明一切」的觀點。美國的科學、哲學和社會政策顯然傾向採取「環境決定論」，這一信念也許不完全正確，但重點是，信念本身就是最重要的因素。如果民眾都期待以教育、宣導和個別治療來改變態度，那麼相較於沒有這種期待，前者當然**更可能**讓改變發生。如果說有什麼事物能夠帶來改變，那就是我們對改變的熱情。社會系統也不見得會阻礙改變，有時反而會助長變革。

積極原則

本書並非拒絕結構論點，而是指出不該拿它替「完全的悲觀主義」背書。結構論點有力地提醒大家注意既有限制，但並不否認人類關係領域已經有了新的視野。

例如，該論點提出一個相當實際的問題：最好從哪裡開始著手，才能夠改變社會或人格結構？前幾章已經針對該問題進行討論，雖然還沒有獲得最終答案，但下列幾項原則似乎特別重要：

1. 由於這一問題涉及許多面向，因此並不存在萬能解方，最明智的做法就是同時處理所有相關面向。雖然從任何單一面向著手都無法取得極大成效，但是來自各個面向的小小努力累積起來，也可能產生非常大的效應，甚至可能推動整個系統加速變革，直到達到新的、更令人滿意的平衡。
2. 我們應該以「社會向善論」（meliorism）為指導方針。「所有少數族群終將同化為一個族群」的說法，彷彿是在談論一個遙遠的烏托邦。誠然，在同質化的社會裡就沒有少數族群的問題，但那似乎弊大於利。無論如何，嘗試以人為方式加速同化都注定失敗。我們應該接受多元種族和多元文化，並學習跟這樣的環境共處，才有望改善人類關係。

3. 要有心理準備，在這個領域所做的努力可能會帶來令人不安的結果，這是改革的必經之路。人們在接觸過跨文化教育、包容態度宣導和角色扮演之後，可能反而會在行為上更加不一致。但從態度轉變的角度來看，這種「非結構化」的狀態正是必要階段，表示已經打下改變的基礎。雖然人們可能會更加不適，但至少有機會以更包容的方式看待這個世界。研究顯示，對自己的偏見有所覺察並感到羞愧的人，正朝著「消除偏見」的方向前進。[7]

4. 有時會出現「迴力鏢效應」（boomerang effect）。我們的努力可能會讓民眾更加捍衛原本的態度，或無意間助長了民眾的敵意。[8]現有證據顯示，迴力鏢效應是相對較輕微的阻礙，但是否屬於暫時影響，則有待商確，因為任何足以引起防衛的策略，都可能同時播下懷疑的種子。迴力鏢效應似乎主要發生在具有偏執傾向的人身上，他們腦中的僵化系統會同化任何刺激。當然還有一種風險是，某個方案太糟糕，導致民眾無法理解其意圖[9]，但這種迴力鏢效應只是基於執行不力和沒有預先測試，因此是可以避免的。

5. 根據我們對媒體宣導的了解，光靠這個方式並不能獲得顯著效果。因為只有相對較少的人恰好處在「非結構化」階段，且心態正確、能接受新訊息的人也不多。此外，從現有證據來看，比起難以理解的模糊呼籲，將媒體宣導的重點放在具體問題上（例如公平就業實施）會更有效。

6. 教導或發布關於群體歷史和特徵、以及偏見本質的可靠科學資訊雖然沒有壞處，但並不是許多教育工作者所認為的萬靈藥。資訊傳遞可能有三個正面效果：一、讓少數群體看到有人正努力用真相打擊偏見，因而維持信心。二、促使包容者的態度跟知識整合，並獲得鼓勵和增強。三、擊破偏執者的合理化藉口。例如在科學事實的影響下，人們不再堅信黑人屬於劣等生物，種族主義理論已經式微。斯賓諾莎觀察到，錯誤觀念會導致情緒激動，因為它們太過混亂，無法作為適應現實的基礎。反之，正確且適當的觀念有助於切實評估生活問題。雖然不是人人都願意接受正確觀念，但把它們傳播出去總是有益無害。

7. 實際行動通常比單純獲得知識更有效，因此改善方案最好包含民眾能夠實際參與的活動，像是社區自我調查或社區嘉年華。人們**做了**什麼樣的事，就會**成為**什麼樣的人。如果民眾對外團體有更深入的了解、更真實的接觸，就會得到更好的結果。

例如：當事人在參與社區工作的過程中，理解到其自尊和感情狀態實際上並沒有受到黑人鄰居威脅，而且當社會條件改善，自己身為公民也更有安全感。雖然宣導和勸誡也有一定效果，但只停留在言語層面的知識並不會真正被吸收。當事人必須透過實際參與，運用全身肌肉、神經和腺體去學習，才能獲得通透的理解。

8. 常見的改善方案幾乎都無法在偏執者身上見效，他們的人格結構太過僵化而難以改變，「排斥外團體」已經成為其生活基調。不過，即使是最頑固的人也可能透過個別治療而獲益，雖然個別治療是一筆龐大開銷，而且必定會受到當事人抗拒，但至少在原則上，我們還不需要對這樣的極端案例失去希望，特別是已經在接受醫療協助或學校輔導的孩子。

9. 雖然缺乏研究佐證，但幽默和玩笑似乎可以戳破煽動者的裝腔作勢及非理性呼籲。笑聲是對抗偏見的武器，而當改革者變得過於嚴肅和強硬，他這項武器通常會生鏽。

10. 以社會方案（即社會制度）來說，目前的共識是：相較於直接打擊偏見，打擊隔離和歧視才是較明智的做法。因為就算削弱了個體的偏見態度，還是會面臨到難以克服的社會規範。只有廢除隔離制度，才有機會讓不同群體為了共同目標而平等接觸。

11. 另一種明智的做法，就是利用最可能發生社會變革的領域，正如心理學家桑格所言：「將火力集中在阻抗最小的區域」。整體來說，增加住房和經濟機會是最容易達成的目標，幸運的是，這些恰好是少數族群最期望改善的領域。

12. 一般而言，符合民主信條的既成事實只會在初期遭到抗議，一段時間之後就會被民眾接受。比方說，人們很快就不在意黑人進到公部門工作，同樣地，合理的法律最後也會被接受。官方政策一旦制定，就不能任意撤銷，因此政策所樹立的模式被接受之後，就形成了有助於維持良好局面的習慣和情境。管理者可以運用行政命令，在學校、企業和政府推動理想的變革，他們在這部分比自己意識到的更有力量。一九八四年，一名黑人申請進入哈佛大學，卻引發民眾激烈抗議。當時的校長艾弗瑞特（Edward Everett）回應道：「如果這個男孩通過入學考試，就會被錄取。如果白人學生選擇退學，那麼學校會把所有經費都用在這個黑人男孩的教育上。」[10] 最後當然沒有人退學，反對的聲音也迅速平息。雖然學校一開始似乎受到威脅，但最後在經濟和名聲上都沒有損失。明確而不容辯駁的行政命令只要符合良知的聲音，還是會被人們接受。

13. 最後別忘了激進改革派的作用。自由主義者大張旗鼓地提出各種要求，促成許多關鍵進展。第29章提過，立法運動有時是由激進的私人組織所帶頭推動。個人主義者布朗（John Brown）誇大了黑奴的困境，小說家史托夫人（Harriet Beecher Stowe）煽動了良知的火焰，最終讓美國廢除奴隸制。即使是個人的努力，也可能成為改變社會制度的決定因素。

上述結論是從研究和理論中得到的積極原則，它們並不是完整藍圖（如果這麼說就太自以為是了），卻都是能帶來改變的楔子，只要巧妙運用，就有望打破偏見和歧視的外殼。

跨文化教育的重要性

在「不過度延長對改善方案的討論」這一前提下，這裡要再次提醒大家重視學校的角色，部分是因為美國人對教育的特殊信念，部分是因為在學校會比在家庭中更容易實施改善方案。學生是一群龐大的忠實聽眾，會學習任何擺在面前的東西。儘管董事會、校長和老師可能反對引入跨文化教育，但已經有越來越多學校將其納入課程之中。

正如本書第五部所討論的，偏見和包容的學習都是微妙而複雜的過程，而家庭的角色無疑比學校吃重。家庭**氛圍**和父母向孩子灌輸的少數群體觀念都是關鍵因素，前者甚至比後者更重要。

期待老師抵消家庭環境的影響也許太強人所難，然而如同第30章引用的評估研究所示，學校教育能夠取得非常大的成效。學校跟教會和國家法律一樣，可以為孩子設立一套更高的準則，即使不能完全克服家庭的偏見教育，也能夠培養孩子的道德良知，並引發有益的內在衝突。

如同家庭氛圍的重要性，學校氛圍也至關重要。如果校園中普遍存在種族或性別隔離，如果整個學校體系都由威權主義和階級制度主導，那麼孩子必然會學到權力和地位是人際關係中的決定因素。反之，如果學校採取民主制度，如果老師和學生都受到尊重，那麼孩子自然就會身體力行地尊重他人。跟整個社會一樣，教育系統的**結構**可能會阻礙、甚至抵銷掉跨文化教育的耕耘。[11]

前面提過，教育項目若能讓孩子全身心投入跨文化活動，成果會比只有口頭教導或勸誡來得豐碩。雖然資訊傳遞也是必要的，但透過有趣活動所學到的事實與知識最容易銘記在心。

除了上述重點，還有一個問題是：兒童或青少年應該學習哪些具體課程？跨文化教育應該包含哪些**內容**？對此，雖然證據仍不完備，但有幾項必要的群際關係教育可供參考。

我們不必擔心孩子在什麼年齡最適合接受跨文化教育，只要透過簡單教學，即使是年幼的孩子也能夠理解所有相關觀念，而針對國、高中生或大學生，則可以用較成熟、複雜的方式呈現教學內容。事實上，我們應該運用「分級課程」，讓孩子在各個年齡階段都持續接受下列跨文化教育內容：

1. **種族的意義**。學校可以利用各式各樣影片、圖像和宣導手冊，盡可能地為孩子提供詳盡的人類學事實。老師應該幫助孩子釐清種族的遺傳定義和社會定義，例如孩子必須知道，以種族來說，許多「黑人」身上流著相同比例的白人血統和黑人血統，然而這一生物學事實卻被世襲階級的定義給掩蓋。年齡較長的孩子應該要了解人們對種族主義的各種誤解，以及種族主義迷思背後的心理機制。

2. **各個族群的習俗及其意義**。傳統學校教育雖然會提到這部分，但內容不太恰當。現代的展覽和節慶活動能夠讓人留下更充分的印象，不同族群背景的孩子在課堂上的報告也有不錯的效果。老師需要引導孩子感同身受地理解不同的語言和宗教背景，尤其是宗教節日的意義。參觀社區裡的宗教場所也有助於加深學習印象。

3. **群體差異的本質**。這些概念不容易傳授，但為了幫助孩子將前兩項學習內容類化，就必須讓他們正確了解人類群體彼此的異同。在這一學習過程中，錯誤的刻板印象和「根本信念」會受到正面迎擊。關於群體差異的事實都可以用簡單的方式教給孩子，例如有些差異完全是虛構的、有些呈現出重疊的常態分布、有些則遵循*J*型分布（見第6章）。孩子一旦理解群體差異的真正本質，就不太可能形成過度概化的類別。老師在這門課程中也應該再次強調生物和社會因素在形成群體差異上的作用。

4. **小報思維（tabloid thinking）的本質**。在老師的引導下，即使是相當年幼的孩子也能夠反思自己過於簡化的類別，並學到外國人A和外國人B是兩個不同的個體。老師可以向學生展示語言優先性（見第18章）的危險後果，特別是「黑鬼」、「德國佬」……等帶有貶意的稱呼。簡單的語義學和基礎心理學課程對孩子來說既不乏味也不難懂。

5. **代罪羔羊機制**。孩子在七歲時就能夠理解內疚和攻擊的替代作用（見第21章「進一步討論代罪羔羊理論」），隨著年齡增長，則會逐漸明白代罪羔羊機制跟少數群體在各個時代所遭受的迫害有關。適當的教育可以讓孩子對此有深刻體悟，進而留意自己的投射，避免在人際關係中尋找代罪羔羊。

6. **因受害而產生的特質**。人在遭受迫害後會自我防衛(見第9章),這不難理解,但在教學上必須很小心,以免營造出對少數群體的刻板印象,例如:**所有**猶太人都為了彌補自己的劣勢而變得野心勃勃、具有攻擊性,或者黑人都鬱積著仇恨或有偷竊的惡習。不過這門課其實不需要以少數群體為例,它本質上屬於心理衛教課。初期,老師可以引導幼童想像弱勢兒童(例如身上有殘疾者)可能發展出的補償心理。隨著年齡漸長,就可以讓孩子在課堂上討論假設案例,並透過角色扮演而深入體會自我防衛的運作。到了十四歲,老師可以引導青少年體認到自己的不安全感源自缺乏穩固的立場,他們有時仍被當成孩子,有時卻被期待要像個大人。即使他們想做個大人,旁人的行為卻讓他們困惑,不確定自己到底屬於兒童還是大人的世界。老師可以向青少年指出,他們的困境就如同許多少數群體必須長期面對的不確定感,所以那些少數群體跟青少年一樣,有時也會顯得不安、緊張或防備,甚至出現令人反感的行為。讓青少年了解人們表現出防備行為的原因,遠勝於讓他們一直認為某些群體天生具有令人討厭的特質。

7. **關於歧視和偏見的事實**。學生不該對社會問題一無所知,而應該要知道現實生活尚未完全實現美國信條對平等的要求,並且了解住房、教育和工作機會的不平等,了解黑人和其他少數群體對其處境的感受,了解少數群體憎恨的是什麼、什麼會傷害他們的感受,也要知道有哪些基本禮貌。電影和「抗議文學」可用來輔助這方面的教學,尤其是年輕黑人的傳記,例如理查·賴特的《黑孩子》。

8. **允許多重忠誠**。學校教育不斷向孩子灌輸愛國精神,但是對忠誠的定義往往過於狹隘。很少有人提醒這一事實:忠於國家意味著忠於國內的所有子群體(見圖1)。第25章提過,抱持制度主義的愛國者或超級愛國的國族主義者,往往都是不折不扣的偏執者。教導孩子絕對忠誠(無論是對國家、學校、家庭、兄弟會或姐妹會)是一種灌輸偏見的教育方式,我們應該讓孩子明白人可以忠於不同層次的內團體,就像同心圓,較大的群體可以涵蓋較小的群體,而不需要排除任何群體(見圖2)。

關於理論的結語

歧視和偏見究竟是社會結構還是人格結構方面的事實？答案為，**兩者皆是**。更準確地說，所謂的**歧視**通常跟主流社會制度中的普遍文化習俗有關，而**偏見**則特指某種人格的態度結構。

雖然這樣的區分有助於釐清概念，但「社會結構」和「人格結構」這兩者同時影響著人的歧視和偏見。這裡必須再次慎重強調，要改善歧視和偏見問題，必須從多方面著手。第13章介紹了各種實用的分析取向，包括：**歷史**、**社會文化**、**情境**、**社會化**、**人格動力**、**現象學**，以及真實的**群體差異**。我們必須牢記前述所有層面的研究結果，雖然相當不容易，但唯有如此，才能真正理解偏見的本質和成因。

改善方案大致可分成兩類，一類強調社會結構的變革（例如立法、住房改革、行政命令等），另一類則著眼於個人結構的改變（例如跨文化教育、兒童訓練、勸誡等）。但在實務上，這兩類方案是相輔相成的，因此為了讓跨文化教育發揮效用，就需要改變學校制度，或改善大眾媒體的做法，以同時影響閱聽人的態度以及傳播系統本身的政策。社會科學已能成功預測單一方案的成效，也能提出有利於多元方案的建議。致力於改善群際關係的人，最好採取多管齊下的策略來打擊歧視和偏見。

本書的目的是要讓讀者確信偏見是多面向的問題。此外，本書也期望提供一個組織架構，幫助讀者牢記影響偏見的諸多要素。最後，本書亦試圖針對每項要素展開深入分析，為日後理論和改善方案的進展奠定堅實基礎。

這些目的或許過於大膽，但我也深知本書的內容在未來勢必會進行許多修正和擴展。人類行為科學仍持續發展中，雖然起步時跌跌撞撞，但目前已取得明顯進展，相信未來的成果會更豐碩。

關於價值觀的結語

開明人士越來越關注偏見問題及人類的非理性行為（證據來自大量湧現的研究、理論和改善方案），該如何解釋這一現象？答案就是極權主義在二十世紀對民主價值觀的威脅。西方世界曾愚昧地以為，源自猶太基督教倫理的民主意識形態在許多國家政治信條的肯定下，會自行遍布全世界，殊不知後來卻發生慘絕人寰的民主倒退。人類的弱點一覽無遺：失業、飢荒、不安和戰爭餘波，讓百姓自動跳入煽動者布下的圈套，這些煽動者無恥地慫恿人們把民主理念拋在腦後。

如今我們意識到，民主對人性的要求有時讓人不堪負荷。成熟的民主人士必須具備體貼入微的美德和能力，包括能夠理性思考因果關係、針對族群和其特徵形成適當的差異化類別、合理行使自己的自由權利，並願意賦予他人自由權利。要具備並維持前述所有特質並不容易，人更容易屈服於過度簡化和武斷的教條，而排斥民主社會必然存在的模糊性，更傾向要求明確，而「逃避自由」。

然而，客觀研究人類行為中的非理性和不成熟元素，將有助我們對抗其影響——這是民主信念的一部分。可以肯定的是，無論納粹德國、蘇聯或其他極權國家，都不允許科學界任意研究非理性行為的心理機制，針對公眾輿論、精神分析、謠言、煽動、宣傳和偏見的相關研究都是被禁止的，除非基於某種地緣政治的剝削利益而秘密進行。反之，在自由國家，針對非理性行為的研究已加速進展，因為我們堅信，一旦了解在社會和人格結構中，哪些因素造成了民主倒退、族群中心主義和仇恨，就可以控制這些負面力量。

有些人可能認為，包含偏見在內的非理性行為是好事，甚至西方文化中也存在這種觀點。前面的章節曾引用其中幾個人的言論，他們表示，緊張是生活的本質，要活著就得奮鬥，要生存就得征服別人；大自然是殘酷的，人也是殘酷的，對抗偏見就是討好弱小種族。這種觀點有時也被稱為達爾文主義，雖然可以理解，但在民主價值觀中並不常見，道德上也不可接受。在民主理想中，各式各樣的人類群體都享有平等的正義和機會。正是在民主價值取向的支撐下，才展開如本書所描述的針對族群衝突、偏見根源和改善方案的探究。科學家跟一般人一樣，也會不由自主地受到個人價值觀所驅動。

價值觀會由兩方面滲入科學情境，第一方面：激勵科學家（或學生）持續進行研究。第二方面：引導科學家將研究成果應用在感興趣的社會政策上。價值觀不會涉入科學研究的下列重要階段，因此也不會加以扭曲：一、它不會影響科學家對問題的識別或定義。第1章已闡明偏見是既存的心理事實，而歧視是既存的社會事實，無論科學家贊成或反對偏見和歧視，都不會改變這些事實。偏見並不是「自由主義知識分子的發明」，而是心智生活的其中一個面向，如同其他面向一樣可被客觀研究。二、它不會滲入科學觀察、實驗或資料收集的過程（有極少數案例確實會發生這類情形，但研究者的偏見會被察覺，並受到應有的譴責）。三、它不會進入科學定律的歸納過程（當然，一般人依自己的喜好所形成的定律除外）。對科學家來說，扭曲數據或做出毫無根據的結論一點好處都沒有，只會否定自己能將科學應用於改善人類關係的崇高價值。四、它不會介入結果和理論的溝通過程。除非進行清晰、不偏頗的溝通，否則實驗無法被複製，就不可能累積科學成果，更遑論實現科學的終極價值。

總之，本書以及書中所涵蓋的研究都由作者和研究者的價值觀所驅動，而這些價值觀跟其他擁護民主信念的人所持有的價值觀相同。同樣，本書的寫作目的也是希望將書中提到的事實和理論用來幫助改善群體之間的緊張關係。同時，本書已盡可能呈現人類現階段知識所能達到最準確且客觀的科學成果。

再來談談價值觀問題的最後一個面向。雖然我們的目標很明確，即降低衝突、提升包容和友好態度，但我們不太清楚何種長期政策可用來改善少數族群和文化問題。讓所有群體融合在一起是有效的理想方式嗎？還是應該盡量維持族群多樣性和文化多元性？比方說，美國原住民**應該**保有自己的生活方式，還是應該透過遷徙和通婚漸漸失去原本的身分，從而融入美國大熔爐？黑人以及來自歐洲、東方、墨西哥的移民又該何去何從？

支持同化（一種價值判斷）的人認為，只要群體完全融合，就不存在任何會讓偏見萌芽的可見差異或心理基礎。尤其是教育程度較低的人口，既無法理解也不重視外國風俗，在他們學會拋下偏見思維之前，似乎需要一個同質化的群體。對支持同化的人來說，統一就意味著齊一性。

另一方面，支持文化多元的人認為，拋棄族群獨特、多彩多姿的生活方式，將是巨大的損失（另一種價值判斷）。近東地區的美食、義大利的歌劇、東方的智者哲學、墨西哥的藝術、美國原住民的部落傳說……這些文化和生活方式如果保存下來，對整個國家都有好處和價值，還可以避免過於單調的文化——只充斥著廣告、罐頭食物和麻痺心智的電視。然而，確實至少有一個遭受偏見的大群體（即美國黑人）幾乎不算擁有獨特文化，像這種情況，文化多元論者也無法確定自己的理念是否能帶來最理想的結果。

那麼在這場爭論中，何者才是正確的價值觀？這個問題似乎遙遠而不切實際，因為最終的解決方案可能不是我們能夠決定的。但是在某些情況，我們當下所做的每個選擇都舉足輕重。美國聯邦政府對原住民的政策就是一例，在一九五〇年代，官方態度似乎從鼓勵文化多元轉為支持文化同化。官方態度很重要，因為它指導著日常政策，並立即影響相關人員的生活。

雖然我們無法擅自解決這一問題，但可以提出合理的民主方針。對於渴望融入主流社會的人，我們不應該在他們的同化之路上設置人為障礙；而對於希望維持族群完整性的人，則應該包容並支持他們的努力。如果採行這種自由、包容的政策，一部分的義大利人、墨西哥人、猶太人和有色人種勢必會融入美國大熔爐，而其他人至少在可預見的將來仍保持區隔性和可識別性。「民主」必須讓個體的性格在不受人為影響或阻礙下自然發展，只要這種發展不侵犯他人安全及合理權利。這麼一來，至少在很長一段時間內，國家將實現「多元統一」的理想。至於遙遠的未來會發生什麼事，則不得而知了。

整體而言，美國一直堅定捍衛著自由民主，每個人都有權利選擇同化或保有自我，雖然在實踐上還有加強的空間。眼前的問題是，人們在「包容態度」上取得的進展是否會持續下去，還是會跟世界上的許多地區一樣，出現毀滅性倒退？全世界都在關注民主理想在人類關係中是否可行。公民能否學會不以犧牲同胞為代價，而是攜手合作以謀求自己的福祉和成長？這對人類大家庭來說仍是未知數，但希望答案是肯定的。

注釋與參考資料

請見：qrcode.bookrep.com.tw/tnop02，或掃描以下 QR code。

中英文名詞對照表

請見：qrcode.bookrep.com.tw/tnop01，或掃描以下 QR code。

一起來　0ZTK0043

偏見的本質

人格心理學之父深度剖析，一切人類敵意行為的生成與消解

The Nature of Prejudice

作　　者　高爾頓・奧爾波特 Gordon Allport
譯　　者　郭曉燕
主　　編　林子揚
編輯協力　張展瑜

總 編 輯　陳旭華 steve@bookrep.com.tw
出版單位　一起來出版／遠足文化事業股份有限公司
發　　行　遠足文化事業股份有限公司（讀書共和國出版集團）
　　　　　23141 新北市新店區民權路 108-2 號 9 樓
電　　話　02-22181417
法律顧問　華洋法律事務所　蘇文生律師

封面設計　許晉維
內頁排版　宸遠彩藝工作室
印　　製　通南彩色印刷有限公司
初版一刷　2023 年 11 月
定　　價　750 元
I S B N　9786267212288（平裝）
　　　　　9786267212332（EPUB）
　　　　　9786267212349（PDF）

國家圖書館出版品預行編目（CIP）資料

偏見的本質：人格心理學之父深度剖析，一切人類敵意行為的生成與消解 / 高爾頓 . 奧爾波特著；郭曉燕譯 . -- 初版 . -- 新北市：一起來出版，遠足文化事業股份有限公司，2023.11

面；17×23 公分 . --（一起來思；43）

ISBN 978-626-7212-28-8（平裝）

1. CST: 偏見　2. CST: 社會心理學

541.7　　112013643